ACCESO GRATIS ***a la Lectura en la Nube***

Para visualizar el libro electrónico en la nube de lectura envíe junto a su nombre y apellidos una fotografía del código de barras situado en la contraportada del libro y otra del ticket de compra a la dirección:

ebooktirant@tirant.com

En un máximo de 72 horas laborales le enviaremos el código de acceso con sus instrucciones.

La visualización del libro en **NUBE DE LECTURA** excluye los usos bibliotecarios y públicos que puedan poner el archivo electrónico a disposición de una comunidad de lectores. Se permite tan solo un uso individual y privado

CURSO BÁSICO DE DERECHO DEL TRABAJO Y DE LA SEGURIDAD SOCIAL

20.ª Edición

Procedimiento de selección de originales, ver página web:
www.tirant.net/index.php/editorial/procedimiento-de-seleccion-de-originales

CURSO BÁSICO DE DERECHO DEL TRABAJO Y DE LA SEGURIDAD SOCIAL

20.ª Edición

JUAN MANUEL RAMÍREZ MARTÍNEZ *(DIR.)*

Catedrático (j) de Derecho del Trabajo y de la Seguridad Social
Universitat de València - Estudi General

JESÚS GARCÍA ORTEGA

Catedrático de Derecho del Trabajo y de la Seguridad Social
Universitat de València - Estudi General

FRANCISCO PÉREZ DE LOS COBOS ORIHUEL

Catedrático de Derecho del Trabajo y de la Seguridad Social
Universidad Complutense de Madrid

tirant lo blanch
Valencia, 2024

En caso de erratas y actualizaciones, la Editorial Tirant lo Blanch publicará la pertinente corrección en la página web www.tirant.com.

EDITA: TIRANT LO BLANCH
C/ Artes Gráficas, 14 - 46010 - Valencia
TELFS.: 96/361 00 48 - 50
FAX: 96/369 41 51
Email: tlb@tirant.com
www.tirant.com
Librería virtual: www.tirant.es
DEPÓSITO LEGAL: V-2588-2024
ISBN: 978-84-1071-575-2
MAQUETA: Innovatext

Si tiene alguna queja o sugerencia, envíenos un mail a: *atencioncliente@tirant.com*. En caso de no ser atendida su sugerencia, por favor, lea en *www.tirant.net/index.php/empresa/politicas-de-empresa* nuestro procedimiento de quejas.

Responsabilidad Social Corporativa: http://www.tirant.net/Docs/RSCTirant.pdf

Índice

Lección 3ª

Libertad sindical

Lección 4ª

Representación y participación en la empresa

Lección 5ª

La negociación colectiva

Lección 6ª

El derecho de huelga

Lección 7ª

El cierre patronal. El conflicto colectivo

Lección 8ª

El contrato de trabajo

Lección 9ª

Contratación laboral

Lección 10ª

La prestación laboral: Determinación y modificación

Lección 11ª

Tiempo de trabajo y descansos

Lección 14ª

Interrupción y suspensión del contrato

Lección 15ª

La extinción del contrato de trabajo

Lección 16ª

Derecho de la Seguridad Social

Abreviaturas

AAPP:	Administraciones Públicas
AEDTSS:	Asociación Española de Derecho del Trabajo y de la Seguridad Social
AGE:	Administración General del Estado
ap.:	apartado
art.:	artículo
ASAC-VI:	Acuerdo sobre Solución Autónoma de Conflictos de 26 de noviembre de 2020
ATEP:	Accidente de Trabajo y Enfermedad Profesional
CA (CCAA):	Comunidad(es) Autónoma(s)
CC:	Código civil
CCNCC:	Comisión Consultiva Nacional de Convenios Colectivos
Cco:	Código de Comercio
CE:	Constitución Española
CNAE:	Clasificación Nacional de Actividades Económicas
CP:	Código Penal
D (A, D, F, T):	Disposición (Adicional, Derogatoria, Final, Transitoria)
EBEP:	Estatuto Básico del Empleado Público (RDLeg. 5/2015, de 30 de octubre)
EEE:	Espacio Económico Europeo
ERE:	Expediente de Regulación de Empleo
ERTE:	Expediente de Regulación Temporal de Empleo
ESS:	Empleo y Seguridad Social (Ministerio)
ET:	Estatuto de los Trabajadores (RDLeg. 2/2015, de 23 de octubre)
ETOP (causas):	Económicas, técnicas, organizativas y de producción (causas)
ETT:	Empresa de Trabajo Temporal
EU:	Empresa Usuaria
IPREM:	Indicador Público de Renta de Efectos Múltiples
ITSS:	Inspección de Trabajo y Seguridad Social
LC:	RDLeg. 1/2020, de 5 de mayo, por el que se aprueba el TR de la Ley Concursal
LCSP:	Ley de Contratos del Sector Público (Ley 9/2017, de 8 de noviembre)
LE:	Ley de Empleo (Ley 3/2023, de 28 de febrero)

LEC:	Ley de Enjuiciamiento Civil (Ley 1/2000, de 1 de enero)
LETA:	Ley del Estatuto del Trabajo Autónomo (Ley 20/2007, de 11 de julio)
LETT:	Ley de Empresas de Trabajo Temporal (Ley 14/1994, de 1 de junio)
LGDPD:	Ley General de Derechos de las Personas con discapacidad y de su inclusión social (RDLeg. 1/2013, de 29 de noviembre)
LGSS:	Ley General de Seguridad Social (RDLeg. 8/2015, de 30 de octubre)
LIMV:	Ley por la que establece el Ingreso Mínimo Vital (Ley 19/2021, de 20 de diciembre)
LIT:	Ley de Ordenación del Sistema de Inspección de Trabajo y Seguridad Social (Ley 23/2015, de 21 de julio)
LITND:	Ley 15/2022, de 12 de julio, integral para la Igualdad de Trato y No Discriminación
LISOS:	Ley sobre Infracciones y Sanciones en el Orden Social (Real Decreto Legislativo 5/2000, de 4 de agosto)
LOE:	Ley sobre Derechos y Libertades de los Extranjeros en España (Ley Orgánica 4/2000, de 11 de enero)
LOCFP:	Ley de Cualificaciones y Formación Profesional (Ley Orgánica 5/2002, de 14 junio)
LOI:	Ley Orgánica para la Igualdad (Ley Orgánica 3/2007, de 22 de marzo, para la igualdad efectiva de mujeres y hombres)
LOLS:	Ley Orgánica de Libertad Sindical (Ley 11/1985, de 2 de agosto)
LOPDP:	Ley Orgánica de Protección de Datos Personales y garantía de los derechos digitales (Ley 3/2018, de 5 de diciembre)
LOTC:	Ley Orgánica del Tribunal Constitucional (Ley 2/1979, de 3 de octubre)
LPAC:	Ley 39/2015, de 1 de octubre, de Procedimiento Administrativo Común de las Administraciones Públicas
LPGE:	Ley de Presupuestos Generales del Estado (para el año 2023: Ley 31/2022, de 23 de diciembre)
LPRL:	Ley de Prevención de Riesgos Laborales (Ley 31/1995, de 8 de noviembre)
LRJS	Ley 36/2011, de 10 de octubre, reguladora de la Jurisdicción Social

LRSSC:	Ley Reguladora de la Subcontratación en el Sector de la Construcción (Ley 32/2006, de 18 de octubre)
LTD:	Ley de Trabajo a Distancia (Ley 10/2021, de 9 de julio)
MCSS:	Mutua Colaboradora con la Seguridad Social
MISSM:	Ministerio de Inclusión, Seguridad Social y Migraciones
MITES:	Ministerio de Trabajo y Economía Social
OIT:	Organización Internacional del Trabajo
OM:	Orden Ministerial
Orden TES:	Orden Ministerio Trabajo y Economía Social
Orden ISM:	Orden Ministerio de Inclusión, Seguridad Social y Migraciones
Orden TMS, ESS, TAS, TIN:	Órdenes de los anteriores Ministerios de Trabajo, Migraciones y Seguridad Social, de Empleo y Seguridad Social, de Trabajo y Asuntos Sociales, de Trabajo e Inmigración
RD:	Real Decreto
RDL:	Real Decreto-Ley
RDLeg.:	Real Decreto Legislativo
RDLRT:	Real Decreto-Ley de Relaciones de Trabajo, de 4 de marzo de 1976
rec.	Recurso
REORTE:	Reglamento de Elecciones a Órganos de Representación de los Trabajadores en las Empresas (RD 1844/1994, de 9 de septiembre)
RGPD:	Reglamento (UE) 2016/679, relativo a la protección de las personas físicas en lo que respecta al tratamiento de datos personales
Roj:	Repositorio Oficial de Jurisprudencia (en el buscador Cendoj el nº va precedido de la identificación del Tribunal: por ejemplo: STS o ATS)
RPDC:	Reglamento de los procedimientos de despido colectivo y de suspensión de contratos y reducción de jornada (RD 1483/2012, de 29 de octubre)
SMI:	Salario Mínimo Interprofesional
SEPE:	Servicio Público de Empleo Estatal
SMR:	Sindicato más representativo
SR:	Sindicato representativo
TC (ATC, DTC, STC):	Tribunal Constitucional (Auto, Declaración, Sentencia del TC)
TEDH (STEDH)	Tribunal Europeo de Derechos Humanos (Sentencia del Tribunal Europeo de Derechos Humanos)
TGSS	Tesorería General de la Seguridad Social
TR:	Texto Refundido

TRADE:	Trabajador (o Trabajo) Autónomo Dependiente Económicamente
TRLC:	Texto Refundido de la Ley Concursal (RDLeg. 1/2020, de 5 de mayo)
TS (STS):	Tribunal Supremo (Sentencia del TS)
TSJ (STSJ):	Tribunal Superior de Justicia (Sentencia del TSJ)
TJUE (STJUE, STGUE):	Tribunal de Justicia de la Unión Europea, integrado por Tribunal de Justicia (TJ) y Tribunal General (TG) (Sentencia del TJ, del TG)
TFUE:	Tratado de Funcionamiento de la Unión Europea
TUE:	Tratado de la Unión Europea

Lección 1ª

Introducción

1. EL OBJETO DEL DERECHO DEL TRABAJO

El Derecho del Trabajo es aquella rama del ordenamiento jurídico que se ocupa de la regulación del trabajo libre por cuenta ajena, es decir, del trabajo que una persona (trabajador) presta voluntariamente por cuenta de otra (empleador), bajo el poder de dirección de esta última y a cambio de un salario. Queda fuera de su ámbito, por el contrario, el trabajo por cuenta propia o autónomo.

El ordenamiento laboral español recoge expresamente esas notas (voluntariedad, retribución, subordinación, ajenidad) que delimitan su ámbito de aplicación (ver art. 1º.1 ET). No obstante lo anterior, el ámbito concreto de aplicación de las distintas normas laborales no es del todo uniforme. Por ejemplo, alguna norma laboral —como el propio ET, ver su art. 1º.3.a— excluye de su ámbito a "la relación de servicio de los funcionarios públicos" (pese a que el trabajo de éstos es subordinado y por cuenta ajena), mientras que otras —como la LOLS o la LPRL— se aplican también a esos trabajadores.

Esas notas definitorias del objeto del Derecho del Trabajo serán analizadas con más detalle al estudiar el contrato de trabajo (ver lección 8ª). Baste señalar ahora que la subordinación (o dependencia) consiste en trabajar "dentro del ámbito de organización y dirección de otra persona" (art. 1 ET), con sujeción a su poder de dirección y disciplinario; y que la ajenidad supone la no asunción de los riesgos de la empresa por el trabajador, así como la apropiación de los frutos del trabajo por el empleador.

Ambas notas, que son las realmente tipificadoras del Derecho del Trabajo, se vienen aplicando desde hace tiempo por parte de los Tribunales con gran flexibilidad y amplitud. Ello ha provocado que el ordenamiento laboral se haya venido aplicando progresivamente a un número cada vez mayor de sujetos. De este modo, aunque inicialmente fuera en cierto modo un "derecho de clase" (derecho obrero, derecho industrial), hace tiempo que ha dejado de tener esa significación, aplicándose tanto al obrero como al alto directivo, tanto en la industria como en el sector de servicios (incluido el servicio doméstico) o el agrario. Cierto es que, debido a esa amplitud, la normativa laboral no se aplica uniformemente, existiendo un importante número de "relaciones laborales especiales" (ver art. 2 ET), cuya regulación se diferencia incluso notablemente de la fijada en el ET para la relación laboral "común".

Con todo y la amplitud con que vienen interpretadas, aquellas notas definitorias marcan los límites de ordenamiento laboral. Ello puede producir resultados insatisfactorios, en la medida en que ciertos trabajadores autónomos están, sin embargo, aquejados de una fuerte dependencia económica frente a otros sujetos (fenómeno que se conoce en algún país con el nombre de "para-subordinación").

Esta figura de los "trabajadores autónomos económicamente dependientes" (TRADE) se regula ahora por la LETA, cuyo art. 11 los define como los que trabajan de forma habitual para un "cliente", del que dependen por percibir de él, al menos, el 75% de sus ingresos por rendimientos de trabajo y de actividades económicas y profesionales, aparte de otras condiciones (no tener a su cargo trabajadores por cuenta ajena, etc.). La LETA extiende a estos trabajadores algunas de las reglas e instituciones típicas del Derecho del Trabajo, tales como la negociación colectiva (bajo la forma de "acuerdos de interés profesional"), la jornada de trabajo, exigencia de causa justificada para que el cliente extinga la relación contractual o la competencia de los órganos jurisdiccionales del orden social.

En cualquier caso, conviene resaltar que la aplicación de la normativa laboral a un trabajador por serlo subordinado y por cuenta ajena tiene importantísimas consecuencias. Las normas laborales imponen numerosas obligaciones a las empresas, a las que hay que sumar las contempladas igualmente respecto de los trabajadores subordinados en materia de Seguridad Social. No es menos importante la existencia de una jurisdicción especializada (el "orden social de la jurisdicción") para la resolución judicial de los conflictos laborales.

Todo ello ha provocado, desde hace algún tiempo, lo que se ha denominado un "discreto retorno" del trabajo autónomo (MARTÍN VALVERDE). Pero frecuentemente esta renovada utilización del trabajo por cuenta propia oculta o trata de disimular un trabajo que, realmente, es subordinado. Corresponderá normalmente a los Tribunales descubrir la verdad, aplicando un principio de realismo (es decir, que la relación jurídica es lo que es y no lo que las partes de la misma dicen que es), principio recogido en el apartado 9 de la Recomendación nº 198 de la OIT.

Hay que terminar señalando que el ordenamiento laboral se incumple con frecuencia. Pese a la existencia de una normativa fuertemente tuitiva y pese a la existencia de un aparato administrativo y judicial dirigido a garantizar su aplicación, la distancia entre la teoría y la práctica es en numerosas ocasiones enorme. Sobre todo en etapas de crisis económica y de fuerte desempleo, el trabajador (y especialmente algunos trabajadores: jóvenes, mujeres, emigrantes) se ve obligado a aceptar la ocultación de su trabajo subordinado bajo la apariencia formal de un trabajo autónomo. O a aceptar condiciones de trabajo que suponen una infracción de los mínimos fijados por las normas laborales, o trabajar sin más en la economía oculta, negra o sumergida.

2. NACIMIENTO Y DESARROLLO DEL DERECHO DEL TRABAJO

La revolución industrial. El derecho individualista del trabajo. La cuestión social. El trabajo por cuenta ajena (o subordinado) no es un fenómeno exclusivamente moderno. En sociedades antiguas y en la sociedad medieval ha existido igualmente tal tipo de trabajo, pero en ellas la prestación del mismo o bien era forzosa —en función de la condición de esclavo o de siervo— o bien, si se trataba de trabajo libre, no constituía un fenómeno generalizado. Pese a la existencia también de trabajo libre por cuenta ajena, el modo de producción esclavista o feudal se basaba, preponderantemente, en el trabajo no voluntario. En cualquier caso, el trabajo libre por cuenta ajena existente fue objeto de regulación jurídica (figura de la "locatio-conductio operarum" en el derecho romano), regulación que llega, incluso, a ser muy detallada (ordenanzas gremiales, en el derecho medieval). Tal regulación constituye un lejano precedente del actual Derecho del Trabajo.

El trabajo libre por cuenta ajena se generaliza, en las revoluciones industriales de finales del s. XVIII e inicios del s. XIX, con el afianzamiento del modo de producción capitalista. La superación del taller artesano por la manufactura y la fábrica dan lugar a una progresiva disociación del trabajo y del capital, de modo que el trabajador, sin los medios de producción ahora requeridos, se ve obligado a vender o arrendar su fuerza de trabajo para obtener unos ingresos.

Este fenómeno de la generalización del trabajo libre por cuenta ajena, sobre la que se basa el modo de producción capitalista, es objeto, en una etapa inicial, de una mínima e insuficiente regulación, de acuerdo con principios estrictamente liberales, basados en el dogma de la autonomía de la voluntad. Esta etapa inicial se denomina "derecho liberal o individualista del trabajo".

La regulación consiste en la previsión, dentro del derecho civil o común, del contrato llamado de arrendamiento de servicios. En nuestro ordenamiento tal regulación no cristaliza sino tardíamente en el art. 1544 CC. Aparte de ser un contrato que englobaba tanto el trabajo por cuenta propia como por cuenta ajena, los escasos artículos (arts. 1583-1587) que se dedicaban, en concreto, al servicio de "criados y trabajadores asalariados", se limitaban a prever la libertad para fijar la duración del contrato ("sin tiempo fijo, por cierto tiempo, o para una obra determinada", art. 1583), a declarar nulo el arrendamiento hecho por toda la vida (ibidem; se trataba de evitar la vuelta voluntaria a la servidumbre), a exigir justa causa para despedirse o ser despedido si el contrato era por tiempo cierto (art. 1586; en el caso del criado doméstico, si el amo despide sin justa causa debía indemnizar al criado con 15 días de salario, art. 1584), y a poco más.

Obsérvese la paradoja, desde nuestra actual perspectiva, de que el contrato por tiempo cierto (hoy lo llamaríamos temporal o de duración determinada) era más estable que el contrato sin tiempo fijo (que hoy llamaríamos de duración indefinida). El contrato temporal exigía una causa para el despido, mientras que, en el supuesto del contrato indefinido, el despido era libre.

Salvo esas escasas normas, la regulación de las condiciones de trabajo se abandonaba a la autonomía de las partes que celebraran ese contrato de arrendamiento de servicios. La intención era que el trabajador no viera su libertad para trabajar (que era su patrimonio) constreñida por limitaciones exageradas como las que llegaron a contener las ordenanzas gremiales. Pero, en la generalidad de los casos ello suponía que el trabajador tenía que aceptar las condiciones propuestas por el empleador, convirtiéndose el contrato en un contrato de adhesión.

Coherentemente con esa remisión de la regulación del trabajo a la autonomía contractual, el ordenamiento jurídico liberal prohibió la organización colectiva de los intereses de empresarios y de trabajadores. De un lado, se disuelven las corporaciones gremiales; de otro lado, únicamente se autorizan las asociaciones de tipo benéfico (sociedades de socorros mutuos, mutualidades); en fin, se considera delito el "coligarse" para encarecer o abaratar abusivamente el precio del trabajo o regular sus condiciones (Códigos Penales españoles de 1848 y 1870). La situación es similar en otros países (Combination Acts inglesas de 1799-1800; Ley Le Chapelier francesa de 1791). Se trata de evitar, incluso con sanciones penales, que la organización de "supuestos intereses comunes" interfiera en el libre funcionamiento del mercado de trabajo.

Los efectos de este liberalismo dogmático fueron unas pésimas condiciones de vida y de trabajo. La grave conflictividad social provocada por la explotación de la clase obrera (la llamada "cuestión social"), a la que el ordenamiento no ofrece cauces adecuados de solución, pone en serio peligro la subsistencia del sistema y lleva, como reacción, al nacimiento del Derecho del Trabajo.

El intervencionismo del Estado y el reconocimiento del fenómeno sindical. Frente a los postulados liberales (autonomía contractual y represión del movimiento obrero), el Derecho del Trabajo supone la intervención del Estado y el progresivo reconocimiento del sindicalismo.

En la España del s. XIX son claramente constatables los postulados liberales y la reacción frente a los mismos.

Paradigmática la intervención del diputado Sr. Figuerola en las Cortes de 1855: libertad de contratación ("la contratación de los servicios humanos... no debe ser objeto de intervención por parte de la autoridad", "se alquila el trabajo... de la misma manera que cualquier otra cosa"), libertad de salarios ("puede suceder... que un trabajador que está sin trabajo quiera ofrecer por un salario menor el servicio que puede prestar a un fabricante, y no se le puede obligar a que no trabaje"), limitación de la libertad de asociación ("comprendo la asociación para obras de beneficencia..., la asociación de los obreros para sostener dentro de justos límites el precio de la mano de obra, pero libremente").

Enfrente, la postura de la delegación catalana respecto del Proyecto de ley de la industria manufacturera de 1855: limitación de la autonomía contractual ("El contrato individual es el desorden y la anarquía introducidos en los precios de la mano de obra... Se me dirá que el fabricante, si quiere rebajarle el precio, tiene el obrero la libertad de negarse a trabajar en sus talleres... ¿No veis que está asociado con la miseria y si abandona el trabajo está condenado a morir de hambre? Asociado el fabricante con su capital, resistirá al obrero"). O la comisión obrera catalana ante Espartero: libertad de asociación ("la conveniencia de la libre asociación que en todos los tiempos reclama el obrero, por ser el único medio que puede conducir a toda la clase a alcanzar una paz octaviana en sus diferencias"). Pero no solamente los obreros catalanes. También ADAM SMITH era consciente del desigual poder de ambas partes: conviene leer la Sección I del Capítulo VIII de "La riqueza de las naciones".

Pero el limitado Proyecto de 1855, que mantenía la libertad de contratación y de fijación de salarios (aunque con algunas obligaciones —algunos contratos por escrito, hacer público el reglamento disciplinario y los horarios—, algunas limitaciones —edad mínima para trabajar en 8 años, limitación de la jornada para los menores— y previsión de nombramiento de inspectores), no fue aprobado.

3. LAS FUNCIONES DEL DERECHO DEL TRABAJO

El Derecho del Trabajo constata la desigualdad existente entre empresarios y trabajadores y pretende la compensación o nivelación de esa desigualdad: "La idea central en que el derecho social se inspira ya no es la idea de la igualdad de las personas, sino la de la nivelación de las desigualdades que entre ellas existen" (RADBRUCH).

Esa idea se persigue mediante la limitación del poder empresarial, ya sea mediante el intervencionismo por parte del Estado en la regulación de las condiciones de trabajo, ya sea mediante el reconocimiento del asociacionismo obrero y la negociación colectiva. De una manera o de otra, se tutela al trabajador fijando —por ley o por convenio colectivo— unos mínimos que el pacto individual entre empresario y trabajador no puede desconocer. En otras palabras, la técnica que utiliza el Derecho del Trabajo es la limitación de la autonomía contractual individual con la función de tutelar o proteger al trabajador como parte contratante débil.

Y de este modo, el Derecho del Trabajo persigue una finalidad primordial, que se mantiene hoy en día: encauzar el conflicto industrial dentro de límites razonables, legalizando la lucha de clases (legalizando a la clase obrera, se ha llegado a decir).

Siendo esta su función, el Derecho del Trabajo encuentra sus límites. Es hijo de la Revolución Industrial y elemento clave del sistema capitalista. No tiene "ni como fin ni como resultado modificar la naturaleza de las relaciones de trabajo" (OLLIER). Sigue siendo el Derecho del "trabajo subordinado", no cumple un papel revolucionario, pero no cabe ignorar su papel reformador y las importantes transformaciones a que ha dado lugar. Estamos ante el mismo mar, pero la orilla a la que hemos llegado es muy distinta de aquella de que partimos.

Con todo, conviene señalar que el Derecho del Trabajo, como derecho protector del trabajador mediante la limitación de la autonomía individual, ha evolucionado en los distintos países, sobre todo inicialmente, conforme a dos modelos muy diferentes. De un lado, un modelo estatista o intervencionista, en que es el propio Estado mediante sus leyes el que regula las condiciones de trabajo. De otro lado, un modelo liberal, pero ya no individualista sino colectivista, en que el Estado rèconoce el fenómeno sindical y es la actuación sindical (la negociación colectiva) la encargada de fijar las condiciones de trabajo. Desde luego, ningún país se aticne estrictamente a uno u otro modelo ideal. En la actualidad, sobre todo, las diferencias tienden a difuminarse: la negociación colectiva se ha generalizado en países en que la legislación laboral sigue siendo importante, al mismo tiempo que los más liberales han llegado a regular por ley algunos aspectos fundamentales.

4. LA EVOLUCIÓN EN ESPAÑA

Como en otros países, si bien con cierto retraso porque el desarrollo industrial es más tardío, la evolución en España se caracteriza igualmente por una primera etapa liberal individualista, frente a la que surge como reacción el Derecho del Trabajo.

Como ya se vio, incluso a finales del siglo XIX, el CC de 1889 se limita a contemplar un contrato de arrendamiento de servicios con una regulación puramente liberal. Lo mismo hace el CCo, en 1885, al regular la relación entre el comerciante y sus dependientes: plena libertad de extinción en el contrato por tiempo indefinido, libertad que se limita en los contratos por tiempo fijo.

Las primeras leyes excepcionales. La reacción se inicia durante la Primera República. En el terreno del intervencionismo estatal, por la llamada "Ley Benot", de 1873, se prohíbe el trabajo de los menores de 10 años y se limita la jornada de los menores de 15. Luego, una ley de 1878 prohíbe a los menores ciertos trabajos peligrosos. En esa línea de leyes excepcionales de tutela de grupos particularmente débiles, se sitúa la ley de 13 de marzo de 1900.

En el terreno del asociacionismo, la Ley de Asociaciones de 1887 reconoce el hecho asociativo (y, por ende, a los sindicatos: a su amparo se constituye la UGT en 1888), aunque el CP de 1870 mantiene todavía el delito de coligación, sin bien aplicado progresivamente con mayor suavidad (encarecer o abaratar "abusivamente").

Pero aquella ley de 1900 (que, al mismo tiempo, introduce períodos de descanso post-parto y de lactancia y regula el concepto de accidente de trabajo) inaugura ya una nueva etapa, en la que se va formando el Derecho especial del Trabajo. Un derecho especial, es decir, un conjunto de normas tendencialmente completo y cada vez más sistematizado, que regula el trabajo subordinado conforme a reglas muy distintas de las del derecho común (el civil).

El período de 1900-1919. En efecto, el ordenamiento laboral se va desarrollando progresivamente entre 1900 y 1919. A ese desarrollo, le precede un momento de acumulación de conocimientos sobre la realidad laboral ("intervencionismo científico"), a través de la Comisión de Reformas Sociales (1883), luego convertida en Instituto de Reformas Sociales (1903).

Por lo que respecta a la regulación de la relación individual de trabajo, se suceden distintas normas: condiciones de trabajo en contratas públicas, descanso dominical, inembargabilidad de salarios, obligación de pago en moneda legal (frente al sistema del *truck system*) y prohibición de pago en lugares de recreo, emigración, aprendizaje, descanso de las mujeres en establecimientos comerciales, prohibición del trabajo nocturno de las mujeres. Sobre todo, se acaba regulando (en 1919) la jornada de trabajo, e incluso, aunque estamos aún muy lejos del salario mínimo (no llegará hasta 1961), se crean Comités o comisiones paritarias sectoriales encargadas de regular ésta y otras condiciones de trabajo.

A este respecto, pues, el período es trascendental. Todavía se encuentran fuertes reticencias a esta normativa: para algún político, la garantía de la paz social está en el máuser, no en las leyes reformadoras; se cuestiona la ley de descanso dominical ¡en un país católico! El mayor defecto del período es la inexistencia, todavía, de la figura del contrato de trabajo. En todo caso, aunque algunas de esas normas pueden parecer hoy anecdóticas (ley "de la silla") o incluso discriminatorias (prohibición del trabajo nocturno de la mujer), suponen una ruptura con el dogma de la no intervención del Estado: se acepta que "entre el fuerte y el débil, la ley libera, la libertad oprime" (LACORDAIRE).

En el terreno colectivo, también se promulgan leyes importantes: se suprime el delito de coligación (que es tanto como despenalizar la huelga), se crean Consejos de Conciliación y Arbitraje para la solución de conflictos, aparte los ya mencionados comités o comisiones paritarias. También hay límites: no existe una ley específicamente sindical, no se contempla la negociación de convenios colectivos.

En fin, en el terreno institucional, se van constituyendo una administración y una jurisdicción laborales: Inspección de trabajo, Instituto Nacional de Previsión, Tribunales industriales, Ministerio de Trabajo.

La Dictadura de Primo de Rivera. Sucesivamente, el período de la Dictadura primorriverista viene a suponer una consolidación de la etapa anterior. Se promulga en 1926 un Código del Trabajo, que, en buena medida, refundía leyes anteriores (aprendizaje, accidentes de trabajo, tribunales industriales), pero, además, regulaba ya el contrato de trabajo. Si bien este texto tiene un alcance limitado (todavía, el "obrero", no cualquier trabajador subordinado y por cuenta ajena) y un tono liberal (libertad para fijar la duración del contrato, libertad para rescindir el contrato de duración indefinida, es decir, libertad para despedir), contiene novedades de gran interés: presunción de laboralidad, previsión algo confusa de los pactos colectivos, regulación de la capacidad para contratar, prescripción de las acciones, pago a la mujer casada, privilegio de los salarios, causas de suspensión del contrato, etc.

En otro terreno, con fuerte influencia del régimen fascista italiano, se regula una Organización Corporativa Nacional, de la que cabe destacar la institución generalizada de Comités Paritarios (integrados por representantes obreros, empresariales y un presidente nombrado por el Ministerio de Trabajo), para regular las condiciones de empleo (salarios, jornada, ...), generalizando experiencias de la etapa anterior.

La II República. La Segunda República supone, ante todo, la constitucionalización del Derecho del Trabajo: en concreto, el reconocimiento del derecho de asociación sindical y, de forma programática, la previsión de una extensa legislación social, incluida la participación obrera en la dirección y los beneficios de las empresas.

El desarrollo legislativo del programa constitucional, limitado por la crisis del régimen y la guerra civil, se traduce en la importante Ley de Contrato de Trabajo de 1931. Con un contenido muy progresista, incluso comparativamente con otros países europeos más desarrollados: inclusión del servicio doméstico, consideración de la huelga legal como causa de suspensión del contrato —es decir, derecho de huelga—, exigencia de causa para extinguir los contratos de trabajo incluidos los de duración indefinida —limitación de la libertad para despedir—.

En el terreno colectivo, se aprueba una específica y extensa Ley Sindical en 1932. Pero los convenios colectivos, aun contemplados en la Ley de Contrato de Trabajo, no adquieren desarrollo; se continúa la tradición de la regulación de condiciones de trabajo mediante "bases de trabajo" aprobadas por Jurados Mixtos (sucesores de los Comités Paritarios).

Otros proyectos (con alarmista denominación de corte sovietizante: ley de "control obrero", aunque se limitaba a establecer representantes con la función de controlar la aplicación de la normativa laboral), no pasan de tales. Y el inicio de la Guerra Civil pone fin a la legislación progresista de la Segunda República.

La dictadura franquista. El derecho del trabajo del período franquista responde a una visión comunitaria de la empresa. Para las leyes fundamentales del régimen, la empresa es una "unidad productora" (Fuero del Trabajo, 1938), "una comunidad de aportaciones de la técnica, la mano de obra y el capital" (Fuero de los Españoles, 1945), "una comunidad de intereses y una unidad de propósitos" (Principios del Movimiento Nacional, 1958).

En lógica coherencia, la Organización Nacional Sindicalista del Estado se inspira en los principios de Unidad, Totalidad y Jerarquía (Fuero del Trabajo). Las leyes de 1940-1943 organizan un sindicalismo oficial, obligatorio y unitario, "instrumento al servicio del Estado" (Fuero del Trabajo), donde quedan encuadrados todos los empresarios y trabajadores.

La huelga, delito de lesa patria, se sanciona como delito de sedición en el CP. Las bases de trabajo y los convenios colectivos, que se califican como instrumentos de la lucha de clases, desaparecen. En su lugar, el Estado a través del Ministerio de Trabajo asume, inicialmente de modo monopolístico, la regulación de las condiciones de trabajo por medio de las Reglamentaciones de Trabajo. De 1942 a 1954 los salarios fijados por las mismas constituyen máximos insuperables.

La otra cara de la moneda de esa visión comunitaria de la empresa (la participación de los trabajadores en las empresas) tarda en aparecer y, realmente, no se regula hasta 1947-1953 (los "jurados de empresa"). Pero se mantiene e incluso se refuerza la estabilidad en el empleo: se sigue exigiendo causalidad para el despido, se mantiene la necesidad de autorización administrativa para los despidos por causas económicas.

Diversos motivos (integración en organismos internacionales, apertura económica, necesidad de desarrollo económico) van forzando cambios, sin abandonar los principios básicos.

De este modo, se regula aunque con grandes limitaciones la negociación colectiva en 1958 (la negociación es dentro del sindicato oficial, no cabe la huelga, el convenio tiene que ser aprobado por la autoridad laboral, que en caso de desacuerdo dicta un laudo obligatorio), se regula en 1962 un procedimiento de solución "pacífica" de conflictos colectivos (la huelga permite el despido y a falta de composición voluntaria del conflicto resuelve mediante laudo la autoridad), la huelga laboral se despenaliza en 1965 (pero siguen siendo delito la huelga de funcionarios o la huelga política).

Como base de todo ello, dentro del sindicato vertical oficial se diferencian las secciones sociales y las económicas. Y se regula en 1953 la elección en las empresas de representantes de los trabajadores (Jurados de Empresa y enlaces sindicales), que al mismo tiempo son sus representantes en el sindicato oficial. En 1962 se articula una participación de los trabajadores en los consejos de administración de las sociedades de gran tamaño.

Incluso, en 1967, se reforman los aspectos más anticuados y autoritarios del Fuero del Trabajo. Operación necesaria, por lo demás, para dar cobertura a los cambios legislativos señalados que ya se habían producido.

Como consecuencia, se reforma la Ley Sindical en 1971, aunque se mantiene el principio de unos sindicatos únicos (si bien diferenciando en su interior entre Uniones y Agrupaciones de Trabajadores y Técnicos y Uniones de Empresarios) y obligatorios.

También se reforma entre 1970 y 1975 la normativa sobre convenios colectivos (que en lo esencial permanece igual) y sobre conflictos colectivos (lo mismo). Aunque la normativa de 1975 contempla la posibilidad de que la huelga, en casos limitados, conlleve solamente la suspensión del contrato y no la sanción de despido.

La Ley de Relaciones Laborales de 1976 pone fin al período. Sus dos aspectos más sobresalientes (limitación de la contratación temporal y readmisión obligatoria del despedido improcedentemente) son el último intento del régimen de atraerse a la clase obrera y un paradigma del iuslaboralismo franquista: fuertes garantías para el trabajador individual a cambio de los límites a la autonomía colectiva (sindicalismo oficial, control de la negociación colectiva, prohibición de la huelga).

La transición política. Por un lado, se desmonta el sindicalismo oficial: se ratifican los Convenios de la OIT sobre libertad sindical, se suprimen la sindicación y la cotización obligatorias, se disuelven los sindicatos oficiales. Todo el aparato burocrático y asistencial de la Organización Sindical se transfiere a una Administración provisional y luego al Estado. Los representantes en las empresas, que dejan de ser al mismo tiempo representantes en unos sindicatos oficiales que desaparecen, se transforman en los actuales Comités de Empresa y delegados de personal.

De otro lado, al mismo tiempo que se suspenden los aspectos más llamativos de la Ley de 1976 (limitación de la contratación temporal y readmisión obligatoria de despedidos), el RDLRT de 1977 establece medidas provisionales para la nueva situación respecto de las reglamentaciones de trabajo, convenios colectivos, y despidos improcedentes. Como novedad, comienza a suprimir el control administrativo de los despidos económicos (por causas objetivas) y regula el ejercicio del derecho de huelga, el cierre patronal y los conflictos colectivos. En buena medida, en estos temas, aún sigue en vigor.

El punto final es la Ley de Amnistía de 15 de octubre de 1977.

Estado democrático. La norma básica viene constituida por el Estatuto de los Trabajadores de 1980 (aunque el texto vigente se encuentra en el RDLeg. 2/2015, de 23 de octubre), frecuentemente reformado y complementado por varias normas reglamentarias. En el terreno colectivo, la Ley Orgánica de Libertad Sindical de 1985 y el preconstitucional Decreto-ley de Relaciones de Trabajo de 1977. A esas normas se suman numerosas otras como la Ley de Empresas de Trabajo Temporal de 1994, la Ley de Prevención de Riesgos Laborales de 1995, la Ley de Infracciones y Sanciones en el Orden Social de 2000, la Ley Reguladora de la Jurisdicción Social de 2011 y muchas otras (ver en este manual las abreviaturas y las lecciones correspondientes). Carecemos de un sistemático "Código del Trabajo", repetidamente prometido.

5. PROBLEMAS ACTUALES DEL DERECHO DEL TRABAJO

Los nuevos retos. El actual Derecho del Trabajo, sin abandonar su función equilibradora y de composición del conflicto laboral, mediante la tutela del trabajador a través de la fijación de condiciones mínimas imperativas, tiene que hacer frente a la internacionalización o globalización económica y al impacto de las nuevas tecnologías, fenómenos en buena medida unidos.

La globalización. La creación de un mercado mundial obliga a tener en cuenta las repercusiones de la normativa laboral sobre la competitividad de las empresas, garantizando la adaptabilidad de las mismas. Al mismo tiempo, se ve limitada la capacidad de los Estados nacionales para regular las relaciones de trabajo y se corre el riesgo de un "dumping" social entre los distintos países. Ello reaviva la importancia de una legislación internacional del trabajo (OIT, Unión Europea) que, no obstante, encuentra fuertes dificultades para armonizar las legislaciones laborales. No es fácil la comparación entre ellas y puede resultar contraproducente armonizar solamente algunas materias sin regular otras (por ejemplo, regular la contratación temporal y al mismo tiempo no regular el despido). La línea de tendencia parece ir hacia la fijación internacional de principios fundamentales (prohibición del trabajo infantil, no discriminación, libertad sindical) y hacia una armonización de mínimos.

Se constata el fenómeno de las llamadas "cadenas mundiales (o globales) de producción": la "organización transfronteriza de las actividades necesarias para producir bienes y servicios y llevarlos hasta los consumidores" (OIT). Cadenas que, mediante una estructura compleja y variada de sujetos y de vínculos contractuales entre ellos se traducen en los países menos desarrollados en bajos salarios, contratación precaria, extensas jornadas laborales, lugares de trabajo inseguros y peligrosos y hostilidad hacia los sindicatos y la negociación colectiva (SANGUINETI RAYMOND)[1].

Ante este fenómeno, aparte medidas de ámbito internacional que se señalan luego (ver, infra, lecc. 2ª, epígrafe 3) en algunos Estados se han aprobado leyes pioneras en la materia[2]

Las nuevas tecnologías. La digitalización. Las nuevas tecnologías conllevan la aparición de tipos de trabajo absolutamente novedosos, como el teletrabajo, y potencian fenómenos como la subcontratación internacional ("off-shoring"). En la medida en que supone un cambio radical respecto del trabajo tradicional en muchos aspectos (lugar de trabajo, horario de trabajo), exigirá, como otros fenómenos actuales, una importante adaptación del ordenamiento laboral tradicional. Pero también otros fenómenos relacionados con las nuevas tecnologías (como, en cuanto al trabajador, el uso del correo electrónico o la navegación por Internet; o, en cuanto al empleador, la video o audio vigilancia) obligan a adaptar a las mismas viejos conceptos (poder disciplinario, facultades de control empresarial).

Actualmente la digitalización de la economía es el aspecto que presenta mayores retos. Partiendo de su universalidad y su acelerada difusión (CRUZ VILLALÓN)[3], la economía digital (uber-economy, gig-economy, etc), plantea retos en relación a la calificación de los nuevos empleos y las

---

1 "Las cadenas mundiales de producción y la construcción de un Derecho del Trabajo sin fronteras", Ponencia inaugural del XXIX Congreso Anual de la AEDTSS (se puede descargar en el sitio de la Asociación).

2 En el Reino Unido, la "Ley sobre la esclavitud moderna" de 2015; en Francia, la "Ley sobre el deber de vigilancia de las casas matrices y las empresas contratistas", de 2017; en California, la "Ley de transparencia en las cadenas de suministros", de 2010.

3 "Las transformaciones de las relaciones laborales ante la digitalización de la economía", en Temas Laborales nº 138, 2017 (se puede descargar la revista en https://dialnet.unirioja.es/ejemplar/497213). También las ponencias del XXXII

plataformas digitales, y en relación a la difuminación de los parámetros clásicos de lugar y tiempo de realización del trabajo (por ejemplo, el derecho a la desconexión), así como relativos a su impacto sobre el empleo y a la capacidad de la norma laboral para gestionar las relaciones laborales; en fin, sobre el control de la aplicación de la norma laboral.

Igualdad de género. El objetivo de avanzar en la igualdad entre mujeres y hombres ha dado lugar a importantes reformas también en la legislación laboral, en particular a partir del año 2007 y se refleja en varios aspectos de la misma, como en materia salarial, negociación colectiva, despidos, etc. Relacionada con ello, igualmente la cuestión de la conciliación de la vida laboral y familiar y la corresponsabilidad.

Las reformas laborales en España. Estos nuevos retos han supuesto, también en España, la necesidad de constantes reformas en la legislación laboral, cuyos rasgos más significativos han sido los siguientes.

1°) El estatuto jurídico de los trabajadores se ha diversificado. Junto al "trabajo típico", por tiempo indefinido y a tiempo completo (amén de masculino), han ido adquiriendo gran importancia los "trabajos atípicos": contratos temporales y contratos a tiempo parcial (al tiempo que el empleo femenino aún está lejos de los parámetros medios europeos).

En este sentido, la flexibilidad de las empresas se buscó inicialmente (1980-1994) facilitando la contratación temporal. Esta flexibilidad "de entrada" mediante la figura del contrato temporal de fomento de empleo acabó revelando sus aspectos negativos (segmentación, precariedad) y se comenzó a abandonar en 1994. A cambio, en 1997, se inicia una flexibilidad de "salida", abaratando el despido a través de la figura del nuevo contrato de fomento de la contratación indefinida, que conllevaba una indemnización de 33 días por año de servicios en vez de 45 y con un máximo de 24 mensualidades. Ese contrato desapareció en la reforma de 2012, al generalizarse para todo contrato tal menor indemnización, al mismo tiempo que se introdujo un contrato indefinido de apoyo a los emprendedores, el cual suponía la libre rescisión sin indemnización por un período de un año.

El otro trabajo "atípico", el contrato a tiempo parcial, ha sido objeto de atormentadas y constantes revisiones y no acaba de despegar en comparación al trabajo temporal, el cual, pese a las limitaciones legales sigue

---

Congreso Anual de la AEDTSS: *Digitalización, recuperación y reformas laborales,* Madrid, MTES, 2022; sus conclusiones pueden verse en www.aedtss.com.

alcanzando un alto porcentaje. En buena medida, el fuerte peso que aún conserva la contratación temporal se debe a su vinculación con otro fenómeno empresarial actual: la externalización o descentralización productiva (el llamado "out-sourcing") mediante contratas y subcontratas.

> Según datos de Eurostat (para 2023, para población de 20 a 64 años), el porcentaje de contratos de duración determinada en España ha descendido al 14,4%, siendo la media EU-27 del 10,6%. Pero la temporalidad es escandalosamente elevada en la franja de 15 a 24 años: en la UE-27 es del 45,6%%, en España del 46,5% (un fuerte descenso, ya que en 2022 era del 56,7%).
>
> Conforme a EPA I-2024, el total de asalariados en España es de 18.063.900, de los que 15.226.800 con contrato indefinido y 2.837.100 con contrato temporal, lo que supone un porcentaje de temporalidad del 15,70%.
>
> Pero, con independencia del porcentaje de temporalidad sobre el total anual, los contratos que se celebran —por ejemplo, mensualmente— venían siendo predominantemente temporales, aunque la tendencia ha cambiado a partir de los primeros meses de 2022. Así (sobre datos del SEPE), en diciembre de 2021 se registraron 173.784 contratos indefinidos mientras que en mayo de 2023 han sido 624.853 (un 44,25% del total); en cuanto a los temporales, en diciembre de 2021 se celebraron 1.507.766 mientras que en mayo de 2023 han sido 787.208 (un 55,75% del total). En abril de 2024, los indefinidos han sido 522.662, y los temporales 708.186.
>
> La contratación a tiempo parcial es menor en España (13,1%) que en el total de la UE-27 (17,8%) (datos para población 15-64 años). Según datos del SEPE, para abril de 2024, de un total de 1.267.440 contratos celebrados, 718.776 lo fueron a tiempo completo, mientras 358.271 lo fueron a tiempo parcial, aparte 190.393 fijos discontinuos.En los últimos años se ha debatido en la Unión Europea sobre la *flexiguridad,* definida como "una estrategia integrada para potenciar, a un tiempo, la flexibilidad y la seguridad en el mercado laboral"[4]. La reforma laboral española de 2010 se situó en esa línea, tratando de compensar con mayores límites a la contratación temporal (como ya hizo la reforma de 2006) las mayores facilidades para el despido mediante el con-

---

4 Ver COM (2007) 359 final: Comunicación de la Comisión *"Hacia los principios comunes de la flexiguridad"*. Flexibilidad entendida como transiciones: "del colegio al trabajo, de un empleo a otro, del desempleo o la inactividad al trabajo y del trabajo a la jubilación". Seguridad entendida como seguridad en el empleo, no en el puesto de trabajo. Se plantea el consenso sobre "principios comunes de la flexiguridad"; el primero de los cuales hace referencia a los "componentes de la flexiguridad": disposiciones contractuales flexibles y fiables, aprendizaje permanente, políticas activas del mercado laboral y sistemas de seguridad social modernos. Y se ofrecen cuatro itinerarios tipo hacia la flexiguridad, de los que elprimero ("Abordar la segmentación contractual") parece el más adecuado para España.
La Comunicación se remite a la caracterización de la flexiguridad de la OCDE: "una legislación de protección al empleo moderada; una alta participación en el aprendizaje permanente; un gasto elevado en políticas del mercado laboral (tanto pasivas como activas); unos regímenes de prestaciones de desempleo generosos,

trato de fomento de la contratación indefinida y la revisión de las causas de los despidos por causas económicas, técnicas, organizativas y de producción, amén de mayores márgenes para la flexibilidad interna. La reforma de 2012 redujo drásticamente el coste del despido improcedente y facilitó los despidos colectivos al suprimir la necesidad de autorización administrativa para efectuarlos y al reducir notablemente el control sobre su justificación (esta última también para los despidos objetivos en general y para las medidas de

---

que equilibran derechos y deberes; unos sistemas de seguridad social que ofrecen amplia cobertura; y una importante presencia sindical".

El objetivo de la flexiguridad no se abandonó en años posteriores: el Consejo EPSCO (Empleo, Política Social, Sanidad y Consumidores), celebrado en Luxemburgo el 8 de junio de 2009, aprobó el documento "Flexiguridad en tiempos de crisis" (doc. 10388/09) que propuso, entre otras medidas (ver punto 19), adoptar medidas de flexibilidad interna alternativas al despido y "un mercado laboral que garantice al mismo tiempo la necesaria flexibilidad y seguridad, unos sistemas de prestaciones que proporcionen incentivos para el trabajo, unos niveles adecuados de costes laborales no salariales, especialmente por lo que respecta a las personas poco cualificadas y otros grupos vulnerables, así como... la mejora de la legislación y la reducción de la carga administrativa que pesa sobre las empresas".

Con la flexiguridad se persiguen dos objetivos: facilitar la creación de empleo y reducir la dualidad del mercado laboral (indefinidos/temporales). En España, tras las reformas de 2012 y 2021, conforme a los datos de las Encuestas de Población Activa cabe resaltar (en miles)

	4º trim. 2011	1º trim. 2021	Variación 2011-2021	1º trim. 2024	Variación 2021-2024
Activos	23.440,3	22.943	-497,3	24.277,9	1.334,9
Parados	5.287,3	3.703,3	-1.584	2.977,9	-725,4
Ocupados	18.153,0	19.239,6	1.086,6	21.250	2.010,4
Asalariados	15.150,5	16.118,6	968,1	18.063,9	1.945,3

Mientras estuvo vigente la reforma de 2012 el número de activos disminuyó, el número de parados disminuyó, el número de ocupados aumentó y el número de asalariados aumentó. Vigente la reforma de 2021 el número de activos ha aumentado, el número de parados ha disminuido, el número de ocupados ha aumentado y el número de asalariados ha aumentado Otro dato a señalar es la evolución de la **afiliación a la Seguridad Social**. Utilizando los datos de afiliación a último día de mes, en **noviembre de 2011** el total de afiliados eran 17.204.030. En **enero de 2021** el total de afiliados eran 18.904.852. **En mayo de 2024** el total de afiliados a fin de mes eran 21.219.318. E

Unos datos sobre **salarios**, conforme INE. La ganancia media anual en 2011 fue de 22.899,35 euros (hombres: 25.662,89; mujeres: 19.767,59). En 2021 fue de 25.896,82 (hombres: 28.388,69; mujeres: 23.175,95). En 2012 disminuyó en -0,8% (hombres: 0,1%; mujeres: -1,2%). En 2021 el incremento fue de 2,91% (hombres: 2,70%; mujeres: 3,15%)

flexibilidad interna). Pero no abordó mayores límites a la contratación temporal. La reforma de 2021 ha recortado sensiblemente la contratación temporal (supresión del contrato para obra o servicio determinado, mayor limitación del encadenamiento de contratos); pero no ha modificado la regulación de la extinción del contrato efectuada por la reforma de 2012.

2º) El intervencionismo público en determinados aspectos de la relación laboral ha disminuido. Desde la reforma de 1994, ya no se exigía autorización administrativa para los traslados, ni para las modificaciones sustanciales de las condiciones de trabajo, ni para los despidos por causas empresariales (económicas, técnicas, organizativas, productivas) que no fueran colectivos. Ello incrementó las facultades de dirección empresariales, aunque se requiera en esos supuestos, si son colectivos, una negociación con los representantes de los trabajadores y aunque la existencia de causa justificativa de esas medidas sea controlable por los tribunales (pero tras la reforma de 2010 se presume existente en caso de acuerdo). La reforma de 2012 puso fin también a la exigencia de autorización para el despido colectivo, y para la suspensión del contrato y la reducción de jornada por causas empresariales, y redujo el control judicial al redefinir sus causas justificativas.

3º) En tercer lugar, se van modificando las relaciones entre el intervencionismo del Estado (la ley) y la autonomía colectiva (el convenio colectivo). La ley, ya desde 1994, ha dejado de regular algunos temas (valor de la hora extra, plus de nocturnidad), y los huecos se tienen que llenar por la negociación colectiva. En otros temas (como la duración máxima del período de prueba, la duración máxima de la jornada diaria o la distribución regular de la jornada), la ley deja de ser imperativa y puede ser sustituida, a mejor o a peor, por el convenio colectivo. Sin embargo, al contrario, la reforma de 2012 volvió a introducir límites imperativos a la negociación colectiva (aplicación estricta de la regulación legal respecto de facilidades a los representantes laborales en las AAPP).

Pero en 1994 el papel regulador de la autonomía individual (del contrato de trabajo) seguía siendo muy limitado. La pretendida "individualización" del Derecho del Trabajo no había avanzado, o apenas (para SALA FRANCO, aquella reforma supuso "menos ley, más convenio colectivo y algo más, pero no mucho más, contrato individual"). Al menos en la formalidad legal, puesto que la realidad (fuerte desempleo, sobre todo entre jóvenes, mujeres y extranjeros) fuerza al individuo a aceptar condiciones de empleo con frecuencia ilegales. Sin embargo, las reformas de 2010 y 2012 ampliaron notablemente el poder empresarial para fijar las condiciones de trabajo a través de varios mecanismos: simplificación de las causas para adoptar medidas de flexibilidad interna (movilidad funcional, geográfica, modificación de condiciones de trabajo e inaplicación del convenio colectivo, previsión de actuación de una comisión integrada por los propios trabajadores en caso de ausencia de representantes legales, distribución irregular de la jornada de trabajo).

Otro terreno en que la evolución normativa ha sido notable es el de la intermediación en el mercado de trabajo, en paralelo con la producida en la OIT: desde 1994 en que se suprime el monopolio de los servicios públicos de empleo admitiendo las agencias privadas de colocación sin ánimo de lucro y las ETT, pasando por la Ley 35/2010, que admite también las agencias con ánimo de lucro, y la Ley 3/2012, que contempla la colocación por parte de las ETT, hasta la vigente LE de 2023, cuyos arts. 3.c) y 40.2 acogen un amplio concepto de intermediación[5].

4°) Por lo que respecta a la negociación colectiva, su reforma (ya avanzada en 2010) se abordó en 2011. Supuso un impulso hacia la descentralización de la misma, pero recuperando el papel ordenador de su estructura por parte de la propia autonomía colectiva, y la pretensión de resolver los supuestos de falta de acuerdo mediante la conciliación y el arbitraje.

La reforma de 2012 (considerada constitucional por las SSTC 119/2014 de 16 de julio y 8/2015 de 22 de enero) mantuvo la línea descentralizadora, reforzada al blindar la negociación de ámbito empresarial frente a los acuerdos interprofesionales y ampliar las materias en que resulta preferente el convenio de empresa. Al mismo tiempo, se recortó fuertemente la ultra-actividad del convenio denunciado (recorte matizado luego jurisprudencialmente) y se reforzó al arbitraje obligatorio (ya objeto de promoción en 2010 en relación a la inaplicación del convenio y a su renegociación).

Tras el período de inestabilidad parlamentaria posterior a la moción de censura de 2018, en el acuerdo de un gobierno de coalición tras la votación de noviembre de 2019, se anunció una "contrarreforma" laboral que inicialmente se limitó a la derogación del supuesto de despido objetivo por faltas justificadas de asistencia al trabajo (art. 52.d ET) y a la derogación por LO 5/2021 del delito específico de coacciones por piquetes de huelga, que venía contemplado en el art. 315.3 CP.

---

[5] Incluyendo, por ejemplo, la recolocación (out-placement) y la selección de personal. Un análisis de la LE de 2023 en LÓPEZ BALAGUER, M.: "La intermediación laboral en la nueva Ley de Empleo", en *Empleo y Protección Social,* XXXIII Congreso Anual de la AEDTSS, Ministerio de Trabajo y Economía Social, Madrid, 2023.

Como se observó (GOERLICH PESET)[6], esa inestabilidad no impidió ciertos avances sociales, aparte de en relación al SMI, mediante el RDL 6/2019 (igualdad de trato y oportunidades), RDL 8/2019 (protección social y lucha contra la precariedad) y RDL 18/2019. Pero, sobre todo, en el "Nuevo Acuerdo para España", señaladamente en su "eje prioritario 1°", se contempló esa "contrarreforma" laboral distinguiendo entre medidas urgentes y a más largo plazo, en el marco del diálogo social.

Por lo que se refiere al ET, la contrarreforma abordaría las cuestiones de ultra-actividad del convenio, de prioridad del convenio de empresa y de inaplicación o descuelgue de los convenios; el RDL 32/2021 ha abordado las dos primeras. La contrarreforma abordaría también la modificación sustancial de condiciones de trabajo y los despidos colectivos, tanto desde el punto de vista causal como procedimental; lo que no se ha hecho. En fin, la consecución de un empleo de calidad, abordando las temáticas de la subcontratación (art. 42 ET), de la contratación temporal (señaladamente, la supresión del contrato para obra o servicio determinado y mayores límites al encadenamiento de contratos), de la contratación de fijos-discontinuos y de las políticas de empleo y de formación, lo que sí ha efectuado la reforma de 2021; que también ha regulado otras cuestiones como una nueva y detallada regulación de la reducción de jornada y suspensión de contratos, sobre la base de la experiencia acumulada durante la pandemia.

La reforma ha reducido sensiblemente la contratación temporal, como se indicó antes. Según SEPE, el paro registrado en junio 2023 se ha situado en 2.688.842 personas, con una variación interanual de –6,66%.Aparte otras normas (Ley 10/2021, de 9 de julio, reguladora del trabajo a distancia; Ley 12/2021, de 28 de septiembre, para garantizar los derechos de las personas dedicadas al reparto en plataformas digitales, "riders"; Ley 20/2021, de 28 de diciembre, de medidas urgentes para reducción de la temporalidad en el sector público), el contenido de la "contrarreforma" o reforma laboral de 2021,operada por el RDL 32/2021,se estudia en diversos epígrafes de este Curso; en todo caso cabe señalar aquí que la doctrina (CRUZ VILLALÓN)[7] ha resaltado respecto de su contexto la influencia

---

6 "En la antesala de la contrarreforma", en Labos, vol. 1, n° 1, pp. 4-15 (se puede descargar en http://www.uc3m.es/labos).

7 "Texto y contexto de la reforma laboral de 2021 para la pospandemia", en Temas Laborales, n° 161/2022. El número completo de la revista puede descargarse en https://dialnet.unirioja.es/ejemplar/601120. MOLINA NAVARRETE describe la reforma como "ni hito transformador, ni timo del tocomocho", en Revista de Trabajo y Seguridad Social CEF, n° 467, mar-abril 2022, número dedicado a la

europea (señaladamente la condicionalidad de los fondos de recuperación a reformas estructurales de nuestro modelo laboral), la jurisprudencia del TS (señaladamente en materia de contratas y subcontratas) y el hecho de haberse aprobado mediante la concertación o diálogo social (para SALA FRANCO, se ha hecho "la reforma que era posible en una mesa de concertación social", concertación que fracasó en 2010-2011 y no se intentó en 2012).

Cabe concluir señalando que la reforma de 2021 es desarrollo del Componente 23 (Nuevas políticas públicas para un mercado de trabajo dinámico, resiliente e inclusivo) del Plan de Recuperación, Transformación y Resiliencia (PRTR)[8].5º) En materia de Seguridad Social (ver Lección 16), precedida por el RDL 3/2021, de 2 de febrero (de reducción de la brecha de género), la Ley 21/2021, de 28 de diciembre ha constituido una auténtica contrarreforma de la normativa de 2013, al prever la actualización de las pensiones en función del incremento del IPC, amén de regular de nuevo la jubilación anticipada, reintroducir la posibilidad de cláusulas convencionales de jubilación forzosa y otras medidas. Con posterioridad, cabe señalar el RDL 13/2022, de 26 de julio, que establece un nuevo sistema de cotización para los autónomos y, en fin, el RDL 2/2023, de 16 de marzo.

Este último persigue como objetivo principal el refuerzo de la capacidad de financiación del sistema para garantizar su sostenibilidad a raíz de la jubilación de los "baby boomers". Entre otras cuestiones, aborda el incremento gradual de la base máxima de cotización y revisa el período de cómputo para el cálculo de la pensión; a ello se añade que contempla una cotización adicional de solidaridad cuando se supere la base máxima de cotización y se regula el llamado Mecanismo de Equidad Intergeneracional (MEI), cotización adicional para nutrir un fondo de reserva; aparte otras muchas medidas.

---

reforma. Puede consultarse también el "Estudio de la reforma laboral 2021" de ROJO TORRECILLA, en su blog, en enero 2022 (con texto comparado de la normativa derogada y la reforma); del mismo autor y en el mismo lugar "Una primera recopilación sobre las valoraciones de la reforma laboral de 2021". En fin, SALA FRANCO, T.: La reforma laboral: la contratación temporal y la negociación colectiva, Tirant lo Blanch, 2022.

8 Ver el Componente 23 en https://www.lamoncloa.gob.es/temas/fondos-recuperación/Documents/05052021. El Plan se aprobó por el Gobierno el 27 de abril de 2021 y por la Comisión europea el 13 de julio. Sobre el sistema público de pensiones, ver el Componente 30.

Lección 2ª

Fuentes del ordenamiento laboral

1. CONCEPTO Y ENUMERACIÓN DE LAS FUENTES

Fuentes "materiales" son los poderes sociales (el Estado, distintas organizaciones internacionales, organizaciónes profesionales, etc.) que pueden establecer normas jurídicas. Fuentes "formales" son los instrumentos o formas a través de los cuales se establecen esas normas.

Como fuentes formales del ordenamiento laboral podemos enumerar: la Constitución, las normas internacionales y supranacionales, las leyes internas, los reglamentos, los convenios colectivos, la costumbre y los principios generales del derecho.

El art. 1.1 Código Civil considera como fuentes la ley, la costumbre y los principios generales del derecho.

Más detalladamente, el art. 3.1 ET dispone que "Los derechos y obligaciones concernientes a la relación laboral se regulan: *a)* Por las disposiciones legales y reglamentarias del Estado. *b)* Por los convenios colectivos. *c)* Por la voluntad de las partes, manifestada en el contrato de trabajo... *d)* Por los usos y costumbres locales y profesionales".

Es una enumeración incompleta, porque no se mencionan las normas internacionales y supranacionales. Y se incluye como fuente al contrato de trabajo, el cual tiene fuerza de ley entre las partes contratantes (art. 1091 CC), pero no crea derecho objetivo.

Lo importante es señalar las peculiaridades del Derecho del Trabajo. En primer lugar, aparece una fuente muy peculiar como son los convenios colectivos. En segundo lugar, la gran variedad de fuentes y su extensión. En tercer lugar, la naturaleza, normalmente imperativa mínima, de las normas laborales (ver, infra, ep. 11).

Por último, téngase en cuenta que las disposiciones del Código Civil se aplican supletoriamente (art. 4.3 CC).

2. LA CONSTITUCIÓN ESPAÑOLA DE 27 DE DICIEMBRE DE 1978

Situada en la línea de las Constituciones sociales del siglo XX (que se inicia con la Constitución política de los EEUU Mexicanos de 1917, o de Querétaro, art. 123; la del Imperio Alemán de 1919, o de Weimar, arts. 151-165), de la CE cabe analizar los siguientes aspectos.

2.1. Contenido laboral de la Constitución y su aplicabilidad

El contenido laboral de la CE se suele clasificar en los siguientes grupos.

A) En primer lugar, los derechos y libertades fundamentales. Son tales los enumerados en los arts. 14-29 CE. Entre los mismos, tienen un contenido laboral específico la libertad sindical y el derecho de huelga (art. 28). Pero otros derechos fundamentales "inespecíficos" pueden tener también gran repercusión en las relaciones laborales: igualdad y no discriminación (art. 14), libertad ideológica (art. 16), intimidad personal (art. 18), libertad de expresión y de información (art. 20), derecho de reunión (art. 21), aparte otros (como derecho a la tutela judicial efectiva, art. 24).

B) En segundo lugar, entre los derechos y libertades (no fundamentales) de los ciudadanos (arts. 30-38), tienen contenido específicamente laboral los arts. 35 y 37:

Según el art. 35, "todos los españoles tienen el deber de trabajar y el derecho al trabajo, a la libre elección de profesión u oficio, a la promoción a través del trabajo y a una remuneración suficiente para satisfacer sus necesidades y las de su familia, sin que en ningún caso pueda hacerse discriminación por razón de sexo" (ap. 1). Se prevé además que "La ley regulará un estatuto de los trabajadores" (ap. 2).

El art. 37, por su parte, reconoce el derecho a la negociación colectiva (ap. 1) y a la adopción de medidas de conflicto colectivo (ap. 2).

C) En tercer lugar, se establecen una serie de principios, tanto en el Capítulo III (arts. 39-52), como en los arts. 129 y 131.

En ese Capítulo III, se viene exigir a los poderes públicos que promuevan, garanticen o mantengan determinadas actuaciones: progreso social y económico, distribución de la renta, pleno empleo, estabilidad económica (art. 40.1); formación profesional, seguridad e higiene en el trabajo, descanso, limitación de la jornada, vacaciones retribuidas (art. 40.2); régimen público de Seguridad Social para todos los ciudadanos y libertad de regímenes complementarios (art. 41); derecho a la salud (art. 43), protección de los disminuidos (art. 49); protección de la tercera edad (art. 50), de los usuarios y consumidores (art. 51).

En cuanto a los llamados principios "asistemáticos" (por no figurar en el Cap. III), el art. 129 se refiere a la participación de los interesados en la Seguridad Social y otros organismos públicos (ap. 1), así como a la promoción eficaz de las distintas formas de participación en la empresa, al fomento de las sociedades cooperativas, y al acceso de los trabajadores a la propiedad de los medios de producción (ap. 2).

D) Conforme al art. 53 CE, los derechos y libertades fundamentales y los derechos y libertades de los ciudadanos tienen una aplicabilidad directa, mientras que los principios no la tienen.

Así, según el art. 53.1, los primeros "vinculan a todos los poderes públicos": poder legislativo, ejecutivo y judicial. Mientras que los principios "solo podrán ser alegados de acuerdo con lo que dispongan las leyes que los desarrollen" (art. 53.3).

De este modo, un derecho o libertad constitucional, fundamental o no, puede ser alegado ante un tribunal sin necesidad de un previo desarrollo legal. Así, si un delegado sindical en una empresa fuera despedido por razón de su condición de tal, el despido sería declarado nulo por un tribunal, aunque no existiera una ley que declarara esa consecuencia.

Pero, en la práctica, es normal y conveniente que los derechos y libertades constitucionales sean desarrollados por leyes. En algunos casos es casi imprescindible ese desarrollo legal. Así, por ejemplo, el derecho al trabajo (art. 35.1 CE) requiere casi necesariamente que una ley desarrolle sus distintos aspectos: uno de los aspectos del derecho al trabajo es el derecho a no ser desprovisto injustificadamente de un empleo, lo que exige regular las causas de extinción del contrato, las posibles indemnizaciones, etc., tal y como hace el ET.

Por el contrario, los principios constituyen disposiciones programáticas, no directamente aplicables y necesitadas de un desarrollo legal. Por ejemplo, la obligación de los poderes públicos de mantener un régimen público de Seguridad Social que garantice prestaciones suficientes ante situaciones de necesidad, especialmente en caso de desempleo (art. 41 CE). La aplicación de este principio requiere que una ley, como es la LGSS, concrete la situación legal de desempleo, los requisitos para obtener una prestación, la cuantía de la misma, etc.

E) En fin, conforme a la CE (art. 53.1 y 3) tanto los derechos y libertades como los principios se tienen que regular por leyes: hay una "reserva material" de ley. Al respecto, las leyes pueden establecer regulaciones muy diversas, más permisivas o más restrictivas: una ley puede reconocer más o menos derechos a los sindicatos, permitir con más o menos amplitud el ejercicio del derecho de huelga, establecer con mayores o menores exigencias una protección frente al desempleo. Son decisiones políticas del legislador, no controlables judicialmente ni por el Tribunal Constitucional.

Pero, en todo caso, la ley deberá respetar el "contenido esencial" de los derechos y libertades (art. 53.1 CE) (en el caso de los principios se suele hablar de respetar su "garantía institucional"). ¿Qué se entiende por contenido esencial? Según el TC, contenido esencial es lo que la sociedad en los Estados democráticos entiende como tal contenido, la imagen social del mismo. O, también, contenido esencial es el que permite alcanzar el fin u objetivo para el que se ha reconocido ese derecho.

Así, contenido esencial del derecho de huelga es que produzca solo la suspensión del contrato, sin dar lugar a sanción alguna; o lo que permita conseguir su fin, que es presionar al empresario (STC 11/1981, f.j. 10). De modo similar, la idea de "garantía institucional", aplicada, por ejemplo, a la exigencia de mantenimiento de un régimen público de Seguridad Social, debería llevar a mantener un sistema que asegure prestaciones (por desempleo, por incapacidad, por jubilación, etc.) más o menos equivalentes a las rentas de activo, siendo seguramente contrario a la visión que nuestra sociedad tiene de la Seguridad Social un sistema que se limitara a garantizar solamente unas rentas mínimas de subsistencia.

Aparte lo anterior, téngase en cuenta que conforme al art. 10.2 CE las normas de la misma relativas a los derechos, fundamentales y no, en ella reconocidos deben interpretarse conforme a la Declaración Universal de Derechos Humanos y a los tratados y acuerdos ratificados por España sobre las respectivas materias (ver STC 38/1981).

2.2. La protección de los derechos y principios constitucionales

Nuestro ordenamiento jurídico, comenzando por la propia Constitución, establece una serie de mecanismos judiciales para proteger los derechos y los principios reconocidos en la CE

A) En primer lugar, el recurso de inconstitucionalidad (arts. 161-162 CE). Puede interponerse ante el TC frente a una ley que, en todo o en parte, sea contraria a la Constitución. Su objeto es declarar la nulidad total o parcial de esa ley.

Pero para interponer ese recurso solamente están legitimados algunos sujetos: el Presidente del Gobierno, el Defensor del Pueblo, 50 Diputados o Senadores, los órganos ejecutivos colegiados o las Asambleas de las CCAA.

Por ello también se prevé la llamada "cuestión de inconstitucionalidad" (art. 163 CE). Cuando un órgano judicial considere que una ley aplicable al caso y de cuya validez dependa el fallo, pueda ser contraria a la CE, no puede por sí mismo dejar de aplicarla, pero puede interponer ante el TC esa cuestión, con el mismo objeto de que el TC declare la nulidad total o parcial por inconstitucionalidad de esa ley.

B) En segundo lugar, el llamado "recurso de amparo" (arts. 53.2 y 161.1.b CE; arts. 41 y 43 LOTC). Se puede interponer ante el TC frente a las violaciones de los derechos y libertades fundamentales originadas por disposiciones, actos jurídicos, omisiones o simple vía de hecho "de los poderes públicos", no por los particulares. Por lo tanto, por ejemplo, una actuación empresarial o de un sindicato no puede, en sí misma, ser objeto de recurso de amparo.

Ahora bien, entre los poderes públicos se encuentran los órganos judiciales. Por lo tanto, también pueden dar lugar a este recurso los actos u omisiones de un órgano judicial, pero siempre que se cumplan algunos requisitos, y entre éstos que la violación del derecho o libertad "sea imputable de modo inmediato y directo a una acción u omisión del órgano judicial con independencia de los hechos que dieron lugar al proceso".

De este modo, por ejemplo, una decisión de un empresario que vulnere el derecho a la no discriminación o a la libertad sindical no es directamente recurrible en amparo, pero sí lo es la eventual sentencia de un tribunal que, ante una demanda frente al empresario, no tutele adecuadamente ese derecho.

C) En tercer lugar, igualmente solo en caso de vulneración de derechos fundamentales, el art. 53.2 CE prevé un recurso preferente y sumario ante los tribunales ordinarios.

En la LRJS (arts. 177-184) se contempla precisamente un proceso especial, preferente y sumario, de tutela de los derechos fundamentales y libertades públicas.

D) En fin, la citada LRJS prevé un proceso ordinario y diversas modalidades procesales (por despidos o sanciones, en materia de vacaciones, materia electoral, clasificación profesional, etc.) a través de los cuales se puede pretender la protección de cualquier derecho constitucional.

Pero conviene tener claro lo siguiente. Los tribunales laborales (los "órganos jurisdiccionales del orden social") conocen de la mayor parte de los conflictos que se produzcan en materia laboral o de Seguridad Social (art. 2 LRJS): entre otros, los conflictos entre empresarios y trabajadores como consecuencia del contrato de trabajo, en materia de Seguridad Social (incluida la protección por desempleo), en procesos de conflictos colectivos (ver lección 7ª), el ya señalado de tutela de los derechos fundamentales, impugnación de determinadas resoluciones administrativas de la autoridad laboral —como las recaídas en el ejercicio de la potestad sancionatoria en materia laboral y sindical—, etc. Incluso de conflictos que no son propiamente laborales (entre sociedades cooperativas de trabajo asociado y sus socios, sobre constitución y reconocimiento de la personalidad jurídica de las asociaciones empresariales, entre el trabajador autónomo económicamente dependiente y su cliente).

Al contrario, hay conflictos en materia laboral que corresponden a otros tribunales (civiles, penales, contencioso-administrativos). Así, determinadas materias quedan excluidas de la jurisdicción social (art. 3.letras a-t de la LRJS): entre otras, la tutela de los derechos de libertad sindical y de huelga relativa a los funcionarios públicos y personal estatutario, el establecimiento de garantías tendentes a asegurar el mantenimiento de los servicios esenciales en caso de huelga, los pactos o acuerdos concertados por las AAPP que sean de aplicación al personal funcionario o estatutario de los servicios de salud de manera exclusiva o conjunta con el personal laboral; aparte de ciertas materias de Seguridad Social (impugnaciones de actos administrativos relativos a inscripción de empresas, afiliación, altas o bajas, etc.) o las reclamaciones sobre responsabilidad patrimonial de entidades gestoras y servicios comunes de la Seguridad Social, o del Sistema Nacional de Salud y centros sanitarios concertados, por daños causados por o con ocasión de la asistencia sanitaria) o las reservadas por la LC a la jurisdicción del juez del concurso.

2.3. La cláusula derogatoria de la Constitución

Como se ha señalado antes, un tribunal no puede dejar de aplicar una ley aunque considere que es inconstitucional, si bien puede presentar una cuestión de inconstitucionalidad ante el TC.

Eso es absolutamente cierto si se trata de una ley posterior a la CE Pero, si se trata de aplicar una ley anterior a la misma, cualquier tribunal puede dejar de aplicarla, en el caso o pleito específico que esté conociendo ese tribunal, si estima que es contraria a la CE Ello es así porque la D D, apartado 3, de la propia CE ha derogado todas las leyes anteriores contrarias a la misma.

Naturalmente, se trataría de una inaplicación singular, para ese caso o pleito concreto: no por ello la ley quedaría anulada. Por consiguiente, otro tribunal podría aplicar esa ley en otro caso o pleito específico, si estima, por el contrario, que no es contraria a la CE La anulación, total o parcial, de leyes inconstitucionales, anteriores o posteriores a la CE solo puede ser efectuada por el TC a través del recurso o la cuestión de inconstitucionalidad.

2.4. Algunos aspectos y principios generales de la Constitución

La CE contiene algunas disposiciones, de alcance general, que pueden tener singular relevancia en materia laboral.

A) En primer lugar, el art. 1 CE dispone que España se constituye en un Estado social y democrático de Derecho. Ese concepto (Estado "social") supone, entre otras cosas, que los derechos constitucionales no operan solamente en el terreno de lo público, sino también en las relaciones entre privados. A diferencia de las constituciones liberales, la nuestra tiene en cuenta que los derechos y libertades constitucionales pueden ser vulnerados no solo por los poderes públicos, sino también por poderes privados, frente a los que también se exige protección. Tienen, así, un valor "pluridireccional". Por ello, el art. 9.1 CE añade que no solo los poderes públicos sino también los ciudadanos están sujetos a la CE

Así, en palabras del TC, "la celebración de un contrato de trabajo no implica en modo alguno la privación para… el trabajador, de los derechos que la Constitución le reconoce como ciudadano" (STC 18/1984). Dicho en términos gráficos: el territorio del Reino de España incluye también a las empresas.

Pero, a su vez, el contrato de trabajo "modaliza" o "condiciona" el ejercicio de los derechos constitucionales, de acuerdo con el principio general de la buena fe (ver lección 13ª). Se trata, pues, de buscar un "equilibrio" entre los derechos de la persona y el derecho a la libertad de empresa, de modo que los derechos constitucionales se modulen o condicionen solamente en la medida estrictamente imprescindible para el desenvolvimiento de la actividad empresarial.

En suma, no siendo absolutos o ilimitables los derechos constitucionales, éstos pueden quedar condicionados en el marco del contrato de trabajo. Pero, a su vez, esos condicionamientos o limitaciones no pueden ser absolutos. La doctrina constitucional exige, entonces, aplicar un principio de proporcionalidad de sacrificios (ver lección 13ª).

B) En segundo lugar, el art. 14 recoge los principios de igualdad ante la ley y de no discriminación por razón de nacimiento, raza, sexo, religión, opinión o cualquier otra condición o circunstancia de índole personal o social. El principio de igualdad ("Los españoles son iguales ante la ley") supone que las normas (leyes, pero también reglamentos y, en el ordenamiento laboral, los convenios colectivos estatutarios) deben ser iguales para todos (igualdad en la ley), y, como veremos luego, deben aplicarse por igual a todos. El principio de no discriminación supone que los poderes públicos, pero también los particulares, no pueden dar un trato diferente por los motivos discriminatorios mencionados.

Pero, nuestra CE va más allá de ese principio de igualdad formal. En el art. 9.2 recoge el principio de igualdad real: los poderes públicos deben promover las condiciones para que la libertad y la igualdad sean reales y efectivas; deben remover los obstáculos que impidan o dificulten su plenitud y facilitar la participación de todos los ciudadanos en la vida política, económica, cultural y social. Casi idéntico al art. 3.2 de la Constitución italiana de 1948 —que se refiere a "todos los trabajadores"—, el cual se ha considerado el "núcleo rojo» de la misma.

En otras palabras: nuestra CE reconoce que en nuestra sociedad persisten desigualdades y se fija como objetivo o programa el conseguir una igualdad real, entendida como igualdad de oportunidades.

En este principio de progreso se inspiran, por ejemplo, las normas que establezcan, a favor de ciertos colectivos discriminados de hecho (mujeres, jóvenes, etc.), medidas de "acción afirmativa o positiva" (mal llamadas de "discriminación positiva"). Así, reservar ciertas modalidades contractuales promotoras de la estabilidad en el empleo o que contengan bonificaciones o subvenciones a favor de ciertos colectivos con dificultades para integrarse en el mercado laboral (ver, con más detalle, lección 13ª), o establecer ciertas medidas a favor de las trabajadoras víctimas de violencia de género.

La LITND, en su art. 2.2, admite que podrán establecerse diferencias de trato como medidas de acción positiva y, en su art. 7, las define como diferencias de trato orientadas a prevenir, eliminar y, en su caso, compensar cualquier forma de discriminación o desventaja en su dimensión colectiva o social.

C) En tercer lugar, en fin, junto a este principio progresista, la CE contiene, en su art. 9.3, un principio "conservador" o garantista: el de "irretroactividad de las disposiciones sancionadoras no favorables *o restrictivas de derechos*". Una disposición que restrinja derechos que antes se tenían no puede tener efectos retroactivos.

Pero, para evitar situaciones de inmovilismo, el TC interpreta ese principio del siguiente modo: una ley restrictiva de derechos no puede tener efectos retroactivos de grado máximo o de grado medio, pero sí puede tener efectos retroactivos de grado mínimo. Es decir, no puede tener incidencia sobre derechos ya perfeccionados, tanto respecto de los efectos que ya hayan producido (grado máximo) cuanto de los que vayan a producir en el futuro (grado medio); pero sí puede tener incidencia sobre meras expectativas de futuro (grado mínimo).

Se ve claramente en materia de pensiones de jubilación. Una ley no podría reducir la cuantía de la pensión de una persona ya jubilada, ni siquiera para después de la promulgación de esa ley. Pero podría perfectamente reducir la cuantía esperada por personas que aún no se hubieran jubilado. Sería una ley discutible, incluso perjudicial para las expectativas que se tuvieran, pero no sería inconstitucional (ver, como más recientes, las SSTC 49/2015 y 144/2015; el supuesto de ambas se refiere a la supresión de la actualización de una revalorización de pensiones por el RDL 28/2012).

Caso práctico: Principio de irretroactividad

El RDL 3/1983, de 20 de abril, y la Ley 9/1983, de 13 de julio, redujeron para funcionarios algunos públicos la base reguladora de pensiones reconocidas a partir de 1 de enero, aunque la reducción se aplicaría sólo desde su promulgación. ¿Se vulneró el principio de irretroactividad, qué recurso cabía plantear?

No cabía plantear recurso de amparo porque éste sólo está previsto respecto de los arts. 14-30 CE por su art. 53.2. Pero si cabía un recurso/cuestión de inconstitucionalidad (arts. 161-163) porque se produce una retroactividad restrictiva de grado medio, si bien no es factible respecto de pensiones reconocidas después del RDL (retroactividad en grado mínimo).

(Vid. STC 6/1983, de 24 de mayo)

3. LAS NORMAS INTERNACIONALES Y SUPRANACIONALES

Ya se indicó en la lección anterior la importancia que, en un mundo globalizado, adquieren las normas internacionales, para evitar un dumping social entre Estados, mediante condiciones laborales a la baja. También se señalaron las dificultades que encuentra una legislación laboral internacional.

En cualquier caso, hay textos con muy diversa eficacia: algunos suponen compromisos estrictamente políticos (Declaración de Derechos del Hombre, de 1948), pero otros implican obligaciones de informar (Pactos Internacionales de Derechos Económicos, Sociales y Culturales, y de Derechos Civiles y Políticos, ambos de la ONU, de 1966; Carta Social Europea, de 1961, revisada en 1996)[1], o conllevan procedimientos judiciales con eventuales indemnizaciones (Convenio Europeo de Derechos Humanos)[2], o tienen el mismo valor jurídico que Tratados que luego veremos (Carta de Derechos Fundamentales de la UE, de 2000-2007).

Hay, igualmente, acuerdos bilaterales o multilaterales en materia de emigración, o de Seguridad Social. Así, el Convenio Multilateral Iberoamericano de 10 de noviembre de 2007.

En fin, particular interés tienen las normas de la OIT y las normas de la UE.

---

1 El Comité Europeo de Derechos Sociales (compuesto por 15 expertos elegidos aún por el Consejo de Ministros, por 6 años renovables por otros tantos), puede, a partir de informes nacionales, adoptar "conclusiones" acerca de si la situación nacional es conforme o no a la Carta. Igualmente puede adoptar "decisiones" en el caso de demandas colectivas (que pueden presentar organizaciones internacionales de empresarios y trabajadores, iguales organizaciones del país afectado y por ciertas ONGs internacionales, incluso nacionales), decisiones que pueden recomendar al Estado afectado medidas específicas. La ratificación por España de la Carta revisada de 1996 y de su Protocolo Adicional de procedimiento colectivo de 1995 se ha producido finalmente el 29 de abril de 2021.

2 El Tribunal Europeo de Derechos Humanos (integrado por 48 miembros —aunque hay 3 vacantes—, uno por Estado ratificante, elegidos por 9 años no renovables por la Asamblea Parlamentaria del Consejo de Europa sobre una terna presentada por cada Estado) puede actuar mediante un juez único, mediante Comité de 3 jueces, y sobre todo mediante Sala de 7 jueces o Gran Sala de 15. Se pueden presentar demandas individuales (individuo, grupo de individuos, ONGs) y demandas interestatales. Aparte de las decisiones sobre admisibilidad de la demanda, las sentencias pueden llevar a la adopción de medidas para ejecutarlas (reformas legislativas, medidas individuales) y a compensar el perjuicio sufrido por el demandante.

En cualquier caso, cabe distinguir entre normas "internacionales" (cuando se crean obligaciones para un Estado en virtud de una ratificación; es el caso de los convenios de la OIT) y normas "supranacionales" (cuando la norma no requiere ratificación, sino que obliga al ser aprobada por una organización internacional: es el caso de las normas de la Unión Europea).

Con todo, los límites de esa normativa internacional y supranacional han llevado a experiencias de autoregulación por parte de las empresas multinacionales, para evitar el "daño reputacional", con resultados limitados, principalmente en el terreno del control de su aplicación. Ello lleva a proponer fórmulas de hibridación entre instrumentos públicos y privados, pero que resultan excepcionales[3] (ponencia general y conclusiones del XXIX Congreso de la AEDTSS de 2019).

3.1. La Organización Internacional del Trabajo

La OIT se creó por el Tratado de Versalles en 1919, tras la I Guerra Mundial. Desde 1946 es una agencia especializada de la ONU. Aparte su Constitución (ver el Preámbulo: "La paz universal y permanente solo puede basarse en la justicia social", etc.), la Declaración de Filadelfia sobre sus fines y objetivos, adoptada en 1944, reafirma sus principios fundamentales ("El trabajo no es una mercancía", "La libertad de expresión y de asociación es esencial para el progreso constante", "La pobreza, en cualquier lugar, constituye un peligro para la prosperidad de todos", etc.). Está integrada por la Conferencia Internacional del Trabajo (que ha celebrado su 111ª reunión en junio de 2023), el Consejo de Administración y la Oficina Internacional del Trabajo.

La peculiaridad de la OIT radica en que no es una organización internacional meramente política, sino social, al tener sus órganos una composición tripartita: representantes gubernamentales, pero también sociales (de los empresarios y de los trabajadores).

Así, la delegación de cada país (actualmente son 187 Estados Miembros) en la Conferencia Internacional del Trabajo está integrada por cuatro representantes: dos gubernamentales, uno laboral y otro empresarial. Los cuatro son nombrados por el gobierno de cada país, pero los dos so-

---

3 Así, el "Acuerdo Marco Internacional sobre derechos humanos y laborales fundamentales en la cadena de producción de Inditex" (2007, renovado en 2014), con resultados, no obstante, efímeros. Y el Acuerdo sobre la prevención de incendios y seguridad en la construcción en Bangladesh (2013, renovado en 2018).

ciales previo acuerdo con los sindicatos y asociaciones empresariales más representativos (cuando en un país hay varias organizaciones más representativas, funciona un sistema de rotación).

Igualmente, el Consejo de Administración (C. de A.) está integrado por 56 representantes: 28 gubernamentales (10 de los países de mayor importancia industrial, el resto elegido por los correspondientes delegados en la conferencia), 14 laborales y 14 empresariales. Además, hay 66 consejeros adjuntos.

La secretaría permanente de la OIT es la Oficina Internacional del Trabajo. Su Director General, el 11°, es Gilbert F. Houngbo, de Togo.

Aparte de otras funciones (estudio, información, etc.), interesa aquí la labor normativa de la OIT: se aprueban Convenios y Recomendaciones.

El procedimiento es común: Cuando el C. de A. incluye en el orden del día de una Conferencia una determinada materia, esa Conferencia decide si elaborar o no un Convenio (y/o una Recomendación). Si la decisión es favorable, elaborado un texto de Convenio y/o Recomendación, la siguiente Conferencia los podrá aprobar, en su caso, por mayoría cualificada (2/3 de los delegados presentes). Es frecuente aprobar ambos tipos de norma (el Convenio más genérico, la Recomendación más detallada).

Un Convenio de la OIT obliga solamente a los países que lo ratifiquen (aunque todos deben informar de por qué no lo han ratificado). En tal caso, el país ratificante está obligado a hacer lo necesario para aplicarlo. En el caso español, la ratificación y publicación en el BOE de un tratado o convenio supone que éste pasa a formar parte de nuestro ordenamiento interno (art. 96 CE). Pero, aun así, en ocasiones el Convenio no es suficientemente concreto (no es "auto-ejecutivo") y no surte efectos directos si no se desarrolla por una norma interna.

El control de la aplicación de los Convenios ratificados se lleva a cabo mediante la remisión por los Estados de informes o memorias anuales, y la actuación de una Comisión de Expertos y de una Comisión tripartita de la Conferencia. Además, los Estados miembros pueden formular "quejas" y las organizaciones empresariales y sindicales pueden formular "reclamaciones", ante el C. de A.

Por el contrario, las Recomendaciones obligan solamente a todos los países miembros a informar a la OIT sobre la situación en su normativa interna y las medidas que se piensan adoptar para adaptarla a lo recomendado.

A lo largo de su existencia, la CIT ha aprobado 191 Convenios (varios ya derogados) y 208 Recomendaciones. El último Convenio nº 191, de 2023, es sobre un entorno de trabajo seguro y saludable. La última Recomendación es la nº 208, de 2023, sobre los aprendizajes de calidad. El número de ratificaciones de Convenios varía muchísimo: desde solo 2 (nº 83 sobre normas de trabajo en territorios no metropolitanos) o 3 ratificaciones (nº 165 sobre seguridad social de la gente de mar), hasta 177 (nº 29 sobre trabajo forzoso) o 179 ratificaciones (nº 182 sobre las peores formas de trabajo infantil).

Algunos Convenios son especialmente importantes: números 87 y 98 (sobre libertad sindical), 29 y 105 (sobre trabajo forzoso), 100 y 111 (sobre discriminación) y 138 y 182 (sobre edad mínima y trabajo infantil). La Declaración de 1998 sobre Principios y Derechos Fundamentales recuerda que los principios y derechos de la Constitución de la OIT y de la Declaración de Filadelfia comprometen a todos los Estados miembros aunque no hayan ratificado los Convenios, antes señalados, que los desarrollan. Conviene señalar también la importancia del Informe sobre "El trabajo decente" de 1999 (y que dio lugar a una de las últimas Recomendaciones, la nº 205, de 2017 sobre el empleo y trabajo decente para la paz y la resiliencia) y de la Declaración del Centenario de la OIT 2019) por el futuro del trabajo (2019).

3.2. La Unión Europea

Los Tratados. Tras la ratificación —por todos los Estados miembros— del Tratado de Lisboa de 2007 desaparece la dualidad entre Comunidad Europea y Unión Europea, y ésta queda regulada por dos Tratados ("derecho originario"): el Tratado de la Unión Europea y el Tratado de Funcionamiento de la Unión Europea. Ambos han entrado en vigor el 1 de diciembre de 2009. Actualmente, tras el Brexit, los Estados miembros son 27.

Sus antecedentes se encuentran en el Tratado de la Comunidad Económica Europea, posteriormente modificado por el Acta Única Europea (1986), el Tratado de Maastricht (1992), el Tratado de Amsterdam (1997) y el Tratado de Niza (2001). El de Maastricht cambió la denominación por Comunidad Europea, al tiempo que se aprobó un Acuerdo relativo a la Política Social del que quedaba excluido el Reino Unido. El de Amsterdam incorporó ese Acuerdo al propio TCE, vinculante para todos los Estados miembros.

El TUE fija los *valores* (art. 2) y los *objetivos* (art. 3.3) de la Unión. La cual dispone de *competencias,* normalmente compartidas, en diversos ámbitos, entre otros los de mercado interior (arts. 4.2.a, 26.2 y, por lo que se refiere a la libre circulación de trabajadores, arts. 45-48, todos del TFUE), política social (arts. 4.2.b y 151 y siguientes TFUE), empleo (arts. 2.3, 5.2 y 145-150 TFUE) y formación profesional (arts. 6.c y 166 TFUE).

Las principales **instituciones** de la UE son: El *Parlamento Europeo*, el *Consejo Europeo* (compuesto por los Jefes de Estado o de Gobierno, por su Presidente y por el Presidente de la Comisión), el *Consejo* (con varias "formaciones", como el Consejo EPSCO: Empleo, Política Social, Sanidad y Consumidores), la *Comisión*, el *Tribunal de Justicia de la UE* (que comprende el Tribunal de Justicia y el Tribunal General) y otras, así como órganos consultivos (alguno importante en materia social: el Comité Económico y Social Europeo).

La **función legislativa** se ejerce conjuntamente por el Parlamento (art. 14 TUE) y el Consejo (art. 16 TUE), aunque la Comisión juega un importante papel ya que los actos legislativos solo pueden adoptarse a propuesta de la Comisión, salvo excepcionalmente (art. 17 TUE). Además, para modificar el contenido de la propuesta el Consejo debe decidir normalmente por unanimidad (art. 293 TFUE).

Así, mediante el denominado *"procedimiento legislativo ordinario"*[4] el Parlamento Europeo codecide normalmente junto con el Consejo sobre los actos legislativos a adoptar, pudiendo en último término rechazar la po-

---

[4] El "procedimiento legislativo ordinario" (art. 294 TFUE) consiste en los siguientes pasos:

— La Comisión presenta una propuesta al Parlamento y al Consejo.

— En *primera lectura*, el Parlamento aprueba su posición y la transmite al Consejo. Si éste aprueba la posición del Parlamento, se adopta el acto. Si no la aprueba, adopta su posición en primera lectura y la transmite al Parlamento.

— En *segunda lectura*, en un plazo de tres meses, si el Parlamento adopta la posición del Consejo, el acto se considera adoptado. Si la rechaza por mayoría, el acto se considera no adoptado. Si propone enmiendas, por mayoría, el texto modificado se transmite al Consejo y a la Comisión.

— Si en un plazo de tres meses, a su vez en su *segunda lectura*, el Consejo por mayoría cualificada (pero por unanimidad sobre las enmiendas que hayan sido objeto de dictamen negativo por la Comisión) adopta todas las enmiendas, el acto se considera adoptado. Si no las aprueba todas, el Presidente del Parlamento convoca en un plazo de seis semanas al Comité de Conciliación.

— Este Comité, compuesto por miembros del Consejo o sus representantes y miembros del Parlamento en igual número, tiene por misión alcanzar en *conciliación*, en seis semanas, un acuerdo por mayoría cualificada de los primeros y por mayoría de los segundos sobre un texto conjunto basado en las posiciones de Parlamento y Consejo en sus segundas lecturas. Si en ese plazo no se llega a un texto conjunto, el acto se considera no adoptado.

sición del Consejo o proponer enmiendas que, caso de no ser aprobadas por el Consejo y de no alcanzarse un acuerdo en conciliación entre ambas instituciones, suponen la no adòpción del acto propuesto.

Para regulaciones en los ámbitos sociales que antes se han señalado, normalmente se sigue ese procedimiento legislativo ordinario[5], precedido de consultas al CES y en ocasiones al CR. Ello no obstante, en algunos ámbitos se mantiene la función meramente consultiva del Parlamento[6], incluso la simple información al mismo[7].

— En fin, si se aprueba un texto conjunto, ambas instituciones disponen de seis semanas para adoptar el acto, pronunciándose el Parlamento por mayoría de votos emitidos y el Consejo por mayoría cualificada. En su defecto, el acto se considera no adoptado.

Así, por ejemplo, el 7 de junio de 2022 se ha aprobó un texto conjunto sobre la propuesta de Directiva sobre salarios mínimos —COM (2020) 682 final— que quedó pendiente de aprobación por el Consejo y por el Parlamento, y, finalmente se aprobó como Directiva (UE) 2022/2041, de 19 de octubre.

5 Así sucede con la libre circulación de trabajadores (art. 46 TFUE), con la seguridad social de los trabajadores migrantes (art. 48 TFUE), con el derecho de establecimiento (art. 50 TFUE), con la libre circulación de servicios (art. 56 TFUE), con medidas de aproximación de legislaciones que tengan por objeto el establecimiento y funcionamiento del mercado interior (art. 114 TFUE), con medidas de fomento en el ámbito del empleo (art. 149 TFUE), con la aplicación del principio de igualdad de oportunidades y trato para hombres y mujeres (art. 157.3 TFUE), con el Fondo Social Europeo (art. 164 TFUE), con la política de formación profesional (art. 166.4 TFUE) y con los Fondos con finalidad estructural y el Fondo de Cohesión (art. 177 TFUE). Entre las últimas Directivas aprobadas por el Parlamento Europeo y el Consejo, cabe señalar la Directiva 2022/2041, de 19 de octubre de 2022, sobre unos salarios mínimos adecuados en la UE; o la Directiva 2023/970, de 10 de mayo de 2023, por la que se refuerza la aplicación del principio de igualdad de retribución entre hombres y mujeres.

6 Así sucede respecto de directivas de aproximación de legislaciones que incidan directamente en el establecimiento o funcionamiento del mercado interior (art. 115 TFUE), de las orientaciones sobre políticas de empleo (art. 148.2 TFUE), del Comité de Empleo (art. 150), de la política social en materias de seguridad social y protección social de los trabajadores, de su protección en caso de rescisión del contrato laboral, de la representación y defensa colectiva de los intereses de los trabajadores y empresarios y de condiciones de empleo de los nacionales de terceros países (art. 153.1. letras c, d, f y g TFUE; aunque, salvo en materia de seguridad y protección social, el Consejo puede decidir que se siga el procedimiento legislativo ordinario), y del Comité de Protección Social (art. 160 TFUE).

7 Conforme al art. 155.2 TFUE, cuando se alcance un acuerdo en el marco del diálogo entre los interlocutores sociales, se informará al Parlamento acerca de su aplicación por los propios interlocutores o mediante decisión del Consejo.

Los **instrumentos normativos** ("derecho derivado") son los siguientes (art. 288 TFUE):

A) *Reglamentos.* Disposiciones de carácter general, son obligatorios, directamente aplicables y publicados en el DOUE (serie L). Son propias y verdaderas leyes comunitarias. Téngase en cuenta que existen Reglamentos "delegados" y "de ejecución" (arts. 290-291 TFUE).

En materia laboral, se han adoptado respecto de la libre circulación de trabajadores y seguridad social de emigrantes. Asimismo, creando una Autoridad Laboral europea.

B) *Directivas.* Disposiciones de carácter general, son obligatorias, pero no directamente aplicables. Deben ser desarrolladas (transpuestas) por normas internas de los países miembros en el plazo previsto (normalmente, dos o tres años).

No obstante, su desarrollo se fuerza de los siguientes modos:

- Condena al Estado incumplidor, tras un recurso por incumplimiento ante el TJUE, al pago de una sanción o una multa coercitiva.
- Según el TJUE, una directiva no transpuesta en el plazo previsto tiene efectos directos si su contenido es suficientemente concreto, lo que conlleva la inaplicación de las normas internas contrarias a la Directiva y la exigencia de cumplimiento de las obligaciones que competan al Estado incumplidor; pero, aun teniendo un contenido concreto, no da lugar a obligaciones entre particulares, aunque es apreciable una evolución al respecto cuando se trata del principio de igualdad de trato (sobre eficacia Directivas, ver STJUE 15 enero 2014, Asunto AMS, C-176/2012, con amplia referencia a otras decisiones sobre la cuestión y STS 27 septiembre 2011, rec. 4146/2010).

En efecto, en todo caso una Directiva no transpuesta o no transpuesta adecuadamente puede tener aplicación incluso a relaciones entre privados si regula un derecho fundamental (p.e., no discriminación), o si es posible una interpretación de la norma interna conforme a la misma.

En último término, si por falta de desarrollo de una Directiva se causan daños a particulares, se pueden exigir indemnizaciones al Estado incumplidor.

Caso práctico: Aplicación de Directivas

Una empresa española que ocupa a 3.100 trabajadores despide a 27 trabajadores de un centro que ocupa a 77, sin seguir el procedimiento de despido colectivo.

Nuestro ordenamiento interno (art. 51.1 ET) considera, entre otros, despido colectivo al que afecte en un período de 90 días a 10 trabajadores en "empresas" que ocupen menos de 100. La Directiva 98/59/CE de 20 de julio de 1998 (art.1) considera colectivo al despido que en ese período afecte a 20 trabajadores en un "centro de trabajo". ¿Un tribunal nacional debe calificar como colectivo ese despido?

Según la jurisprudencia comunitaria una Directiva no surte efecto directo sobre relaciones entre particulares, pero los tribunales nacionales deben interpretar el derecho interno de forma que se alcance el resultado pretendido por aquella, aunque sin llegar a una interpretación *contra legem*.

El Tribunal Supremo español considera que, aunque el art. 51.1 ET se refiere a la empresa, no excluye expresamente al centro de trabajo. Aparte otras razones, una interpretación teleológica lleva a presumir que el legislador nacional ha pretendido mejorar lo dispuesto en la Directiva (así, el despido sería colectivo en este caso si afectara a 30 o más trabajadores aunque en ningún centro afectara a 10), pero no ha pretendido excluir la protección otorgada por la Directiva. El despido es colectivo y, por no haberse respetado el procedimiento previsto, nulo.

(Vid. STS 17 octubre 2016, rec. 36/2016; también STJUE 15 enero 13 mayo 2015, Asunto C-392/2013)

Las Directivas se han utilizado para la aproximación de las políticas sociales (despidos colectivos, insolvencia del empleador, transmisión de empresas, igualdad de trato, y un ya largo etc.). La posibilidad de aproximación ha ido creciendo. Originariamente, solo cabía adoptar Directivas de política social cuando ello fuera necesario para el funcionamiento del mercado común. Se amplió en 1986 (Acta Única) para la seguridad e higiene en el trabajo. Finalmente el Tratado de Maastricht y su Anexo de Política Social, optando por quedar fuera el Reino Unido y el Tratado de Ámsterdam de 1997, para todos, contemplaron ya una política social sin necesidad de justificación en el funcionamiento del mercado interior, mediante la cual se pueden adoptar disposiciones sociales (aunque se excluye alguna materia, como las remuneraciones o el derecho de huelga; y en otras se exige unanimidad, como en seguridad y protección social, rescisión del contrato, representación y defensa colectiva...) (ver arts. 151-156 TFUE).

Al mismo tiempo se ha reforzado el llamado "diálogo social". Antes de elaborar una propuesta normativa en política social, la Comisión consulta a los interlocutores sociales, quienes pueden decidir negociar sobre la materia en cuestión para llegar a un acuerdo. Si se llega a un acuerdo (Acuerdo Marco), este se puede aplicar mediante negociación colectiva en los Estados miembros o, lo que es más normal, mediante una Directiva que recoja en anexo el Acuerdo Marco. Si los interlocutores sociales no deciden negociar o no llegan a un acuerdo (en un plazo normalmente de 9 meses), se puede proceder a la tramitación directa de una Directiva. En resumen, la política social se somete a un "principio de subsidiariedad".

C) *Decisiones.* Actos obligatorios que pueden ser actos legislativos o no legislativos y que pueden tener uno más destinatarios específicos o carecer de destinatario específico (se han utilizado y utilizan en temas como el Fondo Social Europeo o los Fondos Estructurales, u otras[8]).

D) En fin, se utilizan otros actos normativos no obligatorios: *Recomendaciones, Dictámenes, Declaraciones de intención, Resoluciones.*

En cuanto al papel del **Tribunal de Justicia**, tienen especial interés las llamadas *"cuestiones prejudiciales"*. Si un tribunal nacional tiene que aplicar el derecho comunitario y tiene dudas (pero solo si las tiene) sobre la interpretación o aplicación del mismo, "puede" plantearlas ante el TJ. Incluso "debe" plantearlas, si frente a la decisión de ese tribunal ya no cabe recurso interno alguno. De este modo, se pretende unificar la aplicación e interpretación del derecho comunitario en todos los países miembros.

En todo caso, los tribunales encargados de aplicar el derecho de la UE son los tribunales nacionales, debiendo, en caso de contradicción con la normativa nacional, aplicar el derecho de la UE (ver STJCE Asunto Simmenthal 9 marzo 1978, C-106/77 o Asunto Ford España 11 julio 1989, C-170/88), inaplicando cualquier disposición de la legislación nacional que pueda ser contraria, aunque sea posterior.

4. LAS LEYES

La CE (arts. 81 y sigs.) contempla cuatro tipos de normas con rango de ley: leyes ordinarias, leyes orgánicas, decretos leyes y decretos legislativos.

Las leyes ordinarias se aprueban por mayoría simple, por las Cortes Generales (Congreso de los Diputados y Senado). Téngase en cuenta que, en materia laboral, existe reserva de ley en muchas materias.

La regulación se debe hacer por Ley Orgánica cuando se trate, entre otras materias, de derechos fundamentales. En materia laboral, se trata de

---

[8] Por ejemplo, la Decisión (UE) 2024/1018, de 25 de marzo de 2024, por la que se invita a los Estados miembros a que ratifiquen el Convenio nº 190, 2019, de la OIT sobre la violencia y el acoso.

la libertad sindical y el derecho de huelga. Su aprobación requiere mayoría absoluta del Congreso, lo que da mayor consenso y mayor estabilidad a la regulación.

La aprobación, por el Gobierno, de un decreto-ley requiere una situación de urgente necesidad, lo que resulta controlable por el TC (ver STC 68/2007 y ATC 43/2014, también STC 243/2015, entre otras). Pero el decreto-ley no puede "afectar" a derechos y libertades constitucionales, fundamentales o no, lo que se entiende en el sentido de que no puede contener su regulación general ni limitar su contenido esencial. En materia laboral, se viene utilizando frecuentemente en materia de mercado de trabajo.

El decreto ley entra en vigor tras su aprobación por el Gobierno, aunque requiere su convalidación posterior por el Congreso. Además, es relativamente frecuente que, a continuación, se tramite la aprobación de una ley sobre la misma materia, lo que puede suponer la introducción de cambios, a veces importantes.

En fin, los decretos legislativos son normas igualmente con rango de ley, aprobados por el Gobierno en virtud de una autorización concedida por el Congreso. Se trata o bien de "textos articulados" (el Congreso aprueba una ley de bases que es desarrollada por el Gobierno) o bien de "textos refundidos" (se unifican en una sola varias leyes dispersas). Entre otras materias, no pueden regular materias reservadas a ley orgánica.

5. LOS REGLAMENTOS

5.1. Aspectos generales

Los reglamentos son como leyes "materiales" (al igual que una ley, regulan conductas: derechos y obligaciones), pero no son leyes "formales" (tienen un rango inferior a la ley).

La CE (art. 97) dispone que el Gobierno ejerce la potestad reglamentaria de acuerdo con la Constitución y las leyes. Por lo tanto, el Reglamento puede aprobarse por el Gobierno (Real Decreto) o por un Ministro (Orden ministerial).

En materia laboral, el papel del reglamento, aunque importante, está fuertemente limitado.

En primer lugar, en varias materias la propia CE exige una regulación por ley (reserva "material" de ley). Necesariamente la regulación tiene que hacerse por ley, no cabiendo que una ley delegue la regulación al reglamento. El papel del reglamento se limita a un desarrollo o aplicación técnica de la ley reguladora (ver STC 209/1987).

En segundo lugar, otras materias están de hecho reguladas por ley, por lo que su modificación requiere otra ley (reserva "formal" de ley). En tal caso, igualmente el papel del reglamento es el de desarrollar o aplicar técnicamente la ley.

En tercer lugar, en lo laboral, el art. 3.2 ET dispone que los reglamentos desarrollarán las leyes, sin que puedan establecer condiciones de trabajo distintas. Se cierra así el paso a reglamentos autónomos (incluso en materias no reservadas a la ley), y el papel del reglamento se limita (no puede establecer condiciones peores, pero tampoco mejores que las establecidas en las leyes).

No obstante lo último dicho, en algunos casos la propia ley amplía el papel del reglamento: así, el Gobierno está autorizado para la regulación de las relaciones laborales especiales (alta dirección, servicio doméstico, deportistas, etc.) (art. 2 ET); o está autorizado para la ampliación o reducción de la jornada de trabajo y la regulación de los descansos (arts. 34 y 37 ET); o queda autorizado para modificar lo que está regulado por ley (como la contratación temporal de discapacitados en fomento del empleo: DA 1ª Ley 43/2006).

En todo caso, existen, con los límites señalados, numerosos reglamentos laborales de carácter general (es decir, que afectan a cualquier sector de actividad), como la regulación de los contratos temporales (desarrollando el art. 15 ET) o de los contratos formativos (desarrollando el art. 11 ET) o del trabajo a tiempo parcial (desarrollando el art. 12 ET).

5.2. Reglamentos sectoriales

De modo similar, la DA 7ª ET autoriza al Gobierno a regular (mediante las denominadas doctrinalmente "ordenanzas de necesidad") las condiciones de trabajo en aquellos sectores de actividad y demarcaciones territoriales en los que no exista convenio colectivo ni sea factible extender a los mismos otro convenio colectivo (sobre extensión: ver lección 5ª). Se requiere previa consulta a los sindicatos y organizaciones empresariales. No se han utilizado hasta la fecha.

Las antiguas Reglamentaciones de Trabajo u Ordenanzas Laborales (aprobadas por el Ministerio de Trabajo, en virtud de una ley de 1942) quedaron derogadas tras la reforma laboral de 1994. Ello no obstante, algunas se siguen aplicando total o parcialmente, en virtud de lo dispuesto en un convenio colectivo o en un laudo arbitral. Pero, en tal caso, no se aplican como tales sino, realmente, como contenido del convenio o laudo que mantiene su aplicación.

5.3. Reglamentos de Régimen Interior

Fueron normas previstas en una normativa de 1961, con una confusa naturaleza (se adoptaban por el empresario, consultando-negociando ciertas materias con los representantes de los trabajadores, y eran aprobadas por la autoridad laboral). Tuvieron importancia hasta que se generalizó la negociación de convenios colectivos de empresa.

En cuanto tales Reglamentos, no han sido derogados (STS 11 mayo 2004, rec. 186/2003), al contrario que las Reglamentaciones antes señaladas. Por lo tanto, muy ocasionalmente resultarían en vigor y aplicables, si bien se podrían modificar: a) por convenio colectivo; b) por medio del procedimiento de modificación de condiciones de trabajo previsto en el art. 41 ET (ver lecc. 10ª, ep. 5). Lo que no cabe es la modificación unilateral por parte del empresario en aquellas materias en su momento negociadas-consultadas con los representantes del personal.

6. EL PODER NORMATIVO DE LAS COMUNIDADES AUTÓNOMAS

Las Comunidades Autónomas, en virtud de la Constitución y sus Estatutos de Autonomía, disponen de poder normativo en las materias que sean de su competencia. Pueden, pues, aprobar leyes y reglamentos; que no se sitúan en una relación jerárquica con las leyes y reglamentos estatales. La relación es de respectivas competencias, estatales o autonómicas.

Pero en materia laboral, precisamente, la competencia autonómica es muy reducida, aunque no inexistente. Conforme al art. 149.1.7ª CE, el Estado tiene competencia exclusiva sobre "la legislación laboral", aunque "sin perjuicio de su ejecución por los órganos de las Comunidades Autónomas".

El TC ha hecho una interpretación amplia del término "legislación": incluye tanto las leyes como los reglamentos. Se trata de garantizar la unidad del mercado laboral.

Pero ha hecho una interpretación restrictiva del término "laboral": es la regulación de las relaciones entre empresarios y trabajadores, y sus representantes.

Dentro de esos límites, las CCAA pueden tener poder normativo, por ejemplo, para organizar su administración laboral o en materia de política de empleo (que cabe encuadrar dentro de la competencia autonómica para el "fomento del desarrollo económico de la CA dentro de los objetivos marcados por la política económica nacional": art. 148.1.13ª CE; aunque el Estado tiene competencia exclusiva sobre las "bases y coordinación de la planificación general de la actividad económica", art. 149.1.13ª).

Caso por caso habrá que delimitar las respectivas competencias. Así, la regulación de las modalidades contractuales, por ejemplo, es competencia del Estado. Pero el otorgamiento de subvenciones a determinadas contrataciones podrá ser también competencia autonómica. A veces, surgirá la duda: otorgar subvenciones autonómicas solamente a contratos de formación que supongan un mínimo del 35% o del 25% de la jornada para tareas formativas (cuando la ley estatal establece un mínimo de formación de solo el 25% o el 15%, para el 1º o para el 2º y 3º años de duración del contrato de formación), ¿sería competencia autonómica? Seguramente, sí: no se modifica la legislación laboral estatal (y, por tanto, en esa CA se podrán seguir celebrando contratos de formación con solo el 15% de formación), simplemente se establece un requisito para acogerse a una política de empleo (subvenciones) autonómica.

La jurisprudencia al respecto del TC (que tiene como función resolver los conflictos de competencia entre Estado y autonomías) es abundante (por todas, en materia de empleo, ver STC 22/2014; también, referida a empleo público, STC 99/2016).

7. LOS CONVENIOS COLECTIVOS

7.1. Concepto y función del convenio colectivo

Un convenio colectivo es un acuerdo o pacto entre, de un lado, un empresario o una(s) asociación(es) de empresarios y, de otro lado, unos representantes de los trabajadores con el objeto principal de regular las relaciones individuales entre los empresarios y los trabajadores incluidos en el ámbito del convenio.

Se trata, pues, de un contrato con función normativa. "Un híbrido, con cuerpo de contrato y alma de ley", en palabras de CARNELUTTI.

La negociación colectiva aparece a finales del siglo XIX y se generaliza a lo largo del siglo XX. En España, no adquiere importancia sino en la segunda mitad del pasado siglo.

En muchos aspectos, la negociación colectiva ha sufrido grandes transformaciones.

En primer lugar, se ha extendido o ampliado su contenido: de ser pactos que regulaban solamente la jornada y los salarios (contratos "de tarifa"), han pasado a poder regular "materias de índole económica, laboral, sindical" (art. 85.1 ET). Ello no obstante, determinados contenidos resultan poco aptos para la negociación colectiva, por la dificultad para ejecutar judicialmente su aplicación en caso de incumplimiento empresarial (así sucede respecto de la política de empleo: el compromiso, por ejemplo, de efectuar unas determinadas inversiones empresariales difícilmente puede ejecutarse judicialmente). "La negociación colectiva puede mucho, pero no lo puede todo" (MANCINI).

En segundo lugar, cabe insistir en que se ha transformado significativamente la relación entre la ley y el convenio. De ser un complemento de la ley (regulando temas no regulados por ella o mejorándola), el convenio ha pasado a sustituirla o incluso a poder modificarla (así, en nuestro ordenamiento, la ley deja en manos del convenio la fijación del precio de la hora extra o del incremento del trabajo nocturno, arts. 34 y 36 ET; o permite que el convenio modifique la regulación legal de la duración máxima del período de prueba, art. 14 ET).

7.2. Eficacia de los convenios colectivos

En esta lección sobre fuentes, nos interesa especialmente la eficacia del convenio colectivo como fuente del ordenamiento laboral.

Hay que distinguir dos planos: su eficacia personal y su eficacia jurídica.

Desde el punto de vista de la eficacia personal, un convenio colectivo puede afectar a todos los empresarios y trabajadores incluidos en el ámbito de aplicación del convenio (por ejemplo, el convenio provincial de la construcción de la provincia de Valencia), independientemente de que esos empresarios y trabajadores estén afiliados o no a las organizaciones que hayan firmado el convenio. Se habla, entonces, de eficacia general (o "erga omnes"). Por el contrario, un convenio puede afectar solo a los empresarios y trabajadores afiliados a las organizaciones empresariales y sindicales que lo hubieran pactado: eficacia limitada.

Desde el punto de vista de su eficacia jurídica, un convenio puede tener eficacia jurídica normativa o contractual. La eficacia jurídica normativa de un convenio significa que su regulación se impone a las relaciones individuales afectadas, de modo que lo establecido por el mismo se aplicará a esas relaciones individuales aunque empresario y trabajador no hayan previsto esa aplicación, y, asimismo, que las cláusulas del contrato individual contrarios al convenio serán nulas y se sustituirán por lo dispuesto en el mismo. Así, si ese convenio de la construcción de Valencia establece un salario X, ese salario se aplicará a los empresarios y trabajadores afectados aunque no lo hayan previsto y, si han pactado un salario inferior a X, ese pacto será nulo y se sustituirá por lo dispuesto en el convenio. Por el contrario, si el convenio tuviera solamente eficacia jurídica contractual, ello significaría que lo dispuesto en un contrato individual podría modificar lo dispuesto en el convenio, al tratarse de dos actos con el mismo valor, contractual.

7.3. Tipos de convenios en el ordenamiento español. Su eficacia

El art. 37.1 CE establece que "La ley garantizará el derecho a la negociación colectiva laboral entre los representantes de los trabajadores y empresarios, así como la fuerza vinculante de los convenios".

En desarrollo parcial de la CE, el ET (arts. 82 y siguientes) regula unos convenios colectivos que, por ello, reciben el nombre de "estatutarios" (o regulares). Su validez requiere cumplir los requisitos, de fondo y forma, establecidos en el ET. Son los más frecuentes.

Pero se admite, sobre todo por el TC, que también se pueden pactar convenios colectivos que no cumplan los requisitos fijados en el ET. Se trata de los llamados convenios colectivos "extraestatutarios" (o irregulares). Su importancia cuantitativa es menor, pero se producen, sobre todo, cuando las asociaciones empresariales o los sindicatos firmantes no cumplen el requisito estatutario de legitimación plena (mayoritaria) para pactarlos (ver lección 5ª).

¿Qué eficacia personal y qué eficacia jurídica tienen unos y otros? Hay que distinguir claramente esos dos aspectos o planos.

Por lo que respecta a los convenios estatutarios, tienen eficacia personal general y eficacia jurídica normativa. Tienen eficacia general: "obligan a todos los empresarios y trabajadores incluidos dentro de su ámbito de aplicación" (art. 82.3 ET. Y tienen eficacia normativa: en el contrato de trabajo no pueden "establecerse en perjuicio del trabajador condiciones menos favorables o contrarias a las disposiciones legales y convenios colectivos" (art. 3.1.c ET), y en caso de nulidad parcial del contrato de trabajo "éste permanecerá válido en lo restante, y se entenderá completado por los preceptos jurídicos adecuados" (art. 9.1 ET) conforme a lo dispuesto en ese art. 3.1 ET (ver SSTS 29 jun. y 26 jul. 1995, recs. 1992/1994 y 567/1994).

En cambio, la eficacia de los convenios extraestatutarios es menos clara, fundamentalmente su eficacia jurídica.

En primer lugar, su eficacia personal es en principio limitada. Solo obligan a los empresarios y trabajadores afiliados a las organizaciones empresariales y sindicales que lo hayan firmado (STS 22 en. 1994, rec. 3380/1992). Así, suponiendo que el convenio de Valencia de la construcción fuera extraestatutario, no obligaría a un empresario del sector que no estuviera afiliado a la organización patronal firmante y ese empresario no tendría que aplicarlo a ninguno de sus trabajadores.

Por el contrario, si un empresario estuviera afiliado a esa patronal, tendría que aplicarlo, aunque, de entrada, solamente a aquellos de sus trabajadores que estuvieran afiliados al sindicato o sindicatos que lo hubieran firmado. Pero, si en efecto el empresario está obligado a aplicarlo, normalmente tenderá a aplicarlo voluntariamente a todos sus trabajadores. Más aún: la jurisprudencia considera que, si un trabajador o trabajadores solicitan la aplicación del mismo (adhesión individual), sería discriminatorio no aplicárselo con el argumento de que no está afiliado al sindicato firmante (STC 108/1989 y STS 8 jun. 1999, rec. 2070/1997). En todo caso, para ejercer la adhesión no se precisa que el convenio mismo la prevea.

En todo caso, la eficacia personal limitada de estos convenios conlleva que no puedan regular condiciones de trabajo o empleo con proyección general para todos los trabajadores de su ámbito, es decir, cuestiones que por su naturaleza tengan un alcance general (STS 13 nov. 2003, rec. 11/2003), ni cuestiones reservadas al convenio estatutario (STS 18 nov. 2003, rec. 4895/2002).

Más discutida es la eficacia jurídica de esos convenios extraestatutarios. Pero lo cierto es que, aunque en muchas ocasiones los tribunales afirman que tienen eficacia contractual, cuando el objeto del pleito es dilucidar la aplicación del convenio extraestatutario o del contrato individual contrario al mismo, aplican siempre el convenio por encima del contrato individual.

La falta de claridad en este punto viene fundamentalmente de que, como hemos visto, existen dos planos: el de la eficacia personal y el de la jurídica. Es cierto que, en principio, un convenio extraestatutario solo crea derechos y obligaciones para los afiliados (y, por tanto, no crea "derecho objetivo", no crea derecho para todos). Pero ello no impide que para esos afiliados tenga eficacia jurídica normativa: lo dispuesto en el convenio se impone sobre lo dispuesto en el contrato individual (lo que doctrinalmente se conoce como "eficacia real") (ver STC 58/1985). La abundantísima jurisprudencia que les niega eficacia normativa se refiere a casos en que no se plantea un conflicto entre el convenio extra-estatutario y el contrato individual (STS 2 marzo 2007, rec. 181/2005, un conflicto entre un convenio estatutario y otro extra-estatutario; STS 12 dic. 2006, rec. 21/2006, no vulneración de la libertad sindical al firmarse un convenio extra-estatutario con un sindicato minoritario).

En el derecho comparado lo normal es que todos los convenios tengan eficacia personal limitada. Pero asimismo se suele prever que el empresario, si está obligado como afiliado a la patronal a aplicar el convenio, lo aplique a todos sus trabajadores; y, asimismo, en algunos casos se contemplan procedimientos administrativos para dar eficacia general al convenio (procedimientos de "extensión"; también previsto en nuestro ordenamiento pero con otro sentido, ver lección 5ª, epígrafe 10).

7.4. Los acuerdos de empresa

En distintos artículos del ET (arts. 22.1, 29.1, 34.2, 34.3, etc.) se prevé que "en defecto de convenio" se puedan regular ciertas cuestiones mediante "acuerdo entre la empresa y los representantes de los trabajadores".

¿Qué valor o eficacia tienen estos "acuerdos o pactos de empresa"? Se considera que tienen eficacia personal general y eficacia jurídica normativa. Lo primero, porque se pactan por los representantes de los trabajadores en la empresa (comités de empresa o delegados de personal, ver lección 4ª), los cuales representan a todo el personal o trabajadores de la misma. Lo segundo, porque precisamente se pactan en lugar de un convenio estatutario y, sobre todo, porque normalmente vienen a establecer una regulación que sustituye a la dispuesta con carácter general por la ley en determinadas materias (así, por ejemplo, en el art. 34 ET, el convenio —o, en su defecto, el acuerdo de empresa— establecen una jornada anual o una jornada diaria superior a nueve horas, en lugar de la jornada semanal o del límite legal de 9 horas fijados por la ley).

Igualmente, en el ET, se contemplan acuerdos referidos a la inaplicación de convenios colectivos (art. 82.3); o referidos a la adopción de ciertas decisiones empresariales de alcance colectivo en materia de traslados, modificaciones de condiciones de trabajo y suspensiones o despidos (arts. 40, 41, 47, 51).

7.5. Acuerdos conciliatorios y laudos arbitrales

Nuestro ordenamiento (ver lección 7ª) contiene distintos procedimientos para la solución de conflictos, sobre todo colectivos. Un típico conflicto es la falta de acuerdo en la negociación de un convenio.

Se trata de procedimientos o bien de conciliación-mediación, o bien de arbitraje. En la conciliación-mediación, la solución se alcanza gracias a la intervención de un conciliador-mediador, mediante acuerdo entre las partes en conflicto. En el arbitraje, la solución se alcanza mediante la decisión (laudo arbitral) de un árbitro. Hay que añadir que el arbitraje es normalmente aceptado voluntariamente por las partes en conflicto y solo excepcionalmente —en caso de huelgas que perjudiquen gravemente la economía nacional— el árbitro es impuesto obligatoriamente por el Gobierno (ver lecciones 6ª y 7ª), aunque las recientes reformas de 2010-2012 también promocionan —e incluso imponen, con dudosa constitucionalidad— el arbitraje obligatorio en relación a la inaplicación o renovación de convenios colectivos (ver lección 5ª).

Por consiguiente, en el primer caso, el acuerdo alcanzado en conciliación es un convenio. Como tal, tendrá valor o eficacia de convenio estatutario o extraestatutario según se cumplan o no los requisitos de fondo (legitimación para negociarlo) y de forma (forma escrita, registro, depósito y publicación) exigidos para los convenios estatutarios.

En el caso de los laudos arbitrales voluntarios, de modo similar, el laudo tendrá valor de convenio estatutario o extraestatutario según que los que hayan nombrado al árbitro tengan o no legitimación para negociar un convenio estatutario y según se cumplan o no los requisitos de forma exigidos para los estatutarios. Queda sin aclarar expresamente el caso del laudo arbitral obligatorio para las huelgas gravemente perjudiciales para la economía nacional (art. 10.1 RDLRT), aunque normalmente se entiende que tiene valor estatutario: eficacia general y normativa.

Los acuerdos que pongan fin a una huelga "tienen la misma eficacia que lo acordado en Convenio Colectivo" (art. 8.2 RDLRT): tendrán la misma eficacia que un convenio estatutario si cumplen todos los requisitos exigidos por el ET (ver lección 5ª) (STS 20 nov. 1999, rec. 4786/1998).

7.6. Acuerdos de interés profesional

Por lo que se refiere al llamado TRADE, el art. 13.1 LETA contempla la posibilidad de que se concierten "acuerdos de interés profesional" entre las asociaciones o sindicatos que representen a esos trabajadores y las empresas para las que ejecuten su actividad. Tales acuerdos se pactarán al amparo de las disposiciones del CC, sobre contratos en general.

En cuanto a su eficacia personal, es limitada: se limitará a las partes firmantes y, en su caso, a los afiliados a las asociaciones o sindicatos firmantes;

afiliados que, además, hayan prestado expresamente su consentimiento para ello (art. 13.4 LETA).

En cuanto a su eficacia jurídica, es normativa: son fuente del régimen profesional de los TRADEs y toda cláusula de un contrato individual del TRADE será nula cuando contravenga lo dispuesto en el acuerdo (art. 3.2 LETA).

8. LA COSTUMBRE

Los usos sociales repetidos y considerados obligatorios (la costumbre) son fuente del derecho, tanto en el CC como en el ET.

Pero como fuente del derecho del trabajo, el valor de la costumbre es meramente residual. En efecto, según el art. 3, apartados 1.d y 4 ET: a) en primer lugar, solamente se admite como costumbre la local y profesional; b) en segundo lugar, incluso una costumbre local y profesional solamente se aplica en defecto de ley, reglamento, convenio o contrato de trabajo.

Cuestión distinta es que, en ocasiones, la propia ley integra la costumbre en su contenido ("llama" a la costumbre). En tal caso, la costumbre pasa a formar parte de la ley, con el valor que corresponda (así, por ejemplo, conforme a art. 49.1.d ET, el trabajador debe preavisar su dimisión con el plazo que señalen los convenios o la costumbre: luego, en defecto de convenio, se aplicará el plazo acostumbrado, sin que pueda ser contrariado por lo dispuesto en pacto individual).

9. LOS PRINCIPIOS GENERALES DEL DERECHO

Los principios generales del derecho (enumerados como fuentes por el art. 1.1 CC) vienen a ser normas —muy generales— que cabe inducir de un ordenamiento escrito. Así, del conjunto de las normas laborales, cabe extraer, por ejemplo, la existencia de un principio de estabilidad en el empleo (porque se limitan los contratos temporales, porque la extinción del contrato debe tener una causa) o la existencia de un principio "pro operario", el cual supondría que, en caso de duda sobre la interpretación de una norma, debe interpretarse en el sentido más favorable al trabajador (porque las normas laborales tienen la finalidad de tutelar al trabajador).

Hoy en día carecen en buena medida de interés como fuente distinta a las otras fuentes, porque normalmente los principios figuran ya en normas escritas (incluso constitucionales: principio de igualdad, principio de libertad sindical, etc.); porque poco añaden a las normas escritas de las que se inducen (poco añade el principio de estabilidad a la regulación legal de los contratos temporales, de la extinción del contrato), o porque resultan principios dudosos (así, el principio "pro operario", ya que las normas laborales también protegen la libertad de empresa y su rentabilidad: movilidad geográfica, modificación de condiciones, suspensiones o despidos por causas económicas, técnicas, organizativas o productivas), o principios prácticamente inaplicables (de nuevo, el principio "pro operario": es raro que la norma no se pueda interpretar con los criterios legalmente previstos en el art. 3.1. CC: interpretación literal, sistemática, histórica o finalística).

10. LA JURISPRUDENCIA

La jurisprudencia o doctrina de los tribunales no es fuente del derecho. Los tribunales no crean "derecho objetivo", no establecen derechos y obligaciones, sino que se limitan a aplicar la ley (y los reglamentos, y los convenios) a casos concretos.

Esa labor de aplicación judicial de las normas es importante para el conflicto a resolver. Las normas (leyes, reglamentos, convenios) tienen un contenido general y abstracto, por lo que su aplicación e interpretación para el caso concreto es decisiva. Cabe decir, adaptando la frase de C. H. HUGHES, que para las partes en un conflicto concreto "la ley es lo que los jueces dicen que es la ley".

Ello es particularmente cierto en el caso del Derecho del Trabajo. Sobre todo, los convenios colectivos son elaborados en ocasiones por no expertos y su contenido es muchas veces deliberadamente confuso, precisamente para permitir alcanzar un acuerdo. Por ello, en buena medida la jurisprudencia laboral constituye el "derecho vivo del trabajo" (BORRAJO DACRUZ).

Pero, además de esa trascendencia general de la jurisprudencia, en determinados supuestos las decisiones de los tribunales revisten una importancia que va más allá del caso concreto que resuelven.

En primer lugar, la "jurisprudencia" (es decir, la "doctrina reiterada") del Tribunal Supremo "complementará el ordenamiento jurídico" (art. 1.6 CC). De este modo, una sentencia contraria a esa jurisprudencia puede, por ello, ser objeto de recurso de suplicación o de recurso de casación (ver, infra, en esta lección).

En segundo lugar, el principio de igualdad formal ante la ley (art. 14 CE) supone también que la ley debe ser aplicada de modo igual en casos idénticos. Ahora bien, el alcance de este principio es limitado. Supone que un mismo tribunal vulnera el principio de igualdad si, en casos idénticos, lleva a cabo un cambio irreflexivo, arbitrario, aislado, ocasional o inesperado en la línea jurisprudencial mantenida hasta entonces. Pero distintos tribunales pueden aplicar de manera distinta la ley. E incluso un mismo tribunal puede realizar cambios razonados, razonables y con vocación de futuro.

En tercer lugar, al resolver recursos o cuestiones de inconstitucionalidad, puede suceder que el TC decida que una ley no es inconstitucional si se interpreta de una determinada manera. Esa interpretación, en cierto modo, se incorpora a la ley y vincula a los tribunales ordinarios.

Y, en cuarto lugar, el Derecho del Trabajo ofrece un tipo particular de sentencias. Se trata de las llamadas "sentencias colectivas", al resolver un proceso de conflicto colectivo (ver lección 7ª, para más detalle). Un proceso de conflicto colectivo tiene como objeto aplicar o interpretar una norma estatal, un convenio cualquiera que sea su eficacia, pactos o acuerdos de empresa, una decisión empresarial de carácter colectivo, una práctica de empresa o los acuerdos de interés profesional de los "trade" para un grupo genérico de trabajadores o para un colectivo genérico susceptible de determinación individual.

Pues bien, la sentencia firme que se produzca en ese proceso produce "efectos de cosa juzgada" (art. 160.5 LRJS) sobre los procesos individuales pendientes de resolución o que puedan plantearse, que versen sobre idéntico objeto o relación de directa conexidad con aquél; de modo que la aplicación o interpretación dada por la sentencia colectiva debe ser seguida en la resolución del proceso individual (sobre el concepto de cosa juzgada, ver STS 25 oct. 2018, rec. 203/2017, en particular sobre su efecto positivo o prejudicial y sobre su efecto negativo o preclusivo).

Es más, conforme a ese art. 160.5LRJS, esos procesos individuales quedarán en suspenso durante la tramitación del proceso colectivo, aunque haya recaído sentencia de instancia y esté pendiente el recurso de suplicación y de casación.

11. NATURALEZA DE LAS NORMAS

Las normas laborales contenidas en leyes, reglamentos o convenios pueden revestir distinta naturaleza: absolutamente imperativas, mínimas, máximas, dispositivas.

Son normas absolutamente imperativas (o de "derecho necesario absoluto") las que no admiten modificación, ni en sentido peyorativo ni en sentido meliorativo para el trabajador. Por ejemplo, las normas que regulan la preferencia de los créditos por salarios frente a otros créditos. Con la reforma de 2012 surgen nuevos ejemplos, como la exigencia de que el sistema de clasificación profesional se haga por grupos (art. 22.1 ET).

Son normas mínimas (o de "derecho necesario relativo mínimo") las que no admiten peores condiciones de trabajo. Son la mayoría: salario mínimo, vacaciones anuales, indemnización en caso de extinción del contrato, etc.

Son normas máximas (o de "derecho necesario relativo máximo") las que no admiten la fijación de mejores condiciones de trabajo. Un ejemplo: los límites a los incrementos salariales anuales de los trabajadores públicos, fijados en las leyes de presupuestos. Tampoco admiten mejoras para los empleados públicos las normas sobre tiempo retribuido para funciones sindicales y de representación, número de delegados sindicales, o dispensas totales de asistencia al trabajo (los "liberados").

Son normas dispositivas (o de "derecho dispositivo") las que admiten variaciones en cualquier sentido, a mejores o peores condiciones de trabajo. Cada vez hay más ejemplos: duración máxima del período de prueba, establecimiento de jornada anual, superación de la jornada diaria de 9 horas, etc. En estos supuestos, la ley se "dispositiviza" a favor del convenio colectivo (no del contrato individual).

12. DETERMINACIÓN DE LA NORMATIVA APLICABLE Y DE LA JURISDICCIÓN COMPETENTE

A) Normativa aplicable. Cuando una relación laboral tiene elementos internacionales (un trabajador español trabaja para una empresa inglesa, teniendo como sede habitual de su trabajo Holanda, pero realizando servicios en Alemania, Bélgica y Luxemburgo), la determinación de qué normativa laboral sea aplicable puede resultar complicada.

A tal efecto, hay que tener en cuenta lo que disponga la normativa nacional y lo que disponga la normativa internacional o supranacional. En nuestra normativa interna, hay que tener en cuenta lo dispuesto en los arts. 8.1 y 10.6 CC (se aplicará la ley a que las partes se hayan sometido expresamente, siempre que tenga alguna conexión con el contrato; en su defecto, la ley del lugar donde se presten los servicios; en todo caso, se aplican las leyes penales, las de policía y las de seguridad pública a todos los que se hallen en territorio español). Aparte, lo dispuesto en el art. 1.4. ET para los trabajadores españoles contratados en España al servicio de empresas españolas en el extranjero, declarando aplicable la legislación laboral española.

En cuanto a la normativa internacional, para los países comunitarios el Reglamento (CE) nº 593/2008, sobre la ley aplicable a las obligaciones contractuales (llamado "Roma I", porque su antecedente fue un Convenio firmado en Roma; hay un "Roma II" para las obligaciones extracontractuales) parte igualmente de que los contratos se rigen, en su totalidad o parcialmente, por la ley elegida por las partes (art. 3.1), elección que se puede modificar (art. 3.2).

Específicamente para los contratos de trabajo, su art. 8.1 dispone que la elección no puede privar al trabajador de la protección que le aseguren las disposiciones imperativas (las "que no pueden excluirse mediante acuerdo") de la ley aplicable en caso de falta de elección (ver STJUE 15 dic. 2011, Asunto Voosgeerd, rec. C-384/2010). Esa ley sería:

a) la ley del país en el cual o, en su defecto, a partir del cual el trabajador realice su trabajo habitualmente; país habitual que no cambia cuando el trabajador realice con carácter temporal su trabajo en otro país (art. 8.2);

b) si no hay tal habitualidad, la del país en que se encuentre el establecimiento contratante (art. 8.3);

c) pero si el contrato presenta vínculos más estrechos con otro país, la ley de ese otro país (art. 8.4) (STJUE 12 sept. 2013, Asunto Schlecker, rec. C-64/2012).

Por último, conforme al art. 9, lo anterior no impide la aplicación de las leyes de policía del Estado del foro (que son las esenciales "para la salvaguardia de sus intereses").

Aparte lo anterior, la Ley 45/1999, de 29 noviembre (en desarrollo de la Directiva 96/71/CE, modificada por la Directiva 2018/957, transpuesta por el RDL 7/2021) regula el desplazamiento de trabajadores en el marco de una prestación de servicios transnacional (sobre desplazamientos, ver lección 10ª, epígrafe 4.6). Su finalidad es evitar que empresas de un país, al desplazar temporalmente trabajadores a otro país, hagan competencia desleal a las empresas de este último aplicando condiciones de trabajo del país de origen menos gravosas que las del país de destino.

A) Se regula el supuesto de trabajadores desplazados temporalmente a España por sus empresas establecidas en la UE o en un Estado del EEE, ya sea en ejecución de un contrato entre la empresa y un cliente en España, ya sea para trabajar en un centro de la empresa o de una empresa del grupo en España, ya sea por una ETT extranjera para ser puesto a disposición de una empresa usuaria en España, incluido el supuesto de una persona trabajadora puesta a disposición de una usuaria y desplazada por esta a España (sobre ETTs, ver lección 8ª, epígrafe 9).

Respecto de ellos, la Ley determina qué condiciones de trabajo previstas por la normativa española (incluidos convenios y laudos) se les deben garantizar (las relativas a tiempo de trabajo, cuantía del salario, igualdad de trato y no discriminación, trabajo de menores, prevención de riesgos laborales, no discriminación de trabajadores temporales y a tiempo parcial, respecto de la intimidad y consideración debida a la dignidad, libre sindicación y derechos de huelga y reunión, condiciones de cesión de las personas trabajadoras, condiciones de alojamiento y dietas y reembolsos por gastos de viaje, alojamiento y manutención, y en su caso, los establecidos en la normativa sobre ETTs), salvo que sean menos favorables que las previstas en la normativa aplicable conforme a las reglas antes señaladas. Se establecen reglas específicas respecto de trabajadores desplazados a España por una ETT extranjera.

B) Se regula asimismo el supuesto de trabajadores desplazados temporalmente por sus empresas establecidas en España o por ETTs españolas, por los motivos antes indicados, a países de la UE o del EEE.

Respecto de ellos, se deberán respetar las condiciones de trabajo que en los países de destino se señalen por la normativa que en ellos desarrolle la Directiva 96/71/CE. Asimismo, hay reglas específicas para trabajadores desplazados por EETT españolas.

C) En fin, lo dispuesto por la Ley 45/1999 se aplicará también a empresas establecidas en terceros países que puedan prestar servicios en España.

B) Jurisdicción competente. Cuestión distinta es la de qué tribunales sean competentes para los conflictos derivados del contrato de trabajo. Al respecto, la competencia de los tribunales españoles la fija el art. 25 LOPJ. Pero para los países de la UE (salvo Dinamarca, para la que hay reglas distintas), rige el Reglamento nº 1.215/2012 de 12 diciembre 2012, el cual —como su antecesor nº 44/2001— concede muchas facilidades al trabajador para presentar una demanda (ver arts. 21-23). Puede demandar al empleador si está domiciliado en un país de la UE: a) o bien en ese país; b) o bien en el país en que haya desempeñado habitualmente sus servicios (o en el último país en que los haya desempeñado), o bien en el país en que esté o haya estado el establecimiento empleador. Si el empleador no está domiciliado en la UE puede el trabajador igualmente demandar en un país de la UE conforme a lo dicho en la letra b). El empleador solamente puede demandar al trabajador donde este tenga habitualmente su domicilio. Se puede pactar otra jurisdicción, pero ese pacto solamente obliga si es posterior al litigio o abre al trabajador otras posibilidades.

Caso práctico: Jurisdicción nacional competente

Un trabajador (tripulante de cabina) extranjero, con permiso de residencia y trabajo en España, presta sus servicios para Ryanair,en primer lugar cedido por una ETT irlandesa y luego directamente mediante contrato celebrado en Dublín, contrato que dispone que la ley aplicable sería la irlandesa y la competencia la de los tribunales irlandeses. Los vuelos, en aeronaves matriculadas en Irlanda, tenían origen y destino en Girona.

Es despedido por razones disciplinarias y recurre ante la jurisdicción española. El Juzgado de lo social se declara competente y declara procedente el despido. El TSJ confirma la sentencia. La empresa recurre ante el TS para que se declare no competente la jurisdicción española.

El TS considera competentes a los tribunales españoles en virtud de lo dispuesto en el art. 19.1 del Reglamento nº 44/2001, entonces vigente, conforme al cual el trabajador puede demandar "ante el tribunal del lugar en el que el trabajador desempeñare habitualmente su trabajo". El TS se apoya en la jurisprudencia comunitaria (STJUE 14 septiembre 2017, Asuntos C-186/16 y C-169/16), que lo interpreta como "lugar en el cual o a partir del cual el trabajador cumple de hecho lo esencial de sus obligaciones", rechaza que haya que asimilarlo a la nacionalidad de la aeronave y tiene en cuenta que la base de operaciones (los vuelos tenían origen y destino en Girona) constituye indicio para determinar el lugar de trabajo habitual.

(Vid. STS 24 enero 2019, rec. 3450/2015).

En la Ley 45/1999 sobre desplazamiento temporal de trabajadores, antes analizada, se establecen reglas específicas sobre competencia de los tribunales españoles, tanto para el supuesto de trabajadores desplazados a España por sus empresas, como para trabajadores desplazados a países de la UE o del EEE por sus empresas españolas.

13. RELACIONES ENTRE NORMAS VIGENTES AL MISMO TIEMPO

En caso de conflicto entre los preceptos de varias normas vigentes al mismo tiempo, el art. 3.3 ET da una aparente solución general: se aplicará lo más favorable para el trabajador apreciado en su conjunto (en cómputo anual si son conceptos cuantificables), aunque respetando siempre los mínimos de derecho necesario (lo que hace difícil una compensación en conjunto).

Pero lo cierto es que, si analizamos caso por caso, la solución no es siempre la de aplicar lo más favorable.

A) Entre normas internacionales y normas internas. Las normas internacionales o supranacionales laborales normalmente constituyen mínimos (art. 19 CE OIT, art. 153.4 TFUE), por lo que se aplicarán las normas internas si son más favorables.

Realmente, en este supuesto no hay un conflicto: no hay contradicción entre la norma internacional mínima, que como tal admite su mejora, y la norma interna.

Pero en caso de existir una contradicción entre la norma internacional y la norma interna, por ser la primera de derecho absoluto o máximo, el art. 96.1 CE dispone que "Los tratados internacionales válidamente celebrados, una vez publicados oficialmente en España, formarán parte del ordenamiento español. Sus disposiciones sólo podrán ser derogadas, modificadas o suspendidas en la forma prevista en los propios tratados o de acuerdo con las normas generales del Derecho internacional". Hay, pues, una prevalencia de la norma internacional sobre la nacional, la cual podrá, en el caso concreto, ser inaplicada por el juez o tribunal ordinario en lo que se denomina "control de convencionalidad" (ver art. 31 Ley 25/2014, de 28 noviembre, de Tratados y Acuerdos Internacionales; STC 140/2018, de 20 diciembre, f.j. 6º). Asimismo, téngase en cuenta que, conforme al art. 94.1 CE, "La prestación del consentimiento del Estado para obligarse por medio de tratados o convenios requerirá la previa autorización de las Cortes Generales en los siguientes casos:...e) Tratados o convenios que supongan modificación o derogación de alguna ley o exijan medidas legislativas para su ejecución»

B) Entre ley y reglamento. Como ya se indicó (ver, supra, en esta lección), el reglamento normalmente solo puede desarrollar la ley y no puede establecer condiciones de trabajo distintas, ni peores ni mejores. No se aplica lo más favorable, sino la ley, con "sujeción estricta al principio de jerarquía normativa" (art. 3.2 ET).

C) Entre ley (o reglamento) y convenio colectivo. Los convenios colectivos deben respetar lo dispuesto en las leyes (art. 85.1 ET). Luego, el convenio no puede modificar en ningún sentido las normas legales absolutamente imperativas, puede mejorar los mínimos legales (aunque en este caso tampoco hay conflicto, en sentido propio, entre la norma legal que es un mínimo y el convenio que la mejora), no puede superar los máximos legales y puede modificar en cualquier sentido las normas legales dispositivas. Por lo tanto, no siempre se aplica lo más favorable al trabajador.

D) Entre convenios de distinto ámbito (por ejemplo, entre un convenio de sector y uno de empresa; entre un convenio de sector estatal y uno provincial). Se aplican las reglas del art. 84 ET para la concurrencia de convenios (ver lección 5ª.3), que en ningún caso suponen aplicar lo más favorable sino el convenio más antiguo o, entre convenios sectoriales y en determinadas materias el de ámbito territorial más específico; o el convenio de empresa en determinadas materias.

E) Entre ley (o reglamento, o convenio) y costumbre. Como ya se ha visto, la costumbre solamente se aplica en defecto de norma o incluso de contrato individual.

14. RELACIONES ENTRE NORMAS SUCESIVAS EN EL TIEMPO

Las normas posteriores derogan a las anteriores, derogación que alcanza a todo lo que expresamente disponga la norma posterior y a todo lo que en la anterior sea incompatible con la posterior (art. 2.2 CC). Por lo tanto, se aplica la ley (o el reglamento) posterior.

Del mismo modo, pero más radicalmente, en el caso de los convenios colectivos, el convenio que sucede a uno anterior "deroga en su integridad a este último, salvo los aspectos que expresamente se mantengan" (art. 86.4 ET).

Por lo tanto:

- La ley (o el reglamento) anterior se sigue aplicando si no queda expresamente derogada o no es incompatible con lo dispuesto en la nueva.
- El convenio anterior solamente se sigue aplicando si el nuevo lo mantiene en algún aspecto (cláusulas de garantía personal).
- Mientras no se pacte un nuevo convenio, el anterior convenio, aunque ya esté denunciado, se sigue aplicando en su parte normativa aunque solamente durante un máximo de un año (salvo que el propio convenio anterior disponga otra cosa) (art. 86.3 ET) (ver lección 5ª).

Lo importante, en todo caso, es subrayar que nada obliga a que la norma posterior sea igual o mejor que la anterior. Puede ser peyorativa respecto de la anterior: no existe principio de "irregresividad" (es decir, de respeto o mantenimiento de las condiciones más beneficiosas de la norma anterior).

Pero, por el contrario, recuérdese el principio de "irretroactividad" de las normas restrictivas de derechos. La nueva norma no puede restringir derechos o situaciones ya perfeccionadas por la norma anterior. Afirmación esta que podría resultar dudosa en el caso de los convenios colectivos, a la luz del art. 82.4 ET: "El Convenio colectivo que sucede a uno anterior puede disponer sobre los derechos reconocidos en aquél". Pero es claro que esta norma legal debe ser interpretada de acuerdo con la Constitución.

15. RELACIONES ENTRE NORMAS Y AUTONOMÍA INDIVIDUAL (I): LAS CONDICIONES MÁS BENEFICIOSAS CONTRACTUALES

A) Conforme al art. 3.1.c) ET, en el contrato de trabajo se pueden regular los derechos y obligaciones de empresario y trabajador, pero "sin que en ningún caso puedan establecerse en perjuicio del trabajador condiciones menos favorables o contrarias a las disposiciones legales y convenios colectivos".

Por consiguiente, en el contrato de trabajo no se pueden modificar las normas absolutamente imperativas, se pueden mejorar los mínimos y no se pueden superar los máximos legales o convencionales.

Incluso cabría admitir que el contrato contuviera condiciones menos favorables o contrarias siempre que ello no fuera "en perjuicio del trabajador". Lo que supondría que la menor favorabilidad o la contrariedad de unas condiciones respecto de la ley o el convenio se compensara con otras condiciones más beneficiosas. Por ejemplo, compensar el pase de jornada continuada prevista en el convenio a jornada partida con un plus salarial y con la no obligación de trabajar el sábado por la mañana (pero precisamente el TC no ha admitido ese tipo de compensación: ver STC 105/1992).

Pero, en lo que se refiere a la relación entre el contrato de trabajo y el convenio colectivo, la jurisprudencia del TC (SSTC 105/1992, 208/1993, 107/2000, 225/2001 y 238/2005) ha limitado el papel regulador de la autonomía individual. Así, no se admite que mediante una contratación individual "en masa" (o mediante una decisión unilateral del empresario del alcance masivo) se sustituya o soslaye la negociación colectiva: no se admite, por ejemplo, que masivamente se sustituya la jornada continuada por la partida (aunque ello suponga las compensaciones antes dichas), ni que

—terminada la vigencia de un convenio e insuficientemente negociado el nuevo— se modifique el sistema salarial por otro (aunque ello suponga incrementos salariales), ni que se sustituya el sistema de jornada y salarial del convenio por otro distinto para los cuadros directivos (aunque ello pudiera suponer una mejora).

B) Esa función reguladora del contrato individual, estableciendo condiciones más beneficiosas (CMB) que las establecidas en leyes o en convenios, se puede efectuar de manera expresa o de manera tácita.

Es decir, esas condiciones más beneficiosas se pueden pactar de manera expresa (por escrito o verbalmente) por el empresario y el trabajador. Pero también cabe que el empresario establezca de modo unilateral una mejora, que se entenderá aceptada tácitamente por el trabajador. Ahora bien, para que se produzca tal mejora unilateral tácita no basta con la mera actuación repetida o continuada por parte del empresario, sino que se requiere que este tenga la voluntad o intención de quedar obligado (línea jurisprudencial recogida en STS 4 febrero 2021, rec. 147/2019: un obsequio de Navidad como CMB).

Por lo tanto, pese a que el empresario realice una actuación repetida, puede no existir mejora o condición tácita si:

a) La actuación empresarial mejorando las condiciones de trabajo se debe a un error (el empresario, por ejemplo, paga más de lo exigido por el convenio, pero porque interpreta erróneamente el convenio; aunque no se admite un supuesto error que dura 50 años, STS 25 noviembre 2020, rec. 38/2019).

b) La actuación del empresario se debe a una pura benevolencia o tolerancia, sin intención de obligarse a mejorar (el empresario, por ejemplo, no obliga durante años a acudir al centro docente en el mes de julio, pero siempre establece en los contratos que el mes de vacaciones será solamente el de agosto).

c) Suponiendo que se haya pactado, expresa o tácitamente, una condición más beneficiosa (en materia retributiva o cualquier otra: jornada, vacaciones, etc.), esta resulta obligatoria y no puede ser luego suprimida unilateralmente por el empleador, ni siquiera si él se ha obligado unilateralmente. Ello no obstante:

    - En primer lugar, habrá que estar a los términos en que se ha pactado la condición más beneficiosa, pudiendo estar establecida por un plazo determinado o de modo indefinido.

- En segundo lugar, cabe su modificación unilateral, por causa justificada, en los términos previstos en el art. 41 ET (ver lección 10ª).

- En fin, cabe su compensación o absorción. Eso significa que la condición más beneficiosa pactada no se acumula a las mejoras que puedan experimentar la ley o el convenio, de modo que la diferencia favorable entre lo establecido por ley o convenio y lo pactado puede ir progresivamente desapareciendo. Si el convenio prevé un salario de 1.000 euros/mes y se ha pactado (expresa o tácitamente) un salario de 1.200, cuando el salario convencional aumente a 1.100, el trabajador seguirá cobrando los 1.200 pactados y no 1.300. En principio, los conceptos a compensar o absorber deben ser homogéneos con los absorbentes, pero salvo que el convenio que contempla estos últimos lo admita (ver, por todas, SSTS 10 enero 2017, rec. 518/2016, y 25 noviembre 2020, rec. 1673/2018).

16. RELACIONES ENTRE NORMAS Y AUTONOMÍA INDIVIDUAL (II): INDISPONIBILIDAD DE DERECHOS

Como acabamos de ver, no se pueden pactar en perjuicio del trabajador condiciones menos favorables o contrarias a las dispuestas en leyes o convenios. Pero, además, para asegurar el efectivo disfrute de los derechos reconocidos en leyes y convenios, el art. 3.5 ET añade que el trabajador no puede "disponer" válidamente de los derechos reconocidos por disposiciones legales de derecho necesario, ni de los derechos reconocidos como indisponibles por convenios colectivos.

Esa regulación ha suscitado varias dudas interpretativas, que han tratado de ser resueltas por la jurisprudencia.

a) En primer lugar, se suscita la duda de si solamente se prohíbe la "renuncia" a los derechos sin contraprestación alguna, o si también se prohíbe la "transacción", es decir, la solución de un conflicto mediante mutuas concesiones sobre un derecho incierto. Ciertamente, una transacción puede encubrir una renuncia (al trabajador se le deben y reclama 1.000, pero, por necesidad, transige y acepta cobrar 100).

Buena parte de la doctrina, aun admitiendo que disponer es expresión más amplia que renunciar, ha estimado que lo único que se quiere prohibir es la renuncia. Ello parece chocar con la literalidad del art.

3.5, siendo significativo el cambio de prohibición de la renuncia, en la antigua LCT, a prohibición de la disposición. Para otra doctrina, el cambio parece llevar a incluir en la prohibición también a la transacción de derechos

Lo cierto es que los tribunales aceptan la validez de transacciones o incluso renuncias compensadas. Así, cuando el trabajador acepta no cobrar una indemnización por traslado forzoso a cambio de que la empresa le destine a un nuevo centro que él prefiere; o cuando la viuda renuncia a una indemnización por fallecimiento de su marido trabajador, a cambio de que la empresa la contrate.

La jurisprudencia en torno al art. 3.5 ET no ha dejado de reconocer el cambio introducido por esta norma, pero, pese a reconocer las diferencias entre el art. 3.5 ET y sus antecedentes, continúa admitiendo la posibilidad de conciliación o transacción. Seguramente hay que compatibilizar la aparentemente amplia prohibición de la disposición de derechos y la previsión en nuestro ordenamiento de la transacción y, en el ordenamiento procesal laboral, de la conciliación y la mediación en los arts. 63 y siguientes de la LRJS. Esa compatibilización se lleva a cabo mediante la admisión de la transacción (art. 1809 CC), pero con un estricto control de dicho negocio conforme a las reglas civiles —señaladamente, los art. 1.261 y 1.283 del Código Civil— que regulan la validez y la interpretación de los contratos.

En la práctica esa admisión se traduce en otorgar valor liberatorio al llamado "finiquito" (recibo de finiquito, de saldo y finiquito). Es este un documento complejo, que esencialmente recoge dos negocios. De un lado, una declaración de extinción del contrato, ya sea por mutuo acuerdo o ya sea por dimisión del trabajador; de otro lado, una liquidación de cuentas y un recibo de cantidad: en el finiquito se viene a declarar que el contrato queda extinguido, que el trabajador ha sido satisfecho en todos sus créditos y que no tiene ninguna otra reclamación que efectuar.

La jurisprudencia reconoce que el finiquito puede entrañar una renuncia de derechos, si bien trata de buscar un equilibrio, no negándole siempre una función liberatoria. En cuanto a la admisibilidad de la transacción, la acepta claramente, pero recordando sus requisitos legales: evitación o finalización de un pleito, objeto suficientemente determinado, incertidumbre en cuanto al resultado del litigio y proporción en el sacrificio de eventuales derechos indisponibles. Por ello viene a exigir que el finiquito incluya específicamente las cantidades de que se trate o que, en cuanto transacción, haya habido mutuas concesiones.

Caso práctico: Valor liberatorio del finiquito (reclamación cantidad)

Una empresa abona a dos de sus trabajadores 17.897 pta. y 59.373 pta., firmando ellos un documento en el que admiten haber recibido esas cantidades y "como liquidación por todos mis devengos, sueldos e indemnizaciones en la Sociedad, quedando por completo finiquitadas mis cuentas con la misma, cesando voluntariamente y dando por terminada en el día de hoy la relación laboral que me unía a la misma, percibiendo todas las cantidades que por dichos conceptos pudieran corresponderme por saldo y finiquito, y sin que tenga que reclamar a la mencionada Compañía cantidad alguna por ningún otro concepto".

En el juicio queda probado que la empresa les debía las cantidades de 754.258 pta. y 1.235.955 pta. por horas extraordinarias: habían contratado media jornada y realizaban habitualmente 9 horas diarias. La empresa opone el valor liberatorio del finiquito.

El TS, aun reconociendo que el finiquito tiene normalmente valor liberatorio, señala que queda sometido a control judicial y pone de relieve que en el mismo no se ha justificado el pago de las horas extras y pluses de asistencia y puntualidad. Afirma que "parece casi irrisorio el pensar que los dos actores iban a considerarse finiquitados

con tan exigua cantidad, cuando se les debía una muy superior, según quedó contrastado en los hechos probados".

(Vid. STS 28 febrero 2000, rec. 4937/1998, cuyo voto particular es especialmente claro; más reciente STS 24 julio 2013, rec. 2588/2012)

Caso práctico: Valor liberatorio del finiquito (despido)

Una empresa comunica el día 16/03/2011 al trabajador su despido por escrito y el mismo día le presenta un documento, que el trabajador firma, en que reconoce la improcedencia del despido, ofrece 1.500 euros de indemnización y el trabajador "declara satisfecha la obligación de la empresa de indemnizar" y que "no tiene nada más que reclamar".

La empresa no abona aquella cantidad y el día 24 de marzo le presenta un "recibo de saldo y finiquito" en que se establece que "El abajo firmante declara y reconoce que el día 16/03/2011 ha recibido la cantidad de 2.733,07 Euros en concepto de liquidación total por causar baja por despido en la empresa. Con el recibo de la citada cantidad y habiendo percibido igualmente la totalidad de los emolumentos devengados hasta el día de la fecha, presto mi conformidad a la liquidación efectuada, dándome por totalmente saldado y finiquitado por todos los conceptos sin que tenga reclamación alguna que hacer y comprometiéndome a nada más pedir y reclamar a partir del día de hoy, considerando por ello rescindida a todos los efectos la relación contractual con dicha empresa en esta fecha." El trabajador no firma, escribe "no conforme" y la empresa anota "a la espera de que el trabajador dé su conformidad para pagar". La indemnización legal hubieran sido 10.052,96 euros.

El TS, tras reconocer la normal eficacia liberatoria y, en casos similares, extintiva de los finiquitos (en cuanto que vienen a constituir un mutuo acuerdo extintivo o una transacción sobre el despido efectuado), en este supuesto no ha habido una contraprestación adecuada al no abonar los 1.500 euros (pero ¿y si los hubiera abonado?), no ha habido extinción por desistimiento ni por mutuo acuerdo puesto que la empresa ya había despedido antes de la firma del documento inicial, y la no conformidad con el segundo documento demuestra la disconformidad con el despido.

(Vid. STS 27 marzo 2013, rec. 1325/2012).

b) En segundo lugar, la duda de si la renuncia prohibida es solo la renuncia anticipada a un derecho futuro o también la renuncia a un derecho ya adquirido. El citado art. 3.5 prohíbe disponer de los derechos "antes o después de su adquisición".

Pese a ello, básicamente, aunque resulta difícil sintetizarla, la jurisprudencia (ver SSTS 24 jul. 2000, rec. 2520/1999, o 12 febrero 1988, Roj 12924/1988) mantiene que no es válida la renuncia a derechos aún no adquiridos (así, cuando el trabajador cesa en la empresa y firma un recibo de saldo y finiquito en que afirma que no tiene nada más que reclamar, no queda incluido el posible derecho a una indemnización por enfermedad contraída en la empresa que no se manifiesta sino después, ni tampoco a una diferencia salarial que se produce luego cuando se revisa con efectos retroactivos el convenio, ni tampoco a un plus por beneficios que no se calculan sino después de extinguido el contrato, etc.). Pero, por lo que se refiere a derechos ya devengados, la renuncia libera al empleador, si tal renuncia resulta suficientemente clara.

c) En fin, en tercer lugar, la duda de si la prohibición de renuncia a los derechos reconocidos en convenio exige o no que el convenio diga expresamente que los mismos son indisponibles.

En alguna sentencia, el TS parece exigir que el convenio manifieste expresamente el carácter indisponible de los derechos que reconoce, aunque ello no sería necesario cuando el convenio desarrolle un precepto legal (por ejemplo, sería indisponible, aunque el convenio no lo dijera, la indemnización por gastos de traslado fijada en el mismo, desarrollando lo dispuesto en el art. 40 ET).

17. PRESCRIPCIÓN Y CADUCIDAD DE DERECHOS

Normalmente, todos los derechos tienen un plazo de ejercicio; en último término, un plazo para reclamar el derecho ante un tribunal (para accionar). Aunque algún derecho es imprescriptible (para solicitar el reconocimiento de una pensión de jubilación, por ejemplo).

Los plazos pueden ser de prescripción o de caducidad. Ello se suele indicar en la norma que fije el plazo, aunque en ocasiones puede ser dudoso.

La principal diferencia entre prescripción y caducidad radica en que la superación del plazo de prescripción tiene que ser alegada por el demandado ante el juez o tribunal, como excepción frente a la demanda (ver STS

5 oct. 1994, rec. 402/1994). Mientras que la superación del plazo de caducidad puede ser apreciada de oficio, incluso en suplicación.

Además, normalmente los plazos de prescripción son más largos que los de caducidad. Pero en caducidad se descuentan los días inhábiles: sábados, domingos, 24 y 31 de diciembre, fiestas nacionales y fiestas laborales de la CA o localidad donde radique el juzgado (art. 133.2 LEC y art. 182.1 LOPJ). El mes de agosto es hábil para la modalidad procesal de despido y alguna otra (art. 43.4 LRJS).

Igualmente, el plazo de prescripción se puede interrumpir ampliamente por el titular del derecho, reclamándolo de algún modo (como la denuncia ante la ITSS: STS 1 dic. 2016, rec. 2110/2015; incluso por una reclamación extrajudicial: STS 7 dic. 2004, rec. 4466/2003). Mientras que el plazo de caducidad solamente se puede suspender por actuaciones tasadas del titular (someter el conflicto a conciliación o arbitraje; solicitar abogado de oficio).

La interrupción de la prescripción supone que, terminada la misma, el cómputo del plazo se reanuda por entero. Mientras que la suspensión de la caducidad supone que, terminada la suspensión, se reanuda el cómputo del plazo restante.

Aparte de otros plazos específicos (ya hemos señalado alguno en materia de infracciones sociales), el ET establece los plazos para acciones derivadas del contrato de trabajo y para la sanción de las faltas del trabajador.

Conforme al art. 59 ET, las acciones derivadas del contrato que no tengan plazo especial prescriben al año de terminado el contrato. Hay tres plazos especiales: a) Las acciones para exigir percepciones económicas (como el salario) o para el cumplimiento de obligaciones de tracto único, que no puedan tener lugar después de extinguido el contrato, prescriben al año desde que la acción se pudo ejercitar (art. 59.2); b) Las acciones contra el despido, extinción de contratos temporales, y decisiones del empresario en materia de movilidad geográfica (pero a los desplazamientos se aplica el plazo general: STS 3 abr. 2007, rec. 4266/2005) o modificación sustancial de condiciones, caducan a los 20 días hábiles desde el momento en que el despido o terminación del contrato se haya producido, o desde que se hayan notificado las decisiones empresariales señaladas (art. 59.2 y 3); c) Las demandas del trabajador en caso de discrepancia sobre concreción horaria y disfrute de permisos por lactancia y reducción de jornada por motivos familiares (art. 139 LRJS) deben presentarse igualmente en el plazo de 20 días desde la comunicación de la disconformidad.

A efectos de los plazos de caducidad señalados en la letra b), aparte los días inhábiles antes referidos, no computan ni el día del despido —o de la medida de movilidad o modificación sustancial—, ni el día de presentación de la solicitud de conciliación, ni el día en que se celebró esta, si no han transcurrido más de 15 días hábiles desde la presentación (art. 65.1 LRJS).

Conforme al art. 60.2 ET, las faltas de los trabajadores prescriben a los 10 días (las leves), 20 días (las graves) o 60 días (las muy graves), desde la fecha en que la empresa haya tenido conocimiento de su comisión. En todo caso (es decir, aunque la empresa no haya tenido conocimiento), a los seis meses de haberse cometido (pero hay faltas que se consideran continuadas, de tracto sucesivo).

Sin embargo, para los empleados públicos (incluido el personal laboral) las infracciones muy graves prescriben a los 3 años, las graves a los 2, y las leves a los 6 meses; el plazo comienza a contar desde la comisión de la falta (o desde su cese cuando sea falta continuada) (art. 97 EBEP).

18. APLICACIÓN DE LAS NORMAS (I): ADMINISTRACIÓN LABORAL Y PROCEDIMIENTO SANCIONADOR

La efectividad de las normas laborales exige la existencia de una Administración laboral, ya sea para realizar determinadas actuaciones previstas en las normas (como autorizaciones —del trabajo de menores en espectáculos públicos, de la suspensión del contrato, de los despidos colectivos, etc.—, o registros o publicaciones —de los estatutos de un sindicato, de un convenio colectivo—, u otras —fijación de mínimos en huelgas en servicios esenciales, exigencia de reapertura en caso de cierre patronal, etc.—), ya sea para sancionar los incumplimientos de la normativa laboral.

En primer lugar, hay que señalar que la Administración laboral es actualmente bifronte, central y autonómica. En cuanto a la central, queda compuesta, de un lado, por el Ministerio de Trabajo y Economía Social y, de otro, por el Ministerio de Inclusión, Seguridad Social y Migraciones (ver RD 829/2023, de 21 de noviembre, arts. 9 y 21, respectivamente; y RD 1009/2023, de 5 de diciembre, arts. 8 y 15). La estructura orgánica básica del primero viene regulada por el RD 502/2024, de 21 de mayo. La del segundo por el RD 501/2024, de 21 de mayo.

Periféricamente la Administración General del Estado en el Territorio (AGET) está formada las Delegaciones y Subdelegaciones provinciales del Gobierno en cada CA y Ceuta y Melilla), que cuentan con Áreas de Trabajo e Inmigración (ver Ley 40/2015, de 1 de octubre, arts. 69-79; también RD 1330/1997, de 1 de agosto; en fin, RD 273/2024, de 21 de marzo, que regula la estructura básica del Ministerio de Política Territorial y Memoria Democrática en la cual figura la Dirección General de la AGET, arts. 3.3 y 6).

En fin, dado que se ha llevado a cabo un extenso proceso de transferencias a las CCAA, que pueden asumir y han asumido competencias de ejecución de la normativa laboral (conforme al art. 149.1.7ª CE), las mismas cuentan, de un modo u otro, con la correspondiente administración laboral. Así, por ejemplo, en la Comunidad de Madrid la Consejería de Economía, Hacienda y Empleo; o, en la Comunitat Valenciana, la Conselleria d'Educació, Universitats i Ocupació.

El Reglamento (UE) nº 2019/1949, de 20 de junio, ha creado la Autoridad Laboral Europea, para garantizar una movilidad laboral equitativa y ayudar a coordinar los sistemas de Seguridad Social.

B) En segundo lugar, en cuanto al control y sanción de los incumplimientos de la normativa laboral, juega un papel clave la Inspección de Trabajo. La misma está integrada por dos cuerpos de funcionarios: los Inspectores de Trabajo y los Subinspectores Laborales.

El Organismo estatal Inspección de Trabajo y Seguridad Social está regulado por la LIT, por el RD 138/200, y por el RD 192/2018, por el que se aprueban sus estatutos. Tiene como cometido la vigilancia y exigencia del cumplimiento de la normativa social, aparte otros (de asistencia técnica, de conciliación, mediación y arbitraje). Su ámbito de actuación es amplio y se extiende a todas las personas obligadas a ese cumplimiento. Sus facultades de actuación son muchas (entrar en todo centro de trabajo, establecimiento o lugar sujeto a inspección, proceder a cualquier investigación o prueba, etc.).

En cuanto a las medidas a adoptar, la Inspección puede limitarse a advertir y requerir, pero, sobre todo, puede iniciar un procedimiento sancionador.

La materia sancionadora está regulada en la LISOS, desarrollada por RD 928/1998, de 14 mayo, Reglamento sobre procedimientos para imposición de sanciones y liquidaciones. Los aspectos más importantes a señalar de la misma serían estos:

- La LISOS tipifica infracciones no solamente en materia de relaciones laborales, sino en muchas otras (prevención de riesgos, empleo, seguridad social). En cualquier caso, solamente son sancionables las conductas tipificadas legalmente como infracciones (principio de tipicidad, que se entiende como perfecta similitud de las conductas con las infracciones tipificadas, que deben interpretarse restrictivamente sin que quepan las interpretaciones por analogía o extensivas: ver STS 13 marzo 2024, rec. 97/2022), que son muchas, pero no todas (así, un despido sin causa no supone una infracción ni una sanción, aunque dará lugar sin embargo a una indemnización al trabajador).

- Por lo tanto, sujetos infractores pueden serlo no solamente el empresario (que lo es en materia laboral), sino otras personas según las materias (en prevención de riesgos, por ejemplo, pueden serlo los promotores o propietarios de obras; en materia de empleo y desempleo, pueden serlo los trabajadores, etc.).
- Las infracciones se tipifican como leves, graves o muy graves. Y consiguientemente las sanciones pueden variar para las leves leves (entre 70 y 750 euros), graves (entre 751 y 7.500 euros) y muy graves (entre 7501 y 225.018 euros) (art. 40 LISOS), señalándose los criterios de graduación de las sanciones (art. 39 LISOS). Aunque hay sanciones más elevadas u otras respecto de algunas infracciones o en prevención de riesgos; incluso se contempla la publicación de las sanciones por infracciones muy graves en esta materia. En otras materias (cooperativas), la cuantía de las sanciones es menor.
- El procedimiento, normalmente tras la visita de la Inspección, se inicia mediante el levantamiento de un acta de infracción y/o de liquidación. Los hechos objeto de comprobación directa y declarados probados en el acta se presumen ciertos, salvo prueba en contrario (un ejemplo de presunción en STS 4 abril 2024, rec. 1/2023). Tras el traslado del acta al infractor y sus posibles alegaciones, y tras la propuesta del instructor del expediente, la autoridad laboral competente (en muchas materias será la autonómica) es la que sanciona.
- El procedimiento se suspende, entre otros motivos, si la infracción puede constituir un delito. En tal caso, si el tribunal penal condena ya no se sigue el procedimiento sancionador (no cabe doble sanción por un mismo hecho: “non bis in ídem”); pero si no hay condena penal, se sigue el procedimiento sancionador, por si hubiera infracción social y sanción administrativa.
- La resolución administrativa puede recurrirse en alzada ante la autoridad administrativa superior. El fin de esta vía administrativa

supone que la sanción es ejecutiva, aunque cabe posterior recurso ante los tribunales laborales (art. 2.n LRJS).

- La LISOS establece plazo de prescripción para la imposición de sanciones. Normalmente, el plazo es de tres años; aunque hay otros plazos en materia de seguridad social (4 años) o de prevención de riesgos (depende de la gravedad de la infracción).

19. APLICACIÓN DE LAS NORMAS (II): EL ORDEN SOCIAL DE LA JURISDICCIÓN

Los tribunales laborales (el llamado **Orden social de la jurisdicción**) (ver Anexo I) son los que se describen a continuación, junto con sus competencias.

En primer lugar, los **Juzgados de lo Social (art. 6 LRJS)**. Son tribunales unipersonales, con jurisdicción normalmente provincial (en algún caso inferior; por ejemplo, en Elche hay tres o, en Benidorm, dos; en Avilés, dos o, en Gijón, cuatro), que en ese caso tienen la sede en la capital correspondiente (ver Directorio de Órganos Judiciales, en www.poderjudicial.es).

- Conocen (ver art. 2 LRJS), en instancia, de lo que podríamos denominar "conflictos individuales": entre empresarios y trabajadores como consecuencia del contrato: reclamaciones de salarios, despidos, vacaciones, etc.; en relación con las acciones contra el empresario u otros responsables por los daños originados en la prestación de servicios o por AT y EP; entre las sociedades laborales y las cooperativas de trabajo asociado y sus socios trabajadores por la prestación de sus servicios; para garantizar el cumplimiento de las obligaciones laborales en materia de prevención de riesgos frente al empresario y otros sujetos obligados y la impugnación de las actuaciones de las AAPP en esa materia respecto de todos sus empleados; en materia electoral; en materia de prestaciones de Seguridad Social; etc.;
- y conocen también de lo que podríamos denominar en sentido amplio "conflictos colectivos" cuyo ámbito territorial sea el del Juzgado competente: sobre tutela de la libertad sindical, huelga y demás derechos fundamentales y libertades públicas, incluida la prohibición de la discriminación y el acoso, contra el empresario o terceros a él vinculados cuando la vulneración tenga conexión directa con la prestación de servicios, y otros supuestos; proceso de conflicto colectivo propiamente dicho; constitución y reconocimiento de sindi-

catos y lo relativo a su funcionamiento interno y relaciones con los afiliados; constitución y reconocimiento de las asociaciones empresariales; impugnación de convenios y acuerdos, incluidos los concertados por las AAPP para su personal laboral; impugnación de las resoluciones administrativas en materia de suspensiones y despidos colectivos, etc.

En segundo lugar, las **Salas de lo Social de los Tribunales Superiores de Justicia** autonómicos (art. 7 LRJS). En ocasiones hay más de una Sala (Tenerife y Las Palmas, etc.). De un lado, conocen de los llamados "recursos de suplicación" contra las decisiones de los Juzgados, aunque en algunas materias no cabe recurso (vacaciones, clasificación profesional, etc.). Se trata de recursos extraordinarios, es decir, por motivos tasados aunque amplios. De otro lado, conocen, en instancia, de los que antes hemos denominado "conflictos colectivos" cuyo ámbito territorial sea superior al de un Juzgado pero no exceda de la CA.

En tercer lugar, la **Sala de lo Social de la Audiencia Nacional** (art. 8 LRJS). Conoce, en instancia, de los "conflictos colectivos" cuyo ámbito sea superior a una CA.

En cuarto lugar, la **Sala de lo Social del Tribunal Supremo** (art. 9 LRJS). De un lado, conoce de los "recursos de casación ordinarios", recursos igualmente extraordinarios, frente a decisiones de las Salas de lo Social de los TSJ o de la AN, en los conflictos colectivos que aquellas hayan conocido en instancia. De otro lado, conoce de los "recursos de casación en unificación de doctrina", frente a decisiones de las Salas de lo Social de los TSJ al resolver los recursos de suplicación.

Este último es un recurso excepcional, que solamente puede plantearse cuando exista contradicción entre una sentencia de un TSJ, que haya resuelto un recurso de suplicación, y otra sentencia (sentencia de contraste o de referencia) del mismo TSJ, de otro TSJ o del TS, o del TC u otros órganos jurisdiccionales internacionales (estos últimos, en materia de derechos humanos y libertades fundamentales), en un caso idéntico (es decir, respecto de los mismos litigantes u otros diferentes en idéntica situación: controversias basadas en "hechos, fundamentos y pretensiones esencialmente iguales": por todas, SSTS 21 en. 2015, rec. 160/2014, y 22 mayo 2023, rec. 766/2021) (arts. 218 y ss. LRJS). La finalidad del recurso de unificación es establecer si la doctrina correcta es la de la sentencia recurrida (en cuyo caso se declara así, pero no se anula la de contraste), o si lo es la de la sentencia de contraste (en cuyo caso, se anula la sentencia recurrida).

Lección 3ª

Libertad sindical

1. TIPOLOGÍA DE LAS ORGANIZACIONES SINDICALES

Un sindicato es una asociación de trabajadores cuyo fin es la representación y defensa de sus intereses económicos y sociales. Cabe hacer dos comentarios a esta definición.

De un lado, como tales asociaciones (es decir, agrupaciones de personas que aportan bienes y/o trabajo para conseguir un fin común) con un fin específico, en algunos países —entre ellos, el nuestro— los sindicatos se regulan por una normativa particular. En otros, se regulan por la correspondiente normativa general sobre asociaciones. En fin, en muchos países actúan como asociaciones de hecho (es decir, no se registran conforme a la normativa sobre asociaciones aplicable y no adquieren personalidad jurídica).

De otro lado, que el sindicato no es la única forma posible de organización de los intereses de los trabajadores. Aparte de algunas formas de organización menos estables que el sindicato (coaliciones, asambleas, etc.), es habitual en los países de nuestro entorno que el ordenamiento jurídico contemple la posibilidad de elegir en las empresas representantes no sindicales de los trabajadores (comités de empresa, delegados de personal) (ver lección 4ª).

Por ello, es normal que se distinga entre un concepto amplio u objetivo de sindicato (o de lo "sindical": cualquier tipo de organización de los intereses de los trabajadores; por ello el TC habla incluso de "actividad sindical" de los representantes no sindicales: sobre estos ver infra lecc. 4ª) y un concepto restringido o subjetivo de sindicato (la organización de trabajadores bajo la forma de asociación). Nuestra CE (arts. 7 y 28.1) privilegia o da un valor preferente al sindicato en sentido subjetivo, al sindicato asociación (ver, sobre estas cuestiones, también la lección 4ª, epígrafe 5).

2. EVOLUCIÓN HISTÓRICA DEL SINDICATO. ETAPAS DE SU RECONOCIMIENTO LEGAL

A lo largo del s. XIX, los sindicatos asocian a los trabajadores en función de su profesión u oficio, independientemente del sector de actividad donde trabajen. Por ello, se les califica de sindicatos "horizontales", los cuales, además, asocian normalmente solo a una minoría de trabajadores cualificados.

A finales del s. XIX e inicios del XX, los sindicatos evolucionan hacia la organización de todos los trabajadores, cualquiera que sea su oficio, en función del sector de actividad en que trabajen. Se les califica, entonces, de sindicatos "verticales" o "de industria".

En la actualidad, lo más normal es la organización a través de sindicatos "de industria" (construcción, metal, empleados públicos, etc.). No obstante, también hay ejemplos de sindicatos "de oficio" (pilotos, maquinistas, etc.). En algún país, existen sindicatos "generales", de varias industrias (en el Reino Unido: TGWU, Sindicato de trabajadores —no empleados— del transporte y de la industria, pero que ahora forma parte de Unite).

La forma organizativa más frecuente en España es la siguiente (ver Anexo II). En un primer nivel, se encuentra el "sindicato comarcal" o "sindicato provincial" de un sector determinado. En un segundo nivel, se encuentra la "federación nacional" o "federación regional" que agrupa en una determinada CA a todos los sindicatos comarcales o provinciales de un sector. En un tercer nivel, se encuentra la "federación estatal", que agrupa en todo el territorio del Estado a esas federaciones nacionales o regionales de un sector. En un cuarto nivel, en fin, se encuentra la "confederación" estatal que agrupa a todas las federaciones estatales de los diversos sectores de actividad (por ejemplo, confederación estatal de CCOO). Esas denominaciones según el nivel (sindicatos, federaciones, confederación) es la más habitual, aunque puede variar de un sindicato a otro.

También es normal que, junto con esa estructura por sectores de actividad, se produzca asimismo una organización de tipo territorial: todos los sindicatos comarcales y las federaciones de los distintos sectores se agrupan en "uniones" (comarcales y de CA).

En suma, bajo las siglas que habitualmente conocemos (CCOO, UGT, USO, CGT, CNT, etc.) se esconde una pluralidad de organizaciones sindicales. Así, bajo las siglas de UGT, por ejemplo (ver, infra, Anexo II), se integran la confederación estatal de UGT, las diversas federaciones estatales de sector de UGT, las diversas federaciones nacionales o regionales y, en la base, los diversos sindicatos provinciales o comarcales de cada sector. Así como, en cada territorio, las correspondientes uniones comarcales o provinciales y de CA.

Desde un punto de vista jurídico, los distintos ordenamientos han pasado por una etapa inicial de prohibición del sindicato, considerando delictiva tal asociación (el delito de "coligación" en los Códigos penales españoles del s. XIX). Posteriormente, los ordenamientos evolucionan hacia una etapa de tolerancia: el asociacionismo sindical ya no se considera delito, pero las leyes no reconocen al sindicato como asociación (no hay un trámite de registro y de reconocimiento de la personalidad jurídica del sindicato), ni atribuyen valor jurídico a sus actuaciones (convenios colectivos, sobre todo).

A lo largo del s. XX, se entra en una etapa de reconocimiento legal de los sindicatos. De este modo, las leyes les atribuyen competencias para determinadas actuaciones esenciales para todo sindicato (negociar convenios colectivos, declarar huelgas, plantear procesos judiciales, etc.); e, incluso, atribuyen al sindicato personalidad jurídica (lo que supone una capacidad de actuar y un patrimonio propios, con independencia de las personas físicas afiliadas a los mismos).

Cabe hablar incluso de una etapa, en algunos países, de "promoción" legal del sindicato: las leyes les atribuyen competencias adicionales, como negociar convenios con eficacia general, tener representación en ciertos organismos públicos, convocar elecciones a representantes no sindicales en las empresas, celebrar reuniones de los afiliados en las empresas, obtener subvenciones públicas, etc.

3. NORMATIVA INTERNACIONAL SOBRE LIBERTAD SINDICAL

Los tratados internacionales (Declaración Universal de Derechos Humanos, Pactos Internacionales de la ONU, Convenio Europeo de Derechos Humanos, Carta Social Europea, Carta de Derechos Fundamentales de la UE, etc.) reconocen a toda persona el derecho a fundar sindicatos así como el derecho a afiliarse a los mismos. Aunque prevén posibles restricciones legales para los miembros de las Fuerzas Armadas y de la policía.

Por lo que respecta a la OIT, esta organización ha aprobado diversos convenios sobre libertad sindical, todos ellos ratificados por España.

El Convenio nº 87 contiene una serie de garantías frente a los poderes públicos. Reconoce a trabajadores y empleadores el derecho a constituir organizaciones para la defensa de sus intereses, sin ninguna distinción y sin autorización previa, así como el derecho a afiliarse a las mismas. A dichas organizaciones les reconoce el derecho a organizarse libremente y a no ser disueltas por vía administrativa.

El Convenio nº 98 contiene una serie de garantías frente a los empresarios. De un lado, que los trabajadores deberán tener una protección adecuada frente a toda discriminación en relación con su empleo por razones sindicales. De otro lado, que toda organización de trabajadores o de empleadores deberá gozar de protección frente a actos de injerencia, entre otras el sostener económicamente o de otra manera organizaciones de trabajadores para controlarlas (los llamados "sindicatos amarillos").

El Convenio nº 151 amplía estas últimas garantías a los empleados públicos. Otros Convenios se refieren a trabajadores de la agricultura o rurales (nº 11 y nº 141).

4. NORMATIVA ESPAÑOLA

El art. 7 CE afirma que los sindicatos de trabajadores y las asociaciones de empresarios contribuyen a la defensa de los intereses económicos y sociales que les son propios; añade que su creación y la actividad sindical serán libres dentro del respeto a las leyes, así como que su estructura interna y funcionamiento serán democráticos.

El art. 28.1 CE establece que todos tienen derecho a sindicarse libremente, y se refiere ampliamente a una serie de aspectos de la libertad sindical.

Como derecho fundamental, ese art. 28.1 ha sido desarrollado por una ley orgánica, la LOLS de 1985. Baste señalar aquí algunos aspectos de la misma.

De un lado, se aplica tanto a los sindicatos de trabajadores en sentido estricto como a los de funcionarios públicos. Solamente, de acuerdo con la posibilidad que concede el art. 28.1, se excluye a los miembros de las FFAA e institutos armados de carácter militar; si bien a la Guardia Civil se le reconoce el derecho de asociación.

Queda fuera de la LOLS la sindicación de la policía (que se regula por una ley orgánica específica de 1986) y de los jueces, magistrados y fiscales (cuyas asociaciones profesionales se regulan, igualmente, por sus propios estatutos específicos). También quedan fuera del ámbito de la LOLS las asociaciones de empresarios.

De otro lado, los trabajadores autónomos sin trabajadores a su servicio, los trabajadores en paro y los jubilados pueden afiliarse a sindicatos de trabajadores, aunque no pueden constituir "sindicatos" exclusivos para tales colectivos.

El art. 19 LETA reconoce a los trabajadores autónomos (no solamente a los TRADE) el derecho a afiliarse al sindicato o asociación empresarial de su elección, pero también el derecho a afiliarse y fundar "asociaciones profesionales" específicas de trabajadores autónomos, que se regirán por la Ley Orgánica 1/2002, reguladora del Derecho de Asociación, y por lo dispuesto en la propia LETA (el RD 197/2009, de 23 febrero, crea el Registro Estatal de tales asociaciones).

En fin, la LOLS, al igual que el art. 7 CE, reconoce como finalidad de los sindicatos la promoción y defensa de sus "intereses económicos y sociales". El objeto, pues, de la actividad sindical es bastante amplio y cabe entender que se extiende a todos los campos que la propia CE (arts. 40 y sigs.) incluye como económicos y sociales: distribución de la renta, empleo, descanso, seguridad social, salud, cultura, medio ambiente, etc.

5. LIBERTAD SINDICAL INDIVIDUAL (POSITIVA)

El derecho a la libertad sindical ofrece muchos aspectos. Así, la libertad sindical individual, tanto en su vertiente positiva (constituir sindicatos, afiliarse), como negativa (no afiliarse); y la libertad sindical colectiva, tanto en su vertiente interna (libertad de organización) como en su vertiente externa (actividad sindical).

Respecto de la libertad para constituir sindicatos, la LOLS (art. 4) se limita a regular el trámite de depósito de los estatutos sindicales. Cualquier sindicato, una vez constituido (varios trabajadores —reglamentariamente se exigen al menos tres— toman el acuerdo de fundar un sindicato) puede depositar sus estatutos ante la autoridad laboral competente en función de su ámbito. Esos estatutos deben tener un cierto contenido (denominación, ámbito, domicilio, sus órganos, requisitos para afiliarse, causas de pérdida de dicha condición, régimen económico, etc.).

El RD 416/2015, de 29 de mayo, es el reglamento que regula el depósito de los estatutos de las organizaciones sindicales y empresariales. Regula también el depósito de documentos acreditativos de su constitución, de su afiliación a organizaciones de ámbito superior, de su fusión e integración, de su suspensión y disolución, y de acuerdos de designación y renovación de cargos.

En relación a la regulación legal, añade que los estatutos deben incluir entre sus "fines... los típicamente laborales que los identifican" y hace referencia a varios "medios típicos de acción" entre los que no menciona expresamente la huelga.

La autoridad laboral comprobará que los estatutos cumplen formalmente esos requisitos (no entrará en cuestiones de fondo, como sería el carácter democrático de los estatutos), aceptando o rechazando el depósito. Su denegación se puede recurrir ante los tribunales laborales.

Transcurridos 20 días hábiles desde la aceptación del depósito —y, en su caso, desde la subsanación de defectos—, el sindicato adquiere personalidad jurídica propia (puede adquirir propiedades, celebrar contratos; puede, sobre todo, negociar convenios, declarar huelgas, etc.; hace frente a sus responsabilidades con su propio patrimonio).

Si el Ministerio fiscal o cualquier persona interesada impugnan los estatutos por estimar que no son conformes a derecho (sobre una impugnación de estatutos por supuesta confusión por la denominación, ver STS 25 oct. 2016, rec. 129/2015, y 6 junio 2023, rec. 198/2021; por supuesta ilegalidad de los mismos, STS 1 junio 2021, rec. 29/2019), este proceso de impugnación se resuelve por los tribunales laborales, pudiendo llevar a la anulación total o parcial de los estatutos (ver arts. 173-175 LRJS).

Caso práctico: Impugnación de estatutos

En 2006 el Sindicato Profesional de Policías Municipales de España (SPPME) acuerda presentar los estatutos autonómicos, entre otros los del Sindicato Profesional de Policías Municipales de España-Cataluña (SPPME-CAT), que contemplan su absoluta independencia de gestión, administrativa, financiera y de actuación. En 2013 el SPPME-CAT cambia su denominación a Sindicat Professional de Policies Municipals de Catalunya (luego SPPMC) y cambia el logotipo de un rombo con el escudo de España a un círculo con cuatro barras. El SPPME demanda la anulación de los estatutos del SPPMC y su depósito. Subsidiariamente pide que se declare que su denominación y anagrama incumplen lo dispuesto en el art. 4.2.a) LOLS.

Se desestima la demanda por el TSJ de Cataluña y luego por el TS. De un lado, porque el art. 2.2.b) LOLS establece que las organizaciones sindicales tienen derecho a "Constituir federaciones, confederaciones y organizaciones internacionales, así como a afiliarse a ellas y retirarse de las mismas". De otro lado, porque la denominación del SPPMC no coincide ni induce a confusión con la del SPPME, pues la inclusión de los términos Catalunya o España diferencian ambos sindicatos e indican claramente su ámbito de actuación. Señala el TS que "de no ser fácilmente previsible (la confusión), debe prevalecer la libertad de denominar al sindicato tal y como sus promotores tengan por conveniente".

(Vid. STS 25 octubre 2016, rec. 129/2015)

En cuanto al derecho a afiliarse a un sindicato, con la sola condición de respetar sus estatutos, hay que señalar que puede ser vulnerado por el empleador (no contratando a afiliados, contratando solo a afiliados a un sindicato determinado, etc.); pero también, indirectamente, por los poderes públicos (así, una ley que discrimine a favor de un sindicato limitaría la libertad para afiliarse a los demás); o, en fin, por el propio sindicato al no admitir indebidamente una afiliación o expulsar sin causa a un afiliado (ver STC 116/2001; STS 21 jul. 1998, rec. 4965/1997, y la STEDH de 27 feb. 2007), pudiendo entrar en conflicto el interés del sindicato en no aceptar a determinadas personas —por ejemplo, militantes de un partido nacionalista xenófobo o de extrema derecha— y el interés del trabajador en afiliarse a un sindicato (sobre todo si, como sucede en algún país, la afiliación condiciona la consecución de un empleo).

6. LIBERTAD SINDICAL INDIVIDUAL (NEGATIVA)

Nuestra Constitución, a diferencia de los Convenios internacionales, reconoce también expresamente el derecho a no afiliarse. Respecto de otras normas, se reconoce como implícita en el reconocimiento de la libertad sindical (ver SSTEDH de 13 ag. 1981 y 11 en. 2006).

Por ello, ciertas prácticas que han sido frecuentes en algunos países (cláusulas de taller cerrado o *closed-shop,* o taller sindicado o *union-shop*: el empleador se compromete por convenio colectivo a no contratar o a despedir a trabajadores no afiliados) resultan, en el nuestro, contrarias a la CE y a la ley.

La LOLS únicamente admite y regula dos tipos de cláusulas que favorecen al sindicato.

De un lado (art. 11.2), el descuento de cuotas sindicales. Si un sindicato lo solicita, el empresario debe descontar del salario del afiliado su cuota sindical y entregarla al sindicato. Se requiere el consentimiento del afiliado.

De otro lado (art. 11.1), el llamado canon por negociación. Se puede pactar en convenio la obligación empresarial de descontar, a todo trabajador, una cantidad para satisfacer los gastos derivados de la negociación colectiva, y entregarla a los sindicatos participantes en la comisión negociadora. Se requiere igualmente el consentimiento del trabajador y no se admite que el convenio fije la cuantía del descuento (STC 98/1985), por lo que resulta inviable.

7. LIBERTAD SINDICAL COLECTIVA (INTERNA)

Forma parte de la libertad sindical el derecho de los sindicatos a redactar sus estatutos, organizar su administración y sus actividades y programar su acción (art. 2.2.a LOLS). También el derecho de los sindicatos a constituir federaciones, confederaciones y organizaciones internacionales, así como afiliarse a ellas y retirarse de las mismas (art. 2.2.b LOLS).

Esta libertad de organización tiene los límites ya indicados: los estatutos tienen que tener un contenido mínimo y la estructura y funcionamiento del sindicato deben ser democráticos.

La exigencia de democraticidad se concretará en una serie de aspectos: igualdad de derechos de los afiliados, existencia de órganos de dirección electivos, derechos de información de los afiliados, libertad de reunión de los mismos, etc.

Por lo demás, la LOLS (art. 2.2.c) recoge el derecho de las organizaciones sindicales a no ser suspendidas ni disueltas sino por decisión de una autoridad judicial por incumplimiento grave de las leyes.

8. LIBERTAD SINDICAL COLECTIVA (EXTERNA): LA ACTIVIDAD SINDICAL

Nuestro ordenamiento contempla distintos tipos de sindicatos y, en función de esa tipología, les reconoce una mayor o menor serie de derechos.

8.1. Tipos de sindicatos en el ordenamiento español

La LOLS distingue dos tipos de sindicatos: los sindicatos más representativos (SMR) y los sindicatos representativos (SR).

Los SMR pueden ser estatales o de Comunidad Autónoma. Son SMR estatales lo que en ese ámbito y en el conjunto de todos los sectores, cuenten con una audiencia electoral igual o superior al 10%. Es decir, que cuenten con el 10% o más del total de representantes de los trabajadores (comités de empresa, delegados de personal, juntas de personal) elegidos en el conjunto de empresas y administraciones públicas.

Dado el concepto (ámbito estatal, conjunto de sectores) solo pueden alcanzar esos requisitos las organizaciones de cuarto nivel, las confederaciones. En la realidad, son SMR estatales las confederaciones sindicales de UGT (Unión General de Trabajadores) y de CCOO (Comisiones Obreras).

Son SMR de Comunidad Autónoma los que en ese ámbito y en el conjunto de los sectores de actividad, tengan una audiencia electoral igual o superior al 15%. Además, ese porcentaje debe suponer al menos 1.500 representantes. Y se debe tratar de organizaciones sindicales que no estén integradas en una organización sindical estatal. En la realidad, son SMR autonómicos las confederaciones sindicales ELA (Eusko Langilen Alkartasuna) y LAB (Langilen Abertzaleen Bartzordeak) en el País Vasco, ELA en Navarra y CIG (Confederacion Intersindical Galega) en Galicia.

Tanto los SMR estatales como los autonómicos gozan de una ventaja: todas las organizaciones sindicales que están integradas en la Confederación correspondiente, son consideradas a su vez como más representativas en su ámbito correspondiente. Es lo que se conoce como mayor representatividad "por afiliación" o "por irradiación". Así, por ejemplo, el sindicato provincial de la construcción de UGT en Soria, aunque en ese ámbito solamente tuviera una audiencia electoral del 5%, sería considerado en él como SMR por el hecho de estar integrado en UGT como organización global.

De otro lado, la LOLS contempla también los sindicatos que, sin ser más representativos, en un ámbito funcional y territorial concreto tienen una audiencia electoral igual o superior al 10%. Son los llamados sindicatos representativos (o suficientemente representativos).

Sobre la expedición de certificaciones acreditativas de la capacidad representativa de los sindicatos, ver art. 75.7 ET.

Junto con estos dos tipos de sindicatos, la jurisprudencia y el TC han admitido otro tipo de sindicato: el sindicato "implantado" (más exactamente: representativo por implantación, no por audiencia electoral). Serían aquellos sindicatos que, sin ser SMR ni SR en función de la audiencia electoral, tienen vinculación con un ámbito concreto en función de otros criterios: porcentaje de afiliados, sobre todo.

Precisamente, para las asociaciones profesionales de autónomos, el art. 21 LETA contempla la figura de la asociación representativa en función de su implantación en el ámbito territorial en el que actúen. Implantación que deberá acreditarse mediante criterios objetivos, como el grado de afiliación u otros que se contemplan en una enumeración abierta. La representatividad se declarará por un Consejo, compuesto por funcionarios de la Administración General y por expertos independientes.

8.2. Contenido esencial y adicional de la libertad sindical

Aunque el art. 28.1 CE no se refiera a ello expresamente, la libertad sindical comprende el derecho de los sindicatos a realizar las funciones que de ellos cabe esperar en una sociedad democrática.

Tales funciones pueden ser las que resultan inherentes a la función del sindicato de representar y defender los intereses de los trabajadores: negociar convenios colectivos, declarar huelgas, promover conflictos... Tales funciones integran el "contenido esencial" del derecho, y, como tal, no pueden ser limitadas por la ley y deben ser reconocidas a todos los sindicatos.

Pero las leyes pueden reconocer a los sindicatos un "contenido adicional" de la libertad sindical, con ese objetivo que veíamos de promocionar a los sindicatos: funciones tales como convocar elecciones a representantes no sindicales en las empresas, negociar convenios colectivos de eficacia general, obtener subvenciones, etc.

Estos contenidos adicionales pueden ser reconocidos a todos los sindicatos o solamente a algunos de ellos. Esa desigualdad de trato no necesariamente vulnerará el principio de igualdad ante la ley (art. 14 CE).

En efecto, una desigualdad de trato (en materia sindical o en cualquier otra) no es inconstitucional si reúne tres requisitos. De un lado, que la desigualdad tenga una justificación razonable o adecuada al objetivo de la norma (así, no es justificable que solo unos sindicatos obtengan subvenciones públicas, pues todos precisan de ayuda económica; pero sí es justificable que solo algunos puedan negociar convenios estatutarios o estar representados en ciertos organismos públicos, pues sería imposible que participaran todos). De otro lado, que el criterio de diferenciación entre unos y otros sindicatos a esos efectos sea objetivo: en nuestro caso lo es, como veremos, pues depende de la audiencia electoral objetiva de cada sindicato. En fin, que la desigualdad de trato resulte proporcionada. Sobre esta doctrina, por todas, STC 98/1985.

Esta diferenciación entre sindicatos es común a muchos países, si bien se utilizan criterios o parámetros distintos en unos y otros: a favor del sindicato más votado en unas elecciones, a favor de sindicatos que cumplan ciertos requisitos (número de afiliados u otros), etc.

8.3. Derechos reconocidos a todos los sindicatos

El art. 2.2.d) LOLS reconoce a los sindicatos el derecho a negociar convenios colectivos, a declarar huelgas, a plantear conflictos y a presentar candidatos a las elecciones a representantes del personal. Como puede observarse, los tres primeros son contenido esencial de la libertad sindical. El cuarto viene a ser contenido adicional.

Algunos matices a lo anterior. En primer lugar, el derecho a negociar convenios es el derecho a negociar convenios extraestatutarios, pues la negociación colectiva estatutaria queda reservada solamente a algunos sindicatos. En segundo lugar, los tribunales vienen exigiendo para declarar la huelga que el sindicato tenga, al menos, una cierta implantación (o sea

SMR o SR). En tercer lugar, igualmente, para plantear un proceso de conflicto colectivo los tribunales exigen al menos cierta implantación.

Aparte lo anterior, otras normas específicas reconocen a todo sindicato, en proporción a su representatividad electoral, el derecho al uso de inmuebles públicos o la obtención de subvenciones públicas.

En cuanto a los trabajadores autónomos, recuérdese que el art. 13 LETA reconoce a las asociaciones o sindicatos que representen a los TRADE la posibilidad de negociar acuerdos de interés profesional, dotados de eficacia personal limitada y de eficacia jurídica normativa.

8.4. Derechos reconocidos a ciertos sindicatos

Teniendo en cuenta lo antes dicho sobre la posibilidad de diferenciar entre sindicatos, la LOLS (arts. 6 y 7) limita a solo algunos sindicatos el ejercicio de ciertos derechos.

A) En primer lugar, el derecho a estar representados en determinados organismos públicos (representación institucional). Se reconoce solo a los SMR. Pero el TC ha mantenido que la LOLS debe ser interpretada en el sentido de que reconoce ese derecho a los SMR, pero no lo niega a otros. De modo que la norma que regule la participación concreta de que se trate (en los consejos de las entidades gestoras de la Seguridad Social, en el Consejo Económico y Social del Estado, en los Comités Económicos y Sociales autonómicos, etc.) puede limitar la participación en los mismos a los SMR o, por el contrario, puede tener que concederla también a otros sindicatos. Así, por ejemplo, si se tratara de un organismo público cuya actuación se refiriera a los funcionarios públicos, seguramente habría que dar cabida también a sindicatos representativos en ese ámbito, aunque no fueran SMR.

Caso práctico: Participación institucional de los sindicatos

La Asociación Nacional de Profesionales de la Enseñanza, Sindicato Independiente (ANPE), ¿tiene derecho a formar parte del órgano gestor de la Mutualidad de Funcionarios de la Administración Civil del Estado (MUFACE)?

Sí. El TC estimó que la LOLS reconoce ese derecho literalmente a los SMR, pero no lo niega a otros. La norma que regule la participación en concreto de que se trate determinará la participación sindical, limitándola efectivamente a los SMR o reconociéndola también a otros. En un caso como el de MUFACE debe reconocerla a ANPE, con amplia representatividad en ese sector de funcionarios, para no vulnerar el principio de igualdad de trato.

(vid. SSTC 98/1985, de 29 de julio, sobre la LOLS, y 184/1987, de 18 de noviembre, específicamente sobre este caso)

La LOLS, por lo demás, reconoce este derecho añadiendo que los SMR estatales tienen derecho a participar en organismos públicos autonómicos y, a la inversa, que los SMR autonómicos tienen derecho a participar en organismos públicos estatales. (En materia de negociación colectiva, en el ET se viene a establecer algo similar, ver lección 5ª).

En cuanto a las asociaciones profesionales representativas de trabajadores autónomos, el art. 21.5 LETA les reconoce (junto a los SMR) una "posición jurídica singular", que les otorga capacidad para, entre otras facultades, ostentar representación institucional ante las AAPP u otras entidades u organismos de carácter estatal o de CA que la tengan prevista.

B) En segundo lugar, el derecho a negociar convenios colectivos estatutarios. Se reconoce a los SMR y a los SR. Pero, además, la ley que los regula (arts. 82 y sigs. ET) reconoce igual legitimación para negociarlos en la empresa a los comités de empresa y delegados de personal.

C) En tercer lugar, el derecho a participar (mediante negociación o consulta) en la fijación de las condiciones de trabajo de los funcionarios públicos. Se reconoce solo a los SMR y a los SR. La normativa específica (el EBEP, ver lección 5ª) lo limita igualmente solo a esos sindicatos.

D) En cuarto lugar, el derecho a participar en procedimientos extrajudiciales de solución de conflictos (ver lección 7ª). Se reconoce solo a los SMR y a los SR. No se trata del derecho a negociar mediante acuerdos esos procedimientos, ni del derecho a plantear conflictos para su resolución mediante esos procedimientos; sino del derecho a formar parte de los órganos encargados de gestionar esos procedimientos.

E) En quinto lugar, el derecho a promover (convocar) elecciones a representantes del personal en las empresas. Se reconoce a los SMR y a los SR. Las leyes específicas que regulan el tema (arts. 62 y sigs. ET; EBEP) reconocen ese derecho también a los propios trabajadores, por mayoría.

F) En sexto lugar, el derecho al uso de inmuebles públicos. Se reconoce solo a los SMR. Pero ya se ha dicho que la ley específica sobre el tema (Ley 4/1986, sobre patrimonio sindical acumulado) reconoce ese derecho a todo sindicato en atención a su representatividad global, aunque con preferencia de los SMR (ver STC 99/1983 y, en relación a subvenciones presupuestarias, STC 147/2001).

G) En séptimo lugar, el derecho a cualquier otra función representativa legalmente reconocida. En efecto, las leyes (por ejemplo, el ET) reconocen derechos de consulta en ciertas cuestiones (modificación de la jornada legal, regulación de condiciones en ámbitos sin convenio, etc.). Se reconoce a los SMR y a los SR.

En suma, aunque la LOLS pretendió favorecer a las grandes confederaciones (sobre todo, en ciertas materias: participación institucional, uso de inmuebles públicos), la lectura correctora del TC (en el sentido de que la LOLS reconoce ciertos derechos a ciertos sindicatos, pero ello no supone que los niegue a otros) ha venido a corregir el monopolio pretendido por la ley, de modo que los derechos de SMR y de SR (e, incluso, de todos los sindicatos en ciertas materias) se han equiparado.

Expresivamente, se ha dicho que el nuestro es un modelo de "duopolio sindical atenuado" (VALDÉS DAL-RÉ).

9. TUTELA DE LA LIBERTAD SINDICAL

Un derecho con tantos aspectos y que se pueden vulnerar de tantas maneras, como lo es la libertad sindical, requiere un aparato protector adecuado que garantice su efectividad.

En primer lugar, la tutela de la libertad sindical se consigue mediante la declaración de **nulidad de los actos antisindicales** (arts. 17 ET y 12 LOLS): los reglamentos, los convenios colectivos, los contratos de trabajo y las decisiones del empresario que supongan discriminación en relación al empleo o a las condiciones de trabajo son nulos.

Naturalmente, caben otras conductas que igualmente lesionen algún aspecto de la libertad sindical, aunque no sea en relación al empleo o condiciones de trabajo, o aunque no sean discriminatorias. Así, puede resultar lesión de una ley discriminatoria entre sindicatos, o de una decisión administrativa (por ejemplo, limitando el derecho de huelga), o de una decisión empresarial no relacionada con el empleo ni las condiciones de empleo (por ejemplo, denegando información, o locales, o el ejercicio del derecho de reunión en la empresa), o de una decisión sindical (por ejemplo, denegando una afiliación o expulsando a un afiliado; concediendo un bono para vacaciones a sus afiliados que participen en elecciones a representantes: STS 10 nov. 2021, rec. 110/2020, que también interesa a efectos de determinación de la indemnización). A estos efectos, ampliamente, el art. 13 LOLS establece que cualquier trabajador o sindicato que considere lesionados sus derechos de libertad sindical, puede recabar su tutela ante la jurisdicción competente.

Como ya se ha dicho, según el tipo de lesión, los tribunales competentes pueden ser los laborales, pero también los contencioso-administrativos o los penales. O el propio TC si la lesión proviene de una ley (recurso o cuestión de inconstitucionalidad) o al resolver un recurso de amparo.

En la normativa procesal laboral se contiene un proceso especial de tutela de los derechos fundamentales y libertades públicas (arts. 177-184LRJS) (ver, por ejemplo, STS 13 sept. 2016, rec. 206/2015, y STS 21 en. 2019, rec. 214/2017, referida al uso de medios informáticos de la empresa). Se trata del desarrollo en materia laboral del proceso sumario y urgente previsto en el art. 53 CE (Ver lección 2ª). Es un proceso rápido con plazos muy breves, un proceso preferente y un proceso sumario. Se puede solicitar la suspensión del acto supuestamente antisindical durante su tramitación. Sus efectos, en su caso, son la declaración de nulidad, la orden de cese inmediato de la conducta, la reposición de la situación al momento anterior a la lesión y la posible condena al pago de una indemnización por daños (sobre su prueba y sobre la cuantía indemnizatoria, ver arts. 179.3 y 183 LRJS, así como SSTS 14 febr. 2020, rec. 130/2018 y 20 y 27 mayo 2021, recs. 135 y 151/2019, y 9 abril 2024, rec. 2862/2021, entre otras). En apretado resumen: respecto de conductas antisindicales, la indemnización tiene no solo una función resarcitoria sino también preventiva y para la fijación de su cuantía resultan orientativas las sanciones contempladas en la LISOS. pudiendo ser exigida solamente a la empresa aunque en la conducta lesiva (por ejemplo, exclusión de una negociación) hayan intervenido también otros sindicatos.

En segundo lugar, la tutela se persigue mediante **sanciones administrativas**. En efecto, en la LISOS (ver lección 2ª) se contemplan determinadas infracciones del empleador cuyo contenido son lesiones a determinados aspectos de la libertad sindical. Son infracciones graves (art. 7 LISOS) las transgresiones de los derechos de información, audiencia y consulta de los delegados sindicales; de los derechos en materia de crédito de horas, locales y tablones de anuncios; de los derechos a recaudar cuotas, distribuir y recibir información sindical (para el contenido de esos derechos, ver lección 4ª). Son infracciones muy graves (art. 8 LISOS), la lesión del derecho de reunión (ver igualmente lección 4ª), las decisiones unilaterales discriminatorias del empleador y otras actuaciones empresariales.

En fin, en tercer lugar, determinadas conductas antisindicales constituyen **delitos,** sancionables penalmente. De un lado, el delito previsto en el art. 315 CP: impedir o limitar, mediante engaño o abuso de situación de necesidad, el ejercicio de la libertad sindical y el derecho de huelga (con prisión de 6 meses a 3 años, o multa de 6 a 12 meses).

Al respecto, hay que tener en cuenta dos cuestiones. De un lado, la comisión del delito exige que exista engaño o abuso de situación de necesidad, lo que reduce el alcance de esta figura delictiva que materialmente es muy amplia (cualquier impedimento o limitación). De otro lado, que el ya mencionado principio "non bis in idem" impide sancionar doblemente una misma conducta, con sanción penal y con sanción administrativa. En cualquier caso, es un delito que podría ser cometido por cualquier sujeto (empresario, administración, sindicato) que incurriera en la conducta penada.

De otro lado, el delito contemplado en el art. 314 CP, consistente en la discriminación en el empleo por ostentar la representación legal o sindical de los trabajadores. Se comete el delito si no se reestablece la situación de igualdad tras requerimiento o sanción administrativa, reparando los daños económicos que se hayan derivado, y se sanciona con prisión de 6 meses a 2 años, o multa de 6 a 12 meses.

La prueba de la conducta antisindical. Aparte todo lo anterior, hay que tener en cuenta que la aplicación de cualquiera de esos medios de tutela requiere, previamente, que se pruebe la existencia de una conducta antisindical.

Esa prueba puede resultar relativamente fácil cuando la conducta en cuestión tenga un contenido objetivo: denegar una información, un local, una reunión, etc. Pero es muy difícil cuando se trata de probar que una conducta tiene un motivo antisindical (o, en general, discriminatorio o vulnerador de un derecho fundamental). Si no se contrata o si se despide por razones antisindicales (o por otro motivo discriminatorio: sexo, religión, etc.), se alegará formalmente otra causa (falta de cualificación, falta de rendimiento, ausencias al trabajo, libertad para amortizar el puesto, extinción acausal en período de prueba, etc.).

Por ello, primero el TC y luego la normativa procesal (arts. 96.1 y 181.2 LRJS), han procedido a una peculiar distribución de la "carga de la prueba" (no solamente en casos de discriminación por razones sindicales, sino también por otras). No se exige al demandante discriminado que pruebe que el motivo de la conducta combatida es discriminatorio (prueba que normalmente sería imposible), sino simplemente que pruebe "indicios" de que la conducta es discriminatoria (entre muchas, SSTC 308/2000, 84/2002, 17/2005). Si el demandante prueba, en efecto, tales indicios, se presume que la conducta es discriminatoria. Y, en tal caso, para destruir esa presunción, el demandado tendrá que probar que ha actuado por otros motivos, objetivamente ajenos a razones discriminatorias ("una justificación objetiva y razonable...de las medidas adoptadas y de su proporcionalidad"). Si lo prueba, su actuación ya no se calificará como nula, aunque puede todavía resultar improcedente (si prueba que actuó por un motivo no discriminatorio, pero ese motivo no justificaba la medida adoptada).

Caso práctico: Prueba de conducta antisindical

Un trabajador presta servicios como mecánico para la empresa H. Motors. Como candidato de CCOO es elegido delegado de personal el día 17 de junio. La mayor parte de la plantilla es subrogada por otra empresa K. Motors, quedando el trabajador con tres jefes y un administrativo, que en asamblea revocan su cargo. El día 3 de julio es sancionado por uso indebido del crédito horario, sanción conciliada como improcedente. El 9 de julio se le impone un período vacacional, el recurso frente a lo cual es estimado. El 3 de noviembre se le impone otra sanción, igualmente conciliada. El 9 de noviembre comparece como testigo en el despido de otro trabajador, declarado improcedente.

El 24 de noviembre recibe carta de despido por necesidades de reestructuración y reducción de gastos, así como por faltas de puntualidad y asistencia. El trabajador recurre ante el Juzgado y la empresa reconoce la improcedencia del despido pero niega un móvil discriminatorio. El Juzgado declara nulo el despido, el TSJ revoca la sentencia en suplicación y el trabajador recurre en amparo ante el TC.

El TC subraya que en un corto período de tiempo tras su elección fue objeto de sanciones conciliadas como improcedentes y de una imposición arbitraria de vacaciones, así como aislado de sus compañeros, siendo revocado por trabajadores restantes vinculados a la dirección; y, en fin, que la empresa reconoce la improcedencia del despido. Asimismo estima que la empresa no ha desvirtuado esos indicios razonables de vulneración constitucional, pues se ha limitado a negar el móvil antisindical.

Por ello, el TC concluye que el TSJ no ha aplicado la consolidada regla especial de distribución de la carga de la prueba y por ese motivo otorga el amparo.

(STC 2/2009, de 12 de enero)

La tutela internacional. En el plano del derecho internacional, conviene resaltar la labor de dos órganos especializados de la OIT: el Comité de Libertad Sindical (el más importante, órgano tripartito que, a partir de quejas o reclamaciones, eleva informes al Consejo de Administración) y la Comisión de Investigación y Conciliación en materia de libertad sindical. Téngase en cuenta que, aunque un país no haya ratificado los Convenios de la OIT sobre libertad sindical, queda vinculado por la Constitución de dicha organización, uno de cuyos principios es precisamente la libertad sindical.

10. RESPONSABILIDAD DEL SINDICATO

El sindicato puede incurrir en responsabilidad por diversas razones (entre otras, derivadas de sus actuaciones laborales: declaración de una huelga ilegal, daños causados por un piquete, expulsión de un afiliado, etc.).

Como persona jurídica que es, el sindicato, conforme al art. 5 LOLS, únicamente responde por los actos o acuerdos de sus órganos estatutarios; y por los actos individuales de sus afiliados si éstos actúan en representación del sindicato o por su cuenta.

Establece además ese art. 5 LOLS que las cuotas sindicales no pueden ser objeto de embargo. Alguna doctrina y alguna sentencia interpretan que las cuotas inembargables son solo las no ingresadas en el patrimonio del sindicato, mientras que las ya ingresadas serían embargables, con lo que la utilidad de esa inembargabilidad para el mismo sería prácticamente nula.

11. LAS ORGANIZACIONES EMPRESARIALES

Tanto el Convenio nº 87 OIT como el art. 7 CE reconocen a los empresarios el derecho a constituir libremente organizaciones para la defensa de sus intereses.

En primer lugar, tal derecho no se regula por la LOLS (aplicable solo a los sindicatos de trabajadores y funcionarios) sino por la LAS de 1977. Esta ley regula el depósito de estatutos y la obtención de personalidad jurídica por el empresario en los mismos términos que lo hace la LOLS para los sindicatos. Se desarrolla por el mismo RD 416/2015 aplicable a las organizaciones sindicales.

En segundo lugar, las asociaciones de empresarios tienen reconocidos derechos similares a los de los sindicatos: a negociar convenios estatutarios (arts. 87 y 88 ET), a la participación institucional en determinados organismos públicos (conforme a las normas correspondientes), a incoar procesos de conflicto colectivo ((art. 154 LRJS)), a la impugnación de convenios colectivos (art. 163.2 LRJS), al uso de inmuebles públicos (conforme a la Ley 4/1986, citada), etc.

En tercer lugar, la estructura organizativa de las organizaciones empresariales suele ser similar a la de los sindicatos (aunque suele resultar algo más compleja). En un primer nivel, asociaciones locales, comarcales y/o provinciales de empresarios de un sector. En un segundo y tercer niveles, federaciones autonómicas y estatales de sector que agrupan a las asociaciones inferiores. En un cuarto nivel, confederaciones estatales que integran a las federaciones de todos los sectores (por ejemplo, CEOE y CEPYME). También es normal la existencia de organizaciones de ámbito provincial o autonómico (incluso ámbitos territoriales inferiores).

En cuarto lugar, al igual que sucede con los sindicatos, su organización interna y su funcionamiento deben ser democráticos (art. 7 CE; LAS). Pero el concepto de democracia, en una organización empresarial (que no es una asociación de personas físicas sino de empresas), puede tener un sentido distinto: el poder decisorio de cada empresa afiliada puede ser distinto, pues será distinto el número de trabajadores empleados, el volumen de negocio, etc.

En fin, en quinto lugar, el ET (DA 6ª) contempla asimismo la figura de la asociación empresarial más representativa, aunque solamente a efectos de otorgarle el derecho a la participación en los organismos públicos que la tengan prevista. La definición de mayor representatividad es, naturalmente, distinta a la de SMR. Son asociaciones empresariales más representativas estatales las que, en ese ámbito, cuenten con un 10% o más de empresas afiliadas, siempre que éstas den empleo al 10% o más de los trabajadores. Son asociaciones empresariales más representativas autonómicas las que cumplan esos dos requisitos, en el ámbito autonómico, pero elevados al 15% o más. Además, a diferencia de lo que sucede con los sindicatos, no juega el concepto de mayor representatividad "por afiliación o irradiación", aunque los SMR tiene legitimación para negociar convenios en sectores en que no existan asociaciones empresariales, representativas (ver Lección 5ª).

Lección 4ª

Representación y participación en la empresa

1. LA PARTICIPACIÓN DE LOS TRABAJADORES EN LA EMPRESA

Una empresa es una organización de elementos personales y materiales para la producción de bienes o servicios. De esa organización es titular una persona física o una persona jurídica (una sociedad civil, mercantil, una administración pública, un ente público).

A lo largo del s. XX, el Derecho del Trabajo fue concediendo progresiva importancia al personal de la empresa, estableciendo órganos de representación del mismo y regulando su participación en la gestión de la empresa.

Inicialmente, esos órganos de representación se concibieron como una organización de los intereses de los trabajadores alternativa al sindicato. Progresivamente, han ido perdiendo ese sentido antisindical y, en la actualidad, o bien están fuertemente sindicalizados de hecho, o bien coexisten con representaciones propiamente sindicales en la empresa.

En cualquier caso, hay que distinguir, en efecto, entre las diversas formas de organizar la representación de los trabajadores en la empresa y las diversas formas de regular su participación en la gestión (que la más reciente normativa de la UE engloba dentro del término "implicación").

2. ÓRGANOS DE REPRESENTACIÓN DEL PERSONAL EN LA EMPRESA

Caben dos modelos de organización de la representación del personal. De un lado, una representación unitaria. De otro lado, una representación sindical.

A) La llamada representación "unitaria" son representantes elegidos por todos los trabajadores de la empresa y que representan a todos esos trabajadores. No son, pues, órganos de ningún sindicato. Cuestión distinta es que, en la práctica, esos representantes estén muy "sindicalizados", en el sentido de que al mismo tiempo sean afiliados a algún sindicato o, al menos, hayan sido presentados a las correspondientes elecciones por algún sindicato (en España, la representación unitaria está sindicalizada en más de un 90%).

Normalmente, esta representación unitaria se concibe como un órgano de colaboración con la dirección de la empresa, por lo que no suelen tener funciones de carácter conflictivo (negociar convenios, declarar huelgas). Aunque, en la práctica, es frecuente que tiendan a desempeñar también esas funciones.

Esta representación unitaria normalmente es objeto de regulación detallada (cuándo se puede elegir, procedimiento electoral, funciones) por parte de la legislación estatal. Aunque también, en ocasiones, ha sido creada y regulada por la negociación colectiva.

Este tipo de representación unitaria ha sido normal en muchos países de la Europa continental (Francia, Alemania, España, etc.).

B) La representación de los trabajadores en las empresas puede confiarse, alternativamente, a los sindicatos. Los cuales se organizan, entonces, dotándose de secciones sindicales de empresa y, en su caso, de delegados sindicales elegidos por los trabajadores afiliados al sindicato y que forman parte de esas secciones sindicales.

Este tipo de representación ha sido más tradicional en los países anglosajones y escandinavos, por diversas razones. Su regulación se reparte entre la ley (o el convenio colectivo) y los estatutos sindicales.

C) En la actualidad, puede apreciarse una cierta convergencia entre esas dos formas (unitaria y sindical) de representación en la empresa.

Así, en muchos países es normal (después del mayo francés de 1969) que las leyes admitan y regulen ambos tipos de representación. Existe entonces un "doble canal" de representación.

En otros casos, la representación sindical se ve atribuida la representación de todos los trabajadores (incluso los no afiliados), lo que paralelamente conlleva por lo general que sea elegida también incluso por los no afiliados.

La normativa internacional (Convenio nº 135 y Recomendación nº 143 OIT) exige a los países ratificantes que establezcan garantías para los representantes en la empresa, pero admitiendo cualquiera de las dos formas de representación, o ambas. En cualquier caso, se exige que la existencia de una representación unitaria no vaya en menoscabo de los sindicatos: como veremos (infra, epígrafe 11), en nuestro ordenamiento las funciones reconocidas a la representación unitaria y a la sindical en la empresa resultan equiparadas.

3. FORMAS DE PARTICIPACIÓN

Los órganos de representación del personal pueden tener atribuidas, o no, competencias de participación en la gestión de la empresa. Normalmente, los ordenamientos jurídicos prevén alguna competencia, pero la situación es muy distinta en cada país.

Comúnmente se reconocen una serie de derechos, de muy diverso alcance: derecho de información, derecho de consulta, e, incluso, derecho de veto o derecho de codecisión. Estos últimos solamente en ciertos ordenamientos, como el alemán. Normalmente se reconocen al órgano de representación de los trabajadores (unitario o sindical), no a un órgano de la propia sociedad titular de la empresa. De ahí que se englobaran bajo el concepto de "participación externa".

Otra forma de participación consiste en reconocer la presencia de representantes de los trabajadores en los propios órganos de gestión de la sociedad titular de la empresa, o en atribuirles un papel en la designación de esos órganos (proponer, recomendar, oponerse, vetar miembros de esos órganos internos). En tal caso, la presencia o su intervención será en el consejo de administración (si la sociedad tiene solamente un órgano de gestión, aparte la asamblea o junta de accionistas: estructura monista); o en el consejo de dirección y/o en el consejo de vigilancia (si la sociedad tiene esos dos órganos de gestión: estructura dual), normalmente en el segundo. Por ello se denominaba normalmente "participación interna". A su vez, esa participación interna (normalmente, covigilancia) puede ser minoritaria o, más raramente, paritaria. De nuevo, el ordenamiento ejemplar es el alemán.

La normativa de la UE, que veremos luego al estudiar la representación en empresas de ámbito comunitario, utiliza como concepto global el de "implicación", el cual incluye la información, la consulta y la participación (en sentido estricto: participación interna).

4. LA REPRESENTACIÓN UNITARIA EN EL ORDENAMIENTO ESPAÑOL

Nuestro ordenamiento prevé un doble canal de representación: unitario y sindical.

La base de la representación unitaria se suele ver en el art. 129.2 CE (aunque en él se afirma, más bien, que los poderes públicos promoverán eficazmente "las diversas formas de participación en la empresa"), así como en la interpretación hecha por el TC de que determinados derechos constitucionales (negociación colectiva, huelga, planteamiento de conflictos colectivos) no se atribuyen en exclusiva a los sindicatos, sino a los trabajadores: por ello se hace indispensable que el legislador regule esta otra forma de representación, no sindical, para que los trabajadores ejerciten esos derechos reconocidos a ellos y no solo a los sindicatos.

Conviene recordar (ver lección 3ª) que, según la jurisprudencia del TC, los representantes unitarios, desde un punto de vista objetivo, realizan "actividad sindical" (representación y defensa de los trabajadores). Pero, desde un punto de vista subjetivo, el art. 28.1 CE solo "constitucionaliza" al sindicato-asociación, con la consecuencia de que solamente la vulneración de los derechos del sindicato tiene acceso al recurso de amparo, mientras que no lo tiene la vulneración de los derechos de los representantes unitarios.

Por lo tanto, la consecuencia de no considerar protegida por el derecho de libertad sindical a la representación unitaria es meramente procesal (no acceder al recurso de amparo ni al proceso especial de tutela de la libertad sindical). Y ello, además, cuando no exista ni siquiera una "conexión sindical" en relación a la vulneración de derechos de la representación unitaria. Así, puede accederse al recurso de amparo, por ejemplo, cuando se despida a una trabajadora por convocar una reunión preparatoria de elecciones a representantes unitarios, o cuando se promueven dichas elecciones por un sindicato, o cuando se presenta una candidatura sindical a las mismas, o cuando se vulneran derechos de los representantes unitarios pero elegidos en listas presentadas por un sindicato, etc.

Esta representación unitaria, no sindical, está regulada en los arts. 62 y sigs. ET, que contemplan dos tipos de representantes unitarios: los delegados de personal y los comités de empresa, así como los comités de empresa conjuntos y los comités intercentros. El núcleo de toda esta estructura representativa está en el centro de trabajo, no en la empresa (ver Anexo III).

Se pueden elegir **delegados de personal** (art. 62 ET) en centros de trabajo de entre 11 y 49 trabajadores (también en centros de 6 a 10, si así lo deciden los trabajadores por mayoría). Su número es de 1 (hasta 30 trabajadores) o de 3 (entre 31 y 49 trabajadores).

Se pueden elegir **comités de empresa** (art. 63.1 ET) en centros de trabajo de 50 o más trabajadores. El número de miembros del comité oscila entre 5 y 75 representantes (art. 66.1 ET).

Se constituirá un **comité de empresa conjunto** (art. 63.2 ET) cuando, en una provincia o municipios limítrofes, dos o más centros de una empresa no alcancen aisladamente la cifra de 50, pero sí en conjunto. Si en una misma provincia unos centros tienen 50 trabajadores y otros no, en los primeros se constituirán comités propios "y con todos los segundos se constituirá otro". Pese a lo subrayado, según la jurisprudencia, en la elección del comité conjunto solamente participarán los centros de entre 11 y 49 trabajadores. No se prevé ni admite jurisprudencialmente la elección de delegados de personal conjuntos.

En fin, por convenio colectivo se podrá añadir la existencia de un **comité intercentros (art. 63.3 ET).** Su función es la de coordinar la actuación de los diversos comités de centro que tenga una empresa o abordar temas comunes a los diversos centros; el convenio concretará sus competencias. El número de sus miembros será como máximo de trece —"designados de entre los componentes de los distintos comités de centro", aunque según jurisprudencia también de entre los delegados (STS 3 oct. 2001, rec. 3566/2000)—, y se distribuirá proporcionalmente a la composición de todos los comités (y delegados) de centro, incluyendo también a sus miembros independientes (STS 3 nov. 2015, rec. 334/2014), aunque el art. 63.3 dice literalmente que "se guardará la proporcionalidad de los sindicatos según los resultados electorales considerados globalmente".

No se eligen directamente por los trabajadores, sino por las organizaciones que integran su composición.

Ver STS 10 abr. 2019 (rec. 24/2018) sobre composición tras posteriores pactos sindicales de afiliación, y STS 25 abr. 2019 (rec. 224/2018).

Aparte lo anterior, sobre la participación en materia de seguridad y salud mediante los **Delegados de Prevención** y el **Comité** de Seguridad y Salud, ver infra Lecc. 13ª, ep. 1.3.

El centro de trabajo. La estructura de la representación unitaria descansa sobre el centro de trabajo, no sobre el conjunto de la empresa. El art. 1.5 ET define el centro de trabajo como una unidad productiva con organización específica, dada de alta como tal ante la autoridad laboral. Por tanto, un centro de trabajo es un conjunto de medios de producción que realizan la totalidad o parte del proceso productivo global de la empresa (unidad productiva), con una cierta autonomía organizativa (organización específica), y formalmente dado de alta como tal.

Para el supuesto específico del personal laboral de la AGE, el RDL 20/2012 determina los centros de trabajo tanto para el personal laboral que presta sus servicios en territorio nacional (art. 12.2), como en el exterior (art. 14).

El número de trabajadores. A) Cómputo. La elección de representantes unitarios y su número depende del número de trabajadores del centro de trabajo en el momento de la convocatoria o preaviso electoral (ver arts. 72 ET y 9.4 REORTE), no en el momento de la constitución de la mesa o mesas electorales (STS 21 dic. 2017, rec. 4149/2015):

a) Se computarán los trabajadores con contrato de duración indefinida y los trabajadores vinculados por contrato de duración determinada superior a un año.

b) Los contratos por término de hasta un año, se computan como un trabajador por cada 200 días o fracción trabajados (pero se incluyen los días de descanso) en el periodo de un año anterior a la convocatoria de la elección, tanto si el contrato sigue en vigor como si no (STS 15 nov. 2022, rec. 188/2019); pero, si el cociente de dividir por 200 los días trabajados es superior al número de trabajadores que se computan, el máximo será el total de los que prestan servicios en la fecha de iniciación del proceso electoral.

B) Variación. Como no se tiene en cuenta el número medio durante un período previo, sino los computables en la forma dicha, si durante el mandato aumenta el número de trabajadores del centro, se incrementará (art. 67.1.*in fine)* si procede el número de representantes, eligiendo los representantes complementarios necesarios (o, en su caso, eligiendo un comité en lugar de delegados). Si, por el contrario, disminuye el número de trabajadores del centro, se estará a lo dispuesto en el convenio colectivo aplicable (ibidem).

5. PROCEDIMIENTO ELECTORAL

El procedimiento electoral viene regulado en el ET (arts. 67 y 69-76) y en el Reglamento electoral de 1995 (REORTE).

Electores y elegibles. Candidaturas (art. 69.2 y 3 ET). Serán electores todos los trabajadores del centro, mayores de 16 años, con una antigüedad de un mes. Serán elegibles todos los trabajadores del centro, mayores de 18, con una antigüedad de 6 meses,rebajable a 3 por convenio. En el ámbito del trabajo de artistas profesionales (ver lecc. 8ª, ep. 3.F) se rebaja a 16 años con una antigüedad de, al menos, veinte días (DA 28ª ET).

Pueden presentar candidatos cualquier sindicato legalmente constituido y los propios trabajadores (candidaturas "independientes"), en este caso presentándola tres trabajadores por puesto a cubrir.

Iniciativa electoral (art. 67.1 ET). Las elecciones se pueden convocar, en cada centro, por los SMR, los SR en la empresa y los propios trabajadores por acuerdo mayoritario. Normalmente, aparte otros supuestos, con tres meses de antelación mínima a la conclusión del mandato de los anteriores representantes.

Cabe la convocatoria general de elecciones, en un ámbito funcional o territorial determinado, previo acuerdo de los SMR o de los SR con mayoría absoluta en ese ámbito.

La convocatoria debe comunicarse al empresario y a la autoridad laboral. Como supuesto más frecuente, debe efectuarse a partir de la fecha en que falten tres meses para el vencimiento del mandato de los anteriores representantes. El REORTE regula otros supuestos.

Inicio del procedimiento electoral (art. 67.1 ET). Los promotores deben comunicar la fecha de inicio (entre 1 y 3 meses desde el registro de la comunicación de la convocatoria), inicio que consiste en la constitución de la mesa (o mesas) electoral (es). Para ello, el empresario debe comunicar la convocatoria a los representantes de los trabajadores y a los que integrarán la(s) mesa(s), junto con el censo electoral (ver STS 27 sept. 2007, rec. 78/2006).

Composición de la(s) mesa(s) (arts. 70, 71 y 73 ET). Si se trata de elegir delegados de personal, existe un único colegio electoral y una única mesa. Si se trata de elegir comité de empresa, normalmente existen al menos dos colegios electorales (sobre la imperatividad de estos dos colegios, STS 12 jul. 2018, rec. 133/2017; se puede pactar en convenio colectivo un tercero, STS 17 mayo 2004, rec. 101/2003): el de técnicos y administrativos, y el de trabajadores cualificados y no; pero como el reparto es proporcional, un colegio muy minoritario —por ejemplo, 4 trabajadores de 50— puede no tener ningún miembro del comité; y, en cada colegio, se constituye una mesa por cada 250 trabajadores o fracción.

La mesa electoral estará integrada por el trabajador con más antigüedad, y por los de mayor y menor edad. Si hay varias mesas, por los siguientes en ese orden.

Funciones de la(s) mesa(s) (art. 74 ET). La(s) mesa(s) gestiona(n) todo el proceso electoral: publicación del censo, admisión de correcciones al mismo, publicación del censo definitivo, determinación del número de representantes a elegir, proclamación de candidaturas, escrutinio, etc.

En el caso de elección de delegados, entre la constitución de la mesa y las elecciones no deben mediar más de 10 días.

Obligaciones del empresario (art. 75.1 ET). Están previstas en términos muy generales: el empresario debe "facilitar los medios precisos" para el desarrollo del proceso electoral. En todo caso, conforme a la LISOS (art. 8.7), es infracción muy grave la transgresión del deber de colaboración del empleador en el proceso electoral.

El REORTE se limita a añadir que pueden efectuar la propaganda electoral oportuna, sin alterar la normal prestación del trabajo, los promotores de las elecciones, los presentadores de candidatos y los candidatos mismos.

Sistema electoral (arts. 70 y 71 ET). Si se trata de elegir delegados de personal (art. 70 ET), el sistema electoral es mayoritario puro: se forma una única lista electoral, cada elector puede votar a tantos candidatos como delegados a elegir, y resultan elegidos los que obtengan mayor número de votos.

Si se trata de elegir comité de centro (**art. 71 ET**), el sistema electoral es proporcional: se presentan listas cerradas, cada elector puede dar su voto a una lista y los puestos a cubrir se distribuyen proporcionalmente al número de votos obtenido por cada lista (hay que obtener, al menos, el 5% de los votos del colegio correspondiente).

Votación (art. 75 ET). La fecha de la votación se determina por la mesa electoral. Debe celebrarse en el centro de trabajo y durante la jornada laboral.

El voto es libre, personal, directo y secreto. Se regula el voto por correo (art. 10 REORTE: previa comunicación a la mesa a través de las oficinas de Correos: ver STS 25 febrero 2021, rec. 99/2019).

El escrutinio se hará inmediatamente, levantándose acta del mismo y comunicando el resultado al empresario, interventores y candidatos, publicándose en tablones de anuncios. El original del acta se presenta a la oficina electoral, que publicará copia de la misma.

Reclamaciones en materia electoral (art. 76 ET). Para evitar un exceso de reclamaciones judiciales, la elección debe en primer lugar ser impugnada ante unos árbitros, designados en cada provincia por los SMR. El laudo arbitral, posteriormente, puede ser impugnado judicialmente. También pueden ser impugnadas, directamente, las decisiones de la oficina pública denegando el registro de las actas electorales.

6. REGULACIÓN DEL MANDATO REPRESENTATIVO

El mandato electoral dura cuatro años, pero los representantes se mantienen en funciones hasta tanto no se hayan promovido y celebrado nuevas elecciones (art. 67.3 ET), ya convocadas o que se convoquen en cualquier momento de la prórroga.

El ET (art. 67.3) regula la revocación de los representantes durante su mandato por decisión de los electores. Para ello se requiere convocar una asamblea al efecto a instancia de 1/3, como mínimo, de los electores. La revocación se tiene que aprobar por mayoría absoluta de éstos y mediante sufragio personal, libre, directo y secreto. Y no puede efectuarse durante la tramitación de un convenio colectivo (STS 15 jun. 2006, rec. 5500/2004), ni replantearse hasta transcurridos, al menos, seis meses. La revocación puede afectar incluso a los suplentes de los representantes electos (STS28 enero 2020, rec. 2884/2017).

La terminación anticipada del mandato puede producirse también por dimisión (el art. 67.1 y 5 ET alude a ello) o por ajustes en la representación, debidos a disminución de la plantilla, como ya vimos. Y se admite comúnmente que el mandato termina anticipadamente, asimismo, por extinción del contrato del representante, e incluso por cambio de grupo profesional que suponga cambio de colegio electoral.

No se termina el mandato si el representante cambia de afiliación sindical ("transfuguismo"). Pero, en ese supuesto, el puesto se sigue computando a favor de quien lo presentó como candidato (STS 3 oct. 2001, rec. 8980/2001).

No está previsto ningún supuesto de suspensión del mandato, por lo que la suspensión del contrato del representante (por incapacidad temporal, por maternidad, etc.) no conlleva paralelamente la suspensión del mandato (ver STS 8 abril 2006, rec. 1365/2005).

En fin, en caso de terminación anticipada del mandato, la vacante producida se cubre por el siguiente en la lista electoral (en el caso del comité de empresa), o por el siguiente en número de votos (en el caso de delegados de personal) (art. 67.4 ET).

7. COMPETENCIAS Y DEBERES DE LOS REPRESENTANTES

En términos generales, conviene hacer dos indicaciones. De un lado, que en nuestro ordenamiento las competencias de los representantes unitarios son muy extensas, comprendiendo funciones que en otros países se reservan a los sindicatos (negociación colectiva, declaración de huelga, etc.). De otro lado, que las competencias otorgadas se refieren normalmente a aspectos colectivos, no individualizados, de las relaciones laborales.

Delegados de personal y comités de empresa —que adoptarán sus decisiones por mayoría, STS 25 feb. 2015, rec. 36/2014— tienen las mismas competencias (art. 62.2 ET). Estas se encuentran previstas en el art. 64 ET, fundamentalmente, y también en otros artículos del ET y en otras normas laborales; sin perjuicio de que, conforme al art. 64.9, respetando lo establecido legal o reglamentariamente, en los convenios colectivos se podrán establecer disposiciones específicas en esta materia. Mediante las mismas se desarrolla el derecho básico de los trabajadores establecido en el art. 4.1.g) ET: Información, consulta y participación en la empresa, y se ha transpuesto la Directiva 2002/14, de 13 de marzo, por la que se establece un Marco general relativo a la información y consulta de los trabajadores en la Unión EuropeaLas competencias son las siguientes:

1ª) **Derecho a información trimestral (art. 64.2):**

a) sobre la evolución general del sector económico al que pertenece la empresa;

b) sobre la situación económica de la empresa y la evolución reciente y probable de sus actividades, incluidas las actuaciones medioambientales que tengan repercusión directa en el empleo, así como sobre la situación de producción y ventas de la empresa, incluido el programa de producción;

c) sobre las previsiones del empresario de celebración de nuevos contratos, con indicación del número de éstos y de las modalidades y tipos que serán utilizados, incluidos los contratos a tiempo parcial, la realización de horas complementarias por los trabajadores contratados a tiempo parcial y los supuestos de subcontratación;

d) sobre las estadísticas sobre el índice de absentismo y sus causas, los accidentes de trabajo y enfermedades profesionales y sus consecuencias, los índices de siniestralidad, los estudios periódicos o especiales del medio ambiente laboral y los mecanismos de prevención que se utilicen.

2ª) **Derecho a información, al menos anual,** relativa a la aplicación en la empresa del derecho de igualdad de trato y de oportunidades entre mujeres y hombres **(art. 64.3)**, al registro en materia salarial del art.28.2 ET, detallándose algunos datos a incluir, medidas adoptadas y, en su caso, aplicación del plan de igualdad.

3ª) **Derecho con la periodicidad que proceda en cada caso (art. 64.4)**:

a) **a conocer** el balance, la cuenta de resultados, la memoria y, en el caso de que la empresa revista la forma de sociedad por acciones o participaciones, los demás documentos que se den a conocer a los socios, y en las mismas condiciones que a éstos;

b) **a conocer** los modelos de contrato de trabajo escrito que se utilicen en la empresa, así como los documentos relativos a la terminación de la relación laboral;

c) **a ser informados** de todas las sanciones impuestas por faltas muy graves;

d) **a ser informados** de los parámetros, reglas e instrucciones en las que se basan los algoritmos o sistemas de inteligencia artificial que afectan a la toma de decisiones que pueden incidir en las condiciones de trabajo, el acceso y mantenimiento del empleo, incluida la elaboración de perfiles.

4ª) **Derecho a recibir** la copia básica de los contratos que deban celebrarse por escrito, a excepción de los de alta dirección, y la notificación de las prórrogas y de las denuncias correspondientes a los mismos en el plazo de 10 días siguientes a que tuvieran lugar **(art. 64.4.in fine**; ver Lecc. 9ª, epígrafe 1).

5ª) **Derecho a ser informados y consultados (art. 64.5)** sobre la situación y estructura del empleo en la empresa o en el centro de trabajo, así como a ser informados trimestralmente sobre la evolución probable del mismo, incluyendo la consulta cuando se prevean cambios al respecto.

Asimismo, tendrán derecho a ser informados y consultados sobre todas las decisiones de la empresa que pudieran provocar cambios relevantes en cuanto a la organización del trabajo y a los contratos de trabajo en la empresa. Igualmente tendrán derecho a ser informados y consultados sobre la adopción de eventuales medidas preventivas, especialmente en caso de riesgo para el empleo.

El art. 64.1 ET define los conceptos de información y de consulta

6ª) **Derecho a emitir informe, con carácter previo** a la ejecución por parte del empresario de las decisiones adoptadas por éste, sobre las siguientes cuestiones **(art. 64.5)**:

a) Las reestructuraciones de plantilla y ceses totales o parciales, definitivos o temporales, de aquélla.

b) Las reducciones de jornada.

c) El traslado total o parcial de las instalaciones.

d) Los procesos de fusión, absorción o modificación del estatus jurídico de la empresa que impliquen cualquier incidencia que pueda afectar al volumen de empleo.

e) Los planes de formación profesional en la empresa.

f) La implantación y revisión de sistemas de organización y control del trabajo (ver, respecto de un sistema de control de repartos mediante app para geolocalización, STS 8 febrero 2021, rec. 84/2019), estudios de tiempo, establecimiento de sistemas de primas e incentivos y valoración de puestos de trabajo.

En todo caso, otros artículos del ET (como los arts. 40, 41, 47 y 51, en materia, respectivamente, de traslados colectivos, modificaciones sustanciales de carácter colectivo, suspensiones por causas objetivas o fuerza mayor, y despidos colectivos) u otras normas (como puedan ser la Ley 10/1997, que regula el llamado Comité de Empresa Europeo, o la Ley 31/2006, que regula la Sociedad Anónima y la Sociedad Cooperativa Europea), contienen disposiciones que completan lo dispuesto en el art. 64 que estamos exponiendo.

A esto se refiere expresamente el **art. 64.8**: Lo dispuesto en el presente artículo se entenderá sin perjuicio de las disposiciones específicas previstas en otros artículos de esta ley o en otras normas legales o reglamentarias.

Por lo demás, el **art. 64.6** regula las condiciones en que se deben emitir los informes: en el plazo máximo de 15 días desde que hayan sido solicitados y remitidas las informaciones correspondientes.

Asimismo, se regulan las condiciones en que se debe facilitar la información por el empresario a los representantes del personal y las condiciones en que debe realizarse la consulta, buscando la efectividad de ambos derechos.

7ª) **Competencias de vigilancia y control (art. 64.7)**. Los representantes ejercerán una labor *de vigilancia* (art. 64.7.a.1º) en el cumplimiento de la normativa laboral en materia laboral, de seguridad social y de empleo, formulando las acciones legales oportunas ante el empresario y los organismos y tribunales competentes; *de vigilancia y control* (art. 64.7.a.2º) de las condiciones de seguridad y salud; *de vigilancia* (art. 64.7.a.3º) del respeto y aplicación del principio de igualdad de trato y oportunidades entre mujeres y hombres.

En relación a lo anterior, se contempla asimismo **(art. 65.1)** la capacidad para ejercer acciones administrativas y judiciales en todo lo relativo al ámbito de competencias de los representantes del personal.

8ª) **Competencias de participación y colaboración (art. 64.7)**. Se atribuyen también las siguientes competencias: participar en la gestión de obras sociales (art. 64.7.b); colaborar con la dirección de la empresa en el mantenimiento e incremento de la productividad, así como la sostenibilidad ambiental de la empresa, si así está pactado en convenio colectivo **(art. 64.7.c)**; y colaborar con la dirección de la empresa en el establecimiento y puesta en marcha de medidas de conciliación.

9ª) **Competencia de información a los representados (art. 64.7.e)** en todos los temas y cuestiones señalados, cuando tengan o puedan tener repercusión en las relaciones laborales.

Pero igualmente se fijan una serie de deberes de los representantes y límites a las obligaciones empresariales:

1º) **Deber de sigilo y uso restringido de documentos (art. 65.2 y 3)**. Se exige que los representantes (así como, en su caso, los expertos que les asistan) observen deber de sigilo profesional, que hagan un uso prudente y razonable (SSTC 90/1999 y 213/2002) sobre la información que la empresa les haya expresamente comunicado con carácter reservado, en legítimo y objetivo interés de la empresa o centro de trabajo; deber de sigilo que subsistirá incluso tras la terminación del mandato representativo. Así como se prohíbe la utilización de documentos entregados por la empresa fuera de su ámbito o para fines distintos de los que motivaron la entrega.

2º) **Informaciones no comunicables (art. 65.4)**. La empresa no estará obligada a comunicar aquellas informaciones específicas relacionadas con secretos industriales, financieros o comerciales, cuya divulgación, según criterios objetivos, pudiera obstaculizar el funcionamiento de la empresa o centro o perjudicar gravemente su estabilidad económica. Pero esta excepción no abarca los datos relacionados con el volumen de empleo en la empresa.

En relación a lo dicho en los dos números anteriores, se prevé **(art. 65.5)** que la impugnación de las decisiones empresariales de atribuir carácter reservado o no comunicar las informaciones antes dichas (aunque sin perjuicio de lo dispuesto en la LISOS respecto de la negativa injustificada de información), y los litigios relativos al incumplimiento por los representantes y expertos que les asistan de su obligación de sigilo, se tramitarán conforme al proceso de conflicto colectivo regulado en la LRJS.

Coherentemente con ello, en la normativa procesal se recogen esos objetos del proceso de conflicto colectivo (art. 153.3 LRJS) y, asimismo, que el Juez o la Sala deberán adoptar las medidas necesarias para salvaguardar el carácter reservado o secreto de la información de que se trate.

8. GARANTÍAS Y FACILIDADES DE LOS REPRESENTANTES

Vienen contempladas en los arts. 68 y 81 ET, siendo mejorables por la negociación colectiva (STS 25 mayo 2006, rec. 21/2005). El art. 37.1 LPRL dispone que lo previsto en el art. 68 en materia de garantías será de aplicación a los Delegados de Prevencion (ver infra Lecc. 13ª, ep. 1.3.

1º) Derecho a un expediente contradictorio en caso de imposición de sanciones por faltas graves y muy graves (ver STS 11 feb. 2016, rec. 2854/2014). La contradictoriedad supone que debe ser oído el representante —así como el resto de representantes, si los hay— antes de la imposición de la sanción. Si definitivamente se impone la sanción, cabe posteriormente presentar demanda contra la misma ante los tribunales.

Esta garantía se aplica a los representantes (durante su mandato y el año posterior), y también a los candidatos proclamados durante el proceso electoral.

2º) Prioridad de permanencia en la empresa o centro, respecto de los demás trabajadores, en los supuestos de suspensión o extinción por causas económicas, tecnológicas, objetivas o de producción (ver también arts. 51.7 y 52.c ET), garantía que alcanza también al proclamado como candidato (STS 20 jun. 2000, rec. 3407/1999). Asimismo (art. 40.5 ET) en los supuestos de traslados o desplazamientos por las mismas causas.

3º) Imposibilidad de despido o sanción (y, en general, derecho a no ser discriminado: STS 19 mayo 2009) por las acciones que realice en el ejercicio de su representación. Pero ello sin perjuicio de lo dispuesto en el art. 54 ET, es decir, sin perjuicio del posible despido por incumplimiento de sus obligaciones laborales (ver STS 20 feb. 1990, Roj 1487/1990 y 1492/1990).

Por lo tanto, al representante se le reconoce una especie de inmunidad, aunque relativa, por su actuación como tal: el despido o sanción será nulo (ver art. 55.5 ET) (STS 14 marzo 1990, Roj 17621/1990), si bien puede ser despedido o sancionado si, en su actuación, incumple sus obligaciones como trabajador. Esta garantía, literalmente, se limita a su mandato y al año posterior; pero incluso si la sanción se produce posteriormente, resultaría nula en todo caso por discriminatoria.

De otro lado, los representantes tienen reconocido un derecho de opción entre ser readmitidos o indemnizados si el despido, en cualquier caso, se declara simplemente improcedente (art. 56.4 ET). Este derecho de opción sí que queda limitado al período de mandato y al año posterior (ver STS 19 mayo 2009, rec. 180/2008).

4º) Derecho a expresar libremente sus opiniones en las materias correspondientes a su representación. Tal derecho se reconoce, en el caso del comité, colegiadamente; sin embargo, seguramente tienen libertad de expresión también los miembros individuales del mismo.

El derecho a la libertad de expresión, pese a ser un derecho fundamental, tiene sus límites en el derecho al honor, a la intimidad y a la propia imagen (art. 20 CE) (ver, con más detalle, Lección 13ª). En la práctica, los tribunales suelen ser más tolerantes con el ejercicio de este derecho en el caso de los representantes, respecto de otros trabajadores, pero un abuso de su libertad de expresión puede ser sancionable (STS 20 abr. 2005, rec. 6701/2003; las SSTS 15 dic. 2016, rec. 287/2015, y 28 feb. 2017, rec. 103/2016, señalan que la libertad de expresión comprende el derecho a la crítica incluso desabrida o molesta pero sin llegar al ultraje o la ofensa, debiéndose valorar el contexto).

Junto con la libertad de expresión, se reconoce el derecho de los representantes a publicar sus opiniones y, en general, a distribuir "publicaciones de interés laboral o social". Por lo tanto, incluso el derecho a distribuir en la empresa opiniones de terceros (sindicatos, partidos políticos).

Respecto de este derecho a distribuir publicaciones, se fija el límite de que no perturbe el normal desenvolvimiento del trabajo, así como que la distribución se comunique al empresario.

5º) Derecho a un crédito mensual de horas retribuidas (entre 15 y 40, según el número de trabajadores) para el ejercicio de sus funciones. Para el personal laboral (también para el funcionario y estatutario) de las AAPP (y organismos, entidades, universidades, fundaciones y sociedades dependientes de las mismas), el crédito se ajustará de forma estricta a lo establecido legalmente (art. 10.1 RDL 20/2012). Según la jurisprudencia, la mejora, como condición más beneficiosa, de esta regulación legal tiene que concederse de forma inequívoca.

Se trata de una especie de permiso retribuido. Por tanto, salvo excepciones (representantes que trabajen en el turno de noche, por ejemplo), se trata de ausencias retribuidas durante la jornada laboral.

Su objeto puede ser cualquier tipo de actividad como representante, no sólo las competencias antes vistas. Al no tratarse de una representación sindical, no puede utilizarse el crédito para tareas puramente sindicales, aunque hay actividades conexas, relacionadas con el sindicato, que pueden justificar su utilización (por ejemplo, asistir como representante unitario a una reunión informativa convocada por un sindicato).

Casos prácticos: Uso del crédito horario

Una empresa despide por transgresión de la buena fe y abuso de confianza a un trabajador miembro del Comité de Empresa. El representante había solicitado y obtenido telefónicamente permiso para ausentarse del trabajo y asistir a una reunión del sindicato UGT. Al no celebrarse la reunión el secretario de la Federación le pide que asista a una reunión del partido político CDS por ser de "interés sindical". Se da la circunstancia de que el trabajador es concejal de ese partido.

La empresa estima que no se trata de actividad de representación, ni siquiera sindical, sino política y de partido.

El TS mantiene la calificación del despido como improcedente. Señala que "la actividad del Comité es multiforme, comprendiendo cualquier actuación que de forma directa o indirecta repercuta en interés de los trabajadores". En este concreto supuesto estima que no se descarta que la reunión tuviera un interés "sindical".

(vid. STS 5 junio 1990, ROJ 4275/1990)

Las horas empleadas en la negociación de convenios colectivos o de acuerdos de empresa son igualmente retribuidas, pero según la jurisprudencia son añadidas al crédito que estamos analizando.

El número de horas es en función del número de trabajadores de la empresa, cualquiera que sea la jornada que corresponda al representante (así, un representante que sea trabajador a tiempo parcial, tendrá no obstante todo el crédito que le corresponda por el volumen de la empresa).

El crédito es personal y mensual. Sin embargo, se prevé expresamente que por convenio (STS 19 jul. 1996, rec. 2553/1995) se pacte la posible acumulación interpersonal en alguno o algunos representantes concretos. Esto supondrá que, si existe tal pacto, unos representantes podrán voluntariamente (STS 17 jun. 2002, rec. 1241/2001) ceder todo o parte de su crédito a otro u otros representantes. Esa posibilidad de acumulación interpersonal puede dar lugar a la figura del representante "liberado" completamente de sus obligaciones laborales (ver STS 6 abr. 2004, rec. 40/2003). Para el personal al servicio de las AAPP (y organismos, etc., dependientes de ellas) las "dispensas totales de asistencia al trabajo" se ajustarán de forma estricta a lo legalmente establecido.

No se prevé expresamente la acumulación intermensual, que, no obstante, también se podría pactar en convenio.

La utilización del crédito de horas debe preavisarse al empresario y justificarse posteriormente (el empresario puede requerir una "genérica justificación" de su uso: STS 11 junio 2024, rec. 472/2021). Naturalmente, ello no tiene sentido en el supuesto de representantes "liberados".

Por lo demás, la interpretación jurisprudencial al respecto es bastante permisiva. De un lado, se exime del preaviso en caso de razonable imposibilidad de darlo. De otro lado, el control empresarial sobre el correcto uso del crédito viene limitado por la imposibilidad de llevar a cabo una vigilancia "especial o singular" sobre el representante (en cualquier caso los informes de detectives privados no tienen valor de prueba documental sino testifical a ratificar en juicio). En fin, se presume el uso correcto del crédito horario y solamente cabe el despido disciplinario cuando su uso por el representante en provecho propio sea manifiesto y habitual.

En fin, las horas de crédito deben ser retribuidas como si fueran trabajadas (indemnidad retributiva: STC 326/2005 y STS 25 feb. 2008, rec. 1304/2007); por lo tanto, no solo con el salario base sino con todo89s los complementos habitualmente percibidos por el representante como trabajador.

6º) El art. 81 ET obliga a poner a disposición de los representantes uno o varios tablones de anuncios y un local adecuado, todo ello en función de que las características del centro lo permitan. Los conflictos al respecto se resuelven por la autoridad laboral, no por los tribunales de justicia.

Sobre las especificidades en el caso de contratas y subcontratas, ver Lecc. 8ª, epígrafe 7.

En cuanto a la utilización de los medios informáticos de la empresa para comunicarse con los representados, se admite si no perturba la actividad productiva de la empresa ni impone cargas adicionales al empresario, lo que en su caso debe probarse por el mismo (ver STC 281/2005 y STS 14 jul. 2016, rec. 199/2015).

7º) Estas garantías y facilidades se refuerzan mediante la posibilidad de imposición de sanciones administrativas, si se cometen las infracciones previstas en la LISOS. Así, son infracciones graves del empleador la transgresión de los derechos de información, audiencia y consulta; o de los derechos en materia de crédito horario, locales y tablones de anuncios (art. 7, apartados 7 y 8). Son infracciones muy graves las acciones u omisiones que impidan el ejercicio del derecho de reunión de los trabajadores, de sus representantes y de las secciones sindicales (art. 8.5).

9. REPRESENTACIÓN Y PARTICIPACIÓN EN EMPRESAS DE ÁMBITO COMUNITARIO

Dadas las grandes diferencias existentes entre los países comunitarios, ha sido difícil conseguir una normativa armonizadora, aparte la Directiva 2002/14, ya señalada, supra, ep. 7. Pese a ello, se han aprobado, entre otras, Directivas que afectan a las empresas y grupos de empresas de dimensión comunitaria (A) y a las denominadas Sociedades Anónimas y Sociedades Cooperativas Europeas (B).

A) Empresas y grupos de empresas de dimensión comunitaria. Reguladas originariamente en 1994, actualmente lo están por la Directiva 2009/38/CE, de 6 de mayo, transpuesta al ordenamiento español por la Ley 10/1997, de 24 de abril (modificada por Ley 10/2011, de 19 mayo).

Esta normativa resulta aplicable a las empresas (o grupos de empresas) de dimensión comunitaria. Es decir, que empleen 1.000 o más trabajadores en Estados miembros y 150 o más en dos o más países comunitarios.

Contiene una regulación muy flexible. Obliga a la dirección de la empresa a negociar con una comisión negociadora de representantes de los trabajadores. Tal comisión puede decidir no negociar (y, por tanto, renunciar a establecer un sistema de participación). La negociación, en su caso, puede desembocar en la constitución de un "comité de empresa europeo" (CEE) (con las funciones que se le atribuyan) o en la fijación de otro procedimiento alternativo de información y consulta.

Si no hay acuerdo (o si se acuerda así), se aplican las llamadas "disposiciones subsidiarias" contenidas en la Ley: constitución de un comité de empresa europeo con los derechos de información y consulta que en ellas se especifican.

En todo caso, de constituirse un CEE se formará "en proporción al número de trabajadores empleados en cada Estado", determinando cada uno la forma de elección o designación de sus representantes. En el caso èspañol se designarán por acuerdo de las representaciones sindicales que sumen la mayoría de miembros del comité o comités de empresa y/o de los delegados de personal, o por acuerdo mayoritario de dichos miembros y delegados (ver STS 29 nov. 2018, rec. 193/2017). Como señala la jurisprudencia, no se establece un criterio de proporcionalidad.

B) Sociedades Anónimas Europeas y Sociedades Cooperativas Europeas. Vienen reguladas, en materia de implicación de los trabajadores, respectivamente, por la Directiva 2001/86/CE, de 8 octubre 2001, y por la Directiva 2003/72/CE, de 22 de julio de 2003. Han sido transpuestas al ordenamiento español conjuntamente por la Ley 31/2006, de 18 de octubre.

Esta ley se aplica, pues, en primer lugar, a la llamada Sociedad Anónima Europea (o "Societas Europaea": SE). Una SE es una sociedad anónima que puede constituirse, a partir de sociedades anónimas (u otras) de dos o más Estados, por fusión, por creación de una sociedad holding, por creación de una filial común, o por transformación. Para que pueda constituirse una SE tiene que haber alguna forma de implicación de los trabajadores.

Es una normativa también bastante flexible, aunque menos que la Directiva CEE. La dirección empresarial negociará con una comisión negociadora. Esta puede decidir no negociar, pero en este caso se aplicarán las disposiciones sobre información y consulta vigentes en cada Estado. Además, esa decisión no puede adoptarse cuando la SE se constituya por transformación y la sociedad transformada ya tuviera alguna forma de participación "interna". Es un aspecto de lo que se conoce como "principio antes-después".

El acuerdo puede dar lugar a diversas formas de implicación: creación de un órgano específico de representación de los trabajadores con derechos de información y consulta, información y consulta sin órgano específico, participación "interna" (en órganos de la propia SE). El acuerdo puede reducir los derechos ya existentes en las sociedades participantes, pero por mayoría de 2/3 de la comisión negociadora si se reducen derechos de participación "interna" que ya afectaban a un cierto porcentaje de trabajadores (en casos de fusión, holding o filial); y, en el supuesto de transformación, tiene que ser un nivel de implicación equivalente al ya existente. De nuevo, pues, el principio "antes-después" limita la autonomía colectiva.

Si no hay acuerdo o si se decide así, se aplicarán las disposiciones subsidiarias (en este caso denominadas "de referencia") del Estado sede de la

SE. Estas disposiciones lo que establecen es, de un lado, la constitución de un órgano de representación de los trabajadores, sus derechos de información y consulta (y reglas sobre su funcionamiento, financiación, etc.); y, de otro lado, reglas sobre participación.

Las reglas de referencia sobre participación consisten en que, por ese principio "antes-después": a) en caso de SE por transformación, si ya se aplicaban a la sociedad transformada las reglas de un Estado sobre participación, todos los elementos de dicha participación se seguirán aplicando; y b) en caso de SE por fusión, holding o filial, si ya se aplicaban una o más formas de participación a un cierto porcentaje de los trabajadores afectados, se mantendrá un derecho a participar en una proporción igual a la mayor de las antes vigentes (cabe que un Estado opte por excluir esta regla -lo que se denomina "opting-out"-, en caso de fusión, pero entonces la SE no se puede registrar en ese Estado; la ley española no ha hecho tal opción).

Las reglas de referencia, por lo tanto, deben mantener los derechos de participación antes aplicables, pero solamente si efectivamente existían. Se limita, pues, lo que puede imponer subsidiariamente la heteronomía estatal.

La misma Ley 31/2006 se aplica, en segundo lugar, a la llamada Sociedad Cooperativa Europea (SCE), regulando la implicación de sus trabajadores (no de sus socios trabajadores) en los mismos términos, aunque con una serie de especialidades.

10. DERECHO DE REUNIÓN (ASAMBLEA). ADOPCIÓN DE ACUERDOS

Los arts. 77-79 ET regulan, con bastantes límites, el ejercicio del derecho de reunión ("asambleas") de los trabajadores en la empresa, fuera de las horas de trabajo. En términos generales, tal derecho se condiciona a que las condiciones del centro lo permitan. Además, se especifica que el empresario no está obligado a facilitar locales si no han transcurrido dos meses desde la reunión anterior (salvo que se trate de una reunión informativa sobre convenios colectivos), ni en caso de cierre legal de la empresa, o si no se han resarcido (o afianzado) los daños producidos con ocasión de reuniones anteriores.

Como requisitos para ejercer el derecho de reunión:

- Esta debe estar convocada por los representantes unitarios o por los propios trabajadores (en un número no inferior al 33% de la plantilla) y, en todo caso, presidida por los representantes unitarios.
- La convocatoria, con expresión del orden del día, debe comunicarse al empresario con 48 horas de antelación.

Asimismo, en el art. 80 ET, se regula la adopción de acuerdos "que afecten al conjunto de los trabajadores", mediante voto personal, libre, directo y secreto, incluido el voto por correo (por lo tanto, no por la "asamblea" propiamente dicha). En tal artículo no se concreta en qué materias se pueden adoptar dichos acuerdos; en otros lugares se contempla la adopción de acuerdos respecto de convocatoria de elecciones (art. 67.1 ET), destitución de representantes (art. 67.3 ET) o declaración de huelgas (art. 3 RDLRT).

11. LA ACCIÓN SINDICAL EN LA EMPRESA: SECCIONES SINDICALES Y DELEGADOS SINDICALES

Como ya se dijo, el nuestro es un sistema de doble canal de representación en la empresa.

En efecto, la LOLS regula la existencia de secciones sindicales de empresa y de delegados sindicales de dichas secciones.

Derechos sindicales en las empresas. La LOLS (arts. 8 y 9) reconoce ciertos derechos a todos o, en su caso, a algunos sindicatos.

A) En primer lugar, se reconoce a los afiliados a todo sindicato el derecho a constituir secciones sindicales, de conformidad con lo establecido en los estatutos del mismo, en la empresa o centro de trabajo (cualquier empresa o centro) a elección del sindicato, con independencia de los mayores o menores derechos reconocidos a las secciones, según veremos a continuación (ver STS 9 abril 2024, rec. 2862/2021). La jurisprudencia reconoce, como capacidad organizativa del sindicato, el derecho a constituir secciones sindicales de empresa, de centro de trabajo, de centros agrupados o a nivel autonómico (de todos los centros de la empresa en una CA: ver STS 12 marzo 2024, rec. 114/2022, con cita de SSTS de 23 marzo 2021, rec. 133/2019, y de 9 marzo 2024, rec. 2161/2021).

B) En segundo lugar, se reconoce, igualmente a los afiliados a todo sindicato, los derechos a celebrar reuniones (previa notificación al empresario), a recaudar cuotas y a distribuir información sindical. Todo ello fuera de las horas de trabajo y sin perturbar la actividad normal. En fin, se les reconoce el derecho a recibir la información que les remita su sindicato. La vulneración de estos derechos constituye infracción grave (art. 7.9 LISOS); impedir el ejercicio del derecho de reunión es infracción muy grave (art. 8.5 LISOS).

Por lo demás, la jurisprudencia constitucional (STC 281/2005, de 7 noviembre) ha reconocido el derecho de los sindicatos a utilizar con el fin de distribución de información sindical el sistema de correo electrónico preexistente en una empresa (no la obligación de crearlo), siempre que no se perturbe la normalidad productiva de la misma, en el mismo sentido, la STS 1 jul. 2016, rec. 199/2015; las SSTS 26 abr. 2016, rec. 113/2015 y 27 mayo 2021, rec. 151/2019, anulan la necesidad de previa autorización de la empresa o la obligación de poner en su conocimiento el contenido de las comunicaciones, estimando que lesionan la libertad sindical (sobre derecho a recibir información, STS 25 abril 2023, rec. 334/2021).

Caso práctico: Uso de medios informáticos de la empresa

La Compañía Radio Televisión Galicia (CRTVG) establece, sobre el uso de los medios informáticos proporcionados por la empresa, que "no están destinados a uso personal", que el acceso a Internet queda limitado a temas relacionados con "su actividad" y a información relacionada con CRTVG, que el uso de correo electrónico queda limitado a funciones del "puesto de trabajo" y que queda prohibido utilizar los recursos telemáticos para actividades no relacionadas con el "puesto de trabajo" pudiendo la empresa monitorizar y comprobar el uso de dichos medios informáticos. Un sindicato demanda la nulidad de estas instrucciones por entender que vulneran el art. 8.1.c) LOLS.

El TS, al resolver recurso de casación frente a STSJ Galicia que desestimó la demanda, estima que no hay lesión de la libertad sindical al haber hecho esa STSJ una interpretación de las instrucciones recurridas conforme a la Constitución, al entender que las mismas incluyen la libertad de comunicación sindical dentro del concepto de "actividad laboral" que utilizan, el cual permite el uso de los medios informáticos empresariales.

(vid. STS 13 septiembre 2016, rec. 206/2015; cfr. STC 281/2005, de 7 noviembre)

C) En tercer lugar, a ciertas secciones sindicales (de SMR o de los que tengan representación en los comités de empresa) se les reconoce también estos otros derechos: a disponer de un tablón de anuncios en lugar adecuado del centro de trabajo, a la utilización de un local adecuado (en empresas o centros con más de 250 trabajadores), y a la negociación colectiva (ver lección 5ª). La transgresión de los derechos en materia de local y tablones constituye infracción grave (art. 7.8 LISOS).

D) En cuarto lugar, a los que ostenten cargos electivos (a nivel provincial o superior) en SMR se les añaden ciertos derechos: a permisos no retribuidos para funciones sindicales, a la excedencia forzosa (ver lección

14ª) y a la asistencia y acceso a los centros de trabajo, previa comunicación al empresario.

E) Los representantes sindicales que participen en la negociación de convenios que afecten a la empresa en que continúen en activo, tendrán derecho a permisos retribuidos.

F) Hay que añadir, en fin, que a partir de la reforma laboral de 1994 se han incrementado las funciones de las secciones sindicales, con las cuales, siempre que tengan mayoría en la representación unitaria, se puede llegar a acuerdos en materia de traslados colectivos, modificaciones sustanciales de carácter colectivo, suspensiones y despidos colectivos, como veremos en las lecciones correspondientes. De ese modo, las secciones sindicales llegan a representar a los trabajadores, no solamente a sus afiliados. Por ello se habla de un doble canal de representación, unitario y sindical.

Los delegados sindicales. La LOLS (art. 10) regula la elección de delegados sindicales, en empresas o centros que ocupen a más de 250 trabajadores, ya sean fijos o temporales porque no se hace distinción. Estos delegados sindicales representarán a la sección sindical y serán elegidos por y entre los afiliados al correspondiente sindicato. Debe tratarse de secciones de sindicatos con presencia en el comité o comités de empresa, o, en su caso, en los órganos de representación en las AA.PP. (ver SSTS de 31 marzo 2022, red. 101/2020, y de 13 marzo 2024, rec. 240/2021 reconocen el derecho a constituir secciones sindicales "mixtas" y a computar tanto a laborales como a funcionarios para determinar el número de delegados, como señalamos a continuación). Pero, al margen de estos delegados sindicales contemplados por la LOLS (por ello se denominan "legales") con las competencias que se verán, nada impide que las secciones de cualquier otro sindicato y en cualquier centro o empresa puedan tener delegados sindicales "extralegales" (STC 191/1999 y STS 26 jun. 2008, rec. 18/2007), sin las competencias previstas en la LOLS. Además, por convenio colectivo pueden mejorarse las disposiciones del art. 10, reconociendo delegados sindicales "convencionales" o adicionales con las prerrogativas del art. 10.3 LOLS, como veremos más abajo.

El mayor problema interpretativo ha sido el de si un sindicato puede dotarse de sección sindical en el ámbito global de la empresa —y contar con los correspondientes delegados sindicales— pese a que la representación unitaria esté formada por comités que son de centro (o provinciales conjuntos) aunque se llamen "de Empresa". La jurisprudencia del TS ha evolucionado y concluye en que la opción entre dotarse de sección sindical a nivel de empresa o de centro pertenece al sindicato, que podría contar con delegados sindicales de empresa aun cuando esta tuviera diversos centros con sus respectivos comités siempre que el sindicato tenga presencia en alguno de ellos (por todas, SSTS 3 feb. 2017, rec. 39/2016, y 25 en. 2018, rec. 30/2017).

El número de delegados a elegir por cada sección sindical que cumpla el requisito de presencia en el comité, según el art. 10.2 LOLS depende de su audiencia electoral y del volumen de trabajadores empleados. En el caso de sindicatos que hayan obtenido el 10% o más de los votos en las elecciones al comité, cada sección puede elegir delegados sindicales en función del número de trabajadores (no de afiliados) en la empresa o centro: desde 1 (si los trabajadores son entre 250 y 750) hasta 4 (si son de 5.001 en adelante). En el caso de sindicatos que hayan obtenido menos del 10% de los votos, cada una de sus secciones sindicales estará representada por un solo delegado sindical con independencia del número de trabajadores (ver STS 11 julio 2023, rec. 243/2021).

Conforme al art. 10.2 LOLS por acuerdo o a través de la negociación colectiva puede ampliarse el número de delegados establecido en el mismo como se acaba de exponer. Pero en ese caso habrá que estar a lo que disponga el convenio, sin que sea posible acumular lo dispuesto en ambas fuentes "espigando" lo más favorable de cada una de ellas.

Caso práctico: Número de delegados y convenio colectivo

El convenio colectivo sectorial establece que "El número de delegados sindicales por cada sección que haya obtenido el 10% de los votos en la elección al Comité de Empresa, se determinará según la siguiente escala: De 150 a 750 trabajadores, uno;....El número de trabajadores es por empresa o grupo de empresa".

Una empresa cuenta con dos centros de trabajo, que ocupan a 107 y 60 trabajadores, respectivamente. En ambos se han elegido comités de empresa.

Una sección sindical de empresa que haya obtenido el 10% de los votos en el conjunto de ambos centros, ¿puede designar un delegado para el conjunto de la empresa? Sí puede, porque se cumple lo establecido en el convenio: el 10% de los votos y 167 trabajadores.

En el mismo supuesto, otra sección sindical que haya obtenido menos del 10% de los votos, ¿puede elegir un delegado, teniendo en cuenta que el art. 10.2 LOLS prevé un delegado para secciones que hayan obtenido menos de ese porcentaje? No, porque no se pueden acumular ambas fuentes: no se puede "espigar" lo más favorable del convenio (150 trabajadores) y lo más favorable de la LOLS (menos del 10% de votos)(vid. STS 12 julio2016, rec. 361/2014)

Al igual que se prevé en materia de tiempo retribuido para funciones sindicales y de representación y de dispensas totales de asistencia al trabajo, para el personal al servicio de las AAPP (y organismos, etc.) el nombramiento de delegados sindicales se ajustará estrictamente a lo establecido legalmente (art. 10 RDL 20/2012).

En cuanto a los derechos de los delegados sindicales son los siguientes: 1°) Acceso a la misma información y documentación que se proporcione al comité (el derecho a recibir la información es del delegado, no del sindicato: STS 6 febr. 2019, rec. 124/2017); 2°) Asistir a las reuniones del comité, con voz pero sin voto; 3°) A ser oídos por la empresa previamente a la adopción de medidas de carácter colectivo que afecten a los trabajadores en general, y a los afiliados a su sindicato en particular (especialmente, los despidos y sanciones de estos últimos).

Estos delegados sindicales "legales" tendrán las mismas garantías que los miembros de los comités de empresa, en el supuesto de que no formen parte del comité. Por tanto, si tienen la doble condición de miembro del comité y delegado sindical no doblan el crédito de horas. En todo caso, de tratarse de un delegado sindical a nivel del conjunto de la empresa, tendrá el crédito de horas que corresponda al número de trabajadores en ese conjunto no según el centro al que pertenezcan (ver STS 18 jul. 2014, rec. 91/2013).

Pero, además, el art. 10.3 LOLS les reconoce otros derechos, a salvo lo que pudiera disponerse por convenio colectivo: derecho a la misma información y documentación que los miembros del comité de empresa; asistir con voz pero sin voto a las reuniones de los comités de empresa y órganos internos en materia de seguridad e higiene; y ser oídos previamente a la adopción de medidas de carácter colectivo que afecten a los trabajadores en general y a los afiliados a su sindicato en particular, y especialmente en los despidos y sanciones de estos últimos (ver STS 7 jun. 2005, rec. 5200/2003; conforme a SSTS 24 jun. 2020, rec. 1386/2018, y 2 jul. 2020, rec. 823/2018, sólo es exigible la audiencia de los delegados sindicales "legales" del art. 10.2 LOLS, no de los que hemos llamado "extralegales").

Son infracciones graves la transgresión de los derechos de información, audiencia y consulta de los delegados sindicales (art. 7.7 LISOS) y de los derechos de los representantes en materia de crédito horario (art. 7.8 LISOS).

12. ÓRGANOS DE REPRESENTACIÓN EN LAS ADMINISTRACIONES PÚBLICAS

Lo ya expuesto en materia de representación unitaria se aplica al personal laboral de cualquier Administración Pública. Lo expuesto en materia de acción sindical resulta aplicable conjuntamente al personal laboral y funcionarial de cualquier Administración.

Pero la representación unitaria del personal funcionario se regula por una norma específica: el EBEP (el cual mantiene transitoriamente varios artículos de la derogada LORAP, en cuanto al procedimiento electoral). En él se regulan (arts. 39-44) los órganos de representación unitaria de los funcionarios, en términos (en cuanto a su estructura y número, aspectos básicos del procedimiento electoral, competencias y garantías) similares a los establecidos en el ET para los representantes unitarios del personal laboral. Como ya se ha indicado antes, el art. 10.1 RDL 20/2012 establece que los acuerdos para el personal funcionario y estatutario (y los convenios y acuerdos para el personal laboral), en materia de tiempo retribuido para funciones sindicales y de representación, nombramiento de delegados sindicales, dispensas totales de asistencia al trabajo "y demás derechos sindicales", se ajustarán estrictamente a lo establecido legalmente en el ET, LOLS y EBEP.

Por lo tanto, en una Administración Pública, podrán coexistir la representación unitaria del personal laboral (delegados de personal o comités de empresa), la representación unitaria del personal funcionarial (delegados de personal o juntas de personal), y las secciones sindicales (y, en su caso, delegados sindicales) de uno y otro tipo de personal.

En concreto, se podrán elegir Delegados de Personal (en unidades electorales que cuenten con entre 10 y 49 funcionarios) o Juntas de Personal (en unidades electorales con 50 o más funcionarios). El número de delegados o de miembros de Juntas a elegir es igual al previsto en el ET para los trabajadores.

El establecimiento de las unidades electorales no se fija directamente por el EBEP, sino que se regulará por el Estado y por cada CA, reservándose un papel a los órganos de gobierno de las distintas Administraciones. En el caso de la AGE, el art. 12.1 del RDL 20/2012 ha determinado concretamente cuáles son las unidades electorales.

Queda fuera del ámbito de aplicación del EBEP determinado personal (entre ellos, los jueces, magistrados y fiscales y demás personal funcionario de la Administración de Justicia; o el personal militar de las Fuerzas Armadas o el personal de las Fuerzas y Cuerpos de Seguridad).

Respecto del derecho de reunión de los empleados públicos (no solamente los funcionarios) se contempla su convocatoria por los Delegados, las Juntas, los Comités y los propios empleados (un 40% del colectivo) (art. 46 EBEP). Así como que se autorizarán fuera de las horas de trabajo (salvo acuerdo de mejora), no perjudicándose la prestación de servicios y siendo los convocantes responsables de su normal desarrollo.

Como vimos (lección 3ª), los resultados de las elecciones a estos órganos de representación computan, junto con los resultados de las elecciones a representantes de los trabajadores, para determinar la mayor representatividad o la representatividad de los sindicatos. Y como veremos (lección 5ª), los resultados de unas y otras elecciones computan a efectos de determinar la composición de las Mesas de Negociación Generales que traten de temas comunes a uno y otro tipo de personal.

Lección 5ª

La negociación colectiva

1. LA NEGOCIACIÓN COLECTIVA EN LA CONSTITUCIÓN

En la lección 2ª se han estudiado los convenios colectivos como fuente del ordenamiento laboral. En ésta se abordan otros aspectos de la negociación colectiva, singularmente en lo que se refiere a los convenios colectivos estatutarios.

El art. 37.1 CE reconoce el derecho a la negociación colectiva: "La ley garantizará el derecho a la negociación colectiva laboral entre los representantes de los trabajadores y empresarios, así como la fuerza vinculante de los convenios". Cabe comentar algunos aspectos de esta norma constitucional.

Primero, que no se trata de un derecho fundamental. Sin embargo, en la medida en que la negociación colectiva forma parte del contenido esencial de la libertad sindical, el derecho a la negociación colectiva de los sindicatos sí es derecho fundamental (STC 103/2004). Por tanto, ante vulneraciones de este derecho cabe acudir al proceso especial de tutela de la libertad sindical (arts. 177 sigs.LRJS) y al recurso de amparo ante el TC.

Segundo, que el derecho constitucional se refiere a la negociación laboral, entre representantes de los trabajadores y de los empresarios. Por ello, en interpretación del TC, no incluye el derecho a la negociación colectiva entre las distintas AAPP y sus funcionarios. Cuestión distinta es que el EBEP, como parte del estatuto de los funcionarios públicos a que se refiere el art. 103.3 CE, reconozca (art. 15.b) y regule (arts. 33-38) también la negociación colectiva de los funcionarios (ver, infra, en esta lección).

Tercero, que, dados los amplios términos del art. 37.1 CE ("entre los representantes de los trabajadores y de los empresarios"), junto con la negociación de convenios estatutarios (reservada a ciertos sindicatos y a la representación unitaria en las empresas), es consecuencia obligada el reconocer también la posibilidad de negociar convenios extraestatutarios. El ET desarrolla limitadamente el derecho constitucional, no lo agota (STC 98/1985).

Cuarto, que la CE garantiza igualmente la "fuerza vinculante" de los convenios. Ya vimos en la lección 2ª que los convenios estatutarios tienen eficacia normativa; pero que también los convenios extraestatutarios se aplican a los contratos individuales de trabajo afectados por los mismos: no tienen eficacia normativa pero sí "eficacia real".

Quinto, que, pese a tratarse de un derecho constitucional, no es absoluto o ilimitado. La ley puede fijar límites a la libertad de negociación, para tutelar otros derechos, libertades o bienes igualmente contenidos en la CE Así, por ejemplo, para garantizar la propia eficacia de los mismos, en el caso de los convenios estatutarios la ley establece toda una serie de requisitos formales (escrituración, registro, publicación, contenido mínimo), o regula la concurrencia entre los mismos, su prórroga o el deber de negociar. Y en el ámbito de empleo público, las leyes presupuestarias fijan límites a los incrementos salariales.

2. UNIDADES DE NEGOCIACIÓN

Precisamente, un aspecto de la libertad de negociación es la libertad de las partes negociadoras para determinar el ámbito de aplicación del convenio colectivo (art. 83.1 ET).

En realidad, las partes negociadoras deben fijar varios ámbitos del convenio: ámbito funcional, territorial, personal (y, como se verá luego, temporal). La combinación de estos ámbitos determina el ámbito del convenio (o, en expresión habitual, la "unidad de negociación").

El ámbito *funcional* se refiere a las unidades productivas afectadas por el convenio: una empresa (o ámbito inferior), varias empresas, todo un sector o subsector de producción, todas las empresas (ámbito intersectorial o interprofesional).

El convenio supraempresarial aplicable a una empresa se determinará en función de la actividad real de la empresa (STS 20 enero 2009, rec. 3737/2007, y STS 21 enero 2021, rec. 158/2019). Si realiza varias actividades, el que corresponda a la actividad real predominante de la misma (por ejemplo, para estaciones de servicio con tiendas y otros servicios, se aplicaría el convenio de estaciones de servicio). En todo caso, si cabe dudar entre distintos convenios, hay que tener en cuenta el principio de unidad y el de preponderancia (STS 10 octubre 2023, rec. 4202/2020). Por eso no cabe aplicar a una Administración sin convenio (por ejemplo, a un Ayuntamiento) un convenio de un sector cuya actividad (guardería, jardinería...) no es la propia de la misma (SSTS 6 mayo 2019, rec. 4452/2017 y 25 mayo 2021, rec. 2337/2018).

Si la empresa realiza actividades distintas sin que ninguna sea predominante (por ejemplo, las llamadas empresas “multiservicios”), la solución mejor sería aplicar a cada actividad el correspondiente convenio, salvo que existiera un convenio propio para ese tipo de empresas.

El ámbito *territorial* se refiere al territorio afectado: una localidad, una provincia (o varias), una CA (o varias), todo el territorio nacional.

En fin, el ámbito *personal* se refiere a los trabajadores afectados: en principio lo serán todos los de la empresa o empresas del ámbito funcional, aunque es frecuente excluir a directivos o mandos, pero puede ser solo una parte o fracción (lo que se denomina “convenio franja”: un convenio solo para los cargos directivos, o solo para los pilotos o maquinistas, o solo para los médicos). Cabe excluir a personal con capacidad negocial (STS 17 dic. 2010, rec. 229/2009), lo que no es admisible, por discriminatorio, es la exclusión de ciertas categorías de trabajadores (temporales, a tiempo parcial: STS 28 oct. 2003, rec. 113/2002; STC 61/2013).

En todo caso, hay que aplicar el convenio colectivo a la persona trabajadora incluida en el ámbito del convenio aunque la categoría profesional atribuida no se contemple en el mismo (STS 8 enero 2024, rec. 1325/2022, para un convenio de empresa).

En la práctica, las unidades de negociación más comunes son los convenios de sector provinciales y los convenios de empresa. Aunque, dada la derogación de las antiguas Reglamentaciones u Ordenanzas, es cada vez más frecuente la negociación de convenios sectoriales estatales.

Pese a la señalada libertad para fijar el ámbito o unidad de negociación, existen posibles límites a la misma.

En primer lugar, tendrá que ser un ámbito adecuado a la legitimación de las partes negociadoras (STS 21 dic. 2010, rec. 208/2009), no pudiendo establecer obligaciones para quienes no son parte en la negociación (STS 31 marzo 2022, rec. 59/2020).

En segundo lugar, la jurisprudencia rechaza la existencia de ámbitos de negociación arbitrarios (SSTS 16 nov. 2002, rec. 1218/2001, y 21 sept. 2006, rec. 27/2005), que incluyan a empresas con intereses diferenciados (así, un convenio que incluyera a todas las empresas del ramo de seguros desde el pequeño agente a la gran empresa aseguradora; o a las empresas hoteleras y a las residencias de la 3ª edad): su ámbito debe ser razonable (por todas, STS 30 dic. 2015, rec. 25/2014).

En tercer lugar, el propio art. 83.2 contempla la posibilidad de que por "acuerdos interprofesionales" (es decir: intersectoriales) o por "convenios o acuerdos colectivos sectoriales, de ámbito estatal o autonómico", se establezcan "cláusulas sobre la estructura de la negociación colectiva".

¿Qué contenido tendrán estas cláusulas? El mismo art. 83.2 ET añade que tales acuerdos o convenios podrán fijar "en su caso las reglas que han de resolver los conflictos de concurrencia entre convenios de distinto ámbito"; es decir, la cuestión que luego se analiza.

Pero seguramente esas cláusulas sobre "estructura" pueden tener otros contenidos aparte esas reglas sobre concurrencia. Así, un acuerdo o convenio para un sector determinado —tanto de ámbito estatal como autonómico— podrían incluso limitar los ámbitos de negociación dentro del mismo, determinando, por ejemplo, solo la posibilidad de negociar el convenio estatal y convenios de empresa, pero eliminando los convenios provinciales. Pero, menos radicalmente, seguramente pueden mantener todos esos ámbitos, pero fijando "principios de complementariedad" (como decía la ley antes de la reforma de 2011) entre las diversas unidades de negociación; es decir, determinar qué materias pueden ser objeto de negociación en cada ámbito (estatal, autonómico, provincial, empresarial): lo que se conoce como "negociación colectiva articulada".

Estos acuerdos o convenios, que regulan la negociación en niveles inferiores a los mismos (son "convenios para convenir" según ALONSO OLEA), son un ejemplo típico de "acuerdos marco" o "convenios marco". Pero pueden darse acuerdos o convenios "marco" que regulen otro tipo de cuestiones, a desarrollar por convenios inferiores. El propio art. 83.3 prevé que se puedan "igualmente elaborar acuerdos sobre materias concretas".

3. CONCURRENCIA DE CONVENIOS

Dada esa libertad para fijar los ámbitos de negociación, es frecuente la existencia de convenios colectivos cuyos ámbitos resulten concurrentes. Sobre todo, convenios de distinto ámbito territorial: en el mismo sector pueden concurrir un convenio estatal, varios convenios provinciales y numerosos convenios de empresa. Pero también pueden concurrir convenios de distinto ámbito funcional: por ejemplo, un convenio provincial para el comercio en general y otro en la misma provincia para el comercio del metal.

Esta situación hace necesario establecer reglas para determinar cuál de los varios convenios concurrentes se aplica, bien porque los demás quedan anulados, bien porque uno tiene preferencia aplicativa. Esas reglas, que se limitan a fijar una preferencia aplicativa, se encuentran en el art. 84 ET.

a) La primera regla, en el art. 84.1, es la de que un convenio, durante su vigencia, no puede ser afectado por lo dispuesto en otros. Por consiguiente, si dos o más convenios aplicables contienen reglas contrarias, tiene preferencia aplicativa más antiguo, el que de los dos haya entrado antes en vigor, el vigente con anterioridad (prior in tempore), sea o no el más favorable para los trabajadores: tiene preferencia aplicativa el más antiguo: STS 13 nov. 2007, rec. 8/2007). Téngase en cuenta que el convenio "entrará en vigor en la fecha en que acuerden las partes (art. 90.4 ET) (ver, infra, ep. 12).

Así, por ejemplo, entre un convenio de empresa y uno provincial, se aplicará el más antiguo de los dos. Entiéndase que sí se puede negociar un convenio concurrente, pero no será aplicable ese sino el más antiguo hasta que termine su vigencia (STS 1 dic. 2015, rec. 349/2014). No obstante, esta preferencia aplicativa no se extiende al período de ultra-actividad del convenio denunciado (ver infra ep.), tanto si se trata de la ultra-actividad legal del art. 86 como de una ultra-actividad pactada en el propio convenio; una cosa es la vigencia y otra la ultra-actividad (por todas, STS 5 octubre 2021, rec. 4815/2018).

Pero esta regla es disponible: "salvo pacto en contrario negociado conforme a lo dispuesto en el art. 83.2" (ver STS 17 oct. 2001, rec. 4637/2000). Es decir, salvo lo dispuesto en los acuerdos interprofesionales o los convenios o acuerdos sectoriales antes señalados, los cuales pueden fijar otras reglas de concurrencia: que se aplique el más favorable, o el de ámbito más específico. Pero seguramente esos otros criterios los puede fijar también el propio convenio concurrido más antiguo (ver STS 1 oct. 1998, rec. 3114/1997).

b) La segunda regla, en el art. 84.2, puede limitar en gran medida la anterior. Dispone que "la regulación de las condiciones establecidas en un convenio de empresa, que podrá negociarse en cualquier momento de la vigencia de convenios colectivos de ámbito superior, tendrá prioridad aplicativa respecto del convenio sectorial estatal, autonómico o de ámbito inferior"; por ejemplo, respecto de uno provincial.

Esta prioridad del convenio empresarial juega solo respecto de ciertas materias relacionadas con el salario (abono o compensación de horas extras y retribución del trabajo a turnos), con el tiempo de trabajo (horario y distribución del tiempo de trabajo, trabajo a turnos y planificación anual de las vacaciones), con la clasificación profesional (adaptación del sistema de clasificación al ámbito empresarial), con las modalidades de contratación (adaptación de los aspectos que el ET atribuye a los convenios de empresa) y las medidas para favorecer la corresponsabilidad y la conciliación de la vida laboral, familiar y personal, así como aquellas otras que dispongan los acuerdos y convenios a que se refiere el art. 83.2. La preferencia aplicativa en materia de salario base y complementos, antes existente, desaparecerá cuando pierda vigencia el convenio de empresa en cuestión o, como máximo, el 29/12/2022 (DT 6ª RDL 32/2021).

Esa prioridad aplicativa queda blindada por el propio art. 84.2: no "podrán disponer" de ella los acuerdos y convenios colectivos a que se refiere el art. 83.2. Es decir, los acuerdos y convenios marco, al establecer reglas sobre concurrencia, pueden ampliar la prioridad aplicativa de los convenios de empresa que la ley establece, pero no pueden reducirla (ver SSTS 26 mar. 2014, rec. 129/2013, y 21 abr. 2016, rec. 147/2015).

La misma prioridad aplicativa empresarial se fija, en el art. 84.2, respecto de "los convenios colectivos para un grupo de empresas o una pluralidad de empresas", que luego se verán. Según la jurisprudencia, en todo caso, no goza de prioridad aplicativa un convenio de ámbito inferior a la empresa como pudiera ser un convenio de centro. Y, en lo temporal, la prioridad opera desde la entrada en vigor del convenio empresarial, sin efectos retroactivos.

En fin, conforme al art. 42.6 ET, también tiene preferencia aplicativa, si lo hay, en el supuesto de contratas o subcontratas de la propia actividad de la empresa principal (ver, infra, lecc. 8ª, epígrafe 7), el convenio propio de la empresa contratista o subcontratista sobre el convenio "del sector de la actividad desarrollada en la contrata o subcontrata", pero ello "en los términos del art. 84" (es decir, por ejemplo, en materia de salario base y complementos es preferente el convenio de sector).

c) Una tercera regla, en el art. 84.3, limita de nuevo la primera. Conforme a la misma, en el ámbito de una CA "los sindicatos y asociaciones empresariales que reúnan los requisitos de legitimación de los artículos 87 y 88, podrán negociar convenios colectivos y acuerdos interprofesionales de comunidad autónoma que tendrán prioridad aplicativa sobre cualquier otro convenio sectorial o acuerdo de ámbito estatal" siempre que obtengan el respaldo de las mayorías exigidas para constituir la comisión negociadora y su regulación resulte más favorable para las personas trabajadoras que la fijada en los convenios y acuerdos estatales.. Prioridad aplicativa, pues, de los acuerdos o convenios autonómicos, siempre que se acuerden en la correspondiente comisión negociadora por la mayoría requerida para constituir dicha comisión (ver, infra) y resulten más favorables.

d) La misma prioridad aplicativa se establece, en el art. 84.4, respecto de los convenios colectivos provinciales sobre los convenios y acuerdos estatales, siempre que así se prevea en acuerdos interprofesionales de ámbito autonómico y siempre que igualmente su regulación sea más favorable.

e) Estas dos reglas anteriores, a su vez, tienen su límite. Así, conforme al art. 84.5, a esos efectos de afectar a acuerdos o convenios estatales, ciertas materias se consideran no negociables en el ámbito de una CA o en el ámbito provincial: período de prueba, modalidades de contratación, clasificación profesional, jornada máxima anual, régimen disciplinario, normas mínimas en materia de prevención de riesgos y movilidad geográfica (con lo que las cláusulas invasoras del convenio autonómico serán nulas: STS 28 en. 2004, rec. 100/2002), pero los acuerdos o convenios estatales pueden establecer "un régimen distinto", que podría reducir o ampliar esa lista. En cualquier caso, sólo hay prioridad aplicativa del convenio autonómico o provincial: no se aplican las cláusulas concurrentes del convenio estatal, pero no son nulas (STS 31 oct. 2003, rec. 17/2002).

e) En resumen, la primera regla del art. 84 es neutral respecto de la estructura de la negociación colectiva (se aplica el convenio pactado en primer lugar, sea de ámbito superior o inferior), pero las otras tres claramente favorecen una "descentralización" de la negociación colectiva, permitiendo que en ciertas materias los convenios autonómicos y provinciales se descuelguen de los estatales, y los de empresa (o grupo o pluralidad de empresas) de los de ámbito superior.

4. INAPLICACIÓN DEL CONVENIO COLECTIVO

En esa línea descentralizadora, el art. 82.3 ET posibilita asimismo la inaplicación en las empresas de "las condiciones de trabajo previstas en el convenio colectivo aplicable..., que afecten a determinadas materias". Normalmente lo que se inaplicará será un convenio "de sector", pero se prevé también que se pueda inaplicar un convenio "de empresa".

Las materias que se pueden inaplicar son: jornada de trabajo, horario y distribución del tiempo de trabajo, régimen de trabajo a turnos, sistema de remuneración y cuantía salarial, sistema de trabajo y rendimiento, y mejoras voluntarias de la acción protectora de la Seguridad Social. Es decir, bastantes y bastante importantes.

Se prevé también la posible inaplicación de otra materia, pero la redacción carece de sentido: "Funciones, cuando excedan de los límites que para la movilidad funcional prevé el art. 39 ET". No se dice, pues, que se pueda inaplicar el sistema de clasificación profesional que el convenio tiene que establecer conforme al art. 22.1 ET. Se dice que se pueden modificar las funciones acordadas entre trabajador y empresario, más allá de lo que permite el art. 39 ET: pero ese acuerdo, precisamente, no está en los convenios colectivos.

La inaplicación del convenio colectivo exige una justificación: "cuando concurran causas económicas, técnicas, organizativas o de producción". Las cuales se conciben en términos casi idénticos a los de las causas que justifican los despidos; es decir, pues, como una alternativa a las reducciones temporales o definitivas de plantilla, no justificable simplemente como vía para mejorar la competitividad de la empresa.

Así, si las causas son económicas, se entenderá que concurren "cuando de los resultados de la empresa se desprenda una situación económica negativa", de la que la ley da ejemplos: "en casos tales como la existencia de pérdidas actuales o previstas, o la disminución persistente de su nivel de ingresos ordinarios o ventas". Persistencia cuyo concepto se concreta: "si durante dos trimestres consecutivos el nivel de ingresos ordinarios o de ventas de cada trimestre es inferior al registrado en el mismo trimestre del año anterior".

Si las causas justificativas alegadas son técnicas, organizativas o de producción, se entenderá que concurren cuando "se produzcan cambios, entre otros" en, respectivamente, el ámbito "de los medios o instrumentos de producción", "de los sistemas y métodos de trabajo del personal o en el modo de organizar la producción", o "en la demanda de los productos o servicios que la empresa pretende colocar en el mercado".

En suma, al igual que sucede con los despidos por las mismas causas (ver lección 15ª, epígrafe 2.3), la justificación requiere solamente acreditar que se han producido ciertos hechos, sin que sea necesario probar que la situación y perspectivas económicas de la empresa y sus posibilidades de mantener el empleo quedarían afectadas de no producirse la inaplicación (por lo que a las causas económicas se refiere); sin que sea necesario probar que la inaplicación favorecerá la posición competitiva de la empresa en el mercado o una mejor respuesta a las exigencias de la demanda (por lo que a las otras causas se refiere).

La inaplicación requiere, en todo caso, un "acuerdo entre la empresa y los representantes de los trabajadores legitimados para negociar un convenio colectivo" conforme al art. 87.1 ET. Se añade que previamente se desarrollará un periodo de consultas en el que la intervención como interlocutores ante la dirección de la empresa corresponderá a los sujetos indicados en ese art. 41.4 ET, "en el orden y condiciones señalados en el mismo" (ver lección 10ª, epígrafe 5).

El acuerdo de inaplicación puede, conforme al art. 8.1.e) del RPDC, alcanzarse por la comisión negociadora de un ERE/ERTE (ver, infra, lecc. 15ª, ep. 2.3 y lecc.14ª, ep. 2) (ver SSTS 17 mayo 2017, rec. 221/2016, y 23 junio 2022, rec. 216/2021); pero no por una comisión de seguimiento del ERE/ERTE (STS 20 marzo 2024, rec. 139/2022)

Si se alcanza un acuerdo, que debe ser comunicado a la Comisión paritaria del convenio supraempresarial, se presumirá que concurren las causas justificativas antes señaladas, si bien el acuerdo puede ser impugnado judicialmente por fraude, dolo, coacción o abuso de derecho. A la Comisión paritaria hay que comunicarle también el posible desacuerdo, contando con un plazo máximo de 7 días para pronunciarse; precisamente, según art. 85.3.c) ET, en los convenios se deben fijar los términos y condiciones para el conocimiento y resolución de esas discrepancias por parte de la Comisión paritaria adaptando, en su caso, los procedimientos establecidos en los acuerdos interprofesionales.

El acuerdo de inaplicación (y hay que entender que, en su caso, también los laudos que a continuación se mencionan) "deberá determinar con exactitud" las nuevas condiciones de trabajo aplicables en la empresa inaplicante. Dicho acuerdo (y los laudos, en su caso) no pueden tener efectos retroactivos (STS 26 oct. 2015, rec. 276/2014) y no podrán prolongarse más allá del momento en que resulte aplicable un nuevo convenio en dicha empresa, lo que parece obvio. En todo caso, el acuerdo no podrá dar lugar al incumplimiento de obligaciones relativas a la eliminación de discriminaciones por razón de género o las que estuvieran previstas en el Plan de Igualdad aplicable en la empresa.

Pero puede (incluso, será normal) que la Comisión paritaria no solvente el desacuerdo. Por ello, añade el art. 82.3 ET que mediante los acuerdos interprofesionales de ámbito estatal o autonómico previstos en el art. 83.2 ET (ver supra) "se deberán establecer" procedimientos (conciliación, mediación, arbitraje) para resolver las discrepancias en la negociación de estos acuerdos. El arbitraje —voluntario, pues se dice que esos acuerdos deben incluir "el compromiso previo de someter las discrepancias a un arbitraje"— será vinculante, tendrá la misma eficacia que los acuerdos y podrá ser recurrido conforme al art. 91 ET (ver infra).

En fin, si no hay acuerdo ni fueran aplicables los procedimientos de solución de conflictos mencionados o éstos no solucionaran la discrepancia, cualquiera de las partes puede someter el conflicto a la CCNCC u órganos correspondientes de las CCAA (de no estar constituidos y en funcionamiento, la CCNCC puede solucionar la discrepancia para una implicación que afecte a centros en el territorio de una CA, DA 6ª RDL 5/2013). Estos órganos (que son normalmente órganos tripartitos, con representantes sociales y de la administración correspondiente) pueden adoptar la solución por si mismos o nombrar un árbitro. Tal decisión, como la adoptable en caso del arbitraje previsto en los acuerdos de solución de conflictos, tendrá la misma eficacia que un acuerdo en período de negociación y será recurrible conforme al art. 91 ET.

En suma, es un supuesto de arbitraje obligatorio, que lleva a un laudo de obligado cumplimiento; la STC de 16 de julio 2014 declaró su constitucionalidad.

En todo caso, estas posibilidades de inaplicación o modificación de convenios mediante acuerdo entre la empresa y los representantes de los trabajadores no vulneran lo dispuesto en el art. 37.1 CE, al exigir que la ley garantice la "fuerza vinculante" de los mismos. Simplemente se trata de que, entre dos productos de la negociación colectiva, el legislador se inclina por favorecer los convenios o acuerdos de ámbito más reducido en aras de la mencionada descentralización.

5. LEGITIMACIÓN PARA NEGOCIAR (I): INICIAL O INTERVINIENTE

Dada la eficacia general de los convenios estatutarios, es lógico que el ET establezca requisitos para poder negociarlos. De este modo, se regulan tanto los requisitos de legitimación para participar en la negociación, cuanto los requisitos para constituir la comisión negociadora. Es lo que se conoce, siguiendo la terminología del TS (STS 12 marzo 2024, rec. 328/2021), respectivamente, como legitimación "inicial" o interviniente y como legitimación negociadora (o deliberante, aunque también se la ha denominado como plena: ver STS 20 junio 2006, rec. 189/2004). Los requisitos para la adopción de acuerdos (ver, infra, ep. 7) constituirían la "legitimación decisoria", aunque la jurisprudencia se ha referido a ella como "plena o decisoria"

El estudio de ambas exige distinguir entre la negociación de convenios de empresa (o ámbito inferior) y la negociación de convenios sectoriales.

5.1. Negociación de convenios de empresa o ámbito inferior

Un convenio puede afectar funcionalmente a todos los centros de una empresa, o solamente a algunos o uno de ellos. En cuanto al ámbito personal, puede afectar a todos los trabajadores (aunque ya se dijo que es normal que se excluya a los directivos) o solamente a una parte de ellos (los conocidos como "convenios franja").

El art. 87.1 ET considera legitimados, en los convenios de empresa o ámbito inferior, o bien a la representación unitaria (comité de empresa o delegados de personal) o bien "a las secciones sindicales".

Una legitimación dual o alternativa. Por lo tanto, se puede negociar alternativamente por parte de la representación unitaria o por parte de un sindicato o sindicatos (o sus secciones sindicales): alternativamente, no se admite la negociación conjunta (STS 14 jul. 2000, rec. 2723/1999).

Dada la fuerte sindicalización de hecho de la representación unitaria, la alternativa es normalmente indiferente. Pero si ambas partes legitimadas pretendieran negociar, la ley da prioridad a la representación sindical: "la intervención en la negociación corresponderá a las secciones sindicales cuando éstas así lo acuerden". Pero, en tal caso, deberán sumar la mayoría de los miembros del comité de empresa o entre los delegados de personal. Tal prioridad jugará tanto si la iniciativa parte de la representación laboral (unitaria o sindical) como si parte del empresario.

Negociación por la representación unitaria. En caso de que negocie la representación unitaria (comité de empresa o, en su caso, delegados de personal; eventualmente, si tiene esa función, el comité intercentros), el art. 88.1 establece que el reparto de miembros de la comisión negociadora se haga respetando el derecho de todos los legitimados y "en proporción a su representatividad".

Caso práctico: Composición de la comisión negociadora

El Comité de Empresa está integrado por 5 miembros de UGT, 2 de CCOO y 2 del SU. La empresa negocia con tres representantes de UGT. Los otros dos sindicatos demandan que se declare la nulidad del convenio. ¿Es nulo? ¿Cuál sería la composición correcta?

En el Comité, UGT tiene un 55,55% de representatividad y los otros dos tienen un 22,22% cada uno. El convenio es nulo porque no se ha respetado la proporcionalidad exigida. Como la comisión negociadora puede tener hasta 13 miembros, una composición podría ser idéntica a la del comité: 5+2+2. Pero si se acordara que tuviera solamente 5 miembros, ya que el número lo deciden los negociadores (la ley solamente fija el máximo de miembros y esa regla de proporcionalidad), otra composición proporcional sería 3+1+1.

(Cfr. STS 20 junio 2016, rec. 52/2015)

Hay que tener en cuenta, no obstante lo anterior, que, dado que el número de miembros de la comisión negociadora tiene un máximo de trece, conforme al art. 88.4 ET, los grupos muy minoritarios dentro del comité de empresa quedarán proporcionalmente fuera de la comisión negociadora. Así, por ejemplo, si en un comité de empresa de 75 miembros un grupo solo cuenta con un miembro (luego, tiene un 1,33% del comité), éste no alcanzará representatividad suficiente para ocupar uno de los posibles hasta trece puestos de la comisión negociadora (pero, como se ve a continuación al exponer la negociación por las secciones sindicales, en un supuesto en que negociaban estas el TS ha abandonado el criterio de la proporcionalidad (que es un 7,69% de la comisión).

En todo caso, recuérdese que el comité de empresa y los delegados de personal se eligen por centro de trabajo, no para el total de centros de la empresa. Por lo tanto, cuando se negocie un convenio para varios centros o para todos los centros de una empresa, estarán legitimados todos los comités de centro y/o todos los delegados de los distintos centros afectados, quienes tendrán que designar conjuntamente a los miembros de la comisión negociadora. La representación de solamente alguno o algunos centros no estará legitimada para negociar un convenio para centros no representados (STS 7 mar. 2012, rec. 37/2011; también STS 7 mar. 2017, rec. 58/2016). Ni la de un único centro existente pactar que se aplicará a los que se creen en el futuro (STS 22 feb. 2019, rec. 226 /2017)

La cuestión se simplifica si existe un comité intercentros, el cual podría negociar para toda la empresa si tuviera atribuida esa función.

Negociación por la representación sindical. Alternativa y prioritariamente, puede negociar la representación sindical, es decir, la sección o secciones sindicales existentes en el centro de trabajo o en la empresa.

En principio, están legitimadas todas las secciones que hubiere, pero el art. 8.2.b LOLS resulta más restrictivo, limitando el derecho a las secciones de los sindicatos más representativos o con presencia entre los representantes unitarios.

Salvo que, como veremos a continuación, se trate de un "convenio franja", esa sección o secciones deben sumar la mayoría de los miembros del comité o tenerla entre los delegados de personal. En su caso, si el convenio es para varios o todos los centros, con sus correspondientes secciones, las que negocien deberán sumar esa mayoría en el conjunto de los centros afectados.

En todo caso, tal y como dispone el art. 88.1, se respetará el derecho de todas las secciones legitimadas a formar parte de la comisión negociadora y el reparto de miembros en su seno se hará "en proporción a su representatividad", lo que, para secciones con representatividad muy reducida supondría quedar fuera de la comisión negociadora. Ello no obstante, la STS 12 abril 2023 (rec. 4/2021) no se atiene al criterio de la proporcionalidad en un supuesto en que una sección contaba solamente con dos representantes de un total de 39. Aunque la legitimación se reconoce a la sección sindical, se admite que pueda negociar directamente el sindicato a la que pertenece (STS 16 sept. 2004, rec. 129/2003).

El art. 87.1 contempla también el supuesto de que se negocien convenios-franja: "convenios dirigidos a un grupo de trabajadores con perfil profesional específico". En tal caso, aparte la posibilidad de que negocie la representación unitaria, se establece que estarán legitimadas "las secciones sindicales que hayan sido designadas mayoritariamente por sus representados" (es decir, por los trabajadores de dicho grupo específico) "a través de votación personal, libre, directa y secreta". Aunque se señala un criterio mayoritario, la jurisprudencia se inclina por la proporcionalidad (STS 26 nov. 2015, rec. 317/2014).

Legitimación por parte empresarial. Tratándose de convenios de ámbito de empresa o inferior, naturalmente estará legitimado el empresario o las personas en quien delegue.

5.2. Negociación de convenios sectoriales

Legitimación por parte sindical. Las reglas de legitimación se establecen en el art. 87.2 ET. La diferencia respecto de los convenios de empresa, es que solamente están legitimados algunos sindicatos (y, por parte empresarial, algunas asociaciones empresariales). En concreto, los siguientes.

A) En primer lugar, en estos convenios sectoriales están legitimados los sindicatos "que tengan la consideración de más representativos", ya sea "a nivel estatal" (art. 87.2.a) —para convenios sectoriales estatales o sectoriales inferiores, se entiende, ya sea "a nivel de Comunidad Autónoma" (art. 87.2.b) —para convenios sectoriales autonómicos o sectoriales inferiores, se entiende, siempre "que no trasciendan de dicho ámbito territorial"—. Como sabemos (ver lección 3ª) esos SMR, a nivel estatal o autonómico, en puridad lo son las Confederaciones intersectoriales estatales (CCOO, UGT) o autonómicas (ELA, en País Vasco y Navarra; LAB, en País Vasco; CIG, en Galicia).

El art. 87.2 en ambas letras a) y b) añade que están legitimadas "en sus respectivos ámbitos, las organizaciones sindicales afiliadas, federadas o confederadas a los mismos", es decir, a los SMR. Realmente, pues, son esas organizaciones sindicales, en cuanto que son más representativas por afiliación o irradiación, las que negociarán los convenios sectoriales.

Así, si se negocia un convenio sectorial estatal, negociarán las Federaciones estatales de CCOO y de UGT de ese sector (en cuanto integradas en esas Confederaciones).

Así, si se negocia un convenio sectorial autonómico, negociarán las Federaciones autonómicas de CCOO y de UGT —unas veces denominadas "nacionales", otras "regionales"— de ese sector (en cuanto integradas en las Federaciones estatales respectivas, a su vez integradas en las Confederaciones de CCOO y de UGT), así como, en sus ámbitos respectivos, las Federaciones de ELA, de LAB y de CIG en ese sector (en cuanto integradas en las Confederaciones autonómicas que son ELA, LAB y CIG).

Así, si se negocia un convenio de sector de ámbito territorial más reducido (provincial, comarcal o local), los respectivos sindicatos provinciales, comarcales o locales de UGT y de CCOO (en cuanto integrados en las correspondientes Federaciones sectoriales autonómicas, es decir: "nacionales" o "regionales"); y, en su caso, los sindicatos provinciales, comarcales o locales de los señalados SMR autonómicos (en cuanto integrados en las correspondientes Federaciones sectoriales).

B) En segundo lugar, además de los anteriores están legitimados los sindicatos representativos (con el 10% o más de audiencia electoral) en el concreto ámbito funcional y territorial del convenio. De este modo, si se trata de un convenio de sector estatal, todos los demás sindicatos que fueran representativos en ese ámbito funcional (tal sector) y territorial (todo el territorio del Estado); si se trata de un convenio de sector provincial, todos los demás sindicatos representativos en ese sector y esa provincia.

C) En tercer lugar, aparte los anteriores, el art. 87.4 ET dispone que, cuando se trate de convenios de ámbito estatal, estarán legitimados también los sindicatos más representativos de Comunidad Autónoma. De este modo, las Federaciones de un sector determinado de ELA, LAB y CIG podrán participar en la negociación del convenio estatal para ese sector.

Caso práctico: Negociación de convenio sectorial

¿Qué sindicatos estarán legitimados para negociar el convenio estatal del metal? Lo estarán las Federaciones estatales del Metal (o la denominación que tengan) de CCOO y de UGT, así como las Federaciones del Metal (o como se denominen en cada caso) de los sindicatos ELA y LAB, y cualquier otro sindicato que en ese ámbito geográfico y funcional (estatal, metal) tenga un 10% de representatividad.

¿Y el convenio provincial de Vizcaya del metal? Lo negociarán las Federaciones provinciales del Metal en Vizcaya (o la denominación que tengan) de CCOO y de UGT, así como las Federaciones provinciales del Metal en Vizcaya (o como se denominen en cada caso) de ELA y de LAB; y cualquier otro sindicato que en ese ámbito geográfico y funcional (Vizcaya, metal) alcance un 10% de representatividad.

Por lo demás, se considera por la jurisprudencia que la legitimación hay que medirla en el momento de inicio de la negociación (STS 23 noviembre 2009, rec. 43/2009; pero la legitimación puede variar si el proceso negociador se prolonga en el tiempo y se negocia algo distinto de lo ya acordado a lo largo del mismo: STS 30 noviembre 2023, rec. 98/2021), así como que se presume la legitimación de quienes han participado en la misma y concluido el convenio, debiendo probar lo contrario quien eventualmente impugne el convenio (STS 29 noviembre 2010, rec. 244/2009) (sobre las dos cuestiones anteriores, también STS 16 mayo 2017, rec. 129/2016). Lo mismo vale para la legitimación empresarial que se ve a continuación.

Legitimación por parte empresarial. Conforme al art. 87.3 ET, estarán legitimadas las asociaciones empresariales representativas en el ámbito del convenio, representatividad que se mide: o bien con dos criterios acumulativos (es decir, asociaciones que cuenten como afiliados con el 10% o más de los empresarios de dicho ámbito y que esos empresarios den empleo al 10% o más de los trabajadores afectados por el convenio), o bien con un único criterio (que los afiliados con los que cuenten, cualquiera que sea su porcentaje, den ocupación al 15% de los trabajadores afectados) (STS 3 dic. 2012, rec. 84/2008). Téngase en cuenta que las AAPP, si bien son empleadores de su personal laboral, no pueden afiliarse a las organizaciónes empresariales privadas (ver STS 7 oct. 2005, rec. 2182/2003).

Caso práctico: Legitimación de una asociación empresarial

La asociación empresarial Asemec, legalmente constituida y registrada, agrupa 20 entidades de crédito (Cajas Rurales), las cuales cuentan con 6.783 empleados. El total de empresas del sector es de 63 y el total de empleados de 18.910. Asemec solicita formar parte de la comisión negociadora del convenio sectorial. La asociación empresarial Unacc se opone por entender que Asemec no es una asociación empresarial sino un grupo empresarial con dirección unitaria.

Asemec cumple los requisitos del art. 87.3 ET: cuenta con más del 10% (incluso más del 15%) de las empresas del ámbito del convenio, y estas dan empleo a más del 10% de los trabajadores.

En realidad lo que se discute es si se trata de una asociación empresarial o, por el contrario, de una única empresa (o, mejor, de un grupo de empresas "patológico": ver infra lecc. 8ª). No hay tal grupo de empresas porque hay una dirección unitaria pero no se hace un uso abusivo de la misma, no hay confusión de plantillas, no hay caja única, ni patrimonio único. Por consiguiente, han podido constituir legalmente esa asociación, cuyo registro por lo demás no se ha anulado.

(Vid. STS 8 noviembre 2016, rec. 259/2015)

Dada la dificultad para comprobar la legitimación exigida, jurisprudencialmente se presume que la asociación empresarial firmante del convenio la tiene salvo prueba en contrario (SSTS 2 febr. 2023, rec. 69/2021, y 23 mayo 2023, rec. 212/2021).

Si en un sector no existen asociaciones con esa representatividad, estarán legitimadas las asociaciones de ámbito estatal que en este ámbito cuenten con el 10% o más de las empresas o con empresas que den empleo al 10% o más de los trabajadores (porcentajes que suben al 15% para asociaciones de ámbito autonómico). Es algo similar a la "irradiación" para las organizaciones empresariales más representativas.

Observaciones generales. En relación a lo ya expuesto, conviene resaltar algunos aspectos.

En primer lugar, que la legitimación se reserva exclusivamente a ciertos sindicatos y asociaciones empresariales. No puede negociar un convenio sectorial una delegación de comités de empresa, ni un colegio profesional, ni un grupo de empresas (STS 8 nov. 2016, rec. 259/2015: se debatía si la asociación empresarial negociadora lo era verdaderamente, o era un "grupo de empresas", ver lec. 8ª.6).

En segundo lugar, que la representatividad exigida lo es respecto de cada sindicato o asociación empresarial. No cabe que dos o más sindicatos (o asociaciones empresariales), carentes de la representatividad exigida, designen conjuntamente algún representante en la comisión negociadora. Cuestión distinta es que dos o más sindicatos (o asociaciones empresariales) se fusionen y el sindicato (o asociación) resultante alcance la representatividad exigida.

En tercer lugar, conforme al art. 87.5 ET, todos los sindicatos o asociaciones legitimados tienen "derecho a formar parte de la comisión negociadora" del convenio. Por lo tanto, si se excluye de la negociación a un sindicato o asociación legitimado (aunque no hay obligación de convocarlo), el convenio no será válido aunque venga negociado por otro u otros sindicatos (o asociaciones empresariales) con suficiente mayoría.

Legitimación para negociar acuerdos marco y convenios marco. Cuando se negocien acuerdos interprofesionales que fijen la estructura negocial y las reglas sobre concurrencia, conforme al art. 83.2, la legitimación se reserva a los sindicatos y asociaciones empresariales más representativos estatales o autonómicos. Cuando se trate de acuerdos o convenios de sector, deberán contar "con la legitimación necesaria", conforme a las reglas expuestas sobre convenios sectoriales.

Legitimación para negociar convenios para varias empresas. El art. 87.1 ET contempla expresamente el supuesto de convenios "para un grupo de empresas" o para "una pluralidad de empresas vinculadas por razones organizativas o productivas y nominativamente identificadas". Las reglas de legitimación, ya avanzadas antes por la jurisprudencia, son mixtas. En representación de los trabajadores, la legitimación es la establecida para los convenios sectoriales. En representación de las varias empresas, aunque no se dice expresamente, lógicamente participarán todas y cada una de las empresas afectadas (salvo que apoderen a una asociación empresarial).

6. LEGITIMACIÓN PARA NEGOCIAR (II): NEGOCIADORA O DELIBERANTE

Este concepto hace referencia a la representatividad que tiene que alcanzar el sindicato —normalmente, los sindicatos— que formen parte de la comisión negociadora para que ésta se pueda constituir.

Negociación de empresa o ámbito inferior. Realmente, esta cuestión ya ha quedado contestada en el epígrafe anterior. A) Si negocia la representación unitaria, ésta representa a todos los trabajadores (máxime si, como se dijo, la composición de la comisión negociadora tiene que ser proporcional a la composición de la representación unitaria); B) Si negocian las representaciones sindicales (secciones sindicales) y el convenio afecta a todos los trabajadores, la sección o secciones sindicales en cuestión tienen que sumar "la mayoría de los miembros del comité"; C) No cabe excluir a una sección sindical legitimada (STS 1 jul. 1999, rec. 4055/1998), y D) Si es un convenio-franja, negociarán las secciones sindicales designadas mayoritariamente. En suma, la comisión negociadora tiene que representar a todos o, al menos, la mayoría de los trabajadores afectados.

El número máximo de miembros de la comisión para cada parte (laboral y empresarial) es trece.

Negociación de convenios sectoriales, por parte sindical. Según el art. 88.2, la comisión negociadora quedará válidamente constituida cuando el o los sindicatos legitimados participantes "representen como mínimo... a la mayoría absoluta de los miembros de los comités de empresa y delegados de personal" (ver STS 22 nov. 2005, rec. 26/2004; con independencia de que su número sea escaso, STS 4 mayo 2021, rec. 164/2019). Se requiere, pues, igualmente una representatividad mayoritaria en el ámbito del convenio. El momento en que hay que apreciar la legitimación es el del inicio de las negociaciones (STS 11 junio 2020, rec.138/2019).

La jurisprudencia viene considerando que esa representatividad mayoritaria tiene que ser real. Es decir, por ejemplo, si participa (tiene derecho a ello, como hemos visto) un SMR que en el ámbito del convenio tiene solamente un 30% de audiencia —aunque la Confederación en que esté integrado tenga un 40% en el respectivo ámbito estatal o autonómico— y un SR que en ese ámbito concreto tiene el 20%, entre los dos no alcanzan la requerida mayoría (que tiene que ser más de un 50%).

El art. 88.2 ET contempla el supuesto de que en un sector "no existan órganos de representación de los trabajadores", con lo que no es posible determinar esa mayoría. En tal caso, establece que la comisión se entenderá válidamente constituida si está integrada por SMR en el ámbito estatal o de CA.

Por lo demás, recuérdese que, aunque los que participen en la comisión negociadora reúnan mayoría, el convenio no queda válidamente negociado si se excluye a algún sindicato con legitimación inicial o interviniente (STC 213/1991). Más concretamente: no hay obligación de convocar pero sí la de no rechazar a un sindicato legitimado (STS 3 febr. 2015, rec. 64/2014). Cabe, eso sí, la autoexclusión de un sindicato legitimado (STS 20 sept. 2006, rec. 40/2005).

Aparte ese requisito de mayoría, el art. 88.1 establece que la participación en la comisión negociadora de todos los legitimados se hará "en proporción a su representatividad". También a estos efectos habrá que tener en cuenta la representatividad real en el ámbito del convenio: si un SMR tiene como tal (por ejemplo, en el ámbito estatal) un 40% de audiencia, pero en el ámbito del convenio solo tiene un 10%, la proporcionalidad se hará en función de esta última representatividad real. De todos modos, parece que la condición de SMR da lugar a un puesto en la comisión negociadora, aunque proporcionalmente no correspondiera ninguno (así, un SMR que eventualmente tuviera solo un 1% de representatividad real en el ámbito del convenio, tendría derecho a uno de los 15 miembros de la comisión).

Para el supuesto indicado de que en un sector no existan representantes unitarios y la comisión se constituya con los SMR, el reparto de los miembros de la comisión se efectuará en proporción a la representatividad ostentada "en el ámbito territorial de la negociación". Es decir, no por la representatividad en el sector en cuestión, que no se puede medir, sino por la representatividad en el resto de los sectores de ese territorio.

El número máximo de miembros, para cada parte (sindical y empresarial), es quince.

Negociación de convenios sectoriales, por parte empresarial. Igualmente, el art. 88.2 exige mayoría absoluta para componer la comisión negociadora. Pero solamente exige que la asociación (o asociaciones) empresarial (es) interviniente (s) representen a empresarios que "ocupen a la mayoría de los trabajadores afectados por el convenio". Es decir, que cualquiera que sea el porcentaje de empresas afiliadas con las que cuenten, la comisión queda válidamente constituida si las asociaciones participantes alcanzan esa mayoría de trabajadores empleados por sus afiliadas.

Así, por ejemplo, si una comisión negociadora queda integrada por una asociación empresarial que afilia al 40% de los empresarios, los cuales ocupan al 51% de los trabajadores afectados, dicha comisión queda correctamente formada. Lo mismo si viene integrada por una asociación que afilia menos del 10% de los empresarios, pero que ocupan al 51% de los trabajadores. En cierto modo, quedan favorecidas las asociaciones empresariales de empresarios con mayor volumen de empleo.

Lo anterior, claro es, sin perjuicio de que todas las asociaciones empresariales legitimadas para intervenir tienen derecho a formar parte de la comisión negociadora. Su presencia en la misma será proporcional a su representatividad (proporción, lógicamente, a medir sobre el porcentaje de trabajadores ocupados por sus empresarios afiliados: si una asociación A tiene el 40% de empresarios afiliados, dando empleo al 20% de trabajadores, y otra B tiene el 40% de afiliados, dando empleo al 60% de trabajadores, la proporción será de 1 a 3 entre A y B).

En fin, también se prevé en el art. 88.2 que si en un sector no existen asociaciones empresariales con suficiente representatividad, la comisión negociadora se entenderá válidamente constituida si viene integrada por organizaciones empresariales que en el ámbito estatal cuenten con el 10% o más de las empresas o cuyas empresas afiliadas den empleo al 10% o más de trabajadores (porcentajes que suben al 15% cuando se trata de ámbito autonómico). Y asimismo, en tal caso, el reparto de los miembros de la comisión se hace en proporción a la representatividad ostentada no en ese sector, sino "en el ámbito territorial de la negociación".

7. ADOPCIÓN DE ACUERDOS

En cuanto a la adopción de acuerdos por parte de la comisión negociadora (sobre todo, la aprobación del convenio), el art. 89.3 exige "el voto favorable de la mayoría de cada una de las dos representaciones". Como vimos, se habla, en este momento, de legitimación decisoria o plena.

Al respecto, hay que tener en cuenta dos cosas. Primera, que esa mayoría (absoluta) no se mide sobre el número de personas que forman parte de la comisión, sino sobre la representatividad que ostentan (STS 30 jun. 2008, rec. 3490/2006). Segunda, que la representatividad se mide sobre el ámbito del convenio (ver STS 12 marzo 2024, rec. 328/2021: si el sindicato que firma el convenio solamente alcanza el 44,7% no es válido como convenio estatutario con eficacia general.

De este modo, por ejemplo, si la comisión está compuesta por 8 miembros de dos sindicatos, uno con 4 miembros (por una representatividad del 40%) y otro con otros 4 miembros (por una representatividad del 39%), el convenio podría ser válidamente aprobado por el primero (40% de representatividad sobre una suma total del 79%).

Esta viene siendo la postura interpretativa del TS, aunque alguna sentencia aislada en algún caso muy particular (en el ámbito del convenio solo había un delegado de personal) haya optado por el número de miembros de la comisión y no por su representatividad.

Lo que no es obligatorio es el someter el convenio a un refrendo asambleario (STS 11 jul. 2000, rec. 911/2000).

8. PROCEDIMIENTO DE NEGOCIACIÓN. DEBER DE NEGOCIAR

A) El ET regula mínimamente el *procedimiento de negociación*, básicamente en aspectos formales. Conforme al art. 89.1 la promoción de la negociación debe comunicarse "a la otra parte" por escrito (del que se ha de enviar copia a la autoridad laboral), escrito que debe expresar "detalladamente" la legitimación del promotor, los ámbitos del convenio y las materias objeto de negociación. De la comunicación se enviará copia a la autoridad laboral.

Si la promoción es resultado de la denuncia de un convenio vigente, denuncia y comunicación deben ser simultáneas.

La parte receptora tiene que contestar igualmente por escrito y motivadamente; y, sobre todo, solo puede negarse al inicio de las negociaciones por las causas que veremos luego. Por consiguiente, hay un *deber de negociar* aunque con excepciones.

A ese deber de negociar, el mismo art. 89.1 añade la obligación de hacerlo "bajo el principio de la buena fe". No se precisa el contenido de ese *deber de negociar de buena fe*: lógicamente consistirá en acudir a la mesa de negociación, responder a la propuesta, motivar la negativa a aceptar la plataforma reivindicativa (o parte de ella), posiblemente hacer contraofertas, etc. Lo que no hay es un deber de llegar a un acuerdo, por lo que, una vez se haya negociado de buena fe, la negociación se puede suspender o incluso dar por finalizada, ya sea de mutuo acuerdo, ya sea unilateralmente.

En cualquier caso, la comisión se constituirá "en el plazo máximo de un mes" desde la comunicación, la parte receptora deberá responder a la propuesta de negociación y ambas partes establecerán un "calendario o plan de negociación".

B) En cuanto al objeto de esa negociación debida, en principio abarcará las materias que se hayan propuesto por la parte promotora de las negociaciones. Pero la propia ley exige negociar ciertas cuestiones.

En ese sentido, cabe resaltar que el art. 85.1 ET contempla "en todo caso, el deber de negociar medidas dirigidas a promover la igualdad de trato y de oportunidades entre mujeres y hombres en el ámbito laboral"; y, en su caso (ver, infra, lecc. 13ª, epígrafe 1.1.c) planes de igualdad. Este último aspecto se desarrolla en el art. 85.2: a) En los convenios de ámbito empresarial, dicho deber de negociar se desarrolla en el marco de dichos convenios (de manera muy excepcional, por bloqueo negocial, pueden elaborarse unilateralmente por la empresa, ver STS 11 abril 2024, rec. 123/2023); b) En los convenios de ámbito superior, éstos establecerán los términos y condiciones para formalizar ese deber en la negociación empresarial a través de las oportunas reglas de complementariedad (sobre esta negociación de planes de igualdad, ver STS 25 mayo 2021, rec. 186/2019).

Pero otras materias se contemplan en otras normas: así, se deberán negociar medidas para prevenir el acoso sexual y el acoso por razón de sexo (art. 48 LOI).

C) El deber de negociar tiene tres *excepciones*, conforme al art. 89.1 ET:

Primera, por causa legalmente establecida (por ejemplo, la falta de legitimación de quien promueve la negociación, incluso la ilegalidad del contenido pretendido).

Segunda, por causa convencionalmente establecida (por ejemplo, que se solicite negociar en un ámbito no adecuado, según la estructura o el sistema de articulación de convenios pactado).

Tercera, "cuando no se trate de revisar un convenio ya vencido", es decir, más claramente, cuando en el ámbito resulte aplicable un convenio aún vigente; aunque esto último "sin perjuicio de lo dispuesto en los artículos 83 y 84", lo que se interpreta como deber de negociar si el convenio que se pretende (convenio invasor) resultara de aplicación preferente conforme a aquellos artículos.

De todos modos, en esta materia la jurisprudencia del TS es importante. Cabe señalar, fundamentalmente, que admite el deber de negociar un convenio para un ámbito que no esté totalmente cubierto pese a la existencia de convenios vigentes inferiores (así, deber de negociar el convenio estatal de casinos de juego, pese a la vigencia de convenios de empresa). Por el contrario, se afirma que no hay deber de negociar si la comisión negociadora del convenio superior ha acordado que no se negociará en ámbitos inferiores, o que no hay deber de negociar en un ámbito inferior si ya se está negociando en uno superior (simultaneidad o concurrencia de negociaciones), o que no hay deber de negociar si se trata de una "unidad artificial" de negociación (por ejemplo, que incluya varias Comunidades Autónomas o varias empresas que no sean un grupo o una pluralidad vinculadas por razones organizativas o productivas).

9. REGISTRO, DEPÓSITO, PUBLICACIÓN Y CONTROL SOBRE LA ILEGALIDAD/LESIVIDAD DEL CONVENIO

Conforme al art. 90.1 ET, el convenio ha de efectuarse por escrito. Por su parte, el RD 713/ 2010, de 12 junio, establece otros requisitos formales:

escrito de presentación a la autoridad laboral, original y cuatro copias del convenio, actas de las sesiones, hojas estadísticas.

El plazo de presentación ante la autoridad laboral correspondiente (en virtud del ámbito del convenio) está fijado en 15 días (art. 90.2 ET). La presentación del convenio es a efectos de su registro; pero, sobre todo, a efectos de su publicación.

La autoridad laboral debe publicar el convenio (gratuitamente y en el plazo de 20 días) en el diario oficial correspondiente según el ámbito del mismo (art. 90.3 ET). Pero puede no publicarlo provisionalmente si estima que el convenio conculca la legalidad o lesiona gravemente el interés de terceros (ejemplo de terceros lesionados: los farmacéuticos por un convenio para el personal laboral del Ministerio de Defensa que le permita el uso de las farmacias militares).

La autoridad laboral no es competente para decidir sobre esos extremos, pero puede promover de oficio un proceso judicial de impugnación del mismo (por propia iniciativa o a petición de los representantes de los trabajadores, o los empresarios o terceros afectados, petición que la autoridad puede desestimar) (art. 90.5 ET). La impugnación judicial puede producirse antes o después de la publicación del convenio (STS 31 mar. 1995, rec. 2207/1994). Especialmente se le recomienda que vele por el respeto del principio de igualdad, pudiendo recabar el asesoramiento del Instituto de la Mujer u Organismos de Igualdad autonómicos, comunicándoles en su caso la impugnación efectuada (art. 90.6 ET).

Pero si la autoridad no impugna de oficio, el convenio también puede ser impugnado directamente ante los tribunales laborales, conforme al proceso de conflicto colectivo (ver lección 7ª), si bien los legitimados para esta impugnación quedan limitados (arts. 163-166 LRJS). Para la impugnación por ilegalidad, están legitimados los órganos de representación legal o sindical de los trabajadores, los sindicatos y las asociaciones de empresarios interesadas (un supuesto específico en STS 4 mar. 2019, rec. 187/2017; otro en STS 11 abril 2023, rec. 86/2021); también el Ministerio Fiscal, la AGE y las CCAA en sus respectivos ámbitos; y a efectos de impugnar cláusulas discriminatorias por razón de sexo, el Instituto de la Mujer u organismos correspondientes de las CCAA. No puede impugnarse individualmente por empresarios o trabajadores (STS 15 oct. 1996, rec. 1383/1995), ni por pensionistas a los que afecte el convenio (STS 11 jun. 2001, rec. 4769/2000).

Para la impugnación por lesividad grave, están legitimados los terceros lesionados (no son terceros los trabajadores y empresarios afectados por el convenio; jurisprudencia del TS considera tercero lesionado al Delegado del Gobierno, cuando la autoridad laboral autonómica no impugna de oficio por ilegalidad).

El proceso de impugnación, de oficio o mediante proceso colectivo, puede llevar a la declaración de nulidad, total o parcial, del convenio. Aunque, en ocasiones, realmente lo que se produce es la declaración de que el convenio no es válido como estatutario, independientemente de su validez como extraestatutario. Se estima que la nulidad parcial del convenio no provoca su nulidad total aunque contenga el convenio una "cláusula de vinculación a la totalidad" (STS 22 sept. 1998, rec. 263/1997).

Dada la limitación con que la ley establece la legitimación para impugnar, podría entenderse inconstitucional al vulnerar el derecho a la tutela judicial de los empresarios y trabajadores individualmente considerados. La inconstitucionalidad se evita porque, al margen de este proceso de impugnación no incoable por ellos, cabe en cualquier otro procedimiento colectivo o individual plantear la "inaplicación singular" del convenio, cabe impugnar "los actos que se produzcan en aplicación" de un convenio ilegal (art. 163.4LRJS). Así, cuando en un proceso ordinario la solución dependa de la aplicación de un precepto de un convenio colectivo (por ejemplo, una reclamación salarial que dependa de la legalidad o ilegalidad de un convenio o de parte de él), se podrá inaplicarlo a ese caso concreto si, en efecto, se considera ilegal (por ejemplo, porque la asociación empresarial que lo firmó carecía de legitimación, o porque la doble escala salarial que establece viola el principio de igualdad) (sobre la diferencia entre impugnación e inaplicación singular, ver STS 7 feb. 2019, rec. 223/2017).

Claro es que esta inaplicación, precisamente "singular", solo afecta al conflicto objeto de ese proceso; a diferencia del proceso de impugnación, en que la declaración de ilegalidad o lesividad tiene efectos generales, la inaplicación del convenio en un proceso no impedirá que, en otros procesos, otros tribunales consideren el convenio legal y, por tanto, lo apliquen.

10. ADHESIÓN Y EXTENSIÓN DEL CONVENIO COLECTIVO

Como ya se ha indicado, un convenio colectivo estatutario tiene su ámbito de aplicación y se aplica a todos los empresarios y trabajadores de dicho ámbito (eficacia general).

Pero el convenio colectivo puede aplicarse también a otros empresarios y trabajadores, a través de la adhesión al mismo o de su extensión.

La **adhesión** está regulada por el art. 92.1 ET. En él se prevé que las partes legitimadas para negociar (es decir, que tengan legitimación interviniente y plena) en una unidad de negociación que no estuviera afectada por un convenio, podrán, de común acuerdo, adherirse a la totalidad de un convenio (estatutario) en vigor.

De este modo, el convenio al que se produce la adhesión pasará a aplicarse también a la totalidad de empresas y trabajadores del ámbito adherido (así, por ejemplo, el convenio para el comercio de Cuenca pasará a aplicarse a la totalidad de las empresas y trabajadores del comercio de Almería).

Distinto es el procedimiento de **extensión** previsto en el art. 92.2 ET. En él se prevé que la autoridad laboral (el MTES o el órgano correspondiente de una CA) pueda extender las disposiciones de un convenio colectivo (estatutario) en vigor a una pluralidad de empresas o a un sector o subsector de actividad que carezcan de tal. Cabe recalcar que, de este modo, un convenio que ya tiene eficacia general en un ámbito, se ve extendido también con eficacia general a otro ámbito. A diferencia de lo que sucede en otros países de nuestro entorno (Francia, Alemania), en los que la extensión tiene la finalidad de dar eficacia personal general a los convenios que, en esos países, no la tienen sino limitada.

El procedimiento para la extensión está reglamentado por el RD 718/2005, de 20 de junio. Pero, dado que una de las condiciones para la extensión es que un ámbito carezca de convenio por falta de legitimación para negociarlo (y hoy en día casi siempre podrán negociarlo los SMR y las asociaciones empresariales más representativas), es prácticamente imposible que se produzca esa situación.

11. CONTENIDO DE LOS CONVENIOS COLECTIVOS

El art. 85 ET admite un amplísimo contenido posible de los convenios, aunque dentro del respeto a las leyes, y exige un contenido mínimo.

A) Conforme al art. 85.1 pueden ser materias objeto de negociación las "de índole económica, laboral, sindical" y cuantas afecten a las condiciones de empleo y las relaciones laborales.

Específicamente, se menciona la posible negociación de procedimientos de solución de discrepancias en las negociaciones sobre traslados, modificaciones sustanciales, suspensiones y despidos, así como de procedimientos de seguimiento sobre estos últimos.

Este posible contenido de los convenios se suele clasificar en: a) Parte normativa individual de los convenios (regulación de las relaciones individuales entre empresario y trabajador); b) Parte normativa colectiva (regulación de las relaciones entre empresario y representantes de los trabajadores); c) Parte obligacional (relaciones entre las partes firmantes del convenio).

B) Los convenios deben respetar "las leyes" y, naturalmente, la CE Ya vimos que pueden mejorar los mínimos legales, modificar las leyes dispositivas, pero no pueden modificar las leyes absolutamente imperativas ni superar los (escasos) máximos legales.

C) El art. 85.3 ET impone un contenido mínimo, básicamente para hacer posible la aplicación del convenio: determinación de las partes que lo concierten; ámbitos del convenio (funcional, territorial, personal, temporal); procedimientos para solventar las discrepancias en la negociación o para la inaplicación del convenio (ver, supra); denuncia del convenio (forma, condiciones y plazo); y designación de una comisión paritaria.

Mención especial merece esa designación de una "comisión paritaria de la representación de las partes negociadoras". En relación a la misma (que, conforme a la jurisprudencia, puede estar formada solo por los firmantes y no tiene funciones de negociación, sino de aplicación e interpretación de lo negociado salvo que se pacte otra cosa), el art. 85.3.e) ET establece que entenderá de aquellas cuestiones establecidas en la ley y de cuantas otras le sean atribuidas. Asimismo, como contenido mínimo, el convenio tiene que establecer los procedimientos y plazos de actuación de la comisión, incluido el sometimiento de las discrepancias producidas en su seno a los procedimientos no judiciales de solución de conflictos establecidos mediante acuerdos interprofesionales. De tratarse de una comisión (de seguimiento, de aplicación...: la terminología es variada) con funciones negociadoras, no puede desconocer las reglas sobre legitimación para negociar de los arts. 87-88 ET (ver STS 25 mayo 2021, rec. 135/2019: un sindicato, conforme a las reglas del convenio, no forma parte de la comisión de aplicación del mismo, pero a efectos de renegociación de las tablas salariales tiene legitimación conforme al criterio de proporcionalidad del art. 88 ET; en general, sobre la participación en comisiones creadas por el convenio, ver STS 3 febrero 2015, rec. 64/2014; como jurisprudencia más reciente, ver la STS 30 noviembre 2023, rec. 98/2021).

Otros contenidos negociales que se asignan por ley a la negociación colectiva (límites a los encadenamientos de contratos temporales, fijación del incremento retributivo por trabajo nocturno...) no se entienden como contenido obligatorio.

Respecto de la igualdad entre mujeres y hombres, como ya se ha señalado antes (epígrafe 8) se contempla el deber de negociar medidas dirigidas a promoverla (y, más concretamente, planes de igualdad en empresas con más de 250 trabajadores; número que se ha rebajado a 50 en un plazo de tres años por el RDL 6/2019: ver Ley 3/2007, de Igualdad de Trato, art. 45.2 y 46, y D.T. 12ª), pero sin perjuicio de la libertad de las partes para determinar el contenido de los convenios y su libertad de contratación.

12. DURACIÓN DEL CONVENIO COLECTIVO

El art. 86 ET regula varios aspectos en relación a la duración del convenio.

A) La duración o ámbito temporal será la que las partes establezcan (ap.1), señalando a su vez el art. 90.4 que el convenio "entrará en vigor en la fecha en que las partes acuerden". Puede ser la misma duración para todo el convenio, o diferente para unos contenidos u otros ("para cada materia o grupo homogéneo de materias"), siendo normal que temas como la jornada o la retribución tengan una duración limitada, incluso muy corta. Y puede tratarse tanto de una duración por tiempo determinado como por tiempo indefinido, siendo lo normal lo primero.

Ello no obstante, conforme al mismo ap.1, durante la vigencia prevista del convenio los sujetos que reúnan los requisitos de legitimación de los arts. 87 y 88 (legitimación inicial y plena) "podrán negociar su revisión" (ver STS 18 oct. 2004, rec. 191/2003). Es decir, que los legitimados en un determinado momento, que pueden no ser los que lo negociaron, pueden revisarlo.

Por lo demás, el convenio puede dar efectos retroactivos a todo o parte de su contenido (STS 29 dic. 2004, rec. 103/2003), pero respetando el principio de irretroactividad: no puede aplicarse a derechos que ya han ingresado en el patrimonio del trabajador (STS 25 en. 2019, rec. 693/2017).

B) "Salvo pacto en contrario", en caso de que el convenio no se denuncie "de forma expresa", su vigencia se prorrogará "de año en año". Naturalmente, esta prórroga se refiere al contenido con vigencia limitada; el contenido con vigencia indeterminada, de por sí se mantendrá en vigor hasta la denuncia.

Según la jurisprudencia para la denuncia basta la legitimación inicial, siendo necesaria la plena solamente para la negociación del nuevo convenio.

C) "Una vez denunciado el convenio y concluida la duración pactada", su vigencia "se producirá en los términos que se hubiesen establecido en el propio convenio" (ap.3, párr.1).

La norma especifica que "durante las negociaciones para la renovación…, en defecto de pacto, se mantendrá su vigencia" (ap.3, párr.2), salvo las cláusulas por las que se hubiera renunciado a la huelga, las cuales decaerán a partir de su denuncia; por tanto, se mantendrá cualquier contenido del convenio como pudiera ser un incremento salarial previsto en el mismo. Es lo que se conoce como "ultra-actividad" del convenio. Pero la misma solamente se produce "en defecto de pacto": que no se siga aplicando, que se siga aplicando solo por un período limitado, que solamente se siga aplicando una parte del mismo, etc.

Durante esas negociaciones, se prevé que las partes puedan adoptar "acuerdos parciales" para modificar alguno de los "contenidos prorrogados" para adaptarlos a las condiciones en que se desarrolle la actividad en el sector o en la empresa. Realmente, nada impide que se adopten cualesquiera acuerdos.

D) En fin, esa ultra-actividad tiene un límite: transcurrido un año desde la denuncia del convenio sin que se haya acordado uno nuevo, "las partes deberán someterse a los procedimientos de mediación regulados en los acuerdos interprofesionales de ámbito estatal o autonómico previstos en el art. 83". Una mediación, pues, obligatoria.

Asimismo, "siempre que exista pacto expreso, previo o coetáneo, las partes deberán someterse a los procedimientos de arbitraje regulados en esos mismos acuerdos interprofesionales regulados por dichos acuerdos interprofesionales". Un arbitraje, pues, voluntario. El laudo arbitral tendrá la misma eficacia que los convenios y solo será recurrible por el procedimiento y motivos del art. 91 ET.

E) Trascurridos esos procedimientos "sin alcanzarse un acuerdo", se mantiene la ultra-actividad: "se mantendrá la vigencia del convenio colectivo". Pero ello, "en defecto de pacto": puede en teoría pactarse el fin de la vigencia del convenio aunque no se haya pactado uno nuevo. Esa ultra-actividad del convenio reintroducida por el RDL 32/2021 se aplica también a los convenios ya denunciados antes de la entrada en vigor del mismo, conforme a su DT 7ª. Tras la reforma de 2012, con anterioridad a esta recuperación de la ultra-actividad del convenio, jurisprudencialmente se había aceptado la incorporación al contrato de algunas condiciones de trabajo, como las salariales (ver STS 22 diciembre 2014, rec. 264/2014, con muchos votos particulares).

F) Como ya vimos (lección 2ª), el convenio que sustituya a uno anterior lo deroga en su integridad incluso "in peius" (no hay regla de irreversibilidad: STS 7 dic. 2006, rec. 122/2005), salvo que el mismo disponga otra cosa ("cláusulas de garantía personal") (art. 86.4). Incluso, el convenio que sucede a uno anterior "puede disponer sobre los derechos reconocidos en aquél" (art. 82.4); pero esta regla debería ser aplicada a la luz del principio constitucional de irretroactividad (ver lección 2ª), no pudiendo disponer de derechos ya nacidos y devengados (STS 29 nov. 2018, rec. 938/2017).

13. APLICACIÓN E INTERPRETACIÓN DE LOS CONVENIOS

Conforme al art. 91.1 ET, el conocimiento y resolución de las cuestiones derivadas de la aplicación e interpretación de los convenios corresponderá a la comisión paritaria de los mismos, sin perjuicio de las competencias legalmente atribuidas a la jurisdicción competente. Por lo tanto, respecto de la aplicación de un convenio (si resulta aplicable o no) y de su interpretación (cuál es el sentido de sus cláusulas), cabe decir lo siguiente:

1º) Que, dada la peculiar naturaleza mixta de un convenio colectivo (nace de un acuerdo pero tiene eficacia normativa), en su interpretación resultan aplicables tanto las reglas sobre interpretación de contratos (arts. 1281 y sigs. CC) como de interpretación de las normas (arts. 3 y 5 CC). Más concretamente, conforme a los arts. 3.1 y 1.281-1.285 CC: la interpretación literal, la interpretación sistemática, la interpretación histórica y la interpretación finalista (STS 20 abril 2021, rec. 153/2019). Por esa naturaleza mixta, la competencia para interpretar corresponde a los tribunales de instancia (STS 23 febrero 2021, rec. 60/2019).

2º) Que la aplicación o interpretación de los convenios puede suscitar tanto conflictos colectivos (para grupos genéricos de trabajadores), como conflictos de carácter individual.

3º) Que respecto de esas cuestiones resultan competentes tanto las comisiones paritarias como los tribunales, pero también, como se indicará en cuarto lugar, los órganos previstos en procedimientos extrajudiciales de solución de conflictos.

4º) Que la jurisdicción competente será normalmente la social (por ejemplo, una demanda por salarios o una sanción por establecer condiciones de trabajo inferiores a las fijadas por el convenio), pero, como se viene indicando, puede serlo también otra jurisdicción (la contencioso-administrativa, por ejemplo, en materia de liquidación de cuotas de la Seguridad

Social, que puede requerir la interpretación del convenio en materia salarial; o la penal, por ejemplo, si se trata de un delito).

5º) Conforme al art. 91.2, que asimismo los convenios o acuerdos interprofesionales a que se refiere el art. 83.2 y 3 ET, "podrán" establecer procedimientos, como la mediación y el arbitraje, para resolver controversias colectivas de aplicación o interpretación (de hecho, los acuerdos interprofesionales los establecen, siendo la mediación obligatoria y el arbitraje voluntario, ver lección 7ª).

Los acuerdos logrados mediante mediación o los laudos arbitrales tendrán la eficacia jurídica y tramitación de los convenios estatutarios, siempre que los que hubieran adoptado el acuerdo o suscrito el compromiso arbitral tuvieran la legitimación exigida para acordar un convenio de esa naturaleza, siendo susceptibles de impugnación por los motivos y conforme a los procedimientos previstos para impugnar los convenios (y, en el caso de laudos, cuando no se hubieran observado en la actuación arbitral los requisitos y formalidades establecidos al efecto, o el laudo hubiera resuelto sobre puntos no sometidos a su decisión).

6º) Conforme al art. 91.3, si el conflicto relativo a la aplicación o interpretación del convenio es de carácter colectivo deberá intervenir la comisión paritaria con carácter previo al planteamiento formal del conflicto ante los procedimientos extrajudiciales de solución o ante el órgano judicial competente. Las resoluciones de la comisión, añade el art. 91.4, tendrán la misma eficacia y tramitación que los convenios estatutarios.

Un punto clave es tratar de delimitar las posibles competencias atribuibles a las comisiones paritarias en relación a las competencias de los tribunales. Al respecto, hay que tener en cuenta el derecho fundamental a la tutela judicial efectiva (art. 24 CE). De este modo, las funciones atribuidas a las comisiones paritarias no deberían ser tales que impidieran una eventual demanda posterior ante los tribunales. Por consiguiente, la jurisprudencia venía admitiendo la obligatoriedad de acudir a la comisión paritaria para que ésta intente una conciliación o medie entre las partes en conflicto, o para que dé una interpretación no vinculante del convenio. Precisamente, como acabamos de ver, debe intervenir con carácter previo en supuestos de conflicto colectivo.

Es discutible, en cambio, que pueda establecerse que la comisión paritaria imponga una solución al conflicto al que las partes en conflicto se deban someter o que pueda dar una interpretación auténtica del mismo vinculante para los tribunales. Sin embargo, como acabamos de ver, el art. 91.1 atribuye a las comisiones paritarias funciones no solo de conocimiento sino de "resolución" de las cuestiones de aplicación e interpretación del convenio, y el art. 91.4 atribuye a las resoluciones de las comisiones "la misma eficacia jùrídica" que los convenios estatutarios.

7°) En fin, aparte lo dicho sobre conflictos colectivos, el art. 91.5 termina estableciendo que los procedimientos de solución de conflictos a que se refiere el artículo (es decir, los establecidos por convenio o por acuerdo interprofesional y la intervención de la comisión paritaria) serán de aplicación asimismo "en las controversias de carácter individual". Pero ello solamente "cuando las partes expresamente se sometan a ellos", de lo que se extrae la conclusión de que, al contrario, se pueden establecer procedimientos obligatorios, incluido el arbitraje, para los conflictos colectivos.

14. LOS CONVENIOS COLECTIVOS EXTRAESTATUTARIOS

Ya se ha analizado (ver lección 2ª) la eficacia, tanto jurídica como personal, de los convenios colectivos extraestatutarios.

Interesa considerar aquí tres cuestiones.

A) En primer lugar, en cuanto a la relación entre convenios estatutarios y extraestatutarios, la jurisprudencia ha señalado que: 1) Vigente un convenio estatutario, no puede ser afectado por otro extraestatutario (este segundo no lo puede modificar, sobre todo empeorar; aunque puede complementarlo); 2) Que, denunciado un convenio estatutario y aunque se siga aplicando hasta que se pacte uno nuevo, cabe aplicar uno extraestatutario a los afiliados al sindicato o sindicatos que hayan firmado este último, si resulta más favorable.

B) La duración del convenio extraestatutario será la que, en su caso, se pacte; no afectándole las reglas de ultra-actividad del art. 86.3 ET.

C) En todo caso, las condiciones establecidas en el mismo pueden ser modificadas por el procedimiento previsto en el art. 41 ET (ver lección 10ª), es decir, unilateralmente por el empresario, siempre que exista causa que lo justifique y, si la modificación es de carácter colectivo, previa negociación con los representantes de los trabajadores.

15. LA NEGOCIACIÓN COLECTIVA DE LOS EMPLEADOS PÚBLICOS

La negociación colectiva para el personal laboral de las distintas AAPP se regula por lo dispuesto en el ET, tal y como se ha expuesto. Pero a ese personal y al personal funcionario les resulta de aplicación las normas contenidas en el EBEP.

En efecto, los arts. 33-38 EBEP se dedican a la negociación colectiva de los empleados públicos, no solamente de los funcionarios (aunque, para ellos, es particularmente relevante).

Los elementos clave de esa regulación son los siguientes:

1°) Se prevé la constitución de diferentes Mesas de Negociación, unas de las cuales son para negociar materias comunes a personal funcionario y laboral de las Administraciones Públicas, y otras para negociar materias exclusivas de los funcionarios públicos. El EBEP resulta algo confuso al respecto, porque utiliza en ocasiones la misma denominación para unas y otras Mesas.

2°) De este modo, se contemplan las siguientes Mesas de Negociación:

a) *Mesas Generales de Negociación* (para funcionarios): Se constituirá una en cada Administración: Administración General del Estado, cada una de las Comunidades Autónomas, ciudades de Ceuta y Melilla, y cada una de las Entidades Locales.

b) *Mesas Sectoriales* (para funcionarios): Se constituirán por acuerdo de las correspondientes Mesas Generales de negociación para funcionarios.

El EBEP, pues, no establece directamente determinadas Mesas Sectoriales (para Universidades, para Correos, etc...), dentro del ámbito de la Administración General del Estado, sino que las Mesas Sectoriales que puedan existir serán las que determinen las Mesas Generales de funcionarios dentro de su ámbito respectivo.

c) *Mesa General de Negociación de las Administraciones Públicas* (común a funcionarios y personal laboral): Se constituye para el conjunto de todas las Administraciones (Estado, CCAA, Ceuta y Melilla, Entidades Locales). Tratará de temas comunes a ambos tipos de personal y que sean susceptibles de regulación por el Estado con carácter de norma básica para todas las Administraciones.

Específicamente es objeto de negociación en esta Mesa el incremento global de las retribuciones a incluir en el proyecto de Ley de Presupuestos de cada año.

d) *Mesas Generales de Negociación* (comunes para funcionarios y personal laboral): Se constituirá una en cada Administración, como en el apartado a), pero tratan de materias comunes a ambos tipos de empleados.

3º) Estarán legitimadas para estar presentes en las respectivas Mesas las siguientes Organizaciones Sindicales:

En las Mesas Generales o Sectoriales exclusivas para funcionarios, estarán legitimadas las Organizaciones Sindicales más representativas, tanto estatales como de Comunidad Autónoma, así como las Organizaciones Sindicales que hayan obtenido el 10% o más de los representantes unitarios de funcionarios (Delegados de Personal y Juntas de Personal). La composición de estas Mesas es en proporción a la representatividad de las respectivas Organizaciones Sindicales (en el ámbito correspondiente, y entre los representantes unitarios de funcionarios).

En las Mesas Generales comunes a funcionarios y personal laboral, estarán presentes igualmente las Organizaciones Sindicales más representativas y las que hayan obtenido un 10% de representantes en el ámbito correspondiente (pero, en este caso, de los representantes tanto de los funcionarios como del personal laboral). La composición de estas mesas es en proporción a la representatividad de las respectivas Organizaciones Sindicales (en el ámbito correspondiente, y entre los representantes unitarios tanto de funcionarios como del personal laboral).

4º) Por parte de las respectivas Administraciones, las Mesas estarán integradas por sus correspondientes representaciones.

Se reconoce legitimación negocial a las asociaciones de municipios y a las Entidades Locales de ámbito supramunicipal.

La Mesa General (común para funcionarios y personal laboral) de todas las Administraciones, estará presidida por la Administración General del Estado y contará con representantes de las CCAA, de las ciudades de Ceuta y Melilla y de la Federación Española de Municipios y Provincias.

5º) En cuanto a las materias objeto de negociación, se especifica (art. 37), con cierto detalle y con bastante amplitud, las materias que serán objeto de negociación y las materias que quedan excluidas de la obligatoriedad de negociación. Además, conforme al art. 36.2, en la Mesa General común para todas las AAPP será objeto de negociación el incremento global de las retribuciones de su personal que corresponda incluir en el proyecto de LPGE.

Cabe resumir que las materias negociables son muchas, pero que, como se dice a continuación (punto 6º), la eficacia de lo negociado es limitada.

En todo caso, por el principio de jerarquía normativa, los convenios negociados quedan sometidos a las normas de superior rango jerárquico (ATC 34/2005, o SSTC 62/2001, 92/1994, 171/1989 o 177/1988), incluidas leyes sobrevenidas (STC 210/1990). Desde luego, se admite que la ley puede fijar límites al incremento de las retribuciones de los empleados públicos (SSTC 62/2001, de 1 marzo y 24/2002, de 31 enero).

De no producirse acuerdo en la negociación (o, en su caso, en la renegociación que luego se menciona), los órganos de gobierno de las AAPP establecerán las condiciones de trabajo de los funcionarios (art. 38.7 EBEP). Pero la jurisprudencia del TS considera nulos los actos o reglamentos aprobados sin la previa negociación preceptiva, aunque no hay jurisprudencia expresa sobre la validez de una ley cuyo proyecto se haya aprobado sin previa negociación si esta era debida.

6º) En efecto, se diferencia (art. 38.2 y 3) entre Pactos (directamente aplicables al personal del ámbito correspondiente) y Acuerdos (que para su validez y eficacia requieren ser ratificados por el correspondiente órgano de gobierno competente sobre la materia de que se trate).

Pero puede no bastar con esa ratificación. Porque se añade que, si los temas en cuestión pueden ser decididos de forma definitiva por el órgano de que se trate, una vez ratificado el Acuerdo es directamente aplicable al personal del ámbito correspondiente. Pero, por el contrario, si el Acuerdo trata sobre temas reservados a Ley, incluso si es ratificado por el órgano de gobierno carece de aplicabilidad directa. En tal caso, el órgano de gobierno elaborará, aprobará y remitirá el correspondiente proyecto de Ley a las Cortes Generales o a la Asamblea Legislativa autonómica "conforme al contenido del acuerdo".

Cuando los Pactos y Acuerdos contengan materias y condiciones comunes a personal funcionario y laboral, para los funcionarios sus efectos serán los antes señalados, pero para el personal laboral, dice el art. 38.8 EBEP, serán los previstos en el art. 83 ET. Remisión que no se entiende bien (tendría sentido una remisión al art. 82), aparte de que en ciertas cuestiones comunes (como el incremento retributivo a fijar en la LPGE) el Acuerdo alcanzado no tiene obligatoriedad directa, sino que únicamente obliga a incluir su contenido en el proyecto de ley correspondiente.

En fin, si lo acordado no se ratifica o no se incorpora al proyecto de Ley, se deberá iniciar la "renegociación" de las materias en el plazo de un mes, si así lo solicita la mayoría de una de las partes.

7º) Con independencia de lo anterior, los órganos de gobierno de las AAPP pueden "excepcionalmente" suspender o modificar el cumplimiento de Pactos y Acuerdos ya firmados, por "causa grave de interés público derivada de una alteración sustancial de las circunstancias económicas" y "en la medida estrictamente necesaria" para salvaguardar ese interés (art. 38.10). La misma posibilidad de suspensión, en idénticos términos, se ha extendido a los convenios colectivos y acuerdos que afecten al personal laboral (art. 32.2). Sc entenderá que existe tal causa grave cuando las Administraciones Públicas deban adoptar medidas o planes de ajuste, de reequilibrio de las cuentas públicas o de carácter económico financiero para asegurar la estabilidad presupuestaria o la corrección del déficit público (DA 2ª RDL 20/2012).

Lección 6ª

El derecho de huelga

1. LA HUELGA COMO DERECHO

El reconocimiento del derecho de huelga supone atribuir a la misma el efecto de suspender el contrato de trabajo, lo que responde a una valoración positiva de la misma como instrumento idóneo para mejorar las condiciones de trabajo.

El reconocimiento de tal derecho se generaliza en las democracias occidentales con posterioridad a la II Guerra Mundial. Históricamente, por el contrario, la huelga fue considerada jurídicamente como un delito (delito de coligación, ver lección 1ª). Posteriormente, hasta su reconocimiento como derecho, la huelga era calificada o bien como una rescisión del contrato o bien como un incumplimiento contractual que posibilitaba la sanción de despido por parte del empresario, lo que se sintetiza en la consideración de la huelga como mera "libertad" (ver STS 25 abril 2019, rec. 236/2017, f.j. 9).

La regulación del ejercicio del derecho de huelga en los diversos países responde a dos modelos. Uno más restrictivo, modelo "contractual" de regulación, que limita el ejercicio legal a las huelgas motivadas por la negociación de las condiciones de trabajo con la contraparte empresarial. Otro, más abierto, modelo "profesional" de regulación, que considera legítima la huelga cuando venga motivada por la defensa de los intereses económicos y sociales de los trabajadores.

2. LA REGULACIÓN DE LA HUELGA EN EL ORDENAMIENTO ESPAÑOL

El art. 28.2 CE reconoce el derecho a la huelga, entre los derechos fundamentales: "Se reconoce el derecho a la huelga de los trabajadores para la defensa de sus intereses. La ley que regule el ejercicio de este derecho establecerá las garantías precisas para asegurar el mantenimiento de los servicios esenciales de la comunidad".

Se reconoce, pues, el derecho aunque se remite su regulación a una ley orgánica posterior. Sin embargo, tal regulación no se ha efectuado (el interesante proyecto de 1992-93 no se aprobó por disolución de las Cortes), del mismo modo que tampoco se ha regulado —salvo en lo referido a servicios esenciales— en otros países (Francia, Italia) con preceptos constitucionales similares.

Ello ha significado que la regulación actual se sigue encontrando en el RDLRT de 4 marzo 1977. De todos modos, su aplicación requiere tener en cuenta la jurisprudencia interpretativa, sobre todo del TC (fundamentalmente, la STC 11/1981, de 8 de abril).

Dicha STC admite la vigencia de aquella norma (salvo en los concretos preceptos que anuló por inconstitucionales), pese a no ser ley orgánica, dado que es anterior a la CE. Considera, igualmente, que la CE admite distintas opciones políticas, a favor de una regulación más restrictiva o más abierta. Siempre que se respete el contenido esencial del derecho, el cual identifica con "la cesación del trabajo en cualquiera de sus modalidades", así como con el efecto de "colocar al contrato de trabajo en una fase de suspensión".

El modelo de regulación español es un modelo, muy permisivo, de tipo "profesional"; no es el más restrictivo "modelo contractual", básicamente reducido a la huelga con ocasión de la negociación colectiva. Ello se traduce, como vamos a ver, en: el reconocimiento del derecho de huelga a los funcionarios públicos; la licitud de varios tipos de huelga (política, de solidaridad, jurídica, intermitente); la posible licitud de otros tipos (tapón, rotatoria); la imposición de un deber de paz solamente relativo; la ilicitud de las primas antihuelga; la prohibición del esquirolaje, tanto externo como interno; el amplio elenco de sujetos legitimados para declararla; y, en fin, unos requisitos formales mínimos (comunicación escrita, preaviso, formación de un comité de huelga, no se exige refrendo de la huelga por los trabajadores).

Este modelo se ha revelado, en términos generales, adecuado; pero con el importante defecto de la insuficiente regulación del ejercicio del derecho en los servicios esenciales para la comunidad (tema respecto del cual el proyecto fracasado de 1993 ofrecía un interesante modelo de regulación).

3. TITULARIDAD DEL DERECHO DE HUELGA. EL DERECHO A LA HUELGA DE LOS FUNCIONARIOS PÚBLICOS

El derecho de huelga es un derecho cuyo ejercicio es complejo. De un lado, tiene una vertiente colectiva, la declaración o convocatoria de la huelga, cuya titularidad es colectiva: la huelga tiene que ser declarada por un sujeto colectivo (representantes unitarios, sindicatos, los propios trabajadores por mayoría). De otro lado, una vertiente individual: la adhesión o no a la huelga por parte de cada trabajador.

De este modo, se dice que el derecho de huelga es un derecho de titularidad individual pero de ejercicio colectivo (ver STS 25 abril 2019, rec. 236/2017, f.j. 9).

En tal sentido, titulares individuales del derecho de huelga lo son todos los trabajadores asalariados, incluidos los extranjeros, tanto si están autorizados como si no a trabajar en España (SSTC 236 y 259/2007). No son titulares, por el contrario, los trabajadores autónomos o independientes.

El art. 15.b) EBEP reconoce también a los empleados públicos el derecho "al ejercicio de la huelga, con la garantía del mantenimiento de los servicios esenciales de la comunidad" (y precisamente califica ese derecho de huelga, entre otros, como derecho individual que se ejerce de forma colectiva).

Pero, conforme a la jurisprudencia del TC, el ejercicio del derecho por parte de los mismos no viene regulado por el RDLRT. El art. 95.2.m) EBEP se limita a calificar como falta disciplinaria muy grave "el incumplimiento de la obligación de atender los servicios esenciales en caso de huelga". Su DD Única ha derogado el art. 31 LRFP (que consideraba falta muy grave la participación en huelga ilegal) y ha mantenido la DA 12ª de esa ley, que prevé el descuento de haberes por participación en huelga.

Quedan, no obstante, excluidos del ejercicio del derecho de huelga los miembros de las Fuerzas Armadas (art. 7.2 LO 9/2011), de la Guardia Civil (art. 12 LO 11/2007) y de los Cuerpos y Fuerzas de Seguridad (art. 6.8 LO 2/1986 y art. 8.3.a LO 9/2015). No existe reconocimiento o exclusión expresas respecto de los jueces, magistrados y fiscales.

4. EJERCICIO DEL DERECHO DE HUELGA

El ejercicio del derecho de huelga queda sometido por el RDLRT a una serie de formalidades, sobre todo su declaración colectiva.

4.1. Declaración, comunicación y publicidad

Conforme al art. 3 RDLRT (en su parte no anulada por la STC 11/1981), la huelga puede ser declarada:

a) Por los representantes de los trabajadores, luego:

- tanto por la representación unitaria: delegados de personal, comité de empresa (el único requisito es que se declare por mayoría, no siendo necesario un determinado quórum de asistencia);
- como por los sindicatos: el art. 2.2.d) LOLS parece reconocer este derecho a todo sindicato; pero se remite a "los términos previstos en las normas correspondientes", de modo que los tribunales exigen al menos cierta implantación: en concreto, pues, podrían declararla los SMR, los SR y los sindicatos implantados (sobre la implantación, así como otros aspectos tales como el preaviso de huelga, su carácter político, su abusividad, ver la STS 15 enero 2020, rec. 166/2018, en referencia a la huelga general convocada en Cataluña entre los días 30 octubre y 9 noviembre de 2017).

b) Directamente por los propios trabajadores (huelga no sindical o "salvaje") "afectados por el conflicto", siempre que se apruebe por mayoría simple en votación secreta (pero no se requiere quórum alguno para convocar el referéndum, por lo que no es necesario que se convoque a todos los trabajadores: ATS 14 mayo 2019, Roj ATS 6920/2019).

Aunque es necesaria la declaración, no se exige que se declare centro por centro. Por tanto, una huelga declarada en un ámbito supraempresarial (sectorial, intersectorial o "huelga general") puede ser secundada por cualquier trabajador sin necesidad de ratificación en su empresa o centro.

Debe ser comunicada por escrito (con un preaviso de 5 días o 10, si se trata de servicios públicos) a la autoridad laboral y a la contraparte empresarial. Esta contraparte dependerá del ámbito de la huelga: un concreto o concretos empresarios, una(s) asociación(es) empresarial(es). No es, pues, necesaria siempre la comunicación a todos y cada uno de los empresarios afectados (STC 36/1993).

La exigencia de preaviso supone el carácter abusivo de las "huelgas sorpresa". Pero este requisito se exime jurisprudencialmente en caso de notoria fuerza mayor o estado de necesidad, incluso también cuando su exigencia implicara la inoperatividad de la huelga o cuando el incumplimiento sea leve (ver SSTS 25 nov. 1985, Roj 3756/1989, 22 jun. 1989, Roj 11283/1989, y 8 mayo 1986, Roj 2296/1986).

El escrito debe indicar los objetivos de la huelga y otros aspectos: fecha de su inicio, composición del comité de huelga (sobre la exigencia de indicación de los objetivos, ver STS 22 sept. 2020, rec. 185/2018: no se requiere un detalle agotador y exhaustivo de las pretensiones e intereses perseguidos con la convocatoria de huelga). Pero también se exime jurisprudencialmente cuando los motivos son suficientemente conocidos por la patronal.

Respecto del comité de huelga, el RDLRT (art. 5) limita su número a doce y exige que sean trabajadores del centro (no, lógicamente, cuando la huelga sea de ámbito superior).

El art. 6.6 RDLRT admite la publicidad de la huelga, de forma pacífica (piquetes informativos) y la recogida de fondos (de resistencia) sin coacción alguna. Por el contrario, venía constituyendo delito (art. 315.3 CP) la actuación de los que "en grupo, o individualmente pero de acuerdo con otros, coaccionen a otras personas a iniciar o continuar una huelga". Este apartado ha sido derogado por la Ley Orgánica 5/2021, de 22 de abril, pero no obstante resultaría aplicable a ese supuesto el delito genérico de coacciones contemplado por el art. 172.1 CP: "El que, sin estar legítimamente autorizado, impidiere a otro con violencia hacer lo que la ley no prohíbe, o le compeliere a efectuar lo que no quiere, sea justo o injusto".

4.2. Ocupación de locales

El art. 7.1 RDLRT exige que la huelga se realice "sin ocupación... del centro de trabajo o de cualquiera de sus dependencias". Interpretando esta exigencia la STC 11/1981 consideró que son lícitas las huelgas acompañadas de "simple permanencia" en el centro (huelga de brazos caídos, a pie de máquina: ver, entre otras, STS 24 nov. 1997); pero que es ilícita la ocupación que suponga un "ilegal ingreso" en los locales o una "ilegal negativa de desalojo" frente a una "legítima orden empresarial de abandono".

Esta orden está claramente justificada cuando se vulneren o exista notorio peligro para los derechos y libertades de terceros, o se vulnere el derecho sobre las instalaciones y los bienes. Se justifica, pues, como "medida de policía" para "preservar el orden". Aunque el TC parece admitir otros motivos: el legislador podría prohibirla en la medida que no impida la modalidad de huelga lícitamente elegida o el ejercicio del derecho de reunión.

4.3. Servicios de seguridad y mantenimiento en las empresas

El art. 6.7 RDLRT exige que el comité de huelga garantice, ampliamente, la prestación de los servicios necesarios para la seguridad de las personas y las cosas, mantenimiento de los locales, maquinaria, instalaciones, materias primas y "cualquier otra atención que fuera precisa para la ulterior reanudación de las tareas". Aunque no cabe entender incluidos servicios necesarios para garantizar el derecho al trabajo durante la huelga (STC 80/2005).

La STC 11/1981 estimó, sin embargo, que resultaba inconstitucional la atribución, en exclusiva, al empresario de la facultad de designar a los trabajadores encargados de tales servicios.

Realmente, lo importante no es tanto la designación de los trabajadores cuanto la fijación de los servicios necesarios (cabe interpretar que tampoco los puede fijar unilateralmente el empleador). Pero el TC no resuelve cómo solucionar la falta de acuerdo en estos puntos (fijación de servicios, designación de trabajadores) entre el empleador y el comité de huelga (o los representantes de los trabajadores en cada centro, si la huelga es supraempresarial). La solución judicial es inviable en la práctica, por falta de tiempo; por ello la jurisprudencia ha acabado por admitir la fijación por parte del empresario, aunque con control posterior por los tribunales (ver STS 28 mayo 2003, Roj STS 3611/2003).

5. HUELGAS ILEGALES

El art. 11 RDLRT considera ilegales ciertas huelgas, en función de su motivación. Pero la interpretación jurisprudencial matiza profundamente esa prohibición.

5.1. La huelga "política"

Es ilegal la huelga "cuando se inicie o sostenga por motivos políticos o con cualquier otra finalidad ajena al interés profesional de los trabajadores afectados". Es decir, es ilegal la huelga política en sentido objetivo; o sea, cuando su objeto o pretensión es político.

Pero, en sentido contrario, resulta legal una huelga no ajena al interés profesional aunque vaya dirigida a presionar a los poderes públicos (es decir, la huelga política en sentido subjetivo, cuando el sujeto a quien se pretende presionar es un poder político) (ver STC 36/1993, de 8 de febrero; STS 15 enero 2020, rec. 166/2018). De este modo, se han considerado legales las huelgas "generales" contra varias reformas laborales presentadas por Gobiernos de distinto signo para su aprobación por las Cortes. Son huelgas de "planteamiento político-económico".

Ello confirma el "modelo profesional" de huelga. Solo es ilegal la huelga ajena a los intereses profesionales de los trabajadores. En cualquier caso, la ilicitud se plantea exclusivamente en el terreno laboral: el empresario puede sancionar (ver infra) o exigir una reparación de daños, pero la ilegalidad no tiene trascendencia penal.

Queda la duda respecto del alcance del concepto de "profesional" que deslinda la legalidad o ilegalidad de la huelga. ¿Se refiere a lo estrictamente laboral? ¿Por el contrario, incluye los intereses económicos y sociales de los trabajadores? Parece más bien lo segundo: el art. 28.2 CE se refiere a "los intereses de los trabajadores", sin mayor precisión, pero el art. 7 CE y el art. 1 LOLS hablan de intereses "económicos y sociales".

En suma, resultarían ilegales solo las huelgas por motivos estrictamente políticos, ajenos a los intereses económicos y sociales de los trabajadores.

5.2. Las huelgas de solidaridad

Aunque se declara ilegal la huelga de "solidaridad o apoyo", se hacía la salvedad de que "afecte directamente al interés profesional de quienes la promuevan o sostengan". La STC 11/1981 suprimió la exigencia de que afectara "directamente".

Por consiguiente, es legal la huelga de solidaridad si entra en juego el interés profesional de los trabajadores que solicitan esa solidaridad o apoyo (esto será lo normal), o el interés profesional de los propios huelguistas solidarios.

De este modo, realmente más bien se admite la licitud de la huelga de solidaridad típica (por ejemplo, STS 24 oct. 1989, Roj STS 5724/1989), cuando un sector o empresa que hace huelga por un interés profesional solicita la solidaridad de otros sectores o empresas.

5.3. Huelgas novatorias y huelgas jurídicas. El deber de paz

En fin, se declaran ilegales las huelgas cuyo objeto sea "alterar, dentro de su período de vigencia, lo pactado en un convenio o lo establecido en un laudo".

Resultan, pues, ilegales las huelgas cuyo motivo sea modificar lo pactado en un convenio estatutario (pero el convenio extraestatutario puede prohibir igualmente su modificación) o lo establecido en un laudo arbitral: son las llamadas huelgas "novatorias". El RDLRT impone, de esta forma, un "deber de paz", pero "relativo", limitado a la no alteración del convenio o laudo durante su vigencia.

Por el contrario, el TC admite la licitud de huelgas, durante la vigencia de un convenio o laudo, si su motivo es otro:

- Interpretar el convenio o laudo (la llamada huelga "jurídica"); si bien en el caso concreto puede ser difícil distinguir si el motivo es interpretar el convenio o modificarlo bajo la capa de una supuesta interpretación.
- Incluir regulaciones no previstas en el convenio o laudo (ver STC 38/1990).
- Incluso modificar el convenio o laudo, si han cambiado radicalmente las circunstancias en que se establecieron ("rebus sic stantibus"), posibilidad muy limitadamente admitida por los tribunales: tiene que tratarse de un cambio imprevisible y no solucionable de otro modo.
- Incluso modificarlo como respuesta a un previo incumplimiento empresarial.

Al margen de ese deber de paz, legalmente impuesto pero relativo, el art. 8.1 RDLRT admite la posibilidad de pactar por convenio normas relacionadas con los procedimientos de solución del conflicto causante de la huelga (previa conciliación, etc.), incluida la "renuncia" al ejercicio del derecho de huelga durante la vigencia de un convenio.

Se contempla, así, la posibilidad de pactar un "deber de paz absoluto". Tal pacto se considera lícito, en cuanto que no es propiamente una renuncia incondicional, sino a cambio de concesiones empresariales; aparte de que es temporal (esto sería lo de menos).

Pero recuérdese que el derecho de huelga tiene dos aspectos (colectivo e individual), así como que son varios los que pueden declarar una huelga. Por tanto, pactado un deber de paz, por ejemplo, por el comité de empresa, en principio vincularía solo al sujeto pactante, pero no a otros (un sindicato), que podría declarar lícitamente una huelga, a la que se podrían adherir voluntariamente los trabajadores en uso de su derecho individual (ver SSTC 193/1990 y 189/1993).

6. MODALIDADES ABUSIVAS DE LA HUELGA

El art. 7.2 RDLRT contiene la afirmación de que "se considerarán actos ilícitos o abusivos" determinadas modalidades de huelga: las huelgas rotatorias, las huelgas "tapón" o estratégicas, las de celo o reglamento y, en general, "cualquier forma de alteración colectiva en el régimen de trabajo distinta a la huelga".

El carácter abusivo de estas modalidades se debe a que sobrepasan los límites normales del ejercicio del derecho de huelga (conforme a la definición de abuso que da el art. 7.2 CC), en la medida en que causan un daño anormal o extraordinario, superior al que se deriva estrictamente de la cesación en el trabajo. En efecto, o bien impiden trabajar a quienes desean hacerlo (huelgas "tapón") o bien causan una desorganización que impide reanudar la actividad incluso cuando cesa la huelga para algunos de los trabajadores (huelgas rotatorias) o bien causan un daño sin que exista cesación en el trabajo (huelgas de celo o reglamento).

Lo más importante, en la interpretación dada por el TC, consiste en que la expresión "se considerarán" equivale a que esas modalidades "se presumen" abusivas. Pero se trata de una presunción que admite la prueba en contrario de que en un caso concreto, pese a que se utilice una de esas modalidades, no existe abuso; es decir, que no se ha producido un daño anormal o extraordinario.

A la inversa, una huelga puede ser abusiva aunque no se presuma tal por el art. 7.2 RDLRT (como ejemplo, una huelga por los mismos motivos convocada por cinco sindicatos con cinco comités de huelga: STS 25 abril 2019, rec. 236/2017).

En cualquier caso, es digno de señalar que otra modalidad de huelga como es la huelga intermitente, no se considera abusiva. Con lo que la situación respecto de esta modalidad es la contraria: en principio es lícita, salvo que el empleador demuestre su carácter abusivo en un supuesto concreto (ver STS 9 jun. 2005, rec. 126/2004; ver también ATS 28 abril 2021, rec. 2453/2020). Y ello pese a que se trata de una modalidad frecuente y que puede fácilmente causar un abuso, desorganizando la actividad e impidiendo recuperar la normalidad entre los períodos de cesación en el trabajo (un supuesto de abuso en STS 17 dic. 1999, rec. 3163/1998).

7. LAS HUELGAS EN LOS SERVICIOS ESENCIALES: FIJACIÓN DE "SERVICIOS MÍNIMOS"

En términos prácticamente idénticos a los contenidos en el art. 28.2 CE, el art. 10, párrafo 2° RDLRT dispone que cuando la huelga se declare en cualquier servicio de reconocida e inaplazable necesidad y concurran circunstancias de especial gravedad "la Autoridad gubernativa podrá acordar las medidas necesarias para asegurar el funcionamiento de los servicios". Es en todo caso la Autoridad gubernativa quien puede fijarlos y solo puede delegar en otro órgano —como pudiera ser la empresa o administración afectadas— su mera ejecución o puesta en práctica (STC 296/2006, de 11 octubre; SSTS 9 febrero 2021, rec. 113/2019, y 17 marzo 2021, rec. 118/2019).

Es, sin duda, en este punto donde el RDLRT resulta más insatisfactorio, puesto que puede dar lugar a que la autoridad fije unas medidas (unos servicios mínimos) excesivos y, de otro lado, no garantiza suficientemente el cumplimiento de los mismos. El fracasado proyecto de ley de 1993 ofrecía una solución interesante: pactar "en frío" los servicios mínimos, al margen de una situación actual de conflicto, encomendándose la fijación, en caso de desacuerdo, a un sistema de arbitraje obligatorio.

Con todo y la limitadísima regulación legal, la jurisprudencia tiene el mérito de haber aclarado algunos aspectos esenciales al respecto (ver, como resumen ejemplar, la STC 43/1990, de 15 marzo; posteriores SSTC 183/2006, 184/2006, 191/2006 y 193/2006).

En primer lugar, que el derecho de la comunidad a los servicios esenciales resulta prioritario respecto del derecho de huelga.

En segundo lugar, que hay que considerar servicios esenciales a los que estén dirigidos a la satisfacción de derechos o bienes constitucionalmente protegidos: vida, salud, educación, libertad de circulación, etc. Por tanto, no solo los que atienden otros derechos igualmente fundamentales.

> El art. 2.7 de la ley 17/2015, de 9 de julio, del Sistema Nacional de Protección Civil, define los servicios esenciales a los efectos de la misma: "Servicios necesarios para el mantenimiento de las funciones sociales básicas, la salud, la seguridad, el bienestar social y económico de los ciudadanos, o el eficaz funcionamiento de las instituciones del Estado y las Administraciones Públicas".

En tercer lugar, que la delimitación de en qué medida y con qué intensidad se deba mantener el servicio (es decir, la delimitación de los "mínimos" adecuados) dependerá de las circunstancias concurrentes en cada huelga (ver STS 9 dic. 2003, rec. 48/2003). En efecto, no es lo mismo la huelga en el transporte de viajeros en un período normal que al inicio o fin de vacaciones; y no es lo mismo una huelga aislada en el transporte aéreo que si coincide con huelgas en otros medios de transporte.

Como regla general, en todo caso, "mantenimiento" no equivale a funcionamiento normal del servicio. Debe procurarse un equilibrio de sacrificios: no debiéndose añadir a la presión normal de la huelga la adicional de un daño innecesario para la población, pero debiendo conservar la huelga una capacidad de presión suficiente.

En cuarto lugar, por "autoridad gubernativa" debe entenderse cualquier órgano con capacidad de gobierno, incluidos los autonómicos y municipales (STC 296/2006 y STS 3ª 18 oct. 2002, rec. 8415/1998). Ello provoca el inconveniente de que, en ocasiones, la autoridad responsable del servicio y la que fija los mínimos sea la misma, actuando como "juez y parte". Desde luego, la empresa encargada del servicio no es competente para fijar los servicios mínimos (STC 296/2006, de 11 octubre; STS 17 mar. 2021, rec. 318/2021).

En quinto lugar, que el acto administrativo que fije los servicios mínimos debe estar adecuadamente motivado, razonando normalmente el por qué el servicio se considera esencial y los motivos de la fijación de un determinado nivel de servicios mínimos (ver STC 22/2022, de 24 enero; SSTS 3ª 28 sept. 2004, rec. 6390/1999; 31 en. 2005, rec. 4613/2000; 1 oct 2010, rec. 4117/2007; y 23 en. 2014, rec. 2482/2012).

Por el contrario, aunque conveniente, no es obligatoria la consulta ni la negociación con las empresas afectadas ni con los convocantes de la huelga (STC 51/1986).

En fin, en sexto lugar, que el desacuerdo sobre los servicios mínimos fijados no exime a los trabajadores encargados de la obligación de prestarlos. El incumplimiento de los mínimos puede dar lugar a sanciones por parte empresarial. Ello no obstante, el TC considera que si posteriormente los mínimos son declarados excesivos o no justificados, tal circunstancia habrá de ser tenida en cuenta para valorar el incumplimiento (STC 123/1990).

8. FINALIZACIÓN DE LA HUELGA. ARBITRAJE OBLIGATORIO. ACUERDO DE FIN DE HUELGA

Teniendo en cuenta la doble vertiente de la titularidad del derecho de huelga (colectiva: declarar la huelga; individual: participar en ella), la huelga puede terminar por distintos motivos. En la vertiente colectiva, porque los que la han convocado, la desconvoquen. En la vertiente individual, por falta de participación de los trabajadores.

En todo caso, si se desconvoca la huelga ya no es lícito el continuar la ausencia al trabajo para los trabajadores afectados.

Aparte lo anterior, la huelga puede finalizar igualmente por imposición de un arbitraje obligatorio. En efecto, el art. 10, primer párrafo RDLRT, prevé la posibilidad de que el Gobierno acuerde el establecimiento de un arbitraje obligatorio teniendo en cuenta la duración o consecuencias de la huelga, las posiciones de las partes y el perjuicio grave a la economía nacional (ver STS 11 mayo 2004, rec. 518/2001).

Jurisprudencialmente, se entiende que el Gobierno puede designar a un árbitro independiente, no puede él mismo arbitrar o solucionar mediante un laudo el conflicto. Por lo demás, seguramente tal competencia solo debería entenderse atribuida al Gobierno de la Nación, dada la expresa y limitada referencia al perjuicio grave a la economía "nacional". Aunque, de hecho, ha habido imposición de arbitrajes por parte de gobiernos autonómicos.

Dada la literalidad de la norma (establecimiento de un arbitraje), seguramente la huelga debe finalizar una vez designado el árbitro, aunque no haya pronunciado todavía su laudo: no tiene sentido mantener la huelga si la solución va a depender del laudo arbitral.

Por el contrario, ni siquiera por los mismos motivos le es posible al Gobierno suspender temporalmente el ejercicio del derecho de huelga (lo que en algunos países se admite como imposición de un período temporal "de enfriamiento"). Sí le es posible al Gobierno, en caso de incumplimiento de los servicios mínimos, adoptar otras medidas: sustitución de los huelguistas por efectivos militares, movilización del personal o suspensión del derecho de huelga (en los supuestos de declaración de los estados de alarma, excepción o sitio: Ley 4/1981, de 1 de junio).

El acuerdo (con mediación o sin ella) que ponga fin a la huelga tendrá la eficacia de un convenio estatutario si cumple los requisitos de todo tipo (formales, materiales) para tener esa naturaleza. En caso contrario (sobre todo cuando la huelga no se deba a desacuerdos en la negociación de un convenio, sino a un conflicto más concreto), tendrá naturaleza de convenio o acuerdo extraestatutarios.

9. EFECTOS DE LA HUELGA SOBRE LOS TRABAJADORES HUELGUISTAS

La huelga puede proyectar efectos en el plano retributivo, en el plano disciplinario y en el plano de la Seguridad Social.

A) En el plano retributivo, la huelga suspende el contrato de trabajo con la consiguiente suspensión del derecho al salario (art. 6.2 RDLRT, art. 45.2 ET).

La aplicación de esta regla resulta complicada dada la complejidad que puede tener la retribución del trabajador (ver lección 12ª). La jurisprudencia resulta insegura por fragmentaria y, en ocasiones, confusa e incluso contradictoria. Con esa advertencia, sin ánimo exhaustivo, cabe resaltar los siguientes aspectos.

a) En primer lugar, la huelga supondrá la pérdida del salario base correspondiente al tiempo no trabajado, así como la parte correspondiente de los complementos personales (antigüedad, por ejemplo) o de puesto de trabajo (nocturnidad, toxicidad, por ejemplo) fijados por unidad de tiempo.

Así, si se tiene derecho a un plus de antigüedad de 32 euros/mes, siendo la jornada mensual de 160 horas, en caso de huelga de 8 horas se perdería 1/20 del plus, es decir, 1,6 euros. O si está pactado un plus de toxicidad de 6 euros/día, para una jornada de 8 horas, una huelga de 4 horas supondría la pérdida de 3 euros.

b) En segundo lugar, la huelga repercutirá proporcionalmente sobre la retribución del *descanso semanal*. Para el cálculo de la reducción habrá que estar al régimen salarial pactado.

Por ejemplo, el convenio establece 1.200 euros/mes y una jornada mensual de 120 horas, si se pierden 12 horas por huelga se pierden 1/10 del salario mes, sin más (puesto que en la retribución mensual van incluidos los descansos semanales). Por el contrario, si el convenio establece un salario de 24 euros día y una semana de 40 horas de lunes a viernes, si se pierden 8 horas por un día de huelga el trabajador perderá 24 euros más 1/5 de la retribución del sábado y domingo.

Pero incluso, muy discutiblemente, según la jurisprudencia la huelga afecta íntegramente a la retribución del "descanso intersemanal" coincidente con un período de huelga (por ejemplo: a unos trabajadores, cuyo descanso semanal era en martes-miércoles, pero que habían trabajado los cinco días previos, se les descuenta totalmente la retribución del descanso, por entender que su contrato, como consecuencia de una huelga de lunes a miércoles en que "participan" formando parte de un piquete, estaba suspendido esos dos días).

c) En tercer lugar, respecto de los ***días festivos anuales***, se perdería íntegramente la retribución del festivo coincidente con un período de huelga por el mismo motivo (su contrato estaría suspendido por huelga) (STS 18 abr. 1994, rec. 2555/1993). Lo que resulta igualmente discutible: si es un festivo no hay obligación de trabajar, luego por definición es imposible estar en huelga. Ni siquiera debería caber la pérdida proporcional, puesto que el derecho al festivo no está en función del tiempo trabajado (no es descanso proporcional al tiempo trabajado).

d) En cuarto lugar, la retribución por *pagas extraordinarias* disminuirá proporcionalmente al tiempo perdido por huelga (disminución que se hará efectiva en el momento de su abono). Del mismo modo, disminuirá proporcionalmente la cantidad abonada por *participación en beneficios.*

e) En quinto lugar, en cambio, en principio solamente disminuye de manera proporcional el *derecho a vacaciones retribuidas* en el supuesto de huelgas ilegales, no cuando la huelga es legal, porque según el Convenio nº 132 OIT solo disminuirían las vacaciones por ausencias "injustificadas". Al menos, cuando la huelga legal es de corta duración.

f) En sexto lugar, se consideran ilícitas las *primas antihuelga,* es decir, aquellas que condicionen la percepción de un plus salarial a la no realización de huelgas.

En cambio, respecto de posibles *primas antiabsentismo* (pluses de asistencia o de asiduidad, que se perderían, proporcionalmente o totalmente, por inasistencias al trabajo), habrá que estar al contenido de la cláusula que las regule.

Si se prevé la pérdida proporcional de la prima (por ejemplo, una prima mensual de 200 euros por 20 días de trabajo, perdiéndose 10 por cada día de ausencia), la cláusula es lícita y el ejercicio incluso legal del derecho de huelga podrá tener esa consecuencia (salvo que se haya pactado que la pérdida solo sea por ausencias "injustificadas" al trabajo, puesto que la ausencia por huelga se entiende justificada).

Si, por el contrario, se prevé la pérdida total de la prima (en el ejemplo, se pierden los 200 euros cuando se deje de asistir al trabajo más de un determinado número de días al mes), la cláusula es lícita y se produce la pérdida total pero solo si la regulación no grava especialmente las ausencias por huelga; es decir, si computan también otras ausencias (por enfermedad, por asuntos propios, etc.), aparte de por huelga, para determinar la pérdida de la prima. En todo caso, la huelga sólo es computable como ausencia si así lo prevé expresamente el convenio (STS 9 febrero 2023, rec. 128/2023).

B) En el plano disciplinario, desde luego la participación en huelga legal no es sancionable, pero sí lo es la participación en huelga ilegal, el incumplimiento por parte del trabajador de los servicios de mantenimiento o de los servicios mínimos o la realización de actuaciones conexas con la huelga que supongan incumplimiento de sus obligaciones (piquetes violentos, por ejemplo) podrán dar lugar a la imposición de sanciones disciplinarias, incluido el despido.

De todos modos, la jurisprudencia considera que, en caso de participación en huelga ilegal, la imposición de la máxima sanción de despido queda reservada a supuestos de participación "activa o individualizada" del trabajador en esa huelga ilegal (promoción, inducción, etc.) (STS 17 oct. 1990, Roj STS 7353/1990). Aunque el empresario no está obligado por el principio de igualdad a sancionar del mismo modo a todos (STS 17 oct. 1990, Roj STS 17746/1990).

C) En el plano de la Seguridad Social, se hace necesario distinguir entre huelga legal o ilegal. La participación del trabajador en huelga legal supone el pase del trabajador a situación de "alta especial" en la Seguridad Social, con suspensión de la obligación de cotizar de trabajador y empleador y sin derecho a prestaciones de desempleo ni a prestaciones económicas por incapacidad temporal. No obstante, para evitar una pérdida de cotizaciones, el trabajador puede suscribir un "convenio especial" con la Seguridad Social cotizando a su cargo por el período de huelga.

Si la huelga es ilegal, el empresario procederá a presentar la baja en la Seguridad Social.

Por último, téngase en cuenta en relación a todo lo anterior que no existe en nuestro ordenamiento un procedimiento, previo a la huelga, para calificar la legalidad o ilegalidad de la misma. Desde luego, la autoridad laboral carece de competencias al respecto (no hay trámite administrativo de autorización de la huelga); pero los tribunales, por su parte, normalmente solo conocerán de la legalidad o ilegalidad de la huelga con posterioridad e indirectamente, cuando se ejerzan acciones judiciales reclamando contra una sanción, o contra la decisión de baja en la Seguridad Social, o contra la reducción del período vacacional, etc.

10. REPERCUSIÓN DE LA HUELGA SOBRE LOS TRABAJADORES NO HUELGUISTAS

10.1. Prohibición del esquirolaje

El art. 6.5 RDLRT establece que el empresario no puede sustituir a los huelguistas por trabajadores que no estuvieran vinculados a la empresa al tiempo de ser comunicada la huelga. Por su parte, el art. 8.a) LETT dispone que una ETT no puede poner trabajadores a disposición para sustituir a trabajadores en huelga en la EU (ver lección 8ª).

Así pues, una empresa no puede contratar "esquiroles" para sustituir a sus huelguistas, ni a los mismos efectos disponer de trabajadores cedidos por una ETT. A ello añade la jurisprudencia que tampoco puede una empresa contratar o subcontratar con otra empresa con la misma finalidad sustitutoria.

A esta prohibición del "esquirolaje externo" se suma la doctrina del TC, que tampoco permite al empresario atender las actividades de los huelguistas mediante el cambio de funciones o de puesto de trabajo de trabajadores que no se sumen a la huelga. Es decir, viene a considerar que este "esquirolaje interno" vulnera igualmente el derecho a la huelga (STC 123/1992; asimismo, SSTS 18 mar. 2016, rec. 78/2015, y 20 jul. 2016, rec. 22/2016). Más aún, también se vulnera por la empresa el derecho de huelga si determinados responsables de área realizan el trabajo de los huelguistas, aun cuando lo hagan por propia iniciativa y sin recibir instrucciónes al respecto por parte de aquélla (entre otras, STS 6 mayo 2021, rec. 4975/2018); o cuando la asignación a otros de las tareas realizadas por huelguistas se produce de forma automática mediante una herramienta informática (STS 3 febrero 2021, rec. 36/2019).

Pero también vulnera el derecho a la huelga, por restar eficacia a la misma, una sustitución de los huelguistas no en sus tareas sino en otras actividades como cuando la empresa excluye de participar en un evento a trabajadores cuando la fecha de la huelga coincide con el evento y va a ir acompañada de una concentración en el lugar del mismo (STS 2 diciembre 2020, rec.97/2019).

Cabe asimismo lesionar el derecho de huelga mediante el "esquirolaje tecnológico", es decir, el uso de medios mecánicos o tecnológicos que produzcan el mantenimiento de la normalidad productiva privando a la huelga de repercusión apreciable (STC 183/2006, de 19 junio; también SSTS 20 abr. 2015, rec. 354/2014, y 13 jul. 2017, rec. 25/2017)).

Caso práctico: Esquirolaje tecnológico

Con motivo de una huelga para un determinado día, Euskal Telebista (ETB) mantuvo la programación de determinados programas informativos, autorizados como servicios esenciales por la Consejería de Empleo y Asuntos Sociales, pero también otros de publicidad y teletienda previamente grabados y otros dos programas "Egun-on Euskadi" y "Euskadi Directo".

> El TS estima que la emisión de los contenidos pregrabados de publicidad y teletienda lesionan el derecho de huelga. Ya la STC 183/2006, de 19 de junio, consideró que lesionaba tal derecho la emisión de publicidad continua y de programas enlatados de entretenimiento y formación.
>
> Lesiona asimismo el derecho de huelga la emisión en horario habitual del programa "Egun-on Euskadi", porque si bien entiende que un programa como este de entrevista y tertulia puede tener un contenido informativo que como tal puede considerarse servicio esencial, en este caso ETB no había justificado su emisión con ese carácter. En cuanto al programa "Euskadi Directo" tiene más bien un contenido de entretenimiento, no informativo, por lo que su emisión lesiona el derecho de huelga.
>
> *(Vid. STS 5 diciembre 2012, rec. 265/2011)*

La finalidad de estas prohibiciones es dotar de mayor eficacia a la huelga, ya que el empresario se ve presionado no solamente por la ausencia de los huelguistas sino por la imposibilidad de sustituirlos.

Por el contrario, el propio art. 6.5 admite la posibilidad de sustituir a los huelguistas que incumplan los eventuales servicios de seguridad y mantenimiento (y lo mismo habría que decir de los servicios mínimos). La misma posibilidad existiría, según la jurisprudencia, en caso de huelga ilegal. Pero, en ambos supuestos, en la práctica es difícil que con anterioridad a la huelga se hayan calificado judicialmente como adecuados esos servicios o a la huelga como ilegal: la calificación se hará "a posteriori", precisamente cuando se recurra frente a una sanción administrativa por infracción de la prohibición de sustituir a los huelguistas. Sí es más segura la sustitución de trabajadores que incumplan los servicios mínimos decretados por la autoridad gubernativa.

Se había admitido jurisprudencialmente que una empresa principal podía, en caso de huelga en una contratista (ver lección 8ª), contratar los servicios de otra contratista; aunque se mantuvo que este cambio de contratista solamente era factible si no resta capacidad de presión a la huelga. Del mismo modo, cuando un trabajador cedido por una ETT esté en huelga por un conflicto con su ETT (no cuando se sume a una huelga en la propia EU), debería ser posible su sustitución contratando la EU los servicios de otra ETT, o acudiendo a una contratista o contratando directamente a un trabajador.

Pero, tras las SSTC 75 y 76/2010 (que estimaron que vulnera el derecho de huelga la rescisión de la contrata por parte de la principal, rescisión que lleva a la contratista al despido de sus trabajadores por causas objetivas), la jurisprudencia ha considerado que esa sustitución de una contratista por otra —normalmente en un grupo mercantil de empresas— lesiona el derecho de huelga si de ese modo se mantiene la normalidad productiva (por todas, STS 3 oct. 2018, rec. 3365/2016, con extensa cita de otras anteriores, como la STS 11 feb. 2015, rec. 95/2014, Caso Prisa; en cambio no se aprecia lesión en el supuesto de la STS 16 nov. 2016, rec. 59/2016, en que no se aprecia "especial vinculación" entre la empresa contratista en huelga y empresas clientes o principales que la sustituyen por otras contratistas; ver, como más reciente, la STS 8 noviembre 2023, rec. 204/2021). Lo mismo cabría decir de la sustitución de una ETT por otra.

Caso práctico: Huelga en empresa contratista

Frente a despidos colectivos en la empresa Pressprint, que suponen además el cierre de un centro, se produce una huelga. Pressprint imprime el diario El País, otros del Grupo Prisa (AS, Cinco Días) y otra prensa (Voz de Galicia, La Vanguardia, Mundo Deportivo). La impresión de los diarios del Grupo supone el 70% de su actividad. Pressprint tiene su origen en la reorganización de las unidades productivas de El País en varias empresas: Agrupación de Servicios de Internet y Prensa, Ediciones El País y Pressprint. Ediciones El País es el socio único de Pressprint.

Durante la huelga la impresión de la prensa mencionada se contrata con otras empresas impresoras, manteniéndose con normalidad. ¿Resulta lesionado el derecho de huelga de los trabajadores de Pressprint?

El TS estima que se ha producido tal lesión. El TS hace los siguientes razonamientos en los fundamentos de derecho:

En primer lugar, recuerda que conforme a la doctrina del TC el derecho de huelga es un derecho fundamental especialmente tutelado, que es un derecho necesario para la defensa de los intereses de los trabajadores, aunque puede tener límites.

En segundo, señala que el art. 6.5 RDLRT prohíbe el "esquirolaje interno" pero que también es contrario al derecho de huelga el "esquirolaje externo" (en ambos casos salvo que se trate de servicios esenciales o de mantenimiento y seguridad), así como el "esquirolaje técnológico".

En tercero, razona que, conforme a la doctrina del TC, el derecho de huelga puede ser lesionado incluso por quien no sea el empleador y que no sería admisible que en supuestos de descentralización productiva los trabajadores tengan menor protección que en supuestos de actividad no descentralizada.

En cuarto, pone de relieve que en este caso Pressprint forma parte de un grupo empresarial y que su actividad se realizaba anteriormente por la empresa origen del grupo, siendo la impresión una parte del proceso productivo que antes se ejecutaba centralizadamente.

En fin, que si bien era cierto que el daño sufrido por los trabajadores (pérdida de 40.132 euros en salarios) era menor que el sufrido por la empresa impresora (347.227,23 euros), no hay base legal alguna para exigir un equilibrio en las pérdidas.

Constatando que los diarios salieron con normalidad y que por ello no hubo la presión que toda huelga pretende ni se exteriorizaron ni hicieron visibles los efectos de la misma, concluye que las empresas editoras que decidieron el cambio de contratista impresora vaciaron de contenido el ejercicio del derecho de huelga con independencia de que no existiera relación laboral entre las mismas y los huelguistas.

(Vid. STS 2 febrero 2015, rec. 95/2014)

El recurso empresarial al esquirolaje supone una infracción muy grave (art. 8.10 LISOS); incluso la comisión del delito previsto en el art. 315.1

y 2 CP (impedir o limitar el ejercicio del derecho de huelga, pero solo si media engaño o abuso de situación de necesidad, o con coacciones).

10.2. Repercusiones sobre el salario de los no huelguistas

Los trabajadores tienen derecho a no sumarse a la huelga (no se trata propiamente de esquiroles). Pero su salario, aunque no participen en la huelga, puede verse afectado cuando les sea imposible trabajar como consecuencia de la misma: por una huelga en los transportes, por la actuación de un piquete que les impida acceder al trabajo, por la falta de materias primas o energía motriz, o porque la ausencia de los huelguistas imposibilite el trabajo del resto de los trabajadores.

En el primer supuesto, la jurisprudencia estima que el empresario no está obligado al abono de los salarios, puesto que los trabajadores no llegan a ponerse a su disposición y además la situación no le es imputable.

En el segundo, por el contrario, se estima que procede el abono de los salarios por no tratarse de un supuesto de suspensión contemplado en el art. 45 ET, con independencia de que el empresario podría normalmente proceder a la declaración de cierre patronal (ver lección 7ª).

En el tercer supuesto, podría el empleador pueda solicitar autorización a la autoridad laboral para suspender los contratos por fuerza mayor conforme al art. 47 ET (pero debe tratarse de una situación imprevisible o inevitable). Alternativamente, tendría que abonar los salarios y proceder a recuperar las horas perdidas si así lo previera el convenio colectivo (ver lección 11ª).

En el cuarto, para evitar el pago de salarios, el empresario podría suspender los contratos de los no huelguistas mediante declaración de cierre patronal (ver lección 7ª) o, dudosamente, mediante autorización de la autoridad laboral por fuerza mayor.

Lección 7ª

El cierre patronal. El conflicto colectivo

1. EL DERECHO DE CIERRE PATRONAL EN EL ORDENAMIENTO ESPAÑOL

El cierre patronal, como medida de conflicto, se sitúa en contraposición a la huelga. Consiste en la clausura de la empresa o centro de trabajo, impidiendo la prestación de servicios a los trabajadores.

1.1. El derecho de cierre en la Constitución

La Constitución, art. 37.2 reconoce, a trabajadores y empresarios, el derecho a adoptar "medidas de conflicto colectivo". No menciona expresamente el cierre, pero la STC 11/1981 entiende que queda implícitamente reconocido, como la típica medida de conflicto que es.

Pero ese reconocimiento viene limitado por el derecho fundamental a la huelga. De este modo, no cabe constitucionalmente un derecho al cierre patronal de represalia o de retorsión (como sanción a una huelga previa). Pero tampoco cabe un cierre patronal ofensivo (entendido como medida de presión empresarial en una negociación), porque, si se reconociera el derecho al cierre ofensivo, se descompensaría el equilibrio de poder entre empresarios y trabajadores, alcanzado al reconocer el derecho de huelga. No cabe, pues, la igualdad de armas o la paridad en la lucha.

Por tanto, solamente cabe el cierre patronal defensivo. Eso sí, ampliamente, tanto como defensa frente a daños físicos a las personas o a las cosas (por "razones de policía"), cuanto como defensa frente a daños económicos (para evitar seguir pagando salarios cuando quede impedido gravemente el proceso productivo). El primer aspecto defensivo lo reconoce expresamente el TC. El segundo, lo admite en cuanto que considera constitucional el art. 12.c) RDLRT, como ahora veremos.

1.2. Modalidades legales de cierre patronal

Como en el caso de la huelga, la regulación sigue estando en el RDLRT, norma preconstitucional.

El art. 12 contempla tres supuestos legales de cierre patronal:

a) Existencia de notorio peligro de violencia para las personas o de daños graves para las cosas.

El notorio peligro tiene que producirse en el centro de trabajo (STS 3ª 14 y 17 en. 1999, recs. 2478/1999 y 2597/1999), debe ser cierto y actual (STS 3ª 26 may. 2008, rec. 964/2005), y debe ser imposible combatir el peligro por otras vías.

b) Ocupación ilegal del centro de trabajo o cualquiera de sus dependencias, o peligro cierto de que aquella se produzca.

En la medida en que la ocupación ilegal (ver, lección 6ª) se produce cuando hay una orden de desalojo, que se justifica precisamente porque exista peligro de daños, en principio este supuesto viene a coincidir con el anterior.

c) En fin, cuando el volumen de inasistencia o irregularidades en el trabajo impidan gravemente el proceso normal de producción.

Lo decisivo, pues, es que se impida el proceso de producción, ya sea por una huelga, ya sea por otro tipo de irregularidades (STS 31 mar. 2000, rec. 2705/1999).

Por consiguiente, si se impide el proceso de producción, se justifica el cierre incluso si tal impedimento procede de una huelga legal. Y, al contrario, aunque la huelga sea ilegal, no se justifica el cierre si no se impide gravemente el proceso de producción.

El impedimento tiene que ser grave y consiste en que no se pueda dar ocupación a los trabajadores por la huelga o por las irregularidades. Normalmente, el cierre se utilizará frente a huelgas abusivas.

Caso práctico: Cierre patronal

En una empresa se presenta un preaviso de huelga indefinida para todos sus centros. En dos de esos centros, donde la huelga se inicia el 1 de junio, la empresa decide un cierre patronal el día 3 de junio, después de que en uno de ellos participaran en la huelga 66 de 72 trabajadores y en el otro lo hicieran 26 de 29. El personal que no se adhiere a la huelga es personal administrativo. La empresa decide el cierre, y lo comunica en tiempo hábil, por inexistencia de servicios mínimos y por grave impedimento para la producción. El día 8 el comité de huelga decide suspenderla hasta el día 12 y la empresa suspende igualmente el cierre a resultas de lo que suceda ese día 12. Terminada la huelga y el cierre, la representación sindical plantea un conflicto colectivo solicitando el abono de los salarios a los no huelguistas por ilegalidad del cierre.

Tanto el TSJ como el TS desestiman la demanda considerando legal el cierre en cuestión. Aparte de desestimar el argumento sindical de que el supuesto del art. 12.1.c) del RDLRT no es autónomo respecto de los otros dos supuestos (peligro de violencia o daños graves; ocupación ilegal del centro), el TS mantiene que la mera negativa del comité de huelga a negociar servicios mínimos no justificaría el cierre, pero que sí hay un impedimento grave al proceso normal de producción porque al no acudir al trabajo el personal de fabricación, de almacén, de atención al público, de venta y de transporte no era posible encomendar a los administrativos ningún tipo de actividad productiva.

(Vid. STS 31 marzo 2000, rec. 2705/1999).

1.3. Requisitos para su ejercicio y efectos

A) *Requisitos.* Aparte de una de esas causas, el empresario debe comunicar el cierre a la Autoridad laboral en un plazo de 12 horas desde el cierre. La falta de comunicación lo hace ilegal.

Su duración será por el tiempo indispensable para remover las causas que lo motivaron. Pero, en todo caso, el empresario debe reabrir cuando sea requerido por la Autoridad laboral. Si no lo hace, incurre en infracción muy grave con independencia de que existiera causa legal para el mismo. El requerimiento de la Autoridad se puede recurrir y, si se anula judicialmente, la Administración sería responsable de los daños causados a la empresa.

B) *Efectos.* Si el cierre es legal (hay causa y se ha comunicado), los efectos son los mismos que en la huelga legal: se suspenden los contratos, no se abonan los salarios y los trabajadores quedan en alta especial en la Seguridad Social (no se cotiza por ellos).

Si el cierre es ilegal, los contratos no se suspenden y el empresario debe seguir abonando los salarios, pese a la falta de prestación laboral. Además, puede haber sanción administrativa por infracción muy grave, en el supuesto ya dicho de falta de reapertura (art. 8.9 LISOS). En fin, muy eventualmente podría producirse un delito (art. 172 CP: impedir con violencia hacer o que la ley no prohíbe, en este caso trabajar; art. 315 CP: impedir el derecho de huelga, pero con engaño, abuso de situación de necesidad, violencia, coacciones).

Lo normal es que se plantee por los trabajadores afectados la reclamación de salarios por ilegalidad del cierre. Pero, como en la huelga, la calificación de legal o ilegal la harán los tribunales, con posterioridad al cierre, no antes, precisamente ante esas reclamaciones.

2. EL CONFLICTO LABORAL. CONCEPTO Y CLASES

A) *Concepto.* En la relación laboral existe siempre un conflicto, estructural o "latente". Pero el derecho se ocupa del conflicto solamente cuando se hace real o "patente", es decir, aquellas situaciones en que la pretensión de una parte es rechazada por la otra.

B) *Clases.* Este conflicto laboral real se puede clasificar desde distintos puntos de vista, clasificaciones que, sobre todo, tienen interés desde el punto de vista procesal.

a) En primer lugar, en función de la *finalidad* del conflicto, se puede distinguir entre conflictos económicos -también llamados conflictos de interés- y conflictos jurídicos (sobre los conceptos de conflicto de intereses y de conflicto jurídico, ver STS 29 septiembre 2021, rec. 31/2020, y jurisprudencia allí citada).

- a') Conflicto económico o de interéses aquel cuya finalidad es crear una norma: por eso se denomina también conflicto de regulación o novatorio. El caso típico es la falta de acuerdo en la negociación de un convenio colectivo.
- b') Conflicto jurídico es aquel cuya finalidad es la interpretación o aplicación de una norma ya existente. No hay un desacuerdo sobre cuál deba ser la regulación de una materia, sino sobre la interpretación o aplicación a dar a una regulación ya establecida por ley, convenio o contrato.

La consecuencia de la distinción es, como se dijo, procesal: los tribunales tienen la función de aplicar las normas (interpretarlas y aplicarlas), no la de crearlas. Pueden conocer de conflictos jurídicos, pero no de conflictos económicos o de regulación.

b) En segundo lugar, en función del *objeto* del conflicto, éste puede ser individual, plural o colectivo. La clasificación depende del tipo de interés (individual, plural o colectivo) objeto del conflicto.

- a') En el conflicto individual, el interés en juego es concreto y personalizado (SSTS 26 feb. 2001, rec. 3560/2000, y 10 may. 2004, rec. 170/2003). Es un conflicto que afecta a una persona concreta y depende de las circunstancias particulares de esa persona.
- b') En el conflicto plural, se trata de una suma de intereses, pero siempre de personas concretas (STS 31 mar. 1999, rec. 2437/1998). Realmente, no se diferencia del anterior sino en el número de personas afectadas, pero siempre se refiere a situaciones singulares.

c') En el conflicto colectivo, en fin, el enfrentamiento afecta a un grupo genérico o abstracto de personas, sobre un interés común a todo ellos como tal grupo (STS 10 marzo 2021, rec. 139/2019: un conflicto que afecte a un grupo indiferenciado, sin particularidades, aun cuando en la práctica pueda generar después efectos para los integrantes del grupo).

Un simple ejemplo permite comprender la diferencia. Si, por ejemplo, se plantea un conflicto acerca de si, en virtud de lo dispuesto en un convenio, los trabajadores de determinada sección de una empresa tienen o no derecho a un plus de transporte, estaremos ante un conflicto colectivo, ya que lo que se pretende es que se resuelva esa duda respecto a cualquier trabajador que, actualmente o en otro momento, pertenezca a esa sección. Si, por el contrario, las concretas personas que actualmente integran esa sección reclaman determinadas cantidades en concepto de ese pretendido derecho, estaremos ante un conflicto plural. Como se puede ver, el que se trate de un conflicto colectivo o, por el contrario, plural, depende en buena medida de en qué términos se plantee el conflicto en cuestión.

La consecuencia de la distinción es, de nuevo, procesal. Existe, como luego veremos, un proceso especial de conflicto colectivo, que tiene ventajas (preferencia, celeridad en su solución, alcance general de la solución dada) y que solamente es utilizable si, en efecto, se trata de tal tipo de conflictos. No hay consecuencias, en cambio, en relación al derecho de huelga: el derecho de huelga se puede ejercitar incluso si el conflicto es plural o individual (por ejemplo, huelga exigiendo la readmisión de un trabajador despedido).

Nuestra legislación procesal (art. 153.1 LRJS) define el objeto de ese proceso especial como aquel que afecta a un grupo genérico de trabajadores o a un colectivo genérico susceptible de determinación individual (es decir, conflicto colectivo) y versa sobre la interpretación o aplicación (es decir, conflicto jurídico) de una norma estatal, de un convenio cualquiera que sea su eficacia, de pactos o acuerdos de empresa, o de una decisión empresarial de carácter colectivo, o de una práctica de empresa. Como decisión empresarial se incluyen las de los arts. 40.2 y 41.2 ET, aunque realmente no se refieran a grupos genéricos, sino a trabajadores concretos. Se tramitan también por este proceso las demandas que versen sobre los acuerdos de interés profesional de los "trade", así como la impugnación directa de los convenios o pactos colectivos no comprendidos en el art. 163 LRJS.

3. PROCEDIMIENTOS DE SOLUCIÓN DE LOS CONFLICTOS COLECTIVOS

Los procedimientos de solución de los conflictos colectivos pueden ser de muy diverso tipo.

En función de su origen, estos procedimientos pueden estar establecidos por el Estado (procedimientos "heterónomos"), o pueden estar establecidos por los agentes sociales (procedimientos "autónomos").

En función de los sujetos que intervienen en el procedimiento, se pueden solucionar por las mismas partes en conflicto ("autocomposición": es decir, negociación) o mediante intervención de terceros ("heterocomposición"). Ya hemos visto (lección 5ª) la regulación de la negociación colectiva. Ahora se van a estudiar los procedimientos de solución con intervención de terceros.

A su vez, la intervención de terceros puede consistir en un *procedimiento judicial* (el tercero es un tribunal) o en un *procedimiento extrajudicial* (el tercero no es un tribunal).

En fin, esos procedimientos extrajudiciales pueden consistir en una conciliación, una mediación o un arbitraje.

Se habla de *conciliación* cuando el tercero se limita a tratar de aproximar las posiciones de las partes en conflicto.

Se habla de *mediación* cuando el tercero puede proponer soluciones concretas a las partes.

En la práctica, apenas se diferencian ambos procedimientos. En cualquier caso, en ambos la solución, en último término, se alcanza mediante el acuerdo entre las partes. Ni el conciliador ni el mediador imponen una solución. Lo que sí puede suceder, en ambos casos, es que sea voluntario acudir a la conciliación o mediación, o que sea obligatorio.

Se habla de *arbitraje,* en fin, cuando el tercero impone una solución, dirimiendo el conflicto mediante un laudo arbitral. En este caso, puede ser voluntario u obligatorio acudir al arbitraje (de derecho o de equidad), pero, en ambos casos, la solución que dé el árbitro es vinculante para las partes en conflicto. Ciertamente, es normal que se pueda impugnar el laudo en vía judicial, pero ello solo por causas limitadas: que se resuelvan cuestiones no sometidas al arbitraje ("ultra vires"), que no se respeten principios formales (audiencia de las partes, plazos), que el contenido del laudo sea ilegal.

3.1. Los procedimientos extrajudiciales de solución de los conflictos colectivos

Actualmente están adquiriendo mucha importancia los procedimientos extrajudiciales pactados autónomamente por los agentes sociales, mediante acuerdos intersectoriales de ámbito estatal o de comunidad autónoma. Pero también existen procedimientos de solución extrajudicial previstos heterónomamente por el Estado.

A) Procedimientos regulados por normas estatales

La normativa estatal contempla, en primer lugar, distintos mecanismos de solución de conflictos. Se trata de:

1) Un procedimiento de *conciliación ante la autoridad laboral* previsto en el RDLRT (arts. 16 y sigs.). Cabe utilizarlo en conflictos colectivos tanto económicos como jurídicos. Si se utiliza este procedimiento no cabe ejercitar el derecho de huelga. La autoridad laboral intentará la avenencia. Si no se llega a un acuerdo (ni siquiera el de someter voluntariamente el conflicto a arbitraje), y el conflicto es económico, termina el procedimiento sin solución. Si el conflicto es jurídico, a instancia de una de las partes la autoridad laboral lo comunicará al tribunal competente y seguirá como proceso de conflicto colectivo (ver, infra, en esta lección).

2) El procedimiento de *conciliación ante servicios administrativos* dispuestos al efecto (en el ámbito estatal: la Subdirección General de Relaciones Laborales del MTES; en el ámbito autonómico: los servicios correspondientes de mediación, arbitraje y conciliación) (RDL 5/1979; RD 2756/1979).

El intento de conciliación resulta obligatorio en cuanto que constituye un trámite necesario previo al planteamiento de una demanda judicial (art. 156.1 LRJS); por tanto, obligatoria solo para conflictos jurídicos, para los económicos sería voluntaria. Además, si el demandado no comparece injustificadamente a la conciliación y luego la sentencia coincide con la pretensión formulada, se le impondrá multa por temeridad (art. 66 LRJS).

No obstante, téngase en cuenta que: 1) Esa conciliación previa no se considera obligatoria por la jurisprudencia cuando el demandado sea el Estado, CCAA, Entidades locales u organismos autónomos; 2) La conciliación como requisito previo al proceso judicial, puede efectuarse también ante organismos similares previstos por los Acuerdos o Convenios colectivos de ámbito estatal o de CCAA sobre solución de conflictos (ver a continuación). Dada la progresiva implantación de estos procedimientos alternativos, la utilización de los mecanismos previstos en la normativa estatal se va reduciendo.

3) La normativa estatal (RDL 5/1979; RD 2756/1979) prevé también un trámite de *mediación* que pueden solicitar las partes u ofrecerla los servicios administrativos antes señalados, siendo gestionada por los mismos. Este procedimiento de mediación no es obligatorio (se solicita o se acepta el ofrecimiento: aunque la autoridad laboral puede exigir al servicio que designe un mediador, no hay sanción si las partes en conflicto no acuden). También cabe que la Inspección de Trabajo actúe como mediadora si se le solicita (art. 12.3 LIT; art. 9 RDLRT).

4) En fin, en cuanto al *arbitraje*, cabe su utilización *voluntaria* ante el árbitro designado por las partes (este arbitraje voluntario se contempla en el art. 24 RDLRT). No hay servicios públicos de arbitraje especializados, pero cabe la aceptación del arbitraje de la autoridad laboral o de los servicios administrativos ya señalados o de la Inspección. Aparte de ello, la normativa estatal prevé dos supuestos de *arbitraje obligatorio*, que ya se han visto en dos lecciones anteriores: en caso de impugnación de procesos electorales (art. 76 ET; ver, lección 4ª), pero que puede ser recurrido ampliamente ante los tribunales; y en caso de huelgas que afecten gravemente a la economía nacional, como supuesto excepcional (art. 10.1 RDLRT; ver, lección 6ª). Las recientes reformas de 2010-2012 también promocionan —e incluso imponen, con debatida constitucionalidad— el arbitraje obligatorio en relación a la inaplicación o renovación de convenios colectivos (ver lección 5ª).

B) Acuerdos intersectoriales sobre solución de conflictos

1º) En el ámbito estatal, está vigente un sexto Acuerdo sobre Solución Autónoma de Conflictos (ASAC-VI), de 26 de noviembre de 2020, hasta 31 diciembre de 2024. Se prorrogará cada cuatro años, salvo denuncia expresa en cuyo caso mantendrá su vigencia hasta que se alcance un nuevo Acuerdo (art. 2.2).

Siendo un acuerdo sobre materia concreta (art. 83.3 ET) tiene aplicación general y directa. No obstante, su art. 3.3 prevé que por convenio colectivo o acuerdo sectorial (o convenio de empresa, grupo de empresas o empresas vinculadas con centros en más de una CA) se podrán establecer sistemas propios de solución de conflictos.

Son objeto del ASAC-VI determinados conflictos colectivos laborales entre empresarios y trabajadores o sus respectivas organizaciones (pero excluyendo aquellos en que sean parte las CCAA, entidades locales y entidades de derecho público con personalidad propia vinculadas o dependientes de los mismos, o que versen sobre Seguridad Social, aunque sí la complementaria incluyendo planes de pensiones). Debe tratarse de conflictos de ámbito superior al de una CA, pero también cuando afecten a empresas, grupos de empresa o pluralidad de empresas o centros radicados en una CA pero a las que se aplique un convenio sectorial estatal y de la resolución del conflicto puedan derivarse efectos para empresas o centros radicados en otras CCAA (art. 2.1).

Los conflictos en cuestión son (art. 4.3):

- Los conflictos de interpretación y aplicación contemplados en el art. 153LRJS, sin perjuicio de la intervención de las comisiones paritarias si se refieren a convenios colectivos.
- Las controversias en las comisiones paritarias de los convenios que conlleven el bloqueo en la adopción de acuerdos respecto de sus funciones.
- Los conflictos durante la negociación de un convenio que conlleven su bloqueo, sin que sea preciso que transcurra plazo alguno si el procedimiento se solicita conjuntamente por quienes tengan capacidad para suscribir el convenio con eficacia general.
- Los conflictos durante la negociación de acuerdos o pactos colectivos que conlleven su bloqueo —en principio por tres meses—, pero sin que tenga que transcurrir el plazo, como en el supuesto anterior.
- Los conflictos por discrepancia, en los períodos de consultas de los arts. 40, 41, 47, 51 y 82.3 ET. También del art. 44.9 ET, con excepciones.
- Los conflictos que motiven la impugnación de convenios, previamente a la vía judicial.
- Y algunos otros, incluidos los que den lugar a la convocatoria de una huelga o sobre determinación de los servicios de seguridad y mantenimiento.

El ASAC-VI ha venido a incluir también los conflictos entre los empleados públicos y la AGE —y organismos, Agencias y entidades públicas de ella dependientes— mediante acuerdo de adhesión expresa. Así como los conflictos colectivos de su personal laboral sometidos al ordenamiento laboral (art. 4.4).

El ASAC-VI prevé un procedimiento de *mediación* (regulado en los arts. 9-12 y 13-19 de este ASAC-VI.), obligatoria cuando lo solicite una de las partes —salvo cuando se requiera el acuerdo de las dos—, y que es requisito previo para plantear un proceso de conflicto colectivo o la convocatoria de una huelga. Su iniciación impide la convocatoria de huelga o la adopción de medidas de cierre patronal. Se debe agotar en los conflictos en los períodos de consultas de los arts. 40, 41, 44.9, 47, 51 y 82.3 del ET. Durante su tramitación, no se podrán adoptar otras medidas de conflicto.

Igualmente se prevé un procedimiento de *arbitraje voluntario* (regulado en los arts. 9-12 y 20-25 de este ASAC-VI), requiriéndose manifestación expresa de las partes de someterse al laudo arbitral. Formalizado el compromiso arbitral no se puede recurrir a la huelga o al cierre patronal. Puede recurrirse el laudo ante los tribunales por una serie de causas tasadas conforme a los arts. 65.4 y 163.1 LRJS.

Para la aplicación del ASAC existe un Servicio Interconfederal de Mediación y Arbitraje, como Fundación del Sector Público Estatal (SIMA-FSP).

2º) En todas las CCAA, existen Acuerdos Intersectoriales sobre solución extrajudicial de conflictos, semejantes al ASAC, aplicables cuando el ámbito del conflicto colectivo no exceda de una CA. Normalmente se refieren a conflictos colectivos, aunque muchos de ellos incluyen también conflictos individuales.

3º) Cabe resaltar que, tanto en el ASAC-VI como en los acuerdos autonómicos, la mediación es obligatoria pero el arbitraje es voluntario.

La ley parece admitir en algún caso la posibilidad de que los Acuerdos impongan arbitrajes obligatorios. Los arts. 82.3 (inaplicación de convenios) y 86.3 (renegociación de un convenio denunciado) prevén que los acuerdos interprofesionales establezcan procedimientos para solventar de manera efectiva las discrepancias en esas negociaciones, "incluido el compromiso previo de someter las discrepancias a un arbitraje vinculante", lo que parece aludir a un arbitraje voluntario; pero el art. 86.3 añade que esos acuerdos expresarán "el carácter obligatorio o voluntario del sometimiento al procedimiento arbitral". El ASAC-VI solamente contempla la obligatoriedad del arbitraje cuando lo haya previsto expresamente un convenio colectivo, respecto de su renegociación u otros supuestos (art. 9.1.b).

4º) Los acuerdos existentes (ASAC-VI y autonómicos) son acuerdos intersectoriales. Pero también cabe pactar procedimientos de solución extrajudicial para un sector concreto por convenio colectivo de ámbito estatal o de CA.

C) Procedimientos previstos por convenio colectivo

Como ya vimos (lección 5ª) los arts. 85.3.e) y 91.3 ET prevén que los convenios colectivos atribuyan a sus comisiones paritarias funciones de conocimiento y resolución de los conflictos derivados de la aplicación e interpretación con carácter general de los convenios; intervención que debe ser previa a los procedimientos extrajudiciales. Así como, conforme al art. 85.3.c), de los conflictos en materia de inaplicación del convenio.

Recuérdese, asimismo, que el art. 91.2 ET prevé, al margen de las competencias de las comisiones paritarias, que los convenios puedan establecer procedimientos, como la mediación y el arbitraje, para la solución de los conflictos colectivos de aplicación e interpretación del convenio.

En fin, recuérdese que el art. 85.1 ET contempla la posibilidad de que los convenios establezcan procedimientos para resolver las discrepancias en materia de traslados colectivos (art. 40), modificaciones colectivas (art. 41), suspensiones (art. 47) y despidos colectivos (art. 51).

D) Solución extrajudicial en el empleo público

Cabe indicar que el EBEP reconoce (como otro derecho de titularidad individual y ejercicio colectivo de los empleados públicos) el derecho al planteamiento de conflictos colectivos (art. 15.d), contemplando la negociación de sistemas de solución extrajudicial, para los conflictos derivados de la negociación, aplicación e interpretación de los Pactos y Acuerdos para los empleados públicos, por procedimientos de mediación (obligatorios) y de arbitraje (voluntarios), regulando asimismo la eficacia de los acuerdos y laudos arbitrales, y su impugnación, todo lo que requerirá un desarrollo reglamentario del EBEP (art. 45).

E) Solución extrajudicial en el TRADE

Respecto de los TRADEs, el art. 18 LETA exige el intento de conciliación o mediación como requisito previo para la tramitación de acciones judiciales en relación a su régimen profesional, aparte de prever la institución de órganos específicos de solución de conflictos mediante los acuerdos de interés profesional (y, parece, en general procedimientos de solución extrajudicial). Algunos aspectos de esos procedimientos (principios inspiradores, fuerza de los acuerdos en avenencia, voluntariedad del arbitraje, eficacia de los laudos y régimen del procedimiento arbitral) se abordan someramente en el mismo lugar.

3.2. El procedimiento judicial de conflicto colectivo

La LRJS contempla como una modalidad procesal la de conflicto colectivo (arts. 153-162).

El conflicto tiene que referirse a la aplicación o interpretación de una norma estatal, de un convenio colectivo (estatutario o extraestatutario: "cualquiera que sea su eficacia"), de pactos o acuerdos de empresa, o de una decisión empresarial de carácter colectivo, o de una práctica de empresa. Y tiene que afectar a "intereses generales de un grupo genérico de trabajadores". En suma, un conflicto jurídico y colectivo, conceptos que ya vimos (sobre la adecuación del procedimiento de conflicto colectivo, ver SSTS 10 mayo 2023, rec. 111/2021, y 19 junio 2023, rec. 153/2021). En todo caso, la adecuación del procedimiento hay que apreciarla en el momento del recurso, no del juicio (STS 28 enero 2020, rec. 2884/2017).

El ámbito territorial del conflicto determinará el juzgado o tribunal competente (arts. 7 y 8 LRJS; ver STS 13 enero 2021, rec. 179/2018: la competencia viene determinada por el alcance territorial de los efectos del conflicto colectivo planteado).

Además, también se tramitan por este proceso los conflictos de impugnación de un convenio colectivo estatutario o de laudos arbitrales sustitutivos de estos (ver, lección 5ª) y las impugnaciones de traslados colectivos y de modificaciones sustanciales de carácter colectivo (ver, lección 10ª). Aunque realmente se trata en estos últimos casos de conflictos más plurales que referidos a un grupo genérico —ya que afectan a personas concretas (traslados y modificaciones), pero precisamente el art. 153.1 habla ahora también de un "colectivo genérico susceptible de determinación individual"— o de conflictos que tienen un transfondo de conflicto económico (modificaciones sustanciales, que suponen modificar la regulación de un convenio o acuerdo colectivo; si bien el juez no decide la modificación, sino solamente sobre si esa está justificada, lo que es un conflicto jurídico). En fin, se tramita por este proceso la impugnación directa de convenios o pactos colectivos que no sean estatutarios.

1º) Sujetos legitimados para instar este proceso (ver art. 154 LRJS) son, *por parte de los trabajadores,* los sindicatos cuyo ámbito sea igual o más amplio que el del conflicto (así, por ejemplo, un sindicato puede plantear un conflicto colectivo de ámbito empresarial).

Puede plantearlo cualquier sindicato, aunque reiterada jurisprudencia exige que tenga, al menos, implantación en el ámbito del conflicto: con un extenso repaso de la jurisprudencia al respecto, STS 14 mayo 2021, rec. 1/2020). Puede, pues, plantearlo un sindicato minoritario, aunque la sentencia, luego, tendrá efectos generales. Por ello, se prevé que, aunque no lo hayan planteado, puèdan personarse como parte en el proceso los sindicatos representativos, las asociaciones empresariales representativas y los órganos de representación unitaria o sindical en la empresa.

También pueden plantear este proceso los órganos de representación unitaria o sindical de los trabajadores en la empresa, cuando el ámbito del conflicto sea de empresa o inferior. Debe haber una adecuación entre el ámbito de quien promueve el conflicto y el ámbito del mismo, que no cabe reducir artificiosamente, aunque no es preciso que el ámbito coincida con el de la norma a interpretar (STS 30 sept. 2008, rec. 90/2007). En su caso, pueden plantearlo los órganos de representación del personal laboral al servicio de las AAPP.

Aunque no figuran en el art. 154 LRJS, diversas SSTS reconocen legitimación a la mayoría de la comisión negociadora (de un convenio, de un despido colectivo…) (entre otras STS 20 marzo 2024, rec. 145/2022).

Por parte de los empresarios, pueden promover este proceso los empresarios (cuando se trate de conflicto de empresa o ámbito inferior) o las asociaciones empresariales cuyo ámbito sea igual o más amplio que el del conflicto (pero una asociación empresarial no puede plantear un conflicto de empresa o inferior). En su caso, pueden plantearlo las AAPP empleadoras incluidas en el ámbito del conflicto.

En el caso de los "trade", pueden promover el proceso las asociaciones o los sindicatos representativos de los mismos, cuyo ámbito sea igual o más amplio que el del conflicto, y las empresas para las que ejecuten su actividad o sus asociaciones empresariales.

Aunque no hayan promovido el conflicto, pueden personarse en él los sindicatos y asociaciones empresariales más representativas y los representantes legales o sindicales de los trabajadores.

2°) El proceso se puede iniciar directamente por las partes interesadas. También por la Autoridad laboral, a instancia de alguno de los sujetos legitimados.

3°) Recuérdese que es requisito previo necesario el que se intente previamente la conciliación, pero no se precisa reclamación previa cuando se trate del Estado, CCAA, Entidades locales u organismos autónomos. Si el proceso se inicia por los sujetos legitimados, la conciliación previa debe intentarse ante los servicios administrativos o ante los organismos similares previstos en acuerdos o convenios. Si se inicia por comunicación de la autoridad laboral, es suficiente la conciliación ya efectuada ante la misma.

4º) Planteado el conflicto colectivo, se suspenden los procesos individuales con idéntico objeto y, coherentemente, se interrumpe la prescripción de las acciones individuales, conforme al art. 160.6 LRJS (sobre dicha interrupción y reanudación del plazo, ver SSTS 16 marzo 2021, recs. 190/2019 y 2411/2019, entre otras: la interrupción se produce por la demanda de conflicto colectivo y el plazo se renueva desde la firmeza de la sentencia colectiva).

El proceso es urgente y preferente (salvo sobre los procesos de tutela de los derechos fundamentales y libertades públicas). Recuérdese (lección 2ª) que el tribunal competente (Juzgado de lo Social, Sala de lo Social de TSJ, Sala de lo Social de Audiencia Nacional) depende del ámbito territorial del conflicto. Las sentencias de Juzgado se pueden recurrir en suplicación ante la Sala del TSJ. Las sentencias de TSJ o de AN se pueden recurrir en casación ante la Sala de lo Social (4ª) del TS.

5º) Durante la tramitación del proceso colectivo se suspenden los procesos individuales, que versen sobre el mismo objeto o en relación de directa conexidad con aquel, y que o bien estén pendientes de resolución o bien puedan plantearse durante esa tramitación. Dicha suspensión se acordará aunque ya hubiera recaído sentencia de instancia y esté pendiente el recurso de suplicación y de casación (SSTS 16 jun. 2015, recs. 608 y 609/2014).

6º) La sentencia de este proceso de conflicto colectivo (sentencia colectiva) es ejecutiva, aunque se haya recurrido en suplicación o casación. Pero, normalmente, en sí misma difícilmente lo es, porque, como se trata de interpretar una norma, tiene un contenido declarativo general. Para ejecutarla, pues, normalmente las personas afectadas habrán de iniciar luego, si la parte demandada no la cumple voluntariamente, los correspondientes procesos individuales con pretensiones concretas y singularizadas (recuérdese lo visto antes, en esta lección, al diferenciar el conflicto colectivo de los conflictos plurales o individuales).

Aunque, eventualmente, puede ser ejecutada directamente (piénsese en que su objeto sea, por ejemplo, declarar injustificado un traslado colectivo).

En todo caso, lo importante es que esa sentencia tiene carácter general (es decir, en la medida en que interpreta una norma o una decisión empresarial, afecta a todos aquellos incluidos en el ámbito del conflicto a los que sea de aplicación tal norma o decisión; aunque el ámbito del conflicto puede ser más reducido que el de la norma a interpretar o aplicar).

Y, en fin, como ya vimos (lec. 2ª.10) la sentencia colectiva una vez que es firme tiene efectos de "cosa juzgada" sobre esos procesos individuales sobre idéntico objeto o en relación de directa conexidad con aquél, que estén ya planteados (y que, como vimos antes, se habrán suspendido) o que se planteen cuando ya sea firme la sentencia colectiva (lo que, como vimos antes, normalmente puede ser necesario para ejecutarla). Ello significa que, al resolver esos procesos individuales, el tribunal que los conozca está vinculado por la previa sentencia colectiva, limitándose a aplicar la norma (tal y como interpretada por la sentencia colectiva) a las circunstancias concretas de la demanda individual que tenga que resolver (sobre los efectos de cosa juzgada, ver STS 25 oct. 2018, rec. 203/2017). Pero incluso tiene preminencia la sentencia colectiva sobre una individual anterior cuando se reclaman períodos de tiempo distintos: STS 10 marzo 2021, rec. 1837/2018 y otras allí citadas).

Lección 8ª

El contrato de trabajo

1. EL CONTRATO DE TRABAJO: CONCEPTO, FUNCIONES, ELEMENTOS

1.1. Concepto de contrato de trabajo

El concepto de contrato de trabajo cabe deducirlo del art. 1.1 ET: aquel contrato por el que una persona (trabajador) se compromete a prestar personalmente unos servicios, dentro del ámbito de organización y dirección de otra y por cuenta de ésta (empresario), que se compromete a retribuirlos.

Las notas que definen el contrato de trabajo, por consiguiente, son la voluntariedad, el carácter personal de los servicios, la retribución, la subordinación y la ajenidad. Si falta alguna de ellas, no estaremos ante un contrato de trabajo; pero, además, en la medida en que algunas de ellas (voluntariedad, carácter personal, retribución) se pueden dar también en otras relaciones, las dos que son características del contrato de trabajo son la subordinación (o dependencia) y la ajenidad.

Trabajo subordinado es el prestado dentro del ámbito de organización y dirección de un empresario (art. 1.1 ET), o, como suele afirmar la jurisprudencia, dentro de su círculo orgánico, rector y disciplinario (SSTS 23 octubre 2003, Rec. 677/2003, 17 noviembre 2004, Rec. 6006/2003 y 6 octubre 2005, Rec. 224/2004).

Ahora bien, el concepto de subordinación se ha ampliado o flexibilizado notablemente. En el sentido de que, aunque no se den determinados indicios o manifestaciones tradicionales de tal subordinación (exclusividad, jornada completa, horario fijo, sujeción estricta a órdenes empresariales, prestación del trabajo en locales empresariales, etc.), se puede apreciar la existencia de subordinación si el trabajo se organiza y dirige por otra persona, el empresario o empleador (SSTS 20 junio 2010, rec. 3344/2009; 16 noviembre 2017, rec. 2806/2015, 8 febrero 2018, rec. 3389/2015, 29 octubre 2019, rec. 1338/2017, 20 enero 2021, rec. 2387/2018 y 24 noviembre 2021, rec. 3523/2019).

El concepto de *trabajo por cuenta ajena* ha recibido muchas acepciones: ajenidad respecto de los riesgos (no participar en las pérdidas y beneficios), ajenidad en los frutos (los resultados del trabajo corresponden al empresario), ajenidad en la titularidad de la organización empresarial (el trabajador no es titular de los medios de producción), ajenidad en el mercado (el trabajador no se relaciona directamente con el cliente). Concepciones, todas ellas, que, al decir de la jurisprudencia, constituyen perspectivas distintas de una misma realidad (STS 31 marzo 1997, Rec 3555/1996).

En cualquier caso, también el concepto de ajenidad se ha flexibilizado. De modo que puede apreciarse su existencia aunque no se den manifestaciones típicas o tradicionales de la misma (retribución fija, normalidad de la remuneración, no participación en beneficios...), siempre que, sobre todo, el trabajador perciba una retribución, fija o variable, en función del trabajo realizado y no de otros factores.

Habida cuenta de la notable flexibilidad y ampliación de estos conceptos definitorios, la calificación del contrato como de trabajo o de otra naturaleza se producirá en cada caso concreto en función del conjunto de indicios que presente, existiendo frecuentemente "zonas grises" o fronterizas entre el trabajo subordinado y el trabajo autónomo. Por ello, hay que tener en cuenta, en términos generales, estos criterios:

— La calificación (o "nomen iuris") que las partes hayan podido dar al contrato que las une es meramente orientativa y no resulta vinculante para los tribunales, que, al margen de esa calificación, deberán tener en cuenta la realidad de los hechos (SSTS 29 noviembre 2010, Rec. 2011/1355 y 8 febrero 2018, Rec. 3389/2015).

— Del mismo modo, el cumplimiento o incumplimiento de ciertas obligaciones formales (la existencia o no de un contrato escrito, el abono de la retribución mediante un recibo de salarios o una minuta de honorarios, el alta en el Régimen General de la Seguridad Social o en el Régimen Especial de Trabajadores Autónomos, etc.), creando la apariencia de subordinación o de autonomía, tampoco son determinantes y no vinculan a los tribunales en la calificación que deban dar al contrato.

— En fin, aparte de considerar atentamente las circunstancias que se den en el caso concreto (STS 17 enero 2023, rec. 3291/2020), habrá que tener en cuenta, sobre todo, aquellos datos que, en función de la actividad de que se trate, resulten más significativos para distinguir el trabajo subordinado del autónomo. Así, por ejemplo, para determinar si, en el caso de un despacho de abogados o de economistas, la relación que une a las partes es un contrato de sociedad o un contrato de trabajo, seguramente habrá que tener en cuenta, fundamentalmente, datos tales como quién determina la elección de los clientes, las tarifas a cobrar, etc., y no tanto datos que resultan indiferentes o neutros (tales como la imposición de un cierto horario, la forma de reparto de los beneficios o la autonomía profesional en la conducción de los asuntos asumidos) (STS 29 noviembre 2010, rec. 252/2010).

— El desarrollo de las actividades de reparto en el ámbito de las plataformas digitales ha planteado el problema de la calificación jurídica de estas nuevas prestaciones de trabajo. Tras un largo e intenso debate judicial, el Tribunal Supremo se ha pronunciado por la laboralidad de estas prestaciones (STS 25 septiembre 2020, rec. 4746/2019), al detectar en las mismas los elementos constitutivos del contrato de trabajo (dependencia y ajenidad). Con posterioridad, el legislador ha introducido en el Estatuto de los Trabajadores una nueva disposición adicional (D.A 23ª), que establece una presunción de laboralidad respecto de los repartidores que presten sus servicios a "empleadoras que ejercen las facultades empresariales de organización, dirección y control de forma directa, indirecta o implícita, mediante la gestión algorítmica del servicio o de las condiciones de trabajo, a través de una plataforma digital". Este precepto ha dado carta de naturaleza a una suerte de dependencia tecnológica que viene a activar la presunción "iuris tantum" de laboralidad del art. 8.1 ET.

Caso práctico: Califiación jurídica del contrato

Un "rider" que, utilizando aplicaciones de diversas plataformas (Deliveroo, Glovo, etc), se dedica a la recogida y reparto de comidas de numerosos restaurantes, ha recibido de la principal con la que trabaja un mensaje en el que se le comunica que le dan de baja en la aplicación como consecuencia de las quejas recibidas de varias empresas clientes. El "rider" tiene suscrito con dicha plataforma un contrato de "prestación de servicios como trabajador autónomo económicamente dependiente" y está dado de alta en el RETA. Para la prestación de sus servicios, hace semanalmente una reserva horaria en función de sus preferencias y de las franjas que le ofrece la plataforma. Durante la franja reservada, recibe de la plataforma ofertas de servicios que es libre de aceptar y realizar o rechazar. No obstante, un algoritmo de la plataforma valora su disponibilidad y dicha valoración determina la oferta de servicios que recibe. La plataforma controla la prestación del servicio de forma geolocalizada y permite a los clientes localizar al "rider" durante la misma. La plataforma retribuye al "rider" por cada servicio realizado, en función de unas tarifas que determina unilateralmente, en función de la distancia y el tiempo utilizado. Para la realización de la actividad, el trabajador utiliza su propia motocicleta y su teléfono móvil, pero porta un cubo con la publicidad de la plataforma en cuestión. ¿Puede el "rider" considerar la decisión de la plataforma un despido y accionar contra el mismo?

La calificación jurídica de los servicios de los "riders" ha sido objeto de un intenso debate judicial, que el legislador ha querido cerrar introduciendo la DA 23ª citada. Vid. STS 25 septiembre 2020, rec. 4746/2029 y Auto TJUE (Sala octava) 22 abril 2020.

1.2. Funciones del contrato de trabajo

Como todo contrato, el de trabajo tiene dos funciones básicas. De un lado, una *función reguladora* de la relación laboral establecida; esta función, hoy en día, es muy reducida, puesto que son las leyes y los convenios colectivos los que suelen fijar los derechos y obligaciones de las partes, limitándose el contrato a una eventual función de complemento y mejora de los mínimos legales y convencionales (ver lección 2ª).

De otro lado, una *función constitutiva*: el contrato de trabajo constituye o crea la relación entre trabajador y empresario. Respecto de esta función constitutiva, hay que tener en cuenta lo siguiente:

— El art. 8.1 ET presume que existe un contrato de trabajo entre todo aquel que presta un servicio subordinado y por cuenta ajena y aquel que lo recibe. El hecho de que el contrato no se haya documentado (no se haya formalizado por escrito) y ni siquiera se haya establecido verbalmente, no es óbice para la existencia del mismo entre quien trabaja subordinadamente y por cuenta ajena y su empleador. En ocasiones, la jurisprudencia viene echando mano de esta presunción para considerar como laborales casos dudosos en los que difícilmente se aprecian las notas características del contrato de trabajo (STS 16 noviembre 2017, Rec. 2806/2015).

— Incluso cuando un contrato ha de reputarse no existente, por nulo, produce ciertos efectos. Al respecto, el art. 9.2 ET establece que, pese a la nulidad del contrato, el trabajador puede exigir la remuneración correspondiente al trabajo que hubiera realizado.

1.3. Elementos del contrato de trabajo

Como todo contrato, el de trabajo no existe sin los tres elementos siguientes: consentimiento, objeto y causa (art. 1261 CC).

En cuanto al *consentimiento,* hay que subrayar que el contrato de trabajo es consensual, es decir, que se perfecciona por la concurrencia de las voluntades del trabajador y del empresario, aunque el inicio de la prestación laboral se posponga a un momento posterior o se condicione incluso a un determinado momento o circunstancia.

El consentimiento no debe resultar viciado por error, violencia, intimidación o dolo (art. 1265 CC). Conviene recordar que, conforme al art. 1266 CC, el error respecto de la naturaleza del negocio, respecto del objeto, respecto de la persona o respecto de las condiciones que hayan sido determinantes para celebrar el contrato, invalidan el consentimiento prestado.

En cuanto al *objeto del contrato*, éste tiene que ser posible, cierto o determinado, y no contrario a las leyes o buenas costumbres (arts. 1271-1273 CC).

En fin, la *causa del contrato* (la función social que típicamente realiza) se identifica, en el caso del contrato de trabajo, con el intercambio entre, de un lado, trabajo subordinado y por cuenta ajena y, de otro lado, una retribución.

2. RELACIONES LABORALES EXCLUIDAS DEL ORDENAMIENTO LABORAL

Dada la determinación del ámbito del ordenamiento laboral establecida por el art. 1.1. ET (trabajo personal, voluntario, retribuido, subordinado, por cuenta ajena), en términos generales queda excluido el trabajo en que falte alguna de estas notas definitorias; en términos más concretos, el art. 1.3 ET especifica determinadas relaciones laborales como excluidas.

2.1. Exclusión del trabajo autónomo o por cuenta propia

El art. 1.3.g ET excluye del ámbito de esa ley, en general, a todo trabajo efectuado en desarrollo de relación distinta a la definida por el art. 1.1, es decir, toda relación laboral en que falte alguna de las notas definitorias antes estudiadas.

Por su parte, la DF 1ª ET insiste en la exclusión del trabajo realizado "por cuenta propia", aunque hace la innecesaria salvedad de que se aplicarán determinados aspectos del ordenamiento laboral cuando una ley lo disponga.

El trabajo autónomo viene regulado en la Ley 20/2007, de 11 de julio, del Estatuto del trabajo autónomo (LETA), que es de aplicación "a las personas físicas que realicen de forma habitual, personal directa, por cuenta propia y fuera del ámbito de dirección y organización de otra persona, una actividad económica o profesional a título lucrativo, den o no ocupación a trabajadores por cuenta ajena (art. 1).

Además de por la LETA, estos trabajos se regulan por las normativa común civil, mercantil o administrativa reguladora de la correspondiente regulación jurídica del trabajador autónomo (contrato de arrendamiento de servicios, de ejecución de obras, de transporte, de agencia comercial, etc.). En la práctica, la dificultad estriba a menudo en dilucidar si estamos ante un trabajo autónomo o por cuenta propia. o, por el contrario, de un trabajo subordinado o por cuenta ajena.

Como trabajo por cuenta propia queda excluido, pues, entre otros, el que se preste por la condición de socio (socio "industrial"), en la medida en que ese trabajo se presta como socio y no a cambio de una retribución. En su caso, quedan incluidos dentro del ámbito de aplicación de la LETA (ver su art. 1.2). Ello no obstante, téngase en cuenta que:

a) En principio, pueden coexistir las condiciones de socio y de trabajador por cuenta ajena, siempre que el socio no disponga del control de la sociedad (al respecto, ver art. 305.2.b LGSS). Un caso específico es el de las Sociedades Laborales (Ley 44/2015), en las que al menos el 51% del capital pertenece a los trabajadores.

b) La relación laboral de los socios trabajadores de cooperativas de trabajo asociado y de los socios de trabajo de cualquier cooperativa está sometida a una regulación específica (Ley estatal 27/1999 y correspondientes leyes autonómicas), muy influida por la normativa laboral general.

Por lo demás, pese a la exclusión del trabajo por cuenta propia, como ya se dijo en la lección 1ª, algunas de las instituciones típicas del trabajo subordinado o por cuenta ajena se han extendido al "trabajador autónomo económicamente dependiente" (TRADE).

El concepto de TRADE resulta bastante restrictivo, en cuanto que, aparte de tratarse de un trabajador que depende de un cliente por percibir de él, al menos, el 75% de sus ingresos profesionales (art. 11.1 LETA), tiene que reunir simultáneamente otras condiciones (art. 11.2 y 3 LETA).

Conforme al art. 11 bis LETA, el trabajador autónomo que reúna las condiciones establecidas en su art. 11 podrá solicitar a su cliente la formalización de un contrato de trabajador autónomo económicamente dependiente a través de una comunicación fehaciente. En el caso de que el cliente se niegue a la formalización del contrato o cuando transcurrido un mes desde la comunicación no se haya formalizado dicho contrato, el trabajador autónomo podrá solicitar el reconocimiento de la condición de trabajador autónomo económicamente dependiente ante los órganos jurisdiccionales del orden social.

En cualquier caso, si se trata de un TRADE, su contrato con el cliente tiene que formalizarse por escrito y registrarse, presumiéndose, si no se ha fijado una duración o servicio determinado, que el contrato es por tiempo indefinido (art. 12 LETA). Se ha regulado reglamentariamente el acceso de los representantes legales de los trabajadores a información sobre los contratos que su empresa celebre con TRADEs (ver RD 197/2009, de 23 febrero).

En cuanto a la jornada del TRADE, tendrá derecho a una interrupción anual de su actividad de 18 días hábiles, determinándose por contrato o acuerdo de interés profesional diversos aspectos del tiempo de trabajo (descanso semanal, festivos, jornada máxima...), siendo voluntario el tiempo superior al pactado (que no excederá del 30% del tiempo ordinario pactado, a salvo lo dispuesto en acuerdo de interés profesional); el horario procurará conciliar la vida personal, familiar y profesional; y la trabajadora víctima de violencia de género tendrá derecho a la adaptación de su horario para su protección o asistencia social (art. 13 LETA).

Se consideran justificadas determinadas interrupciones de la actividad profesional (mutuo acuerdo, necesidad de atender responsabilidades familiares en ciertas condiciones, riesgo grave e inminente para la vida o salud, incapacidad temporal, maternidad o paternidad, situación de violencia de género y fuerza mayor), pudiéndose fijar otras por contrato o acuerdo. La justificación supone que, en principio, y salvo acreditación de un perjuicio importante en determinados supuestos, esas interrupciones no pueden fundamentar la extinción contractual por voluntad del cliente (art. 16 LETA).

En cuanto a los supuestos de extinción contractual, se contemplan el mutuo acuerdo, las causas consignadas válidamente en el contrato, la muerte y jubilación o invalidez, el desistimiento con preaviso del trabajador, su voluntad fundada en un incumplimiento grave de la contraparte, la voluntad del cliente por causa justificada y con preaviso, la decisión de la trabajadora víctima de violencia de género o de violencias sexuales(art. 15 LETA).

Los derechos colectivos (negociación colectiva y solución extrajudicial de conflictos para el TRADE; derecho de asociación para el autónomo en general) se han ido exponiendo en las lecciones anteriores.

2.2. Relaciones laborales expresamente excluidas del ET

El art. 1.3 ET excluye de manera expresa determinadas relaciones laborales. Normalmente, se trata de relaciones que de todos modos quedarían fuera del ordenamiento laboral (exclusión "declarativa"); pero en el caso de la relación de empleo de los funcionarios públicos y personal estatutario, quedan excluidos pese a reunir las notas definitorias del contrato de trabajo (exclusión "constitutiva").

En concreto, el art. 1.3 ET excluye de su ámbito a las siguientes relaciones laborales:

A) Funcionarios o personal estatutario de las Administraciones Públicas

El art. 1.3.a) ET excluye de su ámbito a: "La relación de servicio de los funcionarios públicos, que se regirá por las correspondientes normas legales y reglamentarias, así como la del personal al servicio de las Administraciones Públicas y demás entes, organismos y entidades del sector público, cuando, al amparo de una ley, dicha relación se regule por normas administrativas o estatutarias".

Ese Estatuto, el EBEP, se aplica a los "empleados públicos" y, por consiguiente, a los funcionarios de carrera, a los funcionarios interinos, al denominado personal eventual (es decir, personal no permanente que solo realiza funciones "de confianza o asesoramiento especial"), pero también "en lo que proceda" al personal laboral (ya sea fijo, por tiempo indefinido o temporal)[1].

---

[1] Baste señalar, por lo demás, que el EBEP (en cuanto establece las bases del régimen estatutario de los funcionarios públicos) se aplica al personal funcionario de la Administración General del Estado, de las CCAA y de las Ciudades de Ceuta y Melilla, de las Entidades Locales, de los Organismos Públicos, Agencias y demás Entidades de derecho público con personalidad jurídica propia y de las Universidades Públicas (art. 2.1).
El propio EBEP prevé "normas singulares" para el personal investigador (art. 2.2). Indica que el personal docente y el personal estatutario de los Servicios de Salud se regirán por su legislación específica aparte de por el propio EBEP (art. 2.3). Este personal estatutario de los Servicios de Salud públicos (normalmente, autonómicos) es tanto el personal sanitario como el de gestión y servicios de los mismos y su normativa específica viene integrada por la Ley 5/2003, de 16 de diciembre (Estatuto Marco del personal estatutario).
El EBEP se aplicará "en lo que proceda" (art. 2.1) al personal laboral de esas Administraciones, el cual, pues, se regirá por la legislación laboral y convenios aplicables, y "por los preceptos de este Estatuto que así lo dispongan" (art. 7).
Tiene carácter supletorio para todo el personal de las AAPP no incluido en su ámbito de aplicación (art. 2.5), así como para el personal funcionario de la Sociedad Estatal de Correos y Telégrafos (art. 5).
Hay personal con legislación específica (funcionarios de las Cortes Generales y Asambleas Legislativas de las CCAA; de los demás Órganos Constitucionales del

De este modo, el personal que presta servicios a las AAPP de manera subordinada y por cuenta ajena queda dividido en dos grandes bloques: personal funcionario-estatutario (excluido del campo de aplicación del ET) y personal laboral (incluido dentro del ámbito de aplicación del ET, pero al que también se aplican los preceptos del EBEP "que así lo dispongan", configurando una suerte de relación laboral especial (Vid. infra).

Pero, aparte de este personal (funcionario-estatutario o laboral) que presta servicios subordinadamente, las AAPP pueden obtener servicios prestados por personas físicas de forma autónoma y por cuenta propia a través de contratos, entre otros, de servicios (normalmente en régimen de contrato administrativo, no privado)[2].

B) Prestaciones personales obligatorias

Quedan excluidas por el art. 1.3.b ET, por la ausencia de voluntariedad. Ciertamente, la normativa internacional (Convenios nn. 29 y 105 OIT) prohíbe el trabajo forzoso, pero no se considera tal el servicio militar, ciertas obligaciones cívicas (jurados, mesas electorales), el trabajo penitenciario por condena, etc.

La CE prohíbe la condena a trabajos forzados (art. 25.2), pero admite el servicio militar y el civil sustitutorio (ambos actualmente suspendidos) y otros (servicio civil para fines de interés general; deberes de los ciudadanos en casos de riesgo, catástrofe, calamidad pública; prestaciones personales de carácter público).

En la legislación ordinaria se contemplan prestaciones obligatorias en la legislación sobre Régimen Local, sobre Protección Civil, sobre Régimen Electoral y sobre el Jurado.

Estado y Estatutarios de las CCAA; Jueces, Magistrados, Fiscales y demás funcionarios de la Administración de Justicia; persona militar de las FFAA; personal de las Fuerzas y Cuerpos de Seguridad; personal retribuido por arancel; personal de CNI; personal del Banco de España y Fondos de Garantía de Depósitos de Entidades de Crédito), al que el EBEP solamente se aplica si lo dispone esa legislación (art. 4).
En fin, tratándose de las bases del régimen estatutario de los funcionarios públicos (ver art. 149.1.18ª CE), el EBEP contempla su desarrollo por las Leyes de Función Pública que aprueben las Cortes Generales y las Asambleas Legislativas de las CCAA (art. 6).

2 Para la Administración estatal, ver la LCSP, especialmente arts. 17, 20, 22 y 308-310; ver su DA 2ª para las Entidades Locales.

C) Consejeros y administradores de sociedades

El art. 1.3.c ET excluye a los consejeros o miembros de los órganos de administración de las sociedades, si su actividad se limita a la realización de los cometidos inherentes a esos cargos. El motivo de la exclusión es la ausencia de subordinación y ajenidad.

De este modo, cabe distinguir entre consejeros o administradores de sociedades (excluidos y regulados por normas mercantiles), personal de alta dirección (regulado por una normativa especial, ver infra) y personal directivo (sometido plenamente al ordenamiento laboral).

Téngase en cuenta, por lo demás, que la jurisprudencia no admite la acumulación en una misma persona de la doble condición de consejero y de alto cargo (alta dirección), quedando la condición de alto cargo subsumida en la de consejero (por todas, STS 28 septiembre 2017, Rec. 3341/2015). Sí se admite, por el contrario, la doble condición de administrador societario y de trabajador común (SSTS 29 septiembre 2001, Rec. 4225/2002 y 17 febrero 2009, Rec. 739/2008).

De otro lado, aparte de los consejeros o administradores de sociedades, hay que entender igualmente excluidos del ordenamiento laboral, por ausencia de las notas de subordinación y ajenidad, a los consejeros o administradores de cualquier otro tipo de asociación o de ente público.

D) Trabajos amistosos, benévolos o de buena vecindad

El art. 1.3.d ET excluye a los trabajos realizados por alguno de esos motivos, a causa de la falta de la nota de retribución. A estos efectos, téngase en cuenta:

- Que en la práctica la calificación de un trabajo como amistoso, etc., se puede complicar por la existencia en el mismo de algún tipo de compensación incluso económica.
- Que el mero hecho de la inexistencia de retribución no debería ser determinante para la exclusión, siéndolo la existencia de un motivo que justifique la gratuidad (amistad, vecindad, etc.). A estos efectos, jugarán como indicios la escasa cuantía de la compensación, la ocasionalidad del trabajo, etc.
- Que estos trabajos excluidos se prestarán en principio a entidades sin ánimo de lucro (partidos, sindicatos, confesiones religiosas, ONGs, etc.), pero nada impide que se presten a empresas lucrativas, si existe el motivo que justifique la no retribución; del mismo modo que, a la inversa, puede prestarse un trabajo asalariado a una entidad sin ánimo de lucro.

E) Trabajos familiares

El art. 1.3.e ET excluye a los trabajos familiares, entendiéndose por tales: a) los prestados por el cónyuge, descendientes, ascendientes y demás parientes por consanguinidad o afinidad hasta el 2º grado, o por adopción; y b) siempre que los anteriores convivan con el empresario. Si se dan esas condiciones (relación familiar y convivencia) se presume la no laboralidad de la relación, pero "salvo que se demuestre la condición de asalariados" de los familiares.

En consecuencia, cabe tanto que estos familiares convivientes trabajen gratuitamente (quedando excluidos del ordenamiento laboral) cuanto que trabajen a cambio de un salario (quedando incluidos).

La DA 10ª LETA dispone que un trabajador autónomo podrá contratar como trabajadores por cuenta ajena a sus hijos menores de 30 años (o mayores pero que tengan especiales dificultades para su inserción laboral), aunque convivan con él.

F) Agentes comerciales

El art. 1.3.f excluye la actividad de las personas que intervengan en operaciones mercantiles, tanto si actúan por cuenta de varios como de solo un empresario, si asumen el riesgo de la operación (es decir, si responden del buen fin de la misma). La exclusión se debe, pues, a la falta de ajenidad.

Posteriormente, tanto el RD 1438/1985 (que regula la relación laboral especial de los representantes de comercio) como la Ley 12/1992, sobre Contrato de Agencia, han venido a declarar asimismo la exclusión de los que intervengan en operaciones mercantiles "como titulares de una organización empresarial propia", "con instalaciones y personal propio" (RD 1438/1985, art. 1.2.b), es decir, del "intermediario independiente", del que "pued(e) organizar su actividad profesional (y) el tiempo dedicado a la misma conforme a sus propios criterios" (Ley 12/1992, arts. 1 y 2).

En suma, queda excluida la actividad de los agentes comerciales en cuanto se realice por cuenta propia y/o de forma autónoma.

G) Transportistas titulares de autorizaciones administrativas

En fin, el art. 1.3.g ET excluye la actividad de las personas prestadoras del servicio de transporte con vehículos comerciales de servicio público, aunque esos servicios se presten para un mismo cargador o comercializador, si ostentan la propiedad o el poder directo de disposición sobre el vehículo y, sobre todo, el servicio lo prestan al amparo de autorizaciones administrativas de las que sean titulares. Tal autorización es necesaria para vehículos cuya masa máxima autorizada es de dos o más toneladas.

La exclusión, pues, se hace recaer sobre la titularidad de la autorización y no sobre la titularidad del vehículo. De este modo, si el titular de aquella es el transportista, su actividad queda excluida de la normativa laboral aunque trabaje para una única empresa y sometido a instrucciones sobre la realización del transporte.

3. RELACIONES LABORALES ESPECIALES

El art. 2 ET contempla una serie de relaciones laborales "de carácter especial". Su regulación (que debe respetar "los derechos básicos reconocidos por la Constitución", como innecesaria e insuficientemente afirma el mismo artículo) se contiene en una serie de RRDD aprobados por el Gobierno.

Se trata (aparte de cualquier otra relación que se declare especial por ley) de las relaciones laborales de:

A) El personal de alta dirección (RD 1382/1985, de 1 de agosto)

Son personal de alta dirección aquellos trabajadores que ejerciten poderes inherentes a la titularidad jurídica de la Empresa, y relativos a los objetivos generales de la misma, con autonomía y plena responsabilidad solo limitadas por los criterios e instrucciones directas emanadas de la persona o de los órganos superiores de gobierno y administración de la Entidad que respectivamente ocupe aquella titularidad (art. 1.1 RD).

La normativa laboral, incluido el ET, solo se aplica por remisión expresa del RD o cuando se haga constar específicamente en el contrato (art. 3.2 RD).

B) El servicio del hogar familiar (RD 1620/2011, de 14 de noviembre)

El objeto de esta relación laboral especial son los servicios o actividades prestados para el hogar familiar, pudiendo revestir cualquiera de las modalidades de las tareas domésticas, así como la dirección o cuidado del hogar en su conjunto o de alguna de sus partes, el cuidado o atención de los miembros de la familia o de las personas que forman parte del ámbito doméstico o familiar, y otros trabajos que se desarrollen formando parte del conjunto de tareas domésticas tales como los de guardería, jardinería, conducción de vehículos y otros análogos (art. 1.4 RD).

En lo que resulte compatible con las peculiaridades derivadas del carácter especial de esta relación, será de aplicación con carácter supletorio la normativa laboral común (art. 3.b RD).

C) Los penados en instituciones penitenciarias (RD 782/2001, de 6 de julio)

La relación laboral especial regulada por este RD es la existente entre el Organismo Autónomo Trabajo y Prestaciones Penitenciarias, u organismo autonómico correspondiente, y los internos que desarrollen una actividad laboral en los talleres productivos de los centros penitenciarios, así como la de quienes cumplen penas de trabajo en beneficio de la comunidad (art. 1.1 RD).

También hay que señalar la de los menores sometidos a la ejecución de medidas de internamiento (art. 39 Ley 53/2002, de 30 de diciembre).

D) Los deportistas profesionales (RD 1006/1985, de 26 de junio)

Son deportistas profesionales quienes, en virtud de una relación establecida con carácter regular, se dediquen voluntariamente a la práctica del deporte por cuenta y dentro del ámbito de organización de un club o entidad deportiva a cambio de una retribución (art. 1.2 RD). Quedan incluidas las relaciones con carácter regular establecidas entre deportistas profesionales y empresas cuyo objeto social consista en la realización de espectáculos deportivos, así como la contratación de deportistas profesionales por empresas o firmas comerciales, para el desarrollo, en uno y otro caso, de las actividades deportivas en los términos previstos en el número anterior (art. 1.3).

En lo no regulado por el RD será de aplicación el ET y las demás normas laborales de general aplicación, en cuanto no sean incompatibles con la naturaleza especial de esta relación laboral (art. 21).

E) Los artistas en espectáculos públicos (RD 1435/1985, de 1 de agosto)

Esta relación laboral es la establecida entre el empleador que organiza o produce una actividad artística, incluidas las entidades del sector público y quienes desarrollen voluntariamente una actividad artística en las artes escénicas, audiovisuales y musicales o una técnica auxiliar, por cuenta y dentro del ámbito de organización y dirección de aquel a cambio de una retribución. Se entienden incluidas en el ámbito de aplicación de esta norma, entre otras, las personas que desarrollan actividades artísticas, sean dramáticas, de doblaje, coreográfica, de variedades, musicales, canto, baile, de figuración, especialistas; de dirección artística, de cine, de orquesta, de adaptación musical, de realización, de coreografía, de obra audiovisual; artista de circo, artista de marionetas, magia, guionistas, y, en todo caso, cualquier otra persona cuya actividad sea reconocida como la de un artista, intérprete o ejecutante por los convenios colectivos que sean de aplicación en las artes escénicas, la actividad audiovisual y la musical (art. 1. 2 y 3 RD).

En lo no regulado por el RD será de aplicación el ET y las demás normas laborales de general aplicación, en cuanto sean compatibles con la naturaleza especial de esta relación (art. 12.1).

F) Los representantes de comercio (RD 1438/1985, de 1 de agosto)

Son las personas que, actuando bajo esa denominación o la de mediador u otra, se obligan con uno o varios empresarios, a cambio de una retribución, a promover o concertar personalmente operaciones mercantiles por cuenta de los mismos, sin asumir el riesgo y ventura de tales operaciones, acompañando o no tal actividad principal de la distribución o reparto de los bienes objeto de la operación.

No quedan incluidos en el ámbito de esta normativa los trabajadores que se dediquen a esa actividad, pero en los locales de una Empresa o teniendo en ella su puesto de trabajo y sujetos a su horario (éstos son trabajadores comunes). Ni quienes se dediquen a esa actividad, pero como titulares de una organización empresarial autónoma, entendiendo por tal aquella que cuenta con instalaciones y personal propio (éstos son trabajadores autónomos).

Son aplicables a esta relación los derechos y deberes laborales básicos reconocidos en el ET.

G) Los trabajadores con discapacidad en centros especiales de empleo (RD 1368/1985, de 17 de julio) (ver lección 9ª)

Son las personas que, teniendo reconocida una minusvalía en grado igual o superior al 33% (y, como consecuencia, una disminución de su capacidad de trabajo al menos igual o superior a dicho porcentaje), presten sus servicios por cuenta y dentro de la organización de un Centro Especial de Empleo.

H) Los especialistas en Ciencias de la Salud en formación (RD 1146/2006, de 6 de octubre)

Son los titulados universitarios que, previa participación en la convocatoria anual de carácter nacional de pruebas selectivas, hayan accedido a una plaza en un centro o unidad docente acreditada, para el desarrollo de un programa de formación especializada en Ciencias de la Salud, mediante el sistema de residencia, a efectos de la obtención del título de especialista, y por cuyos servicios como trabajadores percibirán las retribuciones legalmente establecidas.

El RD también se aplica a los especialistas en Ciencias de la Salud que cursen una nueva especialidad, y a los que accedan a la formación para la obtención del Diploma de Área de Capacitación Específica, por el sistema de residencia.

Los derechos y obligaciones de esta relación laboral se rigen por el RD y, con carácter supletorio, por el ET, por la demás legislación laboral que le sea de aplicación, por los convenios colectivos y por la voluntad de las partes manifestada en los contratos de trabajo (art. 14).

Por su parte, la Ley 14/2011, de 1 de junio, contempla un contrato predoctoral para la realización de tareas de investigación en el ámbito de un proyecto específico y novedoso (art. 21) y un contrato de acceso al Sistema Español de Ciencia, Tecnología e Innovación (art. 22).

Si bien no se trata de una relación laboral especial, el RD 63/2006, de 27 de enero, aprueba el Estatuto del personal investigador en formación en entidades públicas o privadas.

I) Los abogados que prestan servicios en despachos de abogados (RD 1331/2006, de 17 de noviembre)

Son los abogados que prestan servicios retribuidos, por cuenta ajena y dentro del ámbito de organización y dirección del titular de un despacho de abogados, individual o colectivo.

No están incluidos en el ámbito de esta relación laboral especial, los abogados que ejerzan la profesión por cuenta propia, individualmente o asociados con otros. Tampoco están incluidas las colaboraciones que se concierten entre abogados cuando se mantenga la independencia de los respectivos despachos. El RD enumera una serie de supuestos que quedan dentro de estas exclusiones, aparte de excluir asimismo el trabajo familiar.

Esta relación laboral especial se rige por lo dispuesto en el RD, por los convenios colectivos específicos y de aplicación exclusiva a los despachos de abogados, por el correspondiente contrato de trabajo y por los usos y costumbres profesionales.

J) Los profesores de religión en Centros Públicos (RD 696/2007, de 1 de junio)

Son los profesores de religión que no perteneciendo a los Cuerpos de Funcionarios docentes impartan la enseñanza de las religiones en Centros Públicos.

Su contratación laboral se rige por el ET, por la DA 3ª de la Ley Orgánica de Educación (Ley 2/2006, de 3 de mayo), por el RD y sus normas de desarrollo, por el Acuerdo sobre Enseñanza y Asuntos Culturales, de 3 de enero de 1979, suscrito con la Santa Sede, así como por los Acuerdos de Cooperación con otras confesiones que tienen un arraigo evidente y notorio en la sociedad española.

K) Personal al servicio de las Administraciones Públicas (EBEP, LOU y Ley 5/2003)

El EBEP no declara expresamente que regule una relación laboral especial, pero de hecho lo hace al declarar aplicables al personal laboral al servicio de las AAPP los preceptos del mismo que así lo dispongan (art. 2.1 y art. 7 EBEP). El personal laboral ("fijo, por tiempo indefinido o temporal") se considera una clase de empleados públicos (art. 8.2.c EBEP) y es el que en virtud de contrato de trabajo, en cualquiera de las modalidades previstas en la legislación laboral, presta servicios retribuidos por las AAPP (art. 11 EBEP).

Son normas del EBEP que resultan de aplicación a este personal: el art. 13.4 (condiciones de empleo del personal directivo), los arts. 14-15 (derechos individuales y derechos individuales ejercidos colectivamente), el art. 19 (carrera profesional y promoción del personal laboral), el art. 21 (determinación de las cuantías y de los incrementos retributivos), el art. 27 (retribuciones del personal laboral), el art. 32 (negociación colectiva, representación y participación del personal laboral), y un largo etcétera. En algunos casos, porque se trata de normas que se declaran aplicables, en general, a los "empleados públicos". En otros casos, se refieren específicamente al personal laboral

Por su parte, la Ley Orgánica 6/2001, de 21 de diciembre, de Universidades, prevé (arts. 48 y sigs.) la contratación de personal docente e investigador a través de una serie de modalidades de contratación laboral específicas de ámbito universitario: ayudantes, ayudantes doctores, contratados doctores, asociados, visitantes y eméritos.

El personal estatutario de los Servicios de Salud públicos se regula por la ley 5/2003, de 16 de diciembre.

4. LA CAPACIDAD PARA CONTRATAR COMO TRABAJADOR

Existen límites, para el trabajador, a su capacidad para celebrar un contrato de trabajo en función de su edad o de su nacionalidad.

4.1. En función de la edad

Conforme al art. 7.a ET, tienen capacidad para contratar la prestación de su trabajo los que tengan plena capacidad de obrar conforme al CC. Por tanto, tienen plena capacidad para contratar laboralmente: 1°) Los mayores de 18 años; 2°) Los mayores de 16 y menores de 18 que, con consentimiento de sus padres o tutores, vivan independientemente de ellos, o estén autorizados por la persona o institución que los tenga a su cargo.

Las restantes personas tienen una situación de capacidad limitada, pudiendo contratar pero con la previa autorización, expresa o tácita, de sus custodios legales.

La autorización, en su caso, supone la capacidad para ejercitar los derechos y cumplir los deberes que se derivan del contrato y de su cesación.

La falta de autorización permite la anulabilidad del contrato, si bien se puede exigir la retribución correspondiente al trabajo ya prestado (art. 9.2 ET).

4.2. En función de la nacionalidad

El art. 7.c ET se remite a lo dispuesto por la legislación específica sobre extranjería, contenida en la Ley 4/2000, de 11 de enero (que ha sufrido múltiples modificaciones), y en su reglamento de desarrollo (RD 557/2011, de 20 abril). La Directiva 2011/98/UE impone y regula un procedimiento y permiso únicos para residir y trabajar en el territorio de un Estado miembro, así como regula la igualdad de trato de los admitidos a trabajar. Vigente hasta el 22 de mayo de 2026, va a ser sustituida por la Directiva 2024/1233, de 24 de abril, de similar titulo, que ya ha entrado en vigor y debe ser traspuesta a más tardar el 21 de mayo de 2026. Analizado el contenido de la nueva directiva, no parece que vaya a exigir cambios significativos en nuestra regulación vigente.

A) *Necesidad de permiso para trabajar.* De acuerdo con esa legislación, el trabajo por cuenta ajena del extranjero en España requiere "autorización administrativa previa para residir y trabajar" (art. 36.1 Ley):

a) Pero no es necesaria la autorización en determinados supuestos (art. 41 Ley, art. 117 RD), tales como los técnicos y científicos extranjeros contratados o invitados por el Estado, las CCAA, o los entes locales; los profesores invitados o contratados por una universidad española; personal directivo y profesorado de instituciones culturales y docentes dependientes de otros Estados, y privadas de reconocido prestigio; los corresponsales de medios de comunicación extranjeros debidamente acreditados, los miembros de misiones científicas internacionales que realicen trabajos en investigaciones autorizados por el Estado, los artistas para actuaciones concretas, etc.

b) Las distintas situaciones de autorización que se contemplan en el Reglamento vienen a ser las siguientes (aparte las referidas a trabajo por cuenta propia):

— *Residencia temporal con autorización* para trabajar, por un período superior a 90 días e inferior a 5 años, y limitable a un ámbito geográfico y sector de actividad (arts. 36 y 38 Ley; arts. 62-72 RD). La autorización inicial, limitable para un ámbito geográfico provincial y una ocupación, se solicita por el empleador —quien debe acreditar ciertas condiciones— para extranjeros no residentes en España y, entre los requisitos para su concesión, figura que la situación nacional de empleo permita esa contratación (aunque esa situación no se tiene en cuenta en determinados supuestos: art. 40 Ley y 64.4 RD). La autorización se condiciona a que el trabajador obtenga el visado y sea dado de alta en la Seguridad Social.

Cabe resaltar que esta autorización inicial se concede para extranjeros que residan fuera de España (aunque en 2004 se realizó un proceso de normalización de residentes irregulares), con estas excepciones: 1ª) Que en algunos supuestos excepcionales, que luego se señalan, cabe la autorización incluso para extranjeros ya residentes; 2ª) Que cabe la modificación de situaciones de estancia/residencia a la de residencia y trabajo (ver, infra, en este epígrafe).

Esta autorización inicial, que es por un año, puede ser *renovada* a solicitud del extranjero, por períodos de 2 años, no siendo ya causa de denegación la situación nacional de empleo, y permite el ejercicio de cualquier actividad en todo el territorio nacional. La Ley (art. 38.6) y el RD (art. 71) determinan los supuestos en que se renovará el permiso.

Hay una serie de procedimientos especiales de autorización, igualmente temporal, para residir y trabajar:

— Para investigadores en el marco de un convenio de acogida con un organismo de investigación, autorizado para suscribir tales convenios (art. 38 bis Ley, arts. 73-84 RD). La duración de la autorización, no superior a cinco años, coincidirá con la del proyecto de investigación. Es renovable por períodos anuales.

— Para profesionales altamente cualificados (art. 38 ter Ley, arts. 85-96 RD), es decir, con cualificación de enseñanza superior o cinco años de experiencia profesional equiparable. Tiene duración de un año y es renovable por períodos bianuales.

— Para trabajos de duración determinada (art. 42 Ley; arts. 97-102 RD). Se concede para actividades de temporada o campaña y otras (ciertas obras o servicios, actividades temporales de personal de alta dirección, deportistas profesionales y artistas, formación y realización de prácticas profesionales). Su duración coincidirá con la del contrato o contratos de trabajo con el máximo de nueve meses (para temporadas o campañas) o de doce meses (demás supuestos). Es prorrogable hasta nueve meses (temporadas o campañas) o hasta doce —o más, excepcionalmente— en los demás supuestos.

— Para prestación transnacional de servicios (art. 43.2 Ley; arts. 110-116 RD), para trabajadores de una empresa no establecida en un Estado de la UE ni del EEE, desplazados a España para prestar servicios temporales (una ejecución de obra o servicio, a centros de trabajo de la empresa o de su grupo, para la supervisión o asesoramiento de obras o servicios que empresas radicadas en España vayan a realizar en el exterior). Es limitable a una ocupación y ámbito territorial concretos y su duración coincide con la del desplazamiento con el límite de un año. Es prorrogable con ese límite de un año.

— Para extranjeros, titulares de una autorización de residencia temporal, que hayan retornado voluntariamente a su país (art. 40.1.l Ley, arts. 120-122 RD), dentro de un programa de retorno voluntario o al margen de programa alguno. Se puede solicitar finalizada la vigencia del compromiso de no regreso a territorio español o, si no la hay, transcurridos tres años desde el retorno al país de origen.

— Para supuestos excepcionales (art. 40.1.j Ley, arts. 123-130 RD) para extranjeros que ya se hallen en España, por arraigo laboral, social o familiar y por otras circunstancias (protección internacional, razones humanitarias, colaboración con autoridades, seguridad nacional o interés público).

— Para el supuesto de mujeres extranjeras víctimas de violencia de género (art. 31 bis Ley, arts. 131-134 RD). Pueden solicitar una autorización de residencia y trabajo por circunstancias excepcionales a partir del momento en que se haya dictado una orden de protección o informe del Ministerio Fiscal que aprecie indicios de violencia. Se puede solicitar autorización para los hijos mayores de 16 años que se encuentren en España. Se puede conceder incluso provisionalmente, también para los hijos.

— Por colaboración contra redes organizadas (art. 59 Ley, arts. 135-139 RD) y para extranjeros víctimas de la trata de seres humanos (art. 59 bis Ley, arts. 140-146 RD), que son otros supuestos de residencia temporal y trabajo por circunstancias excepcionales.

— Para determinadas actividades profesionales: en las que concurran razones de interés económico, social o laboral, o cuyo objeto sea la realización de trabajos de investigación o desarrollo o docentes que requieran alta cualificación, o actuaciones artísticas de especial interés cultural (art. 40.2.b Ley, arts. 178-181 RD).

— Autorización para trabajadores fronterizos (art. 43.1 Ley; arts. 182-184 RD), residentes en la zona fronteriza de un Estado limítrofe al que regresen diariamente. Se limita al ámbito territorial de la CA o Ciudad Autónoma en cuya zona limítrofe resida. Su duración coincidirá con la del contrato de trabajo para el que se conceda, con el límite mínimo de tres meses y máximo de un año.

— Para menores no acompañados (arts. 5 y 40.1.i Ley, arts. 189-198 RD, en especial art. 196.4), acreditada la imposibilidad de repatriación; también cuando acceda a mayoría de edad (arts. 197.6 y 198.2 RD).

— Autorización para investigación y estudios y otros supuestos (art. 33 Ley, arts. 42-43 RD). Aunque es para estudios, investigación o formación prácticas no laborales o servicios de voluntariado, sus titulares pueden ser autorizados para trabajos a tiempo parcial o a jornada completa no superior a 3 meses que no coincida con períodos lectivos. No se tiene en cuenta la situación nacional de empleo.

— En fin, a través del mecanismo de la "gestión colectiva de contrataciones en origen" (art. 39 Ley, arts. 167 y sigs. RD), dirigido también a no residentes, se pueden conceder visados para búsqueda de empleo.

Junto con los anteriores supuestos, el normal y los especiales, de autorización temporal para residir y trabajar en España y dirigidos —salvo excepciones— a extranjeros no residentes, hay que tener en cuenta dos situaciones:

— De un lado, la posible *modificación* de situaciones (arts. 199-202 RD) para pasar a la situación de residencia y trabajo: a) Desde la situación de estancia por estudios, investigación, formación o prácticas; b) desde la situación de residencia; y c) desde la situación de residencia por circunstancias excepcionales.

— De otro lado, la *situación* de residencia de larga duración (art. 32 Ley; arts. 147-157 RD). Tienen derecho a ella los extranjeros que acrediten haber residido legalmente y de forma continuada durante 5 años (computan también los períodos de residencia previa y continuada en otros Estados miembros de la UE), amén de otros supuestos (entre ellos, ser pensionista de jubilación, o de incapacidad permanente absoluta o gran invalidez). Supone el derecho a trabajar en igualdad de condiciones que los españoles.

B) Las consecuencias del trabajo sin autorización son:

— *Para el trabajador:* incurre en infracción leve, que se califica de grave si tampoco tiene autorización de residencia (arts. 52.c y 53.b Ley). En caso de gravedad, la sanción puede consistir en la expulsión del territorio nacional, salvo excepciones (art. 57.1 Ley).

— Se dispone (art. 36.5 Ley) que el trabajo sin autorización previa "no invalidará el contrato respecto de los derechos del trabajador extranjero" (lo que significa que, aún faltando la autorización, el contrato será válido a todos los efectos y al trabajador le serán de aplicación las mismas condiciones de trabajo que a los trabajadores españoles, incluidas las disposiciones legales en materia de extinción contractual (STS 17 septiembre 2013)), "ni será obstáculo para la obtención de las prestaciones derivadas de supuestos contemplados por los convenios internacionales de protección a los trabajadores u otras que pudieran corresponderle".

Pero los derechos y la obtención de prestaciones se condicionan a que "sean compatibles con su situación". Y específicamente se establece que "el trabajador que carezca de autorización de residencia y trabajo no podrá obtener prestaciones por desempleo".

— *En cuanto al empresario,* lo señalado sobre derechos y prestaciones del trabajador carente de autorización de residencia y trabajo se establece "sin perjuicio de las responsabilidades del empresario a que dé lugar" (art. 36.5 Ley). En todo caso, se establece específicamente que:

- incurre en infracción muy grave por cada extranjero ocupado (art. 54.1.d Ley; se sanciona con hasta 100.000 euros, art. 55.1.c Ley; cantidad incrementada en la cuantía de lo que hubiera correspondido cotizar por Seguridad Social y otras cuotas, art. 48 Ley 62/2003);
- incurre también en la figura delictiva del art. 312.2 CP, si emplea a los extranjeros en condiciones que perjudiquen, supriman o restrinjan sus derechos, sancionable con prisión (de 2 a 5 años) y multa (6 a 12 meses).

4.3. La libertad de circulación de trabajadores en la UE

Uno de los principios de la UE es la libertad de circulación de personas, incluida la de trabajadores (arts. 26.2 y 45 TFUE).

Esta libertad comprende unos derechos de contenido básicamente laboral (desarrollados ahora en el Reglamento nº 492/2011, de 5 abril, los artículos que se citan luego corresponden al mismo) y otros instrumentales de alcance más amplio (desarrollados en la Directiva 2004/38/CE, de 29 abril).

A) En lo esencial, la libertad de circulación supone la no discriminación por nacionalidad en relación al empleo, a la remuneración y a las demás condiciones de trabajo.

De este modo, no se puede subordinar el empleo de extranjeros comunitarios a condiciones distintas de los nacionales, salvo los conocimientos lingüísticos si el empleo lo requiere (art. 3), ni limitar el empleo de extranjeros en número o porcentaje (art. 4). Aunque cabe la reserva a nacionales de empleos que supongan participación en los poderes públicos (pero no son reservables empleos públicos de carácter técnico: enseñantes, médicos, etc.).

De otro lado, la igualdad en las condiciones de empleo y trabajo (art. 7.1) se extiende incluso a las "ventajas sociales y fiscales" (art. 7.2) de que disfruten los nacionales (incluso, según jurisprudencia comunitaria, las que no son propiamente laborales: becas, ayudas a familias numerosas, premios natalidad, etc.) y al acceso a escuelas de formación profesional y centros de readaptación o reeducación (art. 7.3). La igualdad de trato incluye la afiliación a organizaciones sindicales y los derechos sindicales, y la elegibilidad a órganos de representación de los trabajadores en las empresas (art. 8). También en materia de alojamiento (art. 9) y la admisión de los hijos en cursos de enseñanza general, de aprendizaje y de formación profesional (art. 10).

Los miembros de la familia de un ciudadano de la UE, independientemente de su nacionalidad, que sean beneficiarios del derecho de residencia o de residencia permanente en un Estado miembro, tienen derecho trabajar en él por cuenta propia o ajena (ver art. 23 Directiva 2004/38, en relación con sus arts. 2.2 y, fundamentalmente, sus arts. 7 y 16).

B) Como derechos instrumentales a la libertad de circulación están el derecho de salida y entrada, el derecho de residencia y el derecho de residencia permanente.

Los límites a estos derechos instrumentales solo se justifican por razones de orden público o salud pública, y se han interpretado de modo restrictivo por el TJUE (así, no cabe expulsar a un extranjero por causas que no conlleven una sanción igualmente grave en el caso de un nacional). Interpretación restrictiva que se ha acogido en la Directiva 2004/38/CE, de 29 abril: esas razones no pueden alegarse por motivos económicos, las medidas adoptadas deben ajustarse al principio de proporcionalidad y basarse en la conducta personal del interesado, y se regula qué únicas enfermedades permiten esos límites (art. 27).

Esta normativa comunitaria sobre derechos instrumentales se refleja en el ordenamiento español en el RD 240/2007, de 16 de febrero (en desarrollo de su art. 7, sobre residencia superior a tres meses, ver Orden PRE/1490/2012, de 9 de julio).

5. CAPACIDAD PARA TRABAJAR

Existen límites al desempeño de algunos trabajos por razones de edad, titulación, salud, o incompatibilidad.

A) Por razón de edad, se prohíbe el trabajo a los menores de 16 años (art. 6.1 ET), sin bien se puede autorizar el trabajo en espectáculos públicos (pero solo para actos determinados y si no hay peligro para la salud o la formación del menor).

Los menores de 18 años no pueden realizar trabajo nocturno, ni horas extraordinarias, ni aquellos trabajos que el Gobierno declare insalubres, penosos, nocivos o peligrosos. Siguen siendo los listados en un Decreto de 26 julio 1957, que requiere actualización.

La LPRL (art. 25) prevé limitaciones al empleo de trabajadores especialmente sensibles a ciertos riesgos (ver lección 13ª).

El incumplimiento de estas prohibiciones supondrá: 1º) La nulidad del contrato (para el menor de 16) o el cambio a trabajo diurno o puesto no peligroso; 2º) Sanción por falta muy grave al empresario; 3º) Eventuales responsabilidades penales (delito o falta de lesiones, arts. 147 y 621 CP; delito contra la seguridad y salud laboral, art. 316 CP).

Los límites previstos, por razón de sexo, al empleo de mujeres en el citado Decreto de 1957 y otras normas, se han considerado inconstitucionales por discriminatorios.

B) Por razón de carencia de titulación. Distintas normas establecen la necesidad de una titulación (incluso colegiación profesional) para el desempeño de ciertos trabajos.

C) La Ley de Incompatibilidades (Ley 53/1984) establece ciertas limitaciones a la contratación de personal laboral en las AAPP.

D) Por razón de salud, se exige reconocimiento médico previo a la ocupación de puestos con riesgo de enfermedad profesional, no pudiéndose contratar a los no aptos (art. 243 LGSS).

Por su parte, la LPRL (art. 26) establece obligaciones de evaluación de riesgos para trabajadores embarazadas, con parto reciente o durante la lactancia (ver lecciones 13ª y 14ª).

Establece igualmente (art. 27 LPRL) otras exigencias de evaluación de puestos en trabajos ocupados por menores (ver lección 13ª).

6. EL EMPRESARIO LABORAL

Conforme al art. 1.2 ET es empresario laboral cualquier persona física, jurídica o comunidad de bienes que reciba servicios de las personas a las que se refiere el art. 1.1; es decir, que reciba servicios voluntarios, retribuidos, subordinados y por cuenta ajena.

De este modo, empresario laboral lo es el titular (persona física o jurídica o comunidad de bienes) de la organización en que se inserten aquellos servicios. Pero, jurisprudencialmente, se estima responsable asimismo como empresario a quien contrate los servicios del trabajador, aparentando ser el titular de una empresa, aunque no lo sea (lo que se denomina "empresario aparente").

La existencia de vínculos económicos entre varias empresas (por ejemplo, una sociedad posee la mayor parte o todo el capital de otra) no impide que laboralmente se considere que, en principio, cada empresa de ese "grupo de empresas" sea independiente de las otras (Por todas, SSTS 16 julio 2015, Rec 312/2014 y 12 julio 2017, Rec. 278/2016). Ello no obstante, si se añaden ciertos elementos o circunstancias adicionales la jurisprudencia "levanta el velo" de la personalidad jurídica diferenciada de cada una de ellas y considera responsables solidarias a todas las empresas que integran el grupo (STS 27 mayo 2013, Rec. 78/2012).

Esos posibles "elementos adicionales" serían: a) La llamada situación de "plantilla única", que se daría cuando los trabajadores prestaran sus servicios indiferenciadamente, de manera simultánea o sucesiva, a todas o varias de las empresas del grupo pese a estar contratados solamente por una de ella (STS 27 mayo 2013, Rec. 78/2012); b) La situación llamada de "caja única", que se daría cuando se produjera una situación de confusión patrimonial entre las diversas empresas del grupo (por ejemplo, el salario y/o la cotización social se abona por empresas del grupo diferentes a las que han contratado a los trabajadores) (SSTS 20 mayo 2014, Rec. 168/2013 y 22 septiembre 2014, Rec. 314/2013); c) La utilización fraudulenta de la personalidad jurídica para crear una empresa aparente (STS 20 octubre 2015, Rec. 172/2014); d)) En fin, la situación de "dirección unitaria", cuando una de las sociedades del grupo asume la organización del trabajo en las empresas que lo integran, con perjuicios tangibles para los derechos de los trabajadores (STS 29 enero 2014, Rec 121/2013).

La presencia de esos elementos adicionales conduce a considerar que todo el grupo constituye una única empresa y que las distintas sociedades titulares de las empresas que lo integran son responsables solidarias, amén de otras posibles consecuencias (como, por ejemplo, sumar la antigüedad del trabajador en todas las empresas del grupo o considerar la situación conjunta del grupo a efectos de una posible autorización de despido por causa económica; aunque también, por ejemplo, a considerar que no hay cesión ilegal si una de ellas cede trabajadores a otra del grupo).

7. CONTRATACIÓN Y SUBCONTRATACIÓN DE LA ACTIVIDAD EMPRESARIAL

Constituye un fenómeno cada vez más frecuente el que una empresa no lleve a cabo toda su actividad productiva, sino que descentralice o externalice ("out-sourcing") parte de su actividad encargando a otra u otras empresas su realización. Ello es frecuente también en las AAPP, a través de la concesión de servicios de la administración a empresas concesionarias.

De este modo, una empresa (empresa principal) puede contratar parte de su actividad con otra (empresa contratista), la cual, a su vez, puede subcontratar parte de esa actividad con una tercera (empresa subcontratista).

Pero en el *sector de la construcción* solamente se puede llegar a un tercer subcontratista (es decir, contratista y 1º, 2º y 3er subcontratista), aunque cabe un nivel adicional excepcionalmente (especialización de los trabajos, complicaciones técnicas, fuerza mayor); a la inversa, si un subcontratista aporta fundamentalmente mano de obra, no puede a su vez subcontratar, ni puede hacerlo un autónomo (art. 5 LRSSC).

Este fenómeno de la descentralización viene parcialmente regulado por el art. 42 ET, que establece una serie de garantías a favor de los trabajadores de las empresas contratistas o subcontratistas. Al margen de estas garantías, a los trabajadores de las empresas contratistas y subcontratistas, les seguirá siendo de aplicación el convenio que rija en las mismas y no el de la empresa principal (STS 12 febrero 2021, rec. 197/2021).

Los aspectos principales de esta regulación son los que siguen (aparte el tratamiento en materia de prevención de riesgos, regulado en la LPRL: ver lección 13ª).

A) Lo dispuesto en el art. 42 solo resulta aplicable cuando la empresa principal contrate (o la empresa subcontratista subcontrate) parte de su "propia actividad".

La jurisprudencia del TS ha interpretado ese concepto de "propia actividad" en el sentido de que comprende aquellas tareas que integran el "ciclo productivo" de la empresa principal, aquellas que se "incorporan al producto o resultado final", aunque incluyendo también las actividades complementarias absolutamente "esenciales" o "nucleares" (SSTS 29 octubre 1998, rec. 1213/1998 y 22 noviembre 2002, rec. 3904/2001). Ha rechazado, por el contrario, que el concepto de propia actividad incluya actividades complementarias no esenciales, aunque sean indispensables (es decir, aquellas que el empresario tendría que realizar en todo caso de no estar contratadas o subcontratadas) (STS 18 enero 1995, rec. 150/1994 y 23 enero 2020, rec. 2332/2017).

De cualquier modo, más allá de estos criterios generales, normalmente se hace indispensable considerar las circunstancias de cada supuesto concreto. Así, cabe afirmar que una misma actividad (como la restauración) constituirá "propia actividad" en unos casos (por ejemplo, cuando la empresa principal es un colegio mayor (STS 24 noviembre 1998, Rec. 517/1998) y no en otros (por ejemplo, cuando la empresa principal es una entidad docente). En el importante sector de la construcción, ésta no se considera actividad propia del promotor inmobiliario.

B) En caso de contratación o subcontratación de la propia actividad, el art. 42 ET obliga al empresario principal respecto del contratista (y al contratista respecto del subcontratista) a comprobar que éstos están al corriente en el pago de cuotas a la Seguridad Social. A estos efectos, se debe recabar por escrito certificación de descubiertos a la TGSS, que deberá librarla en el plazo de 30 días. Aunque el tema ha sido muy debatido, alguna jurisprudencia del TS entiende que se trata de la existencia o no de falta de cotización por períodos previos a la contrata o subcontrata.

El incumplimiento de esta obligación no supone infracción sancionable, pero acarrea las consecuencias que a continuación se dirán en orden a la responsabilidad solidaria del empresario incumplidor.

C) En efecto, el art. 42.1 ET añade que, transcurrido ese plazo, quedará exonerado de responsabilidad el empresario solicitante. Esa responsabilidad exonerable, aunque el tema también es debatido, parece ser la que, en materia de Seguridad Social, contraiga la empresa contratista o subcontratista durante la ejecución de la contrata o subcontrata (ver *infra,* letra D). Pese al tenor de la Ley, la Sala III del Tribunal Supremo ha hecho una lectura minimizadora del alcance de la exención, afirmando que solo opera cuando, solicitado el certificado por el empresario, la TGSS no lo emite o expide certificación negativa que resulta ser inexacta. No así cuando en el certificado se reseña la información de la que la TGSS dispone en ese momento, advirtiendo que carece de efectos exoneratorios (STS 3 febrero 2021, Rec. 2584/2019).

D) Como garantía el art. 42.2 ET establece precisamente que el empresario principal será responsable solidario junto con el contratista y subcontratista (y aunque no se diga, lógicamente, el contratista lo será junto con el subcontratista) respecto de las obligaciones de naturaleza salarial contraídas con los trabajadores y de las referidas a la Seguridad Social durante el período de vigencia de la contrata (o subcontrata, en su caso). Esta responsabilidad solidaria se produce, pues, "en cadena": cada empresario responde solidariamente con todos los siguientes en el proceso descentralizador.

Cabe resaltar que:

— La responsabilidad solidaria se extiende a las obligaciones salariales, pero no a las de cualquier otra naturaleza (por retribuciones extrasalariales, por indemnización por despido, etc.; sí la compensación de vacaciones no disfrutadas).

  En el sector de la construcción, si se incumplen las obligaciones de acreditación de requisitos y de registro, o los límites a los niveles de subcontratación, la responsabilidad es respecto de las obligaciones laborales y de Seguridad Social (art. 7.2 LRSSC).

— La responsabilidad solidaria en materia salarial no se exonera nunca, pero sí es exonerable en los términos reseñados la referida a la Seguridad Social.

— La responsabilidad solidaria en materia de Seguridad Social comprenderá las cuotas impagadas durante la contrata o subcontrata y también aquellas prestaciones de que fuera responsable el contratista o subcontratista.

— En fin, la responsabilidad solidaria se puede exigir incluso durante el año siguiente a la terminación de la contrata o subcontrata respecto de las obligaciones de naturaleza salarial, teniendo en cuenta que la reclamación frente al contratista no interrumpe la prescripción de la responsabilidad del principal; y durante los tres años siguientes respecto de las obligaciones referidas a la Seguridad Social.

E) De forma paralela, el art. 168 LGSS impone una responsabilidad subsidiaria en materia de Seguridad Social, tanto en tema de cotizaciones como de prestaciones por falta de afiliación, alta o cotización. De este modo, cuando no exista responsabilidad solidaria (por no tratarse de propia actividad (STS 23 septiembre 2008, Rec. 1048/2007), por haberse producido exoneración, por no ser prestaciones anticipadas...), cuanto menos resulta responsable subsidiario el empresario principal.

F) La LISOS establece asimismo responsabilidades solidarias en materia de infracciones.

De un lado (art. 42.3 LISOS), el empresario principal responde solidariamente junto con el contratista o subcontratista (de la propia actividad del principal) cuando éstos incumplan sus obligaciones en materia de seguridad y salud laboral en relación a trabajadores ocupados en los centros de trabajo del principal y si la infracción se ha cometido en los mismos.

De otro lado (art. 23.2 LISOS), el empresario principal resulta responsable solidario con el contratista o subcontratista (de la propia actividad) cuando éstos den ocupación, sin tramitar el alta, a beneficiarios de pensiones u otras prestaciones periódicas incompatibles con el trabajo.

G) En relación con las condiciones de trabajo aplicables en las empresas contratistas y subcontratistas, el art. 42.6 ET previene como regla general la aplicación del convenio de "sector de la actividad desarrollada en la contrata o subcontrata, con independencia de su objeto social o forma jurídica". En línea con la jurisprudencia previa (STS 11 noviembre 2021, rec. 3330/2019), la Ley establece pues la garantía de la aplicación del convenio del sector de la actividad desarrollada por la contrata o subcontrata (STS 6 octubre 2022, rec. 35/2021 y STS 17 octubre 2022, rec. 2931/2021). Esta regla general cede, sin embargo, cuando la empresa contratista cuente con un convenio propio o cuando un convenio sectorial resulte de aplicación.

H) El art. 42 ET establece una serie de obligaciones de información:

— El empresario principal (o el contratista, en su caso) debe informar a los representantes de sus trabajadores acerca de una serie de extremos: identidad del contratista (o subcontratista); objeto, duración y lugar de la contrata; número de trabajadores ocupados por la contrata (o subcontrata) en el centro de trabajo de la principal; medidas para la coordinación de actividades para prevención de riesgos laborales (art. 42.4).

  A los efectos anteriores, cuando se comparta un mismo centro, la empresa principal dispondrá de un libro registro en que se refleje esa información, libro que estará a disposición de los representantes legales de los trabajadores (art. 42.4).

— El contratista (o el subcontratista, en su caso) deben informar a sus trabajadores de la identidad del empresario principal (o contratista) para el que estén prestando servicios (art. 42.3).

— El contratista (o subcontratista) deben informar a la TGSS de la identidad de la empresa principal (art. 42.3).

— El contratista (o subcontratista, en su caso) deben informar a los representantes de sus trabajadores de la identidad de la empresa principal (o contratista) y otros aspectos de la contrata (o subcontrata) (art. 42.5).

I) Y también algunas facilidades en materia de representantes:

— Cuando los trabajadores de las contratistas o subcontratistas no tengan representación legal, tendrán derecho a formular cuestiones a los representantes en la principal (art. 42.7).

— Cuando los representantes de los trabajadores de la principal, contratista y subcontratista compartan continuadamente centro de trabajo, podrán reunirse a efectos de coordinación (art. 42.8).

— En el mismo supuesto, los representantes de la contratista y subcontratista podrán hacer uso de los locales de los representantes en la principal, pero en los términos que acuerden con ésta (art. 81 ET).

J) En fin, el art. 16.6 LGSS establece que en los casos de empresarios que contraten o subcontraten con otros la realización de obras o servicios correspondientes a su propia actividad o, más ampliamente, que se presten de forma continuada en sus centros de trabajo, deben comprobar la afiliación y alta en la Seguridad Social de los trabajadores de las contratistas o subcontratistas.

8. CESIÓN DE TRABAJADORES

El art. 43.1 ET prohíbe la contratación de trabajadores para cederlos temporalmente a otra empresa, salvo que tal cesión se haga por ETTs autorizadas.

Dada la ilegalidad de la cesión de trabajadores, la cesión trata normalmente de disimularse bajo la apariencia de una contrata o subcontrata. Por ello, el problema principal es distinguir entre cesión y contrata o subcontrata.

A) Tal y como venía afirmando la jurisprudencia (SSTS 17 julio 1993, Rec 1712/1992 y 2 octubre 2002, Rec. 3656/2005), el art. 43.2 considera que hay una cesión ilegal:

— Cuando la empresa cedente (que aparentará ser una contratista o subcontratista) "carezca de una actividad o de una organización propia y estable". Es decir, cuando carezca de bienes, patrimonio, etc., adecuados a la actividad de que se trate. Cierto es que, en determinadas actividades (como limpieza) la organización adecuada requerida podrá ser mínima.

— Cuando el objeto de los contratos de servicios entre las empresas "se limite a una mera puesta a disposición de los trabajadores" de la empresa cedente a la cesionaria (STS 20 octubre 2014, Rec. 3291/2014 y 6 mayo 2020, rec. 267/2020)), o cuando la cedente "no ejerza las funciones inherentes a su condición de empresario" (STS 12 diciembre 2010, Rec. 1673/2010). Es decir, cuando la cedente, aun disponiendo de una organización propia, se limite a ceder trabajadores sin dirigir ni organizar su trabajo.

Para la jurisprudencia, en conclusión, para apreciar si concurre o no cesión ilegal hay que tener en cuenta, primero, si existe una mera puesta a disposición de trabajadores o, por el contrario, la empresa contratista ejerce respecto de los trabajadores como verdadero empresario, manteniendo la organización, dirección y control de la actividad (vid. STS 4 octubre 2022, Rec. 2498/2021), pues el control de la actividad de los trabajadores debe seguir en manos de la empresa subcontratada y no trasladarse a la principal en todo aquello que incide en la organización del trabajo y el efectivo ejercicio de las facultades empresariales (distribución de tareas, determinación de turnos, vacaciones, descansos, decisiones disciplinarias, etc) (STS 23 mayo 2023, rec. 183/2021); segundo, si la contratista empleadora es una verdadera empresa, con infraestructura organizativa suficiente y adecuada; y tercero, si la contratista asume o no un verdadero riesgo empresarial, siendo la contrata una actividad específica, delimitada y diferente de la actividad desarrollada por la principal (STS 12 enero 2022, rec. 1903/2020 y STS 4 octubre 2022, rec. 2498/2021, vid asimismo STS 15 septiembre 2021, rec. 184/2019 y STS 8 julio 2020, rec. 14/2019).

Lo que resulta indiferente a estos efectos de distinguir la cesión de la contrata, es el hecho de que el empresario cedente actúe formalmente como empresario (formalice los contratos, abone los salarios, cotice, adopte decisiones como despedir, etc.). Igualmente, resultan indiferentes otros datos: puede tratarse de una contrata y no una cesión, aunque la contratista trabaje en exclusiva para una determinada empresa principal, realice la prestación en sus dependencias o utilice sus medios o programas informáticos (STS 25 noviembre 2019, rec. 81/2018); o puede tratarse de una cesión, aunque la empresa cedente no persiga un ánimo de lucro. También es indiferente la naturaleza de la relación entre empresa cedente y trabajadores: puede tratarse de una cesión ilegal, aunque la cedente sea una cooperativa de trabajo asociado y los trabajadores cedidos socios de la misma.

Caso práctico: Cesión ilegal de trabajadores

La empresa A, dedicada a servicios de carga y descarga de mercancías, tiene suscrita con B, empresa de transporte, un contrato de prestación de servicios de logística, y manejo de mercancías. En virtud de dicho contrato, los trabajadores de la primera desempeñan su prestación en los locales de la segunda, habiendo recibido de ésta, cuyo uniforme visten, un curso de formación sobre el desempeño de su trabajo. El encargado de B emite normalmente órdenes e instrucciones a los trabajadores de A y lleva a cabo su control de presencia. A percibe de B una compensación económica por la prestación de los servicios de logística y retribuye a sus trabajadores. ¿Cabría considerar que los trabajadores de A que prestan sus servicios para B están siendo objeto de una cesión ilegal de mano de obra?

A juzgar por los hechos referidos, de los que no se deduce ni un solo elemento que permita entender que A aporta a B algo más que la mano de obra, resulta claro que nos encontramos ante la cesión ilegal prohibida por el art. 43.1 ET

(Vid. STS. 12 diciembre 2019, rec. 2766/2017).

B) Los efectos de la cesión ilegal son los siguientes.

— En primer lugar (art. 43.3 ET), ambos empresarios son responsables solidarios de todas las obligaciones —no solo las salariales— contraídas con los trabajadores y con la Seguridad Social, incluidas las derivadas de un eventual despido (STS 15 octubre 2019, rec. 1620/2017, 20 abril 2021, rec. 2700/2018 y 20 abril 2021, rec. 2700/2018).

— En segundo lugar (art. 43.4 ET), los trabajadores cedidos tienen derecho a adquirir la condición de fijos tanto en la empresa cedente como, sobre todo, en la empresa cesionaria. Esta opción puede ejercerse mientras subsista la cesión, no si ésta ha concluido (STS 29 octubre 2012, Rec. 4005/2011), y normalmente hay que exigirla judicialmente (en la práctica, se suele plantear cuando la empresa cedente cese al trabajador cedido, demandando por despido a ambas empresas). En la nueva empresa los derechos y obligaciones del cedido serán los que correspondan en condiciones ordinarias a un trabajador que preste servicios en el mismo o equivalente puesto de trabajo (es decir, las fijadas en el convenio colectivo aplicable para un trabajador similar).

— En tercer lugar, ambos empresarios incurren en una infracción laboral muy grave (art. 8.2 LISOS).

— En cuarto lugar, la cesión puede constituir un delito. De un lado, el previsto en el art. 311.1º CP, cuando mediante engaño o abuso de situación de necesidad se impongan a los trabajadores condiciones que perjudiquen sus derechos, que se castiga con penas de prisión (6 meses a 3 años) y multa (6 a 12 meses). De otro lado, el previsto en el art.

312.1° CP, cuando se produzca tráfico ilegal de mano de obra, que se sanciona con penas de prisión (2 a 5 años) y multa (6 a 12 meses).

9. LAS EMPRESAS DE TRABAJO TEMPORAL

El art. 43.1 ET admite la cesión cuando se efectúe por ETTs debidamente autorizadas en los supuestos legalmente permitidos. Tal actividad se regula, aparte de por el Convenio n° 181 OIT y por la Directiva 2008/104/CE de 19 de noviembre, por la Ley 14/1994, de 1 junio y por RD 417/2015, de 29 de mayo.

Recuérdese (ver lección 2ª, epígrafe 12) que la Ley 45/1999 de 29 de noviembre, sobre prestación de servicios transnacional entre países de la UE y del EEE, establece reglas sobre desplazamiento de trabajadores a España por su ETT extranjera y, a la inversa, de trabajadores desplazados por su ETT española a esos países.

La actividad de las ETTs da lugar a una peculiar relación triangular. Los trabajadores contratados laboralmente por la ETT son cedidos por ésta, mediante un contrato mercantil (contrato de puesta a disposición), a una empresa usuaria (EU), estableciéndose una relación entre esta última y los trabajadores cedidos, pese a que la EU no es su empresario.

9.1. Requisitos de las ETTs

Las ETTs deben cumplir ciertos requisitos, venir autorizadas por la autoridad laboral y remitir cierta información a la misma (arts. 2-5 LETT). De acuerdo con la jurisprudencia (STS 10 junio 2003, Rec. 1783/2002), hasta que la ETT no haya obtenido la correspondiente autorización administrativa no puede celebrar contratos de puesta a disposición, so pena de incurrir en una cesión ilegal de trabajadores.

Los requisitos son:

a) Que la ETT cuente con una estructura organizativa adecuada, para lo que se valorará la adecuación y suficiencia de sus elementos para desarrollar su actividad, teniendo en cuenta una serie de factores que la ley fija.

b) En concreto, debe contar con un mínimo de doce trabajadores con contrato indefinido (a tiempo completo o parcial), o el número que corresponda proporcionalmente, para prestar servicios bajo su dirección, por cada 1000 trabajadores contratados para ser cedidos durante el año anterior. Para su cómputo se tendrán en cuenta el número de días totales de puesta a disposición dividido por 365. Si así computados el número de trabajadores cedidos fuera superior a 5.000, al menos 60 trabajadores propios. Ese mínimo se adaptará anualmente. Para iniciar la actividad, y durante todo el tiempo de actividad de la ETT, se fija un mínimo de tres con contrato de duración indefinida, a tiempo completo o parcial.

c) Dedicarse exclusivamente a esa actividad aunque pueden también actuar como agencias de colocación (cuando cumplan los requisitos establecidos en la LE), o dedicarse a actividades de formación para la cualificación profesional, así como de asesoramiento y consultoría de recursos humanos.

d) Encontrarse al corriente de sus obligaciones tributarias o de Seguridad social.

e) Garantizar, en los términos que se prevén, el cumplimiento de sus obligaciones salariales, indemnizatorias o con la Seguridad Social.

f) No haber sido sancionada con suspensión de actividad en dos o más ocasiones.

g) Incluir en su denominación los términos "empresa de trabajo temporal" o "ETT".

La autoridad laboral competente para autorizar dependerá del ámbito de actuación de la ETT, pudiendo ser la Dirección General de Empleo del MITRAMISS (si la ETT dispone de centros en dos o más CCAA) o la autoridad laboral autonómica (centros en el territorio de una sola CA) o las Delegaciones del Gobierno en Ceuta y Melilla.

La autorización será única, tendrá eficacia en todo el territorio nacional y se concederá sin límite de duración. La solicitud de autorización debe resolverse en el plazo de un mes; transcurrido sin resolución expresa, se entenderá estimada. La ETT debe remitir a la autoridad laboral relación de los contratos de puesta a disposición celebrados, así como informar de otros aspectos (masa salarial del ejercicio económico anterior; todo cambio de titularidad, apertura y cierre de centros y cese de actividad).

9.2. Relación entre ETT y EU: el contrato de puesta a disposición

La cesión de trabajadores se produce a través de un contrato mercantil entre la ETT y la EU, denominado "contrato de puesta a disposición" (arts. 6-9 LETT).

Este contrato, escrito, solo puede celebrarse para atender necesidades temporales de trabajo en la EU y, en concreto, en los supuestos previstos en el art. 15 ET. Es decir, en los mismos supuestos en que podría la EU contratar directamente trabajadores temporales. También en los supuestos en que la EU podría celebrar un contrato formativo: de formación en alternancia o para la obtención de la práctica profesional adecuada.

En materia de duración del contrato de puesta a disposición se estará a lo dispuesto en el art. 15 ET para los contratos temporales y en el art. 11 ET para los contratos formativos (ver lección 9ª).

No se puede celebrar contrato de puesta a disposición en los siguientes supuestos: Para sustituir a trabajadores en huelga en la EU; para la realización de trabajos u ocupaciones especialmente peligrosos (los indicados en la DA 2ª de la propia LETT y por determinados acuerdos y convenios colectivos, en los términos fijados en esa DA); cuando la EU en los 12 meses anteriores haya amortizado puestos de trabajo por ciertas razones (por despido improcedente o por las causas previstas en los arts. 50, 51 y 52.c ET, salvo en los supuestos de fuerza mayor); o para ceder trabajadores a otra ETT.

9.3. La relación laboral entre trabajador cedido y ETT

Los arts. 10-14 LETT regulan esta relación.

La ETT es quien contrata y, por tanto, el empresario del trabajador cedido. El contrato puede ser por tiempo indefinido común, fijo discontinuo o, como viene siendo habitual, "por duración determinada coincidente con la del contrato de puesta a disposición".

En este último caso, hay que entender que no solamente la "duración" del contrato temporal sino su modalidad tiene que coincidir con la del contrato de puesta a disposición, porque la justificación de la temporalidad del contrato laboral no puede ser otra que el contrato de puesta a disposición entre la ETT y la EU.

Puede celebrarse un contrato de trabajo indefinido para la cobertura de varios contratos de puesta a disposición, pero solamente si todos éstos están plenamente determinados y responden a una contratación temporal por circunstancias de la producción (art. 15.2).

Asimismo, las empresas de trabajo temporal pueden celebrar contratos de carácter fijo discontinuo para la cobertura de contratos de puesta a disposición vinculados a necesidades temporales de diversas empresas usuarias, en los términos previstos en el art. 15 ET (contrato temporal por circunstancias de la producción y temporal por sustitución), coincidiendo en tales casos los periodos de inactividad con el plazo de espera entre dichos contratos.

El contrato de trabajo debe ser escrito, pero según lo establecido para cada modalidad (y no siempre es necesaria la forma escrita, por ejemplo en el contrato eventual por circunstancias de la producción; ver lección 9ª). Hay que comunicar el contenido del contrato a la autoridad laboral.

Los derechos de los trabajadores cedidos serán los pactados con la ETT (o previstos en el convenio colectivo que le sea aplicable). Pero, en todo caso, tendrán derecho durante la prestación de servicios en la EU a las "condiciones esenciales de trabajo y empleo" que les corresponderían de haber sido contratados directamente por la EU para ocupar el mismo puesto de trabajo. Se consideran tales condiciones las referidas a la remuneración y determinados aspectos de la ordenación del tiempo de trabajo (duración de la jornada, las horas extras, los períodos de descanso, el trabajo nocturno, las vacaciones y los días festivos) (art. 11 LETT). También tendrán derecho a la aplicación de las mismas disposiciones que los trabajadores de la EU en materia de protección de embarazadas, lactantes y menores, así como a la igualdad de trato entre hombres y mujeres y a la aplicación de las mismas disposiciones para combatir discriminaciones (mismo art. LETT).

Otros aspectos a resaltar de la relación laboral entre ETT y trabajadores son:

— Cuando el contrato de trabajo sea temporal, que es lo habitual, al terminar el contrato de puesta a disposición el trabajador tiene derecho a una indemnización de 12 días de salario por año de servicio (o la establecida en la normativa específica de aplicación) o parte proporcional.

— La ETT no puede percibir del trabajador ninguna cantidad por gastos de selección, formación, etc.; y debe destinar el 1 por 100 de la masa salarial a dar a sus trabajadores formación adecuada al puesto a desarrollar.

— La ETT debe asegurarse de que los trabajadores posean la formación en materia de prevención de riesgos necesaria para el puesto a desempeñar (cuya evaluación de riesgos deberá realizarse previamente). En caso contrario, debe facilitarla antes de la prestación de los servicios pero como parte del contrato de puesta a disposición. El gasto por formación computa a efectos del citado 1 por 100.

Para ello (ver arts. 2 y 3 RD 216/1999, de 5 febrero), la EU deberá informar previamente a la ETT sobre los riegos del puesto y tareas a desarrollar, así como sobre los requisitos a estos efectos del trabajador que vaya a desempeñarlas. Por su parte, la ETT debe transmitir esa información al trabajador, incorporándola al contrato u orden de servicio.

— Dado que será frecuente que en la ETT no existan órganos de representación unitaria del personal, pueden negociar convenios colectivos para esas empresas los sindicatos más representativos.

9.4. Relación laboral con la EU

Se regula en los arts. 9-15 LETT

Aunque entre el trabajador cedido y la EU no existe contrato de trabajo, la ley regula algunos aspectos de la relación entre ambos:

— Durante la cesión, la EU ejercita las facultades de dirección y control, pero no el poder disciplinario que reside en la ETT.

— La EU recabará información de la ETT para asegurarse de que el trabajador cedido tiene la formación e información exigidas en materia de prevención de riesgos, no permitiendo el inicio de los servicios hasta que ello le conste. Asimismo, informará a sus delegados de prevención o a los representantes legales de sus trabajadores de la incorporación del trabajador cedido, el puesto a desarrollar, sus riesgos, medidas preventivas y formación e información recibidas por el trabajador (art. 4 RD 216/1999, de 5 febrero).

La EU debe informar al trabajador cedido sobre los riesgos derivados de su puesto de trabajo (y las medidas de protección y prevención), y es responsable de la protección en materia de seguridad e higiene. Otras obligaciones de la EU y otras disposiciones en la materia se contienen en los art. 5-7 del citado RD 216/1999.

— La EU responde subsidiariamente de las obligaciones salariales y de Seguridad Social, y de la indemnización por extinción del contrato. Esa responsabilidad (limitada, como se ve, lo que se explica por la garantía financiera exigida a la ETT) se convierte en solidaria cuando la cesión hecha por una ETT sea ilegal es decir, cuando se lleve a cabo en supuestos no permitidos (STS 2 diciembre 2021, rec. 4701/2018, 29 junio 2022, rec. 749/2019 y STS 27 abril 2023, rec. 2935/2020), estimando la jurisprudencia que también se producen los otros efectos (responsabilidad en otras materias, condición de fijo) típicos de la cesión ilegal efectuada por una empresa que no sea ETT (ver supra), incluida la responsabilidad administrativa por infracción muy grave (art. 8.2 LISOS).

— Los trabajadores cedidos pueden presentar reclamaciones a través de los representantes de los trabajadores en la EU (que los representarán durante la misión), y tienen derecho a utilizar los servicios de transporte, comedor, guardería y otros servicios comunes e instalaciones colectivas de la misma.

— La EU debe informar a los trabajadores cedidos sobre existencia de puestos de trabajo vacantes.

— La negociación colectiva adoptará medidas para facilitar el acceso de los trabajadores cedidos a la formación disponible para los trabajadores de las usuarias.

— En fin, la EU debe informar a los representantes de sus trabajadores sobre cada contrato de puesta a disposición y entregarles una copia básica del contrato de trabajo (entre la ETT y el trabajador cedido) o de la correspondiente orden de servicio (art. 9 LETT).

10. LA TRANSMISIÓN DE EMPRESAS

El art. 44 ET regula ampliamente los aspectos laborales del cambio de titularidad de la empresa, de un centro de trabajo o de una unidad productiva autónoma. Transpone lo dispuesto por la Directiva 2001/23/CE, de 12 de marzo.

Lo más importante es que el cambio de titularidad no es motivo por sí mismo para extinguir los contratos de trabajo de los trabajadores de la empresa, centro o unidad productiva transmitida. Naturalmente, si hay causa para ello (como, por ejemplo, causa económica, técnica, organizativa o de producción), es posible que los contratos se extingan por esa causa, ya sea antes o después de la transmisión, pero no basta el mero hecho del cambio de titularidad.

Por consiguiente, salvo lo dicho, el nuevo titular tiene que mantener los contratos de trabajo afectados por el cambio de titularidad.

Analizando con más detalle esta temática, cabe detenerse en los siguientes puntos.

A) Por lo que respecta al **objeto de la transmisión**, según el art. 44 ET se puede tratar tanto del cambio de titularidad de toda la empresa, como de la transmisión parcial de un centro de trabajo o incluso de una unidad productiva autónoma (*in extremis*, por ejemplo, se ha considerado unidad productiva autónoma a un camión en una empresa de transporte) (Vid STS 10 septiembre 2020, rec. 1037/2018).

Pero, en todo caso, lo transmitido tiene que ser una "entidad económica que mantenga su identidad", "un conjunto de medios organizados a fin de llevar a cabo una actividad económica, esencial o accesoria" (STS 20 diciembre 2017, Rec. 165/2016). En otras palabras, no resulta aplicable el art. 44 ET si se transmiten solamente elementos aislados que no permiten continuar la actividad económica en cuestión. Pero en algunas actividades (por ejemplo, contratas de limpieza) los elementos materiales transmisibles son mínimos, por lo que la organización transmitida puede consistir sencillamente en una parte de los trabajadores.

B) En cuanto a la **causa de la transmisión**, esta puede ser muy diversa, puesto que el art. 44 se refiere, ampliamente, al "cambio de titularidad", cualquiera que sea su motivo.

Puede tratarse, por lo tanto, de cualquier negocio entre el anterior y el nuevo titular: una venta, una cesión, una donación, una dación en pago, una fusión de sociedades, etc., incluso si no hay relación directa entre los dos titulares (por ejemplo, la adquisición de una unidad productiva de una empresa concursada (por todas, STS 12 diciembre 2019, rec. 3895/2017).

Dos supuestos merecen especial consideración.

De un lado, el supuesto de **sucesión de contratistas**. En principio, si un nuevo contratista sucede a uno anterior en la realización de una contrata, o si un nuevo concesionario sucede a uno anterior, no se produce una transmisión de empresas. La realización por el nuevo contratista o concesionario de la misma actividad, con su propia organización empresarial, no constituye el cambio de titularidad: en tal caso, los trabajadores del anterior contratista o concesionario continuarán con él (STS 23 mayo 2005, rec. 1674/2004). Hay, no obstante, algunos supuestos de sucesión de contratas en los que, por aplicación de la doctrina europea sobre sucesión de plantillas (STJCE 24 enero 2002, Asunto C-51/00 Temco), la jurisprudencia entiende que opera la transmisión de empresas: son aquellos en las que la actividad contratada descansa fundamentalmente sobre la mano de obra (contratas de limpieza, seguridad, etc.) y el nuevo contratista asume una parte esencial de los trabajadores del anterior en términos de número y/o competencias (STS 12 noviembre 2019, rec. 357/2017 y STS 15 de diciembre 2021, rec. 4236/2019). A falta de esta asunción, que puede perfectamente derivar de una previsión convencional y producir plenos efectos (STS 11 enero 2022, rec. 2635/2018), no operará la transmisión (STS

8 junio 2021, rec 3004/2018). Esta construcción no es aplicable cuando la actividad empresarial no pivote esencialmente sobre la mano de obra, al estar obligado el nuevo contratista a desplegar relevantes medios materiales para realizarla (STS 3 marzo 2020, rec. 3439/2020).

Especial consideración merece, en este contexto, la sucesión convencional de empresas, esto es, el supuesto en el que la subrogación del nuevo contratista o concesionario y, por tanto, su obligación de asumir a los trabajadores venga establecida en el convenio colectivo aplicable, que puede al efecto establecer requisitos sustantivos y/o formales (STS 18 febrero 2020, rec. 1682/2017) de cuya observancia dependerá el que la subrogación opere (STS 25 junio 2023, rec. 1657/2002). En estos casos, la jurisprudencia (STS 27 septiembre 2018, rec. 873/2018) ha establecido que son de aplicación las responsabilidades previstas en el art. 44 ET, sin que pueda el convenio excluirlas (Vid. Infra).

En aquellos supuestos de contratación en el sector público en los que, como consecuencia de las previsiones de un convenio o acuerdo colectivo, recaiga sobre el adjudicatario la obligación de subrogarse como empleador en determinadas relaciones laborales, la Administración deberá facilitar en el pliego de contratación la información pertinente (STS 12 diciembre 2017, Rec. 668/2016).

De otro lado, el supuesto de cambio de titularidad **por muerte, jubilación o incapacidad del empresario**. En tales supuestos, conforme al art. 49.1.g) ET, los contratos de trabajo se extinguen (con una pequeña indemnización: un mes de salario), salvo que resulte de aplicación lo dispuesto en el art. 44 ET.

Es decir, que en estos supuestos la continuidad de los contratos de trabajo dependerá de la decisión de los nuevos titulares (por ejemplo, de los herederos). Si deciden continuar la actividad ellos mismos o transmiten la empresa a terceras personas, los contratos de trabajo no se extinguirán. Por el contrario, si deciden no continuar la actividad empresarial y ni siquiera la transmiten a terceros, los contratos de trabajo se extinguen como consecuencia de esa decisión (para la que la jurisprudencia concede un "plazo razonable").

C) En cuanto a los **efectos de la transmisión**, aparte del principal que es la no extinción de los contratos de trabajo, el art. 44 ET, en términos generales, dispone que el *nuevo titular* queda "subrogado en los derechos y obligaciones laborales y de seguridad social del anterior". Subrogación que opera respecto de cualesquiera condiciones de trabajo que el trabajador viniera disfrutando, incluidos los "derechos adquiridos" como la antigüedad (STS 11 noviembre 2010, Rec. 23/2011). Estas condiciones de trabajo deben mantenerse exclusivamente respecto de los trabajadores que hayan sido objeto de la transmisión, pero no obligan a la empresa respecto de los nuevos trabajadores que pueda contratar "ex novo" (STS 21 enero 2021, rec. 47/2019)

Más detalladamente, el art. 44 regula algunos aspectos:

— Por lo que respecta al *convenio colectivo aplicable* a los trabajadores de la empresa transmitida, continuarán rigiéndose por el que en el momento de la transmisión fuere de aplicación a la empresa (centro, unidad productiva) transmitida, incluso si está en fase de ultra-actividad (según la jurisprudencia), y no por el aplicable a la empresa adquirente. Esa aplicación del convenio de origen se mantendrá hasta la fecha de su expiración (salvo lo dicho acerca de la ultra-actividad), o hasta la entrada en vigor un convenio aplicable a la entidad transmitida (STS 14 mayo 2020, rec. 218/2018), o cuando así se disponga por acuerdo de los representantes con el adquirente posterior a la transmisión.

— Por lo que se refiere a los órganos de representación del personal existentes en la empresa o centro transmitido, estos se mantendrán en la medida en que la empresa o centro conserven su autonomía. En caso contrario, esos representantes no se mantienen ni provisionalmente.

— Por último, el art. 44 ET establece cierta *responsabilidad solidaria del anterior titular* junto con el nuevo.

Así, de un lado, el anterior titular sigue respondiendo durante tres años de las *obligaciones laborales nacidas con anterioridad* a la transmisión y que no hubieren sido satisfechas. La solidaridad alcanza a las deudas laborales pero también a las de Seguridad Social y al recargo de prestaciones (STS 23 marzo 2015, Rec. 2057/2014). Los art. 142 y 168 LGSS, por su parte, establecen la responsabilidad solidaria del anterior titular respecto de las cuotas y las prestaciones a cargo de la empresa causadas —generadas— antes de la transmisión, aunque su reconocimiento se produzca con posterioridad (STS 7 mayo 2020, rec. 169/2018).

De otro lado, el anterior titular responde solidariamente de las *deudas posteriores a la transmisión,* si la transmisión fuera declarada delictiva, calificación que corresponde al orden jurisdiccional penal.

D) En fin, el art. 44 contempla **obligaciones de información y consulta**.

— Ambos empresarios deben *informar* de la transmisión a los representantes de los trabajadores (o directamente a los trabajadores, si no hay representantes), acerca de la fecha prevista de la transmisión, sus motivos, consecuencias y medidas previstas para los trabajadores. Esta información debe ser facilitada por el empresario cedente antes de la transmisión; y por el cesionario antes de que sus trabajadores se vean afectados por la misma.

— Si el anterior o el nuevo titular prevén adoptar medidas laborales (traslados, modificaciones sustanciales, suspensiones, despidos…) deberán *consultar y negociar* tales medidas con los representantes de los trabajadores.

Lección 9ª

Contratación laboral

1. LA LIBERTAD EMPRESARIAL DE CONTRATACIÓN

La libertad de empresa en el marco de la economía de mercado (art. 38 CE) faculta al empresario para determinar cuántos trabajadores emplear y a quiénes contratar. Pero ambas facultades encuentran sus límites en función de otros derechos o bienes constitucionalmente protegidos.

A) De un lado, hay obligaciones en cuanto a la búsqueda por parte del empresario de los trabajadores a contratar y en cuanto a los trámites formales al respecto. Así, hay que señalar las siguientes:

a) Los empresarios pueden contratar directamente a los trabajadores o solicitarlos a los servicios de empleo tanto públicos como privados (aparte de que, como se vio, pueden obtener trabajadores de las ETTs); con alguna excepción, como, sobre todo, la contratación de discapacitados en fomento de empleo (ver infra).

Eso sí, están obligados a comunicar a los servicios públicos de empleo el contenido de los contratos, en el plazo de 10 días (no a registrar los contratos) (art. 8.3 ET; RD 1424/2002, de 27 diciembre; OTAS/770/2003, de 14 marzo), se celebren o no por escrito, así como las prórrogas de los mismos.

Al mismo tiempo, deberán enviar o remitir la copia básica de los contratos que deban celebrarse por escrito (a excepción de los de alta dirección), previamente entregada a la representación legal de los trabajadores si la hubiere (art. 8.4 ET).

La copia básica debe consistir en una reproducción literal del contrato y referirse a todos los aspectos del mismo relevantes para comprobar su adecuación a la legalidad. No deben incluirse los aspectos que puedan afectar a la intimidad personal del trabajador (específicamente, el DNI, domicilio y estado civil); en cuanto a los demás datos, no es contraria al derecho a la intimidad (STC 142/1993, de 22 abril).

La copia (y las notificaciones de las prórrogas de los contratos) debe entregarse en los diez días posteriores a la firma del contrato. Una vez firmada por los representantes, se remite a la oficina pública de empleo.

Cuando no exista obligación de entregar la copia básica, hay que notificar a los representantes los contratos temporales realizados (art. 15.4 ET).

La comunicación del contenido de los contratos y el envío de las copias básicas, incluso mediante medios telemáticos (que se deben autorizar) se regula en la OTAS citada.

En fin, subsiste la obligación de los llamados gabinetes de selección de informar al SEPE de sus tareas.

Las infracciones se encuentran tipificadas en la LISOS (arts. 14 a 16).

b) Por su parte, los trabajadores pueden inscribirse ya sea en los servicios públicos de empleo, ya sea en las agencias "privadas" de colocación. Pero es necesario inscribirse en los servicios públicos a efectos de solicitar prestaciones por desempleo (art. 47.1 LE).

c) Como se acaba de indicar, los servicios de empleo pueden ser públicos o privados. Los servicios de empleo públicos se encuentran trasferidos a las Comunidades Autónomas.

En cuanto a los servicios privados, el Convenio nº 181 OIT, ratificado por España, regula las que denomina "agencias de empleo privadas". Considera tales a las agencias de colocación (las que "vinculen" ofertas y demandas de empleo), a las ETTs, y a otros servicios relacionados con la búsqueda de empleo que se puedan determinar por la normativa de cada país. En términos generales, todas esas agencias deben estar autorizadas y deben ser gratuitas para los trabajadores.

El art. 43 LE admite la existencia de agencias de colocación "públicas o privadas" y especifica que pueden ser "con o sin ánimo de lucro".

Unas y otras podrán realizar actividades de intermediación laboral, como colaboradoras de los servicios públicos de empleo, o de forma autónoma pero coordinada con los mismos. Las personas físicas o jurídicas, incluidas las ETTs, que deseen actuar como agencias de colocación deberán presentar con carácter previo una declaración responsable ante el SEPE o equivalente de la Comunidad Autónoma, en caso de que su actividad vaya a limitarse al territorio de la misma (art. 43.2 LE). Quedan sometidas a una serie de obligaciones (como "respetar la intimidad y dignidad de los trabajadores") (art. 43.3 LE), y se deben regir por una serie de principios básicos (art. 43.3 LE) que también se aplican a los servicios públicos (como igualdad de oportunidades en el acceso al empleo y no discriminación; o la gratuidad de sus servicios para los trabajadores, también para los empresarios en el caso de los servicios públicos). El RD 1796/2010, de

30 diciembre, regula las agencias de colocación (es decir, las que realicen "actividades de intermediación laboral que tengan como finalidad proporcionar a las personas trabajadoras un empleo adecuado a sus características y facilitar a los empleadores las personas trabajadoras más apropiadas a sus requerimientos y necesidades"). Entre otras cuestiones, regula su autorización (arts. 3 y 9-15), sus obligaciones (art. 5) y su seguimiento y evaluación (art. 7), y la gratuidad de sus servicios para los trabajadores (arts. 5.c y 8). Pero sus servicios de intermediación no pueden ser solicitados por las AAPP (DA 2ª).

Aparte lo ya señalado, en el mercado de trabajo son frecuentes determinadas empresas o actividades relacionadas con la búsqueda de empleo: empresas de selección de personal, de recolocación ("out-placement"), cazatalentos ("head-hunters"), bolsas de trabajo, ferias de empleo, etc. En la medida en que realicen actividades de colocación (poner en contacto o vincular oferta y demanda de empleo) deberían presentar la declaración responsable antes citada. El art. 33.1 LE contempla la actividad de recolocación como intermediación laboral y califica a las empresas de recolocación como agencias de colocación especializadas. Las agencias de colocación pueden desarrollar otras actividades relacionadas con la búsqueda de empleo, como orientación e información profesional y la selección de personal (art. 2.1 RD 1796/2010).

B) De otro lado, la libertad empresarial para determinar el número de trabajadores a emplear se encuentra limitada en varios sentidos. De este modo, aparte la normativa que regula los despidos (y que encuentra su fundamento en la protección del derecho al trabajo) (vid. lección 15ª), cabe señalar:

- La obligación para las empresas públicas o privadas, que ocupen 50 o más trabajadores, de contratar un 2% de trabajadores con discapacidad (RD 1451/1983, de 11 de mayo, art. 4 y art. 42.1 LGPDP); el grado mínimo de discapacidad para estos efectos, y para medidas de fomento de empleo o para contratación en prácticas o formación, será igual o superior al 33%. A estos efectos, el cómputo del número de trabajadores se hace en este RD como en las elecciones a representantes. Esta medida se puede sustituir excepcionalmente a través de la negociación colectiva sectorial o, en su ausencia, por el empresario por otras alternativas determinadas reglamentariamente (RD 364/2005, de 8 abril). El incumplimiento de la obligación constituye infracción grave (art. 15.3 LISOS). La medida tiene su justificación en la protección constitucional de las personas con discapacidad (art. 49 CE).

Asimismo, en la oferta de empleo público de cada año se debe reservar un cupo no inferior al 5% para personas con discapacidad (RD 2271/2004, de 3 diciembre).

- En las cooperativas de trabajo asociado, se limita el número de trabajadores no socios en relación con el número de socios trabajadores, para no desvirtuar el carácter de estas sociedades. En concreto, las horas/año realizadas por trabajadores no socios no puede ser superior al 30% de las realizadas por los socios trabajadores (Ley 27/1999, de 16 de julio, art. 80.7; pero hay también numerosas leyes autonómicas sobre cooperativas). De modo similar, se limita el número de horas a realizar por los trabajadores no socios en las denominadas Sociedades Laborales (Ley 44/2015, de 14 octubre, art. 1.2.c): las horas trabajadas por trabajadores no socios con contrato de duración indefinida no pueden superar el 49% del cómputo global de horas-año trabajadas en la sociedad laboral por el conjunto de los trabajadores, sin computar las realizadas por trabajadores con discapacidad.
- Cabe recordar los derechos de los representantes de los trabajadores a recibir información trimestral sobre la evolución probable del empleo en la empresa y a emitir informe previo en supuestos de reestructuraciones de plantillas, despidos, suspensiones y cambios en el status jurídico de la empresa que incidan sobre el empleo (art. 64.5 ET).
- En fin, se suelen pactar en los convenios colectivos "cláusulas de empleo", por las que voluntariamente el empresario queda obligado a mantener o incrementar un determinado volumen de empleo, aunque plantean problemas de aplicación práctica en caso de incumplimiento.

C) En otro orden de cosas, los empresarios eligen libremente a los trabajadores con quienes deseen contratar. Pero este otro aspecto de la libertad de contratación tiene también algunos límites.

De un lado, la prohibición de discriminación en materia de empleo (art. 14 Constitución, art. 17.1 ET) hace que sea nula la decisión de no contratar por razones discriminatorias (por raza, sexo, religión, afiliación a un sindicato, etc.: las llamadas "listas negras"). Pero, aparte del problema de la prueba de la existencia de discriminación (que se soluciona mediante la inversión relativa de la carga de la prueba, ver lección 3ª), si un empleador no contrata por motivos discriminatorios, la consecuencia solamente será una indemnización de daños y perjuicios, no la declaración de existencia del contrato.

Sí se admite, por el contrario, que la negociación colectiva establezca "medidas de acción positiva", de modo que en igualdad de condiciones de idoneidad tengan preferencia para ser contratadas "las personas del sexo menos representado" en el grupo o categoría de que se trate (art. 17.4 ET).

De otro lado, muchos convenios colectivos (y para el empleo público el art. 61 EBEP) condicionan la contratación de trabajadores, ya sea exigiendo que dicha contratación vaya precedida de un proceso de selección (concurso de méritos, oposición), ya sea exigiendo que la contratación se efectúe a través de determinadas categorías de ingreso de nivel más bajo (de modo que, vacante un puesto en una categoría superior, dicha vacante se cubre por un trabajador interno y los nuevos trabajadores ingresan por categorías inferiores).

En caso de incumplimiento de estas reglas convencionales, las consecuencias vendrían a ser las siguientes: a) Si no se contrata a un trabajador pese a haber superado las pruebas de selección, como en el caso de discriminación, la consecuencia solo es la indemnización de daños y perjuicios; b) Si se contrata a un trabajador pese a no haber superado las pruebas de selección o en una categoría que no sea la prevista como categoría de ingreso, se podría solicitar la nulidad del contrato (lo podrían hacer los firmantes del convenio o los representantes de los trabajadores en la empresa).

2. LA FORMA DEL CONTRATO

El contrato de trabajo puede celebrarse por escrito o de palabra. Más aún, se presume que existe contrato de trabajo cuando una persona trabaja por cuenta de otra (ajenidad) y dentro de su ámbito de organización y dirección (subordinación) (art. 8.1 ET). Es decir, aunque no se documente el contrato de trabajo, siempre hay contrato si una persona trabaja para otra con las dos notas características de subordinación y ajenidad.

Aparte lo anterior, el contrato debe formalizarse por escrito en numerosos supuestos (casi todos los contratos temporales, los formativos, a tiempo parcial, fijos discontinuos y de relevo, los celebrados por una ETT, los contratos de trabajo de los pescadores, los de trabajo a distancia, etc.: art.

8.2 ET y otras normas). Además, debe siempre hacerse por escrito si cualquiera de las dos partes lo solicita (art. 8.4 ET).

El incumplimiento de la forma escrita, cuando es obligatoria o se solicite, acarrea sanciones administrativas a la empresa (infracción grave) (art. 7.1 LISOS). Además, el contrato se presume entonces de duración indefinida y a tiempo completo, salvo prueba en contrario (art. 8.2 ET).

En fin, conforme a art. 8.5 ET y RD 1659/1998, cuando la duración de la relación laboral sea superior a cuatro semanas, el empresario deberá informar por escrito al trabajador sobre determinados elementos esenciales del contrato y principales condiciones de empleo, salvo que ya figuren en el contrato escrito (STJUE 4 diciembre 1997). El plazo para informar son dos meses desde el inicio de la relación laboral o, en su caso, desde que se modifique la condición. A más tardar el 1 de agosto de 2022 esta normativa tendrá que adaptarse a lo dispuesto en la Directiva (UE) 2019/1152, de 20 de junio de 2019.

3. EL PERÍODO DE PRUEBA

En nuestro ordenamiento no existe un período de prueba automático (con alguna excepción: trabajo al servicio del hogar familiar), pero se puede pactar por empresario y trabajador. El régimen del período de prueba viene regulado en el art. 14 ET:

a) Tiene que pactarse por escrito no siendo válida la mera remisión al convenio colectivo o al art. 14 ET (STS de 9 diciembre 2021, rec. 3340/2019). Aun así, no es válido si el trabajador ya había desempeñado las mismas funciones con anterioridad (STS de 29 septiembre 1988, Roj 15522/1988), o si se pacta una vez iniciada la relación.

b) Se fija una duración máxima para el período de prueba: no puede exceder de 6 meses para técnicos titulados, ni de dos o tres meses para el resto (según la empresa tenga 25 o más trabajadores, o menos de 25). Pero en el supuesto de contratos temporales del art. 15 ET concertados por tiempo no superior a 6 meses, no podrá exceder de un mes. Pero estos límites máximos se pueden modificar por convenio colectivo, que, por lo tanto, puede incluso ampliarlos, porque la duración tiene naturaleza dispositiva frente al convenio (aunque la cláusula convencional puede resultar abusiva, STS 12 noviembre 2007, rec. 4341/2006), pero en el contrato individual no se puede superar la duración máxima convencional (STS 18 febrero 1988).

c) Durante el período de prueba, el trabajador tiene las obligaciones y derechos correspondientes a un trabajador normal. Sobre todo, tiene que ser dado de alta en Seguridad Social y se debe cotizar por él.

d) Ambas partes deben realizar las experiencias objeto de la prueba. Esto se traduce, principalmente, en que, transcurrido el período de prueba, la empresa no puede alegar una ineptitud existente con anterioridad como causa para extinguir el contrato por ineptitud (art. 52.a ET).

e) Pero, como característica fundamental, durante el período de prueba ambas partes pueden extinguir el contrato sin necesidad de causa ni de indemnización. Por lo tanto, sería como un "despido libre". Ello no obstante, la extinción por razones discriminatorias sería nula. En especial, es nula la resolución por razón de embarazo desde el inicio del mismo, salvo que concurran motivos no relacionados con el embarazo o la maternidad (art. 14.2.2° ET).

f) Determinadas situaciones suspensivas (IT, nacimiento, etc. art. 14.3 ET) que afecten a la persona trabajadora interrumpen la duración siempre que hubiera acuerdo entre las partes.

g) Por último, superado el período de prueba, computa a efectos de antigüedad.

4. LA DURACIÓN DEL CONTRATO DE TRABAJO: POR TIEMPO INDEFINIDO O POR DURACIÓN DETERMINADA

Nuestro ordenamiento admitió tradicionalmente la libertad para pactar la duración del contrato, ya por tiempo indefinido (trabajadores "fijos"), ya por tiempo determinado (trabajadores "temporales"). Aunque, históricamente, duración indefinida y fijeza no eran equivalentes, en la medida en que el contrato podía extinguirse libremente sin necesidad de causa.

Una vez que se exigió una causa para extinguir (LCT 1931), resultó importante a la vez limitar la libertad para celebrar contratos de duración determinada. A ese respecto, primero fueron los tribunales los que comenzaron a declarar abusivos los contratos temporales cuando se producía una contratación en cadena o cuando el puesto a desempeñar era permanente. Posteriormente, la LRL de 1976 tasó los supuestos en que se podía contratar temporalmente.

No obstante, entre 1980 y 1994, se liberalizó de nuevo la contratación temporal, permitiendo contratar temporalmente a trabajadores desempleados incluso para trabajos permanentes (el llamado "contrato de fomento de empleo"). El fuerte incremento de la temporalidad llevó a limitar de nuevo la contratación temporal en 1994 (suprimiendo casi totalmente ese contrato de fomento de empleo) y en 1997 (suprimiendo el contrato llamado de "lanzamiento de nueva actividad", introducido en 1984).

Actualmente, la contratación temporal en fomento de empleo se limita a personas con discapacidad y en situación de exclusión social, aunque también se puede contratar temporalmente para trabajos permanentes en otros supuestos por razones de política de empleo (contrato de relevo).

Con esas salvedades, los contratos temporales causales son solamente los permitidos por el art. 15 ET, que ha suprimido el antiguo contrato por obra o servicio determinados. Es decir, la regla es la presunción de duración indefinida del contrato, y solo cabe concertar contratos temporales en los supuestos expresamente admitidos (art. 15.1 ET), que son los siguientes: por circunstancias de la producción, y por sustitución de persona trabajadora con reserva de puesto. La causa de temporalidad ha de ser especificada en el contrato, así como las circunstancias que la justifican y su conexión con la duración prevista. Aparte de estos, el art. 11 ET contempla el contrato formativo, con un doble objeto: contrato de formación en alternancia y contrato formativo para la obtención de práctica profesional adecuada al nivel de estudios, que también son temporales. El art. 11 ET ha sido reformado por el RDL 32/2021, de 28 de diciembre, pero sigue pendiente su desarrollo reglamentario.

La contratación temporal, pues, en términos generales es limitada y causal: solo en los supuestos previstos y cuando concurra la causa que legalmente los justifica. Pese a esa limitación y al fomento de la contratación indefinida, la tasa de temporalidad sigue siendo muy alta (ver lec. 1ª, epígrafe 5), si bien la comparación es difícil con algunos otros países, porque no todos los contratos de duración indefinida gozan siempre de estabilidad o fijeza (así, en Alemania, las normas que limitan el despido no se aplican en centros de menos de 6 trabajadores y solo parcialmente en centros de menos de 11; o, en el Reino Unido o en Francia, las normas sobre extinción no se aplican hasta que el trabajador tiene un año de antigüedad en la empresa).

En todo caso, la estabilidad o fijeza en el empleo es normalmente relativa: en caso de despido improcedente, el empleador opta entre readmitir o indemnizar. Solo es absoluta cuando el despido es nulo (obligación de readmitir) o cuando el despedido es representante (opta él) (ver lección 15ª).

Sobre la duración de los contratos de trabajo no sólo ha incidido la reforma de los arts. 11 y 15 ET, sino también otras normas adoptadas con la finalidad de ampliar el ámbito de la duración indefinida de los contratos de trabajo y bajar la tasa de temporalidad en las estadísticas laborales. A continuación, exponemos esos contratos indefinidos (ep. 4.1) y, luego, los contratos temporales del art. 15 ET (eps. 4.2., 4.3. y 4.4.)

4.1. Contratos indefinidos

A) Contrato de actividades científico-técnicas

En este sentido, el art. 1 del RDL 8/2022, de 5 de abril, por el que se adoptan medidas urgentes en el ámbito de la contratación laboral del Sistema Español de Ciencia, Tecnología e Innovación, ha añadido el art. 23 bis a la Ley 14/2011, de 1 de junio, de la Ciencia, la Tecnología y la Innovación (modificado por Ley 17/2022, de 5 septiembre), regulando el contrato de actividades científico-técnicas, que tiene como objeto la realización de actividades vinculadas a líneas de investigación o de servicios científico-técnicos, incluyendo la gestión científico-técnica de estas líneas. Su duración es indefinida y se regirá por el EBEP y ET, correspondiendo al personal contratado la indemnización que resulte procedente tras la finalización de la relación laboral.

Asimismo, las universidades públicas podrán contratar personal técnico de apoyo a la investigación y a la transferencia de conocimiento de conformidad con lo dispuesto en el artículo 23 bis (art. 32 bis Ley 14 2011). También los centros del Sistema Nacional de Salud o vinculados o concertados con este y las fundaciones y consorcios de investigación biomédica podrán contratar personal técnico de apoyo a la investigación y a la transferencia de conocimiento al amparo del contrato de actividades científico-técnicas (art. 85.7 de la Ley 14/2007, de 3 de julio, de investigación biomédica, añadido por el art. 2 del RDL 8/2022).

B) Contratos por tiempo indefinido del personal docente e investigador en el ámbito universitario

La Ley Orgánica 2/2023, de 22 de marzo, del Sistema Universitario, contempla que las universidades públicas podrán contratar personal docente e investigador en régimen laboral, aplicándose a estas modalidades de contratación el régimen que establece la LO 2/2023 y supletoriamente el ET (art. 77). Son contratos por tiempo indefinido y a tiempo parcial los de los profesores asociados (art. 79); y es "de carácter fijo e indefinido» y a tiempo completo el de los profesores permanentes laborales (art. 82).

C) El contrato por tiempo indefinido adscrito a obra

Se regula en la DA 3ª de la Ley 32/2006, de 18 de octubre, de subcontratación en el Sector de la Construcción, reformada por el art. 2 del RDL 32/2021. Tiene su origen en el anterior contrato para obra o servicio, denominado fijo de obra.

Son rasgos de su régimen jurídico:

— Su objeto son las tareas o servicios cuya finalidad y resultado estén vinculados a las obras de construcción, para lo cual se tendrá en cuenta el ámbito del convenio general del sector de la construcción.

- Se podrá extinguir por motivos inherentes a la persona trabajadora, con independencia del número de trabajadores afectados, pero esta causa resulta inaplicable al personal de estructura.

— A la finalización de la obra, o paralización temporal o definitiva, la empresa está obligada a efectuarle una propuesta de recolocación, previo desarrollo, de ser preciso, de un proceso de formación, que se formalizará por escrito, que precise las condiciones esenciales. Efectuada la propuesta de recolocación, el contrato puede extinguirse por motivos inherentes a la persona trabajadora cuando se dé alguna de las siguientes circunstancias:

  a) Que el trabajador rechace la recolocación. Se entiende que la rechaza si no contesta en el plazo de 7 días.

  b) Que la cualificación de la persona afectada no resulte adecuada. Se regulará la prioridad de permanencia si hubiera varios afectados.

  c) Inexistencia en la misma provincia de obras acordes a su cualificación.

En estos dos últimos supuestos la empresa notificará la extinción con una antelación de 15 días a su efectividad, y notificada a los representantes legales de los trabajadores con una antelación de 7 días a su efectividad.

La extinción por esta causa da derecho a una indemnización de 7 por ciento de los salarios establecidos en convenio que se hubieran devengado durante toda la vigencia del contrato.

D) Aparte estas modalidades de contratos indefinidos, de un lado, se sucedieron desde los primeros años del siglo actual una serie de contratos indefinidos incentivados mediante una menor indemnización en caso de despido improcedente, incentivación que dejó de tener sentido tras la reforma laboral de 2012 que generalizó esa menor indemnización.

Se trató, en primer lugar, el contrato de fomento de la contratación por tiempo indefinido, se caracterizó por una indemnización por despido objetivo improcedente inferior a la establecida con carácter general (33 días por año frente a los 45, DA 1ª Ley 12/2001); estuvo en vigor hasta la reforma laboral de 2012 (RDL 3/2012), si bien los contratos concertados se seguirán rigiendo por su propia normativa. Le sucedió el contrato por tiempo indefinido de apoyo a los emprendedores (art. 4 ley 3/2012), que podían celebrar las empresas con menos de 50 trabajadores, caracterizado por la posibilidad de concertar el periodo de prueba de un año de duración, además de estímulos fiscales y de Seguridad Social. Aunque se podía celebrar hasta que la tasa de paro bajara del 15%, hecho ocurrido en el tercer trimestre de 2018 (EPA publicada el 15 de octubre), se derogó por el RDL 28/2018, de 28 diciembre (DD Única.2.a) si bien se pudo celebrar hasta 1 de enero de 2019 (DT 6ª RDL 28/2018) y se mantienen pro futuro los incentivos.

De otro lado, se han ido sucediendo otra serie de incentivos a la contratación indefinida. La DT 6ª RDL 20/2012 suprimió el derecho de las empresas a la aplicación de bonificaciones por contratación, mantenimiento del empleo o fomento del autoempleo que se estuvieran aplicando en virtud de cualquier norma, pero mantuvo las previstas en la Ley 3/2012 y en otras normas. Los incentivos vigentes destinados a promover la contratación laboral se establecieron por RDL 1/2023, de 10 de enero.

Sobre los diversos beneficios y bonificaciones, puede consultarse el portal del Servicio Público de Empleo Estatal (www.sepe.es): vid. https://www.sepe.es/HomeSepe/que-es-el-sepe/comunicacion-institucional/publicaciones/publicaciones-oficiales/listado-pub-empleo/bonificaciones-reducciones-contratacion-laboral/bonificaciones-reducciones-contratacion-laboral.html

4.2. Contrato temporal por circunstancias de la producción

Este contrato admite dos variantes:

A) Por incremento ocasional e imprevisible de la actividad, y las oscilaciones que, aun tratándose de la actividad normal y previsible, generen un desajuste temporal entre el empleo estable disponible y el que se requiere, siempre que no responda a supuestos incluidos en el art. 16.1 (fijos discontinuos). La diferencia entre ambos radica en el carácter cíclico y permanente de las actividades que constituyen el objeto del contrato fijo-discontinuo (STS de 19 abril 2022, rec. 3562/2019). Entre estas oscilaciones de la actividad normal se entienden incluidas las vacaciones anuales.

En cuanto a la duración de esta variedad del contrato es de seis meses ampliables a un año por convenio sectorial. Si se hubiera concertado por una duración inferior a la máxima cabe una sola prórroga, sin que la duración total pueda exceder de la duración máxima.

B) Por situaciones ocasionales, previsibles y de duración reducida y delimitada, debidamente identificadas en el contrato. Pero no cabe acudir a este contrato para la realización de los trabajos en el marco de contratas, subcontratas o concesiones administrativas que constituyan la actividad habitual y ordinaria de la empresa (ahora objeto del contrato fijo-discontinuo), aunque sí cabría acudir cuando en la ejecución de una contrata se produzcan incrementos ocasionales de la actividad.

En cuanto a su duración, solo podrá ser utilizado 90 días al año, independientemente de los trabajadores que sean necesarios para atender dichas situaciones, pero los noventa días no pueden ser continuos. La empresa deberá trasladar a la representación legal de los trabajadores en el último trimestre de cada año una previsión anual del uso de estos contratos.

Limitaciones al encadenamiento de contratos por circunstancias de la producción: adquirirán la condición de fijos los trabajadores contratados por circunstancias de la producción (art. 15.5. ET):

— Cuando en un periodo de 24 meses hubieran estado contratadas durante un plazo superior a 18 meses, con o sin solución de continuidad, para el mismo o diferente puesto con la misma empresa o grupo, mediante dos o más contratos, sea directamente o a través de ETTs. También se aplica esta regla en caso de sucesión de empresas.

— Asimismo, cuando la persona ocupe un puesto que haya estado ocupado con o sin solución de continuidad, durante más de 18 meses en un periodo de 24, mediante contratos por circunstancias de la producción, incluidos los contratos de puesta a disposición concertados con ETTs.

4.3. Contrato temporal por sustitución de persona trabajadora

Este contrato temporal tiene un triple objeto que no siempre se refiere a sustitución de persona trabajadora:

A) Sustitución de una persona trabajadora con derecho de reserva de puesto, especificando el nombre y la causa de la sustitución. La prestación de servicios puede iniciarse 15 días antes de que se produzca la ausencia de la persona sustituida, coincidiendo en el desarrollo de las funciones, para garantizar el desempeño adecuado del puesto.

El contrato por sustitución se extingue por la llegada del término, normalmente por la reincorporación del sustituido, pero también en caso de no reincorporación por pérdida del derecho.

B) Puede concertarse para completar la jornada reducida por causa legal o convencionalmente establecida, especificando el nombre del sustituido y la causa de la sustitución.

La duración del contrato se vincula a la de la jornada reducida, extinguiéndose a su finalización.

C) Para la cobertura temporal de un puesto de trabajo, que habrá de ser identificado en el contrato, durante el proceso de sección o promoción para su cobertura definitiva mediante contrato fijo.

En este caso, la duración no puede ser superior a 3 meses o el plazo inferior recogido en el convenio colectivo, ni puede celebrarse un nuevo contrato con el mismo objeto una vez superada la duración máxima.

Caso práctico: Extinción del contrato por sustitución
D. José fue contratado el día 4 de abril de 2023 para sustituir a D. Felipe, en situación de IT por enfermedad común. El día 11 de julio de 2023 se la notifica a D. José el cese por fin de contrato, por fallecimiento de D. Felipe, a quien sustituía, ocurrido el día 8 del mismo mes. ¿Se trata de un cese válido o de un despido improcedente? En este caso, el contrato por sustitución se celebró válidamente, para sustituir a un trabajador ausente con derecho de reserva de puesto de trabajo. Pero extinguida la causa suspensiva que motivó la contratación, se extingue también el contrato de sustitución, que es un contrato sometido a término y no a condición resolutoria; no procede el pago de indemnización por fin de contrato. La resolución de un contrato temporal es impugnable mediante la acción de despido, sometida al plazo de caducidad de 20 días hábiles (art. 59.3 ET). *(Vid. STS de 31 enero 2008, rec. 3812/2006).*

La finalización del contrato de sustitución requiere denuncia. No se establece en este supuesto derecho a indemnización por fin de contrato (art. 49.1.c ET), lo cual fue considerado por la jurisprudencia comunitaria, a propósito del anterior contrato de interinidad (STJUE de 14 septiembre 2016, C-596/2014), contrario a la cláusula 4 del Acuerdo marco sobre el trabajo de duración determinada (Directiva 1999/70), aunque posteriormente ha considerado que la ausencia de indemnización responde a una razón objetiva consistente en la previsibilidad del vencimiento del término (STJUE de 21 noviembre 2018, C-619/17 y STS de 13 marzo 2019, rec. 3970/2016), salvo que una duración inusualmente larga no esté justificada, en cuyo caso la temporalidad deviene fraudulenta (STS de 24 abril 2019, rec. 1001/2017).

4.4. Reglas comunes a los anteriores contratos temporales

1) Las personas trabajadoras contratadas incumpliendo lo establecido en el art. 15 ET adquirirán la condición de fijas (ap. 4), pudiendo la EG de las prestaciones por desempleo reclamar al empresario las prestaciones (art. 147 LJS).

2) Período de prueba: cabe pactarlo, y no constituye abuso que su duración coincida con la del contrato. Adquirirán la condición de fijos los trabajadores temporales no dados de alta en seguridad social una vez transcurrido un plazo igual al que legalmente se hubiera podido fijar para el periodo de prueba (art. 15.4 ET). La empresa debe entregar en el plazo de 10 días documento justificativo de la condición de fijo (art. 15.9).

3) Los trabajadores temporales tienen los mismos derechos que los trabajadores fijos, sin perjuicio de las reglas específicas en materia de extinción del contrato y sin perjuicio de su reconocimiento proporcional en función del tiempo de trabajo (art. 15.6 ET). Pero es discriminatoria toda diferencia respecto a los trabajadores fijos en aspectos de la relación laboral y específicamente en materia salarial, cuando todos realicen un trabajo de igual o similar valor (STS de 8 enero 2024, rec. 2021/2021).

Cuando un determinado derecho o condición de trabajo esté atribuido legal o convencionalmente en función de una previa antigüedad, se deberá computar según los mismos criterios para todos los trabajadores, cualquiera que sea su modalidad de contratación (art. 15.6 ET).

4) El empresario debe informarles sobre vacantes para garantizarles las mismas oportunidades que al resto de los trabajadores para acceder a los puestos permanentes. La información se facilitará mediante anuncio público en lugar adecuado de la empresa y trasladada a la representación legal de los trabajadores (art. 15.7 ET).

5) Medidas que pueden adoptarse en los convenios colectivos en relación con la contratación temporal (art. 15.8 ET):

— Pueden establecer planes de reducción de la temporalidad.

— Pueden establecer criterios generales sobre la adecuada relación entre contratos temporales y la plantilla total de la empresa.

— Pueden establecer criterios objetivos de conversión de los contratos temporales en indefinidos.

— Pueden fijar porcentajes máximos de temporalidad y las consecuencias derivadas de su incumplimiento.

— Pueden establecer criterios de preferencia entre los trabajadores temporales, incluidos los trabajadores puestos a disposición.

— Deberán establecer medidas para garantizar el acceso efectivo de estos trabajadores a las acciones incluidas en el sistema de FP para el empleo.

6) Prórrogas. Los contratos de duración determinada que tengan establecido plazo máximo de duración, incluidos los contratos formativos, concertados por una duración inferior a la máxima legalmente establecida, se entenderán prorrogados automáticamente hasta dicho plazo cuando no medie denuncia o prórroga expresa y el trabajador continúe prestando servicios (art. 49.1.c).

Expirada dicha duración máxima, si no hubiera denuncia y el trabajador continuara en la prestación laboral, el contrato se considerará prorrogado tácitamente por tiempo indefinido, salvo prueba en contrario que acredite la naturaleza temporal de la prestación.

7) Indemnización. A la finalización del contrato, excepto en los contratos formativos y el contrato de duración determinada por causa de sustitución, la persona trabajadora tendrá derecho a recibir una indemnización de cuantía equivalente a la parte proporcional de la cantidad que resultaría de abonar doce días de salario por cada año de servicio, o la establecida, en su caso, en la normativa específica que sea de aplicación (art. 49.1.c). Pero si el cese se califica de despido improcedente, procede la indemnización correspondiente.

Caso práctico: Indemnización por finalización de contrato temporal

D. José fue contratado por circunstancias de la producción por incremento ocasional e imprevisible desde 1 de abril de 2024; el día 30 de septiembre de 2024 la empresa le notificó la extinción del contrato, por llegada del término, el día 1 de octubre de 2024. Calcular la indemnización por terminación del contrato teniendo en cuenta que, según el convenio aplicable, el salario correspondiente a su grupo profesional era de 12 mensualidades de salario base (1400 euros), más un complemento de actividad de 200 euros, así como dos gratificaciones extraordinarias de una mensualidad de salario base y complemento de actividad. Además, se establecen unas percepciones extrasalariales (plus transporte y, en su caso, vestuario). Cálculo de la indemnización:

Días indemnizables: 1/4/2023 a 30/9/2023 = 6 meses (0,5 años x 12 días) 6 días

Salario regulador: (1400+200) x 15=24.000 euros/año (12 meses + 2 gratificaciones extr.)

Salario diario: 24.000/365= 67,75. Indemnización: 67,75 x 6= 406,5 euros

8) Otras reglas limitadoras de la contratación temporal:

Cotización adicional. Los contratos de duración determinada inferior a 30 días tendrán una cotización adicional a cargo del empresario a la finalización del mismo (art. 151 LGSS). Ha sido fijada en 29,74 euros (art. 26

O.PJC/51/2024, de 29 enero). No se aplica a los trabajadores por cuenta ajena agrarios, empleados de hogar, minería del carbón, artistas y técnicos en actividades de artes escénicas y audiovisuales o musicales, tampoco a los contratos por sustitución ni a los contratos para la formación y aprendizaje ni formación en alternancia.

Control administrativo. La transgresión de la normativa sobre modalidades contractuales está tipificada como infracción administrativa y se considerará una infracción por cada una de las personas afectadas (art. 7.2 LISOS).

5. LA CONTRATACIÓN TEMPORAL EN LAS ADMINISTRACIONES PÚBLICAS

5.1. Peculiaridades en cuanto a la contratación temporal

Conforme al art. 8.2 del EBEP, los empleados públicos "se clasifican en:...c) Personal laboral, ya sea fijo, indefinido o temporal". Según el art. 11.1 del mismo texto legal, el contrato de trabajo de ese personal laboral, en función de su duración, "podrá ser fijo, por tiempo indefinido o temporal".

La reforma de la contratación temporal efectuada por el RDL 32/2021 también ha incidido en las Administraciones Públicas:

— Los contratos por tiempo indefinido e indefinido fijo-discontinuo pueden celebrarse cuando resulten esenciales para el cumplimiento de sus fines (DA 4ª RDL 32/2021).

— Puede celebrarse el contrato por circunstancias de la producción en sus dos modalidades.

— Igualmente pueden suscribirse contratos de sustitución para cubrir temporalmente un puesto de trabajo hasta que finalice el proceso de selección para su cobertura definitiva, en los términos establecidos en la Ley 20/2021, de 28 de diciembre (DA 4ª RDL 32/2021). Conforme a la DA 17ª.3 EBEP, introducida por esa Ley, "Todo acto, pacto, acuerdo o disposición reglamentaria, así como las medidas que se adopten en su cumplimiento o desarrollo, cuyo contenido directa o indirectamente suponga el incumplimiento por parte de la Administración de los plazos de permanencia como personal temporal será nulo de pleno derecho".

— El RDL 32/2021 suprime el contrato para obra o servicio, aunque excepcionalmente, conforme a su DA 5ª, cabe suscribir contratos de duración determinada asociados a la ejecución del Plan de Recuperación, Transformación y Resiliencia (RDL 36/2020, de 30 de diciembre), siempre que dichos contratos se encuentren asociados a la estricta ejecución de ese Plan y solo por el tiempo necesario para la ejecución de los citados proyectos. Asimismo, según esa DA 5ª, cabe suscribir contratos de duración determinada que resulten necesarios para la ejecución de programas de carácter temporal financiados con fondos de la UE

— Las AAPP y entidades sin ánimo de lucro podrán concertar contratos vinculados a programas de activación para el empleo para la mejora de la ocupabilidad y la inserción laboral (DA 19ª EBEP, añadida por DF 2ª RDL 32/2021), cuya duración no podrá exceder de 12 meses.

— La DD Única.2 del RDL 32/2021 deja vigente la DA 15ª.3 ET sobre encadenamiento de contratos por circunstancias de la producción (art. 15.5 ET) en las Administraciones Públicas, pero solo se tendrán en cuenta los contratos celebrados en cada Administración.

Cuando una Administración Pública contrate temporalmente trabajadores, queda sometida a las reglas antes vistas en materia de contratación temporal. Como consecuencia de ello, esa contratación temporal puede ser ilegal (aunque los tribunales son algo tolerantes con pequeñas irregularidades) o fraudulenta. En tal caso, se presume que el trabajador está contratado por tiempo indefinido, de modo que, si la Administración lo despide sin causa, el despido se declarará improcedente.

Pero, al mismo tiempo, la Constitución (art. 103.3) establece que el empleo público queda sometido a los principios de mérito y capacidad, de modo que el personal de las Administraciones (tanto funcionario como laboral) debe de ser seleccionado mediante convocatoria pública y a través de un sistema de concurso o de oposición (art. 61.7 EBEP); estas reglas se aplican también a las sociedades mercantiles estatales (STS de 5 mayo 2021, rec. 3811/2019).

Estos principios de capacidad y mérito quedarían vulnerados si, declarada la improcedencia del despido de un trabajador temporal contratado ilegal o fraudulentamente, la Administración lo readmitiera como fijo. Por ello, el TS consideró que, en esos casos, el trabajador debía ser considerado como de duración indefinida, pero no fijo de plantilla, quedando como una especie de sustituto o interino por vacante, quedando el contrato sometido al término de la cobertura reglamentaria de la plaza, en cuyo caso se extinguiría con la indemnización propia de las extinciones por causas objetivas (STS de 28 marzo de 2017, rec. 1664/2015). Así, se ha considerado indefinido no fijo al trabajador que ha prestado servicios como interino durante más de tres años sin que se convoque la plaza (STS de 6 octubre 2022, rec. 1412/2021), y en caso de fraude de ley, aunque el trabajador hubiera superado un proceso selectivo (STS de 14 junio 2023, rec. 2527/2020).

Pero esa especie de interinidad podía prolongarse por mucho tiempo. Por ese motivo, en caso de irregularidades, la nueva DA 17ª.5 EBEP, añadida por art. 1.tres de la Ley 20/2021, de 28 diciembre, ha puesto fin a la figura del trabajador por tiempo indefinido no fijo de plantilla, de forma que si se incumplen los plazos máximos de permanencia, el contrato se extinguirá pero con derecho a una indemnización específica.

Dicha compensación consistirá, en su caso, en la diferencia entre el máximo de veinte días de su salario fijo por año de servicio, con un máximo de doce mensualidades, y la indemnización que le correspondiera percibir por la extinción de su contrato, prorrateándose por meses los períodos de tiempo inferiores a un año. El derecho a esta compensación nacerá a partir de la fecha del cese efectivo, y la cuantía estará referida exclusivamente al contrato del que traiga causa el incumplimiento. En caso de que la citada indemnización fuera reconocida en vía judicial, se procederá a la compensación de cantidades. Pero, en cuanto a los contratos anteriores, "a falta de medidas adecuadas en el Derecho nacional para prevenir y, en su caso, sancionar, con arreglo a esta cláusula 5 del Acuerdo Marco sobre el trabajo de duración determinada, celebrado el 18 de marzo de 1999, los abusos derivados de la utilización sucesiva de contratos temporales, incluidos los contratos indefinidos no fijos prorrogados sucesivamente, la conversión de esos contratos temporales en contratos fijos puede constituir tal medida" (STJUE de 22 febrero 2024, asuntos C-59/22, 110/22 y 159/22), "siempre que esa conversión no implique una interpretación *contra legem* del derecho nacional"; asimismo, el citado Acuerdo Marco se opone en caso de abusos "al mantenimiento del empleado público afectado hasta la convocatoria y resolución de procesos selectivos por la Administración empleadora y la convocatoria de tales procesos y el abono de una compensación económica con un doble límite máximo en favor únicamente del empleado público que no supere dichos procesos, cuando esas medidas no sean proporcionadas ni suficientemente efectivas y disuasorias" (STJUE de 13 junio 2024, asuntos C-331/22 y C-332/22).

No habrá derecho a la compensación descrita en caso de que la finalización de la relación de servicio sea por despido disciplinario declarado procedente o por renuncia voluntaria.

5.2. Supuestos específicos de trabajo temporal en las Administraciones Públicas

Hay otros dos supuestos propios de trabajo temporal, para las Administraciones Públicas (pero también para entidades sin ánimo de lucro).

1°) Trabajos temporales de colaboración social. Las Administraciones y entidades sin ánimo de lucro pueden emplear a trabajadores desempleados perceptores de prestaciones de desempleo, por el tiempo que les reste de percepción de la prestación o subsidio. Ese supuesto no implica la existencia de una relación laboral (art. 272.2 LGSS), si bien la Administración tiene que completar el importe de la prestación de desempleo, que se mantiene, hasta el 100% de la llamada base reguladora de la prestación de desempleo (es decir, el promedio de la base de cotización de los seis meses anteriores al desempleo).

2°) Programas de colaboración del SEPE con la Administración del Estado (y Organismos autónomos, Comunidades Autónomas, Universidades e Instituciones sin ánimo de lucro) y con las Corporaciones Locales —según lo previsto respectivamente por las OOMM de 19 diciembre 1997 y 26 octubre 1998—; son dos antiguos programas de colaboración para la contratación temporal de trabajadores desempleados para la realización de obras o servicios de interés general. Derogados por RDL 3/2011, este a su vez fue sido derogada por RDL 3/2012, con lo que parecen estar en vigor.

No se trata en estos supuestos de modalidades de contratación temporal distintas, sino que hay que utilizar alguna de las estudiadas, normalmente la de obra o servicio determinado.

Sin que haya ninguna peculiaridad en cuanto al contenido de estos contratos. Salvo que estos dos programas regulan precisamente ayudas destinadas a cubrir total o parcialmente los costes salariales, incluida la cotización a la Seguridad Social.

6. CONTRATOS FORMATIVOS

Son contratos que tienen por objeto la formación en alternancia con el trabajo retribuido por cuenta ajena, o el desempeño de una actividad laboral destinada a adquirir una práctica profesional adecuada a los correspondientes niveles de estudios. Son, por tanto, contratos con causa mixta, por cuanto el trabajador recibe no solo salario, sino también formación o práctica profesional.

6.1. Contrato de formación en alternancia

1. **Normativa**: art. 11.2 y 4 ET.

2. **Objeto**: compatibilizar la actividad laboral retribuida con los correspondientes procesos formativos en el ámbito de la formación profesional, los estudios universitarios o del Catálogo de especialidades formativas del Sistema Nacional de Empleo.

La actividad desempeñada por la persona trabajadora en la empresa deberá estar directamente relacionada con las actividades formativas que justifican la contratación laboral, coordinándose e integrándose en un programa de formación común, elaborado en el marco de los acuerdos y convenios de cooperación suscritos por las autoridades laborales o educativas de formación profesional o Universidades con empresas y entidades colaboradoras.

3. **Reglas:**

a) Ausencia de cualificación profesional para concertar un contrato formativo para adquirir práctica profesional adecuada al nivel de estudios (variedad regulada en el art. 11.3 ET.

Es decir, por ausencia de las titulaciones o certificados requeridos, pero se podrán realizar contratos vinculados a estudios de formación profesional o universitaria con personas que posean otra titulación siempre que no haya tenido otro contrato formativo previo en una formación del mismo nivel formativo y del mismo sector productivo.

b) **Edad**. Cuando el contrato se suscriba en el marco de certificados de profesionalidad de nivel 1 y 2, y programas públicos o privados de formación en alternancia de empleo–formación, que formen parte del Catálogo de especialidades formativas del Sistema Nacional de Empleo, solo se podrá concertar con personas de hasta treinta años.

c) **Limitación**. No se podrán celebrar contratos formativos en alternancia cuando la actividad o puesto de trabajo correspondiente al contrato haya sido desempeñado con anterioridad por la persona trabajadora en la misma empresa bajo cualquier modalidad por tiempo superior a seis meses.

4. **Duración y periodo de prueba.**

La duración del contrato será la prevista en el correspondiente plan o programa formativo, con un mínimo de tres meses y un máximo de dos años, y podrá desarrollarse al amparo de un solo contrato de forma no continuada, a lo largo de diversos periodos anuales coincidentes con los estudios, de estar previsto en el plan o programa formativo.

En caso de que el contrato se hubiera concertado por una duración inferior a la máxima legal y no se hubiera obtenido el título, certificado, acreditación o diploma asociado al contrato formativo, podrá prorrogarse mediante acuerdo, hasta la obtención del mismo sin superar nunca la duración máxima de dos años.

No podrá establecerse **periodo de prueba** en estos contratos.

5. **Limitaciones por titulación**

Solo podrá celebrarse un contrato de formación en alternancia por cada ciclo formativo de FP y titulación universitaria, certificado de profesionalidad o itinerario de especialidades formativas del Catálogo de Especialidades Formativas del Sistema Nacional de Empleo (CEFSNE).

No obstante, podrán formalizarse contratos de formación en alternancia con varias empresas en base al mismo ciclo, certificado de profesionalidad o itinerario de especialidades del Catálogo citado, siempre que dichos contratos respondan a distintas actividades vinculadas al ciclo, al plan o al programa formativo y sin que la duración máxima de todos los contratos pueda exceder el límite de dos años.

6. **Tiempo de trabajo.**

El tiempo de trabajo efectivo, que habrá de ser compatible con el tiempo dedicado a las actividades formativas en el centro de formación, no podrá ser superior al 65 por ciento, durante el primer año, o al 85 por ciento, durante el segundo, de la jornada máxima prevista en el convenio colectivo de aplicación en la empresa, o, en su defecto, de la jornada máxima legal.

Los trabajadores en formación no podrán realizar horas complementarias ni horas extraordinarias, salvo por fuerza mayor (art. 35.3 ET). Tampoco podrán realizar trabajos nocturnos ni trabajo a turnos. Aunque excepcionalmente, podrán realizarse actividades laborales en los citados periodos cuando las actividades formativas para la adquisición de los aprendizajes previstos en el plan formativo no puedan desarrollarse en otros periodos, debido a la naturaleza de la actividad.

7. **Retribución.**

La retribución será la establecida para estos contratos en el convenio colectivo de aplicación. En defecto de previsión convencional, la retribución no podrá ser inferior al 60% el primer año ni al 75% el segundo, respecto de la fijada en convenio para el grupo profesional y nivel retributivo correspondiente a las funciones desempeñadas, en proporción al tiempo de trabajo efectivo. En ningún caso la retribución podrá ser inferior al SMI en proporción al tiempo de trabajo efectivo.

8. **Tutores y formación.**

a) **Tutores**. La persona contratada contará con una persona tutora designada por el centro o entidad de formación y otra designada por la empresa. Esta última, que deberá contar con la formación o experiencia adecuadas para tales tareas, tendrá como función dar seguimiento al plan formativo individual en la empresa, según lo previsto en el acuerdo de cooperación concertado con el centro o entidad formativa. Dicho centro o entidad deberá, a su vez, garantizar la coordinación con la persona tutora en la empresa.

b) **Planes formativos individuales**. Los centros de formación profesional, las entidades formativas acreditadas o inscritas y los centros universitarios, en el marco de los acuerdos y convenios de cooperación, elaborarán, con la participación de la empresa, los planes formativos individuales donde se especifique el contenido de la formación, el calendario y las actividades y los requisitos de tutoría para el cumplimiento de sus objetivos.

c) **Esencialidad de la formación teórica y práctica**. Son parte sustancial de este contrato tanto la formación teórica dispensada por el centro o entidad de formación o la propia empresa, cuando así se establezca, como la correspondiente formación práctica dispensada por la empresa y el centro. Reglamentariamente se desarrollarán el sistema de impartición y las características de la formación, así como los aspectos relacionados con la financiación de la actividad formativa.

9. **Cotización y beneficios en la cotización**: DA 43ª LGSS, art. 44 Orden cotización (O.PJC/51/2024, de 29 enero), que establece un sistema específico de cuantías fijas. Beneficios: DA 20ª ET y art. 3 Ley 3/2012.

6.2. Contrato para la obtención de práctica profesional

1. **Normativa**. Art. 11.3 y 4 ET.

2. **Objeto**. Es la realización de práctica profesional adecuada al nivel de estudios de quienes estuviesen en posesión de un título universitario o

de un título de grado medio o superior, especialista, máster profesional o certificado del sistema de formación profesional (según LO 5/2002, de 9 junio), así como`con quienes posean un título equivalente de enseñanzas artísticas o deportivas del sistema educativo, que habiliten o capaciten para el ejercicio de la actividad laboral.

El puesto de trabajo deberá permitir la obtención de la práctica profesional adecuada al nivel de estudios o de formación objeto del contrato.

3. **Requisitos**.

El contrato de trabajo deberá concertarse dentro de los tres años, o de los cinco años si se concierta con una persona con discapacidad, siguientes a la terminación de los correspondientes estudios.

No podrá suscribirse con quien ya haya obtenido experiencia profesional o realizado actividad formativa en la misma actividad dentro de la empresa por un tiempo superior a tres meses, sin que se computen a estos efectos los periodos de formación o prácticas que formen parte del currículo exigido para la obtención de la titulación o certificado que habilita esta contratación.

4. **Duración y periodo de prueba**.

La duración no podrá ser inferior a seis meses ni exceder de un año. Dentro de estos límites los convenios colectivos de ámbito sectorial estatal o autonómico, o en su defecto, los convenios colectivos sectoriales de ámbito inferior podrán determinar su duración, atendiendo a las características del sector y de las prácticas profesionales a realizar.

Ninguna persona podrá ser contratada en la misma o distinta empresa por tiempo superior a los máximos previstos en el apartado anterior en virtud de la misma titulación o certificado profesional. Tampoco se podrá estar contratado en la misma empresa para el mismo puesto de trabajo por tiempo superior a los máximos previstos en el apartado anterior, aunque se trate de distinta titulación o distinto certificado.

En este sentido, los títulos de grado, máster y doctorado correspondientes a los estudios universitarios no se considerarán la misma titulación, salvo que al ser contratado por primera vez mediante un contrato para la realización de práctica profesional la persona trabajadora estuviera ya en posesión del título superior de que se trate.

Se podrá concertar un **periodo de prueba** que en ningún caso podrá exceder de un mes, salvo lo dispuesto en convenio colectivo.

5. **Práctica profesional, tutor/a y certificación**. La empresa tiene las siguientes obligaciones en esta materia:

— Elaborar un plan formativo individual en el que se especifique el contenido de la práctica profesional.

— Asignar tutor o tutora que cuente con la formación o experiencia adecuadas para el seguimiento del plan y el correcto cumplimiento del objeto del contrato.

— A la finalización del contrato la persona trabajadora tendrá derecho a la certificación del contenido de la práctica realizada.

6. **Alcance de la formación en este contrato**. Reglamentariamente se desarrollará el alcance de la formación correspondiente al contrato de formación para la obtención de prácticas profesionales, particularmente, en el caso de acciones formativas específicas dirigidas a la digitalización, la innovación o la sostenibilidad, incluyendo la posibilidad de microacreditaciones de los sistemas de formación profesional o universitaria.

7. **Horas extraordinarias**. Las personas para la obtención de práctica profesional no podrán realizar horas extraordinarias, salvo por fuerza mayor (art. 35.3 ET).

8. **Retribución**. La retribución por el tiempo de trabajo efectivo será la fijada en el convenio colectivo aplicable en la empresa para estos contratos o en su defecto la del grupo profesional y nivel retributivo correspondiente a las funciones desempeñadas. En ningún caso la retribución podrá ser inferior a la retribución mínima establecida para el contrato para la formación en alternancia ni al SMI en proporción al tiempo de trabajo efectivo.

9. Las prácticas académicas externas de los estudiantes universitarios se regulan por el RD 592/2014, de 11 de julio, debiendo la Universidad garantizar el carácter plenamente formativo (art. 11 RD 822/2021, de 28 septiembre). Las prácticas curriculares se podrán realizar por alumnos matriculados en la asignatura vinculada según el plan de estudios de que se trate. Las empresas deberán celebrar un Convenio de Cooperación Educativa con la respectiva Universidad, en el que se podrán prever bolsas o ayudas al estudio. Los alumnos quedarán sujetos al horario y régimen que se determine en el Convenio, bajo la supervisión de un tutor de la empresa; el tutor académico de la Universidad evaluará las prácticas.

Es frecuente que antes y después de la titulación se realicen estas prácticas no laborales mediante becas formativas. Ello puede dar lugar a fraudes, por lo que hay que recalcar que la beca solo es adecuada si predomina la finalidad formativa y no el trabajo y/o beneficio obtenido por la empresa.

Las prácticas profesionales no laborales tras la titulación se regulan por el RD 1543/2011, de 31 de octubre. Se dirigen estas a personas jóvenes desempleadas inscritas en la oficina de empleo, con edad entre 18 y 25 años inclusive, sin experiencia profesional superior a 3 meses, y que posean una titulación oficial universitaria, de formación profesional de grado medio o superior, o del mismo nivel que esta última correspondiente a enseñanzas de formación profesional, artísticas o deportivas, o bien un certificado de profesionalidad. Las prácticas se desarrollarán en centros de trabajo de la empresa o grupo empresarial, bajo la dirección y supervisión de un tutor, y tendrán una duración de entre 3 y 9 meses. Recibirán una beca de apoyo cuya cuantía será, como mínimo, el 80% del IPREM. Las empresas celebrarán previamente un convenio con el SEPE competente.

La realización de estas prácticas, así como las de los alumnos de formación profesional siempre que no se presten en régimen de FP intensiva, determinará la inclusión en Seguridad Social con la consiguiente obligación de cotizar (DA 52ª LGSS).

6.3. Aspectos comunes

1. **Requisitos que deben cumplirse para su celebración**: reglamentariamente se establecerán los requisitos que deben cumplirse para la celebración de los mismos, tales como el número de contratos por tamaño de centro de trabajo, las personas en formación por tutor o tutora, o las exigencias en relación con la estabilidad de la plantilla (art. 11.4. i) ET).

2. **Indemnización por finalización**. No procede (art. 49.1.c) ET).

3. **Acción protectora de la Seguridad Social**. Comprenderá todas las contingencias protegidas y prestaciones, incluido desempleo y FOGASA (art. 11.4. a) ET).

4. **Duración**. Las situaciones de incapacidad temporal, nacimiento, adopción, guarda con fines de adopción, acogimiento, riesgo durante el embarazo, riesgo durante la lactancia y violencia de género interrumpirán el cómputo de la duración del contrato (art. 11.4. b) ET).

Las empresas que pretendan suscribir contratos formativos **podrán solicitar por escrito al servicio público de empleo competente**, información relativa a si las personas a las que pretenden contratar han estado previamente contratadas bajo dicha modalidad y la duración de estas contrataciones.

Dicha información deberá ser trasladada a la representación legal de las personas trabajadoras y tendrá valor liberatorio a efectos de no exceder la duración máxima de este contrato (art. 11.7 ET).

5. **Forma escrita**. El contrato se formalizará por escrito según art. 8 ET, incluirá obligatoriamente el texto del plan formativo individual, en el que se especifiquen el contenido de las prácticas o la formación y las actividades de tutoría para el cumplimiento de sus objetivos. Igualmente, incorporará el texto de los acuerdos y convenios a los que se refiere el apartado 2.e) (art. 11.4. c) ET).

6. **Límites de edad y duración máxima del contrato formativo**. No serán de aplicación cuando se concierte con personas con discapacidad o en situación de exclusión social (art. 11.4. d) ET). Se establecerán reglamentariamente.

7. **Puestos de trabajo, actividades, niveles o grupos profesionales que podrán desempeñarse** por medio del contrato formativo: se podrán determinar mediante convenio colectivo de ámbito sectorial estatal, autonómico o, en su defecto, en los convenios colectivos sectoriales de ámbito inferior (art. 11.4.e) ET).

8. **Empresas que estén aplicando medidas de suspensión o reducción de jornada** (ERTE (art. 47), o mecanismo RED (47.bis): podrán concertar contratos formativos siempre que las personas contratadas bajo esta modalidad no sustituyan funciones o tareas realizadas habitualmente por las personas afectadas por las medidas (art. 11.4.f) ET).

9. **Término del contrato y continuidad en la empresa**: no podrá concertarse un nuevo periodo de prueba, computándose la duración del contrato formativo a efectos de antigüedad (art. 11.4.g) ET).

10. **Fraude de ley e incumplimiento empresarial de las obligaciones formativas**: los contratos se entenderán concertados como contratos indefinidos de carácter ordinario (art. 11.4.h) ET).

11. **Información empresarial a la representación legal de los trabajadores**: la empresa pondrá en su conocimiento los acuerdos de cooperación educativa o formativa que contemplen la contratación formativa, incluyendo la información relativa a los planes o programas formativos individuales, así como a los requisitos y las condiciones en las que se desarrollará la actividad de tutorización.

También informará sobre los diversos contratos vinculados a un único ciclo, certificado o itinerario en los términos referidos en el apartado 2.h), (art. 11.5 ET).

12. **Presencia equilibrada de hombres y mujeres vinculados a la empresa mediante contratos formativos**: en la negociación colectiva se fijarán los criterios y procedimientos para conseguirlo. También podrán establecerse compromisos de conversión de los contratos formativos en contratos por tiempo indefinido (art. 11.6 ET).

13. Los contratos para la formación y el aprendizaje y los contratos en prácticas (antecedentes inmediatos de estos nuevos contratos formativos introducidos por el RDL 32/2021) celebrados antes del 30 de marzo de 2022 se seguirán rigiendo, hasta su duración máxima, por el art. 11 ET anterior a la reforma (DT 1ª y DF 8ª.2.a RDL 32/2021).

7. EL CONTRATO DE TRABAJO A TIEMPO PARCIAL Y EL CONTRATO DE RELEVO

7.1. Contrato de trabajo a tiempo parcial

(Art. 12 ET; RD 2317/1993, de 29 de diciembre)

Aparte de las reglas que veremos aquí, son muy importantes sus peculiaridades en materia de Seguridad Social[1].

Definición. Se define, muy ampliamente, como aquel contrato en que el trabajador se obliga a trabajar un número de horas (al día, a la semana, al mes, o al año) inferior a la jornada de un trabajador a tiempo completo comparable. Si no hay comparación posible, inferior a la jornada fijada en convenio o, en último término, inferior a la legal.

Duración. La duración del contrato puede ser por tiempo indefinido o por tiempo determinado.

Forma. La forma debe ser por escrito, en modelo oficial, haciendo constar la duración, el número de horas y su distribución (no es, pues, un contrato a llamada). La distribución puede ser muy variada (por ejemplo: todos los días, pero menos horas; todas las semanas, pero menos días; todos

---

[1] Señaladamente, que las bases mínimas de cotización a la Seguridad Social no se establecen por meses —por ejemplo, para Licenciados, 1.847,40 euros—, sino por horas —mismo caso: 11,13 euros—, lo que permite ajustar la cotización al tiempo trabajado. De otro lado, la actual redacción de los arts. 247 y 248 LGSS dada por RDL 2/2023 ha suprimido las restricciones para determinar los periodos de cotización y cuantía de las prestaciones. Ahora se computan como cotizados los periodos en alta a tiempo parcial, cualquiera que sea la jornada.

los meses, pero menos semanas, etc.). Si no se respeta la forma escrita, se presume indefinido y a tiempo completo, salvo prueba en contrario; y se comete infracción grave.

Jornada. En cuanto a jornada, hay reglas específicas cuando se trate de jornada diaria inferior y se realice de forma partida.

La jornada se registrará día a día y se totalizará mensualmente, entregando al trabajador, junto con el recibo de salarios, resumen de todas las horas realizadas cada mes (incluyendo ordinarias y complementarias. En caso de incumplimiento, el contrato se presume a jornada completa.

Derechos y obligaciones. Los derechos y obligaciones de los trabajadores a TP son los mismos que los de un trabajador a tiempo completo (regla de equiparación), pero de manera proporcional cuando corresponda por la naturaleza del derecho o la obligación (regla de proporcionalidad), debiendo garantizarse la ausencia de discriminación, directa o indirecta, entre mujeres y hombres. La ley no precisa nada más, por lo que son los tribunales los que acaban concretando cuándo se aplica o no la regla de proporcionalidad.

Novación. La novación de un contrato a tiempo completo en parcial, o a la inversa, siempre es voluntaria para el trabajador; la novación a tiempo completo puede ser expresa o por sucesivas ampliaciones temporales de jornada (STS de 13 febrero 2024, rec. 1480/2021). De modo que no se puede imponer esa modificación ni aun existiendo causas que lo justifiquen (pese a lo dispuesto por el art. 41 ET); así como tampoco puede ser despedido el trabajador por negarse a aceptar la modificación (aunque podrá haber lugar a despidos si hay causas para reducir la plantilla (STS de 30 mayo 2018, rec. 2329/2016, pero no por el hecho mismo de la negativa). Aunque la STJUE de 15-10-2014, asunto C-221/2013, admitió que se pueda imponer la novación de tiempo parcial a completo.

El empresario deberá informar a sus trabajadores sobre la existencia de vacantes, para que puedan formular solicitudes de conversión voluntaria de un contrato a tiempo completo en contrato a tiempo parcial y viceversa, o para incrementar el tiempo de trabajo en caso de los trabajadores a tiempo parcial. La solicitud debe ser tomada en consideración por el empleador, en la medida de lo posible, pero puede negarse (motivadamente y por escrito). Asimismo, los convenios establecerán medidas para favorecer el acceso de los trabajadores a tiempo parcial a la formación profesional continua.

Horas extras. Los trabajadores a TP no pueden realizar horas extraordinarias, salvo en los supuestos a que se refiere el art. 35.3 ET (prevenir o reparar siniestros u otros daños extraordinarios y urgentes).

Horas complementarias. Son las horas adicionales a las pactadas en el contrato a tiempo parcial, con el límite de que la suma de ambos tipos de horas no exceda del límite legal del trabajo a tiempo parcial. En su realización deben respetarse las reglas generales sobre jornada y descansos. Estas horas se retribuyen y cotizan como las ordinarias y computan a efectos de periodos de carencia y base reguladora de las prestaciones.

Las horas complementarias pueden ser de dos tipos:

a) Pactadas. Solo pueden ser exigidas por el empresario cuando se hubieran pactado expresamente y por escrito con el trabajador, constituyendo un pacto específico del contrato. Este pacto puede acordarse en el momento de celebrar el contrato o con posterioridad al mismo.

Pueden acordarse tanto en los contratos a tiempo parcial por tiempo indefinido, como en los temporales, siempre que la jornada de trabajo no sea inferior a 10 horas semanales en cómputo anual.

El número no podrá exceder el 30% de las horas ordinarias, porcentaje que puede ser modificado por los convenios colectivos, respetando el 30% como límite mínimo y el 60% como máximo.

La distribución de las horas complementarias será conforme a lo establecido en el convenio colectivo y en el propio pacto. Lo que se aproxima al contrato a llamada; pero, en todo caso, se debe preavisar al trabajador de su realización con antelación de tres días, salvo que el convenio establezca un plazo inferior. Si el empresario incumple las condiciones de realización de estas horas, no podrá sancionar al trabajador que se niegue a realizarlas.

El trabajador puede denunciar el pacto, con un preaviso de 15 días, una vez cumplido un año desde su celebración, pero por causa justificada (responsabilidades familiares, necesidades formativas, incompatibilidad con otro TTP).

En fin, el régimen de las horas complementarias pactadas expuesto no se aplica a los pactos concertados antes de la entrada en vigor del RDL 16/2013, de 20 de diciembre, salvo que las partes acuerden su modificación.

b) Voluntarias. Son horas que el empresario puede ofrecer al trabajador a tiempo parcial con contrato por tiempo indefinido y jornada no inferior a 10 horas semanales en cómputo anual, tanto si se hubiera acordado pacto de horas complementarias, ya sea de régimen anterior o posterior a la reforma, como si el mismo no se hubiera concertado.

No hay obligación dè preaviso, pero la aceptación es voluntaria, no constituyendo la negativa del trabajador conducta sancionable.

El número no podrá exceder del 15 por 100 de las ordinarias acordadas en el contrato, que por convenio se puede ampliar al 30%. Estas horas no computan para el porcentaje de horas complementarias pactadas.

7.2. Jubilación parcial y contrato de relevo

(Art. 12 ET; art. 215 LGSS; RD 1131/2002, de 31 de octubre)

Se prevé la posibilidad de que un trabajador concierte una reducción de su jornada, al tiempo que se jubila parcialmente. La reducción debe acordarse entre las partes, salvo que el convenio aplicable establezca su carácter obligatorio (STS de 7 febrero 2024, rec. 1495/2021). Si el trabajador aún no ha cumplido la edad ordinaria de jubilación (65 años, pero progresivamente serán 67 años en 2027), se debe tratar de un trabajador a tiempo completo (o socio trabajador o de trabajo de una cooperativa) y es preciso que al mismo tiempo se celebre un contrato de relevo con un relevista; no es considerado trabajador a tiempo completo el fijo discontinuo (STS de 29 abril 2024, rec. 3824/2022). Por el contrario, si el trabajador jubilado ya ha cumplido la edad ordinaria, no es necesario que se trate de un trabajador a tiempo completo ni que se contrate al mismo tiempo a un relevista.

Por lo tanto, pueden surgir dos contratos a tiempo parcial: el del jubilado parcialmente y el del relevista (aunque, teóricamente, el contrato de éste puede ser también a tiempo completo). Incluso, como veremos, puede existir más de un relevista.

Las particularidades de las situaciones del jubilado parcial y del relevista, respecto del tiempo parcial normal o común, son las siguientes:

A) En cuanto al jubilado parcialmente:

- Debe tener derecho a la pensión de jubilación, salvo el requisito de edad (65 años, que pasarán a ser 67), pero debiendo tener progresivamente al menos 62 años y ocho meses en 2025 si ha cotizado 36 años 7 tres meses o más, y 63 años en 2027 si ha cotizado 36 años y 6 meses. Si solamente ha cotizado 33 años, la edad requerida serán 64 años y cuatro meses en 2025, y 65 años en 2027. Solo se requieren 60 años, para los que fueron mutualistas antes de 1967 (DT 10ª.2 LGSS). Como ya se ha indicado, con la finalidad de retrasar la jubilación, se admite también la jubilación parcial después de los 65 (progresivamente, 67) años.

Otros requisitos son que acredite un período de antigüedad en la empresa de al menos 6 años inmediatamente anteriores a la jubilación y 33 de cotización en total (computará el período de prestación del servicio militar obligatorio o de la prestación social sustitutoria).

- Empresa y jubilado parcial cotizarán por la base que hubiera correspondido de seguir trabajando este a jornada completa, si bien se aplica de forma gradual (DT 10ª.3 LGSS).
- La reducción de jornada (y salario) oscilará entre un mínimo 25% y un máximo 50% (aunque puede alcanzar el 75% si el contrato de relevo es a jornada completa y duración indefinida). Su jornada reducida puede concentrarse incluso en determinados períodos del año, o en uno solo posterior a la jubilación parcial (ver DA 3ª RD 1131/2002 y STS de 29 marzo 2017, rec. 2142/2015). Esa reducción puede incrementarse anualmente, con la conformidad del empresario; en tal caso, hay que ofrecer la posibilidad de ampliación de la jornada al relevista y, si éste no acepta, hay que contratar a un relevista más (art. 12.6 ET y RD 1131/2002, art. 12.2).
- El contrato del jubilado se extinguirá cuando se produzca su jubilación total (art. 12.6 ET).

B) En cuanto al relevista

- Tendrá que ser un trabajador desempleado o un contratado temporal de la empresa (art. 12.6 ET, vid. STS de 13 febrero 2019, rec. 1219/2017).
- El contrato se formalizará por escrito, en modelo oficial, constando el nombre, edad y circunstancias profesionales del jubilado (RD 1131/2002, DA 1ª).
- La jornada puede ser a tiempo completo o parcial (pero, al menos, equivalente a la reducción de jornada del jubilado) (art. 12.6.b ET).
- El horario del relevista puede ser simultáneo al del jubilado o completarlo (art. 12.6.b ET).
- El puesto de trabajo del relevista puede ser el mismo que el del jubilado o similar (art. 12.6.c ET). Asimismo, debe haber correspondencia entre las bases de cotización del relevista y jubilado parcial, la de aquel no puede ser inferior al 65% de la de éste (STS de 13 febrero

2019, rec. 1219/2017), sin reducción de la base por razón de la jornada que realice el relevista (STS (Cont. Adm.) de 18 diciembre 2023, rec. 3506/2023).

- En el supuesto de que el trabajador se jubile parcialmente antes de cumplir la edad, la duración del contrato del relevista puede ser por tiempo indefinido o temporal. En este último caso, por el tiempo que falte para la edad de jubilación total del relevado. Pero, si éste último no se jubila al llegar esa edad, el contrato del relevista se puede prorrogar por períodos anuales hasta finalizar el período en que se produzca la jubilación total (art. 12.6.a ET). Pero el contrato de relevo ha de concertarse por tiempo indefinido y a jornada completa cuando la reducción de jornada del jubilado parcial relevado es del 75 por ciento (art. 12.6 ET y STS de 7 febrero 2024, rec. 911/2022).
- La muerte del trabajador relevado no extingue el contrato del relevista (STS de 28 octubre 2020, rec. 3116/2018).
- A la finalización del contrato, el trabajador tiene derecho a una indemnización de 12 días de salario/año (art. 49.1.c) ET), lo cual según la jurisprudencia comunitaria no supone trato discriminatorio frente a las extinciones objetivas de los fijos (STJUE de 5 junio 2018, asunto C-574/2016).
- Del mismo modo, si el trabajador se jubila parcialmente después de la edad de jubilación, la duración del contrato del relevista (si lo hay, recuérdese que no es necesario) puede ser indefinida o temporal por períodos anuales, extinguiéndose, en este caso, como en el supuesto anterior (art. 12.6.a ET).
- Si el jubilado parcial que comparta trabajo con relevista es despedido improcedentemente y no se le readmite, el empresario debe ofrecer al relevista que incremente su jornada o sustituir al jubilado despedido por otro relevista (RD 1131/2002, DA 2ª.2). Con lo que existirán uno o dos relevistas, sin jubilado parcial.
- Si el relevista cesa por cualquier causa, durante la vigencia del contrato, el empleador debe sustituirlo por otro en el plazo de 15 días (RD 1131/2002, DA 2ª.1).
- Si se incumple la obligación de sustituir al jubilado despedido improcedentemente o al relevista cesado, el empresario debe abonar a la Entidad Gestora el importe de la pensión de jubilación parcial desde el despido o el cese (RD 1131/2002, DA 2ª.4).

8. CONTRATO FIJO DISCONTINUO

1. **Normativa**. Esta modalidad contractual está regulada en el art. 16 ET

2. **Objeto**. Las actividades que ahora se rigen por esta modalidad contractual son las cuatro siguientes (art. 16.1 ET), que también serán aplicables al personal laboral del sector público (DA 4ª RDL 32/2021):

a) Trabajos de naturaleza estacional o vinculados a actividades productivas de temporada. Son los trabajos fijos, periódicos y discontinuos sobre los que se construyó la modalidad contractual. Han de ser trabajos permanentes, consolidados, que se reiteran obedeciendo al cambio de las estaciones. Incluye los trabajos fijos periódicos, la modalidad de tiempo parcial derogada. Los trabajos que constituyen el objeto de esta modalidad se caracterizan por su permanencia y discontinuidad vinculada a actividades de reiteración cíclica o estacional, es decir, que no se realizan durante todos los días laborables del año, en cuyo caso procedería el contrato fijo de prestaciones continuas (STS de 28 octubre 2020, rec. 4364/2018).

b) Actividades que sin tener naturaleza estacional, se prestan de forma intermitente, en periodos de ejecución ciertos, determinados o indeterminados. Se trata de actividades que se reiteran sin vinculación estacional, permitiendo supuestos de reiteración no objetiva.

c) Trabajos consistentes en la prestación de servicios en el marco de ejecución de contratas mercantiles o administrativas que, siendo previsibles, formen parte de la actividad ordinaria de la empresa. Son las actividades que en el pasado y en virtud de la interpretación jurisprudencial, podían ser llevadas a cabo mediante el contrato por obra o servicio vinculado a la contrata. No hay aquí ningún tipo de reiteración cíclica, sino que los periodos de ejecución del contrato se vinculan al cumplimiento de las obligaciones interempresariales. De esta forma, concluida una contrata, se abre un plazo de inactividad hasta que la empresa concierte otra contrata a la que adscribir a los trabajadores, aunque si el periodo de inactividad excede de tres meses, la empresa habrá de tomar medidas suspensivas o extintivas.

d) Para la cobertura de contratos de puesta a disposición vinculados a necesidades temporales de diversas empresas usuarias en los términos previstos en el art. 15 del ET (art. 10.3.2º LETT). Estos contratos interempresariales solo pueden celebrarse para atender necesidades temporales de mano de obra. Hasta la presente reforma, las ETT podrían cubrir esa necesidad temporal mediante trabajadores por tiempo indefinido o por duración determinada coincidente con la del contrato de puesta a disposición (art. 10.1.1º LETT), pero no mediante el contrato fijo-discontinuo (STS de 30 de julio de 2020, rec. 728/2020). La nueva regulación permite que la persona trabajadora fija-discontinua enlace el cumplimiento sucesivo de distintos contratos de puesta a disposición, exonerando al empresario por los periodos de inactividad entre tales contratos.

3. **Forma**. El contrato se deberá formalizar necesariamente por escrito y deberá reflejar los elementos esenciales de la actividad laboral, entre otros, la duración del periodo de actividad, la jornada y su distribución horaria, si bien estos últimos podrán figurar con carácter estimado, sin perjuicio de su concreción en el momento del llamamiento.

4. **Llamamiento**. Mediante convenio colectivo o, en su defecto, acuerdo de empresa, se establecerán los criterios objetivos y formales por los que debe regirse el llamamiento de las personas fijas-discontinuas. En todo caso, el llamamiento deberá realizarse por escrito o por otro medio que permita dejar constancia de la debida notificación a la persona interesada con las indicaciones precisas de las condiciones de su incorporación y con una antelación adecuada. Para facilitar el conocimiento del orden de llamamiento, los convenios pueden establecer la obligación empresarial de elaborar un censo anual del personal fijo-discontinuo.

La empresa deberá informar al inicio de cada año natural sobre las previsiones de llamamiento y las altas efectivas producidas.

Los convenios sectoriales podrán establecer un periodo mínimo de llamamiento anual y una cuantía por fin de llamamiento a satisfacer por las empresas a las personas trabajadoras, cuando este coincida con la terminación de la actividad y no se produzca, sin solución de continuidad, un nuevo llamamiento.

5. **Incumplimiento** del deber de llamamiento. Las personas fijas-discontinuas podrán ejercer las acciones que procedan en caso de incumplimientos relacionados con el llamamiento, iniciándose el plazo para ello desde el momento de la falta de este o desde el momento en que la conociesen. En caso de no llamamiento la acción procedente es la de despido.

6. **No reanudación de actividades**. Es preciso tramitar el procedimiento para suspender los contratos si la suspensión es por causa económica o tecnológica, o por fuerza mayor y cuando la nueva campaña no se inicia en absoluto o acudir al procedimiento de despido colectivo cuando la falta de

llamamiento tenga ánimo extintivo y supere el umbral numérico del art. 51.1 ET (STS de 11 abril 2019, rec. 1200/2017).

7. Cuando el contrato fijo-discontinuo se justifique por la celebración de **contratas, subcontratas** o con motivo de **concesiones administrativas**, los periodos de inactividad solo podrán producirse como plazos de espera de recolocación entre subcontrataciones.

En estos supuestos, los convenios colectivos sectoriales podrán determinar un plazo máximo de inactividad entre subcontratas, que, en defecto de previsión convencional, será de tres meses. Una vez cumplido dicho plazo, la empresa adoptará las medidas coyunturales o definitivas que procedan (suspensivas/extintivas).

8. **Combinación contractual**. Los convenios sectoriales podrán acordar, cuando las peculiaridades de la actividad del sector así lo justifiquen, la celebración a tiempo parcial de los contratos fijos-discontinuos, porque los periodos de actividad se configuran como un tiempo completo específico.

9. **Antigüedad**. Establece el art. 16.6.2º ET que las personas trabajadoras fijas-discontinuas tienen derecho a que su antigüedad se calcule teniendo en cuenta toda la duración de la relación laboral y no el tiempo de servicios efectivamente prestados, salvo para aquellas condiciones que exijan otro tratamiento. La regla es coherente con la jurisprudencia actual que distingue entre la antigüedad a efectos del complemento personal de antigüedad, a cuyo efecto han de tomarse tanto los periodos de servicios como los de inactividad (STS de 1 de febrero de 2021, rec. 4073/2018, siguiendo la doctrina sentada por el Auto del TJUE de 15 de octubre de 2019, asuntos acumulados C-539/18 y C-472/18) y antigüedad a efectos de calcular la indemnización por despido, en cuyo caso solo se computan los servicios efectivamente prestados (STS de 30 de julio de 2020, rec. 324/2018).

10. **Bolsa sectorial**. Los convenios colectivos de ámbito sectorial podrán establecer una bolsa sectorial de empleo en la que se podrán integrar las personas fijas-discontinuas durante los periodos de inactividad, con el objetivo de favorecer su contratación y su formación continua durante estos, todo ello sin perjuicio de las obligaciones en materia de contratación y llamamiento efectivo de cada una de las empresas.

11. Otros derechos de los trabajadores fijos-discontinuos:

— No podrán sufrir perjuicios por el ejercicio de los derechos de conciliación, ausencias con derecho a reserva de puesto de trabajo y otras causas justificadas.

— La empresa habrá de informar sobre la existencia de puestos de trabajo vacantes de carácter fijo ordinario, de manera que aquellas puedan formular solicitudes de conversión voluntaria.

— Tendrán la consideración de colectivo prioritario para el acceso a las iniciativas de formación del sistema de formación profesional para el empleo en el ámbito laboral durante los periodos de inactividad.

9. TRABAJO A DISTANCIA

En sustitución de la escasa regulación anterior del trabajo a domicilio, se regula ahora en el art. 13 ET el supuesto, no del todo coincidente con el anterior, del trabajo a distancia. Se considera tal el que se realice de manera preponderante en el domicilio del trabajador o en el lugar libremente elegido por éste, de modo alternativo a su desarrollo presencial en la empresa.

Las personas trabajadoras "podrán prestar trabajo a distancia en los términos previstos en la Ley 10/2021, de 9 julio, de trabajo a distancia" (art. 13 ET). Se aplica a las relaciones en las que concurran los requisitos del art. 1.1 ET que se desarrollen a distancia con carácter regular y lo es cuando se preste, en un periodo de referencia de tres meses, un mínimo del 30 por ciento de la jornada, o el porcentaje proporcional equivalente en función de la duración del contrato de trabajo. Se entiende por:

a) «trabajo a distancia»: forma de organización del trabajo o de realización de la actividad laboral conforme a la cual esta se presta en el domicilio de la persona trabajadora o en el lugar elegido por esta, durante toda su jornada o parte de ella, con carácter regular.

b) «teletrabajo»: aquel trabajo a distancia que se lleva a cabo mediante el uso exclusivo o prevalente de medios y sistemas informáticos, telemáticos y de telecomunicación.

c) «trabajo presencial», es el trabajo que se presta en el centro de trabajo o en el lugar determinado por la empresa.

- Limitaciones: En los contratos celebrados con menores y en los contratos formativos, el trabajo presencial ha de ser como mínimo del 50%, sin perjuicio del desarrollo telemático de la formación teórica.

- Rasgos característicos del trabajo a distancia:

a) Voluntariedad y reversibilidad. El trabajo a distancia será voluntario para la persona trabajadora y para la empleadora y requerirá la firma del acuerdo de trabajo a distancia, que podrá formar parte del contrato inicial o realizarse en un momento posterior, pero no puede ser impuesto por el procedimiento de modificación sustancial de condiciones de trabajo del art. 41 ET. La negativa a trabajar a distancia, el ejercicio de la reversibilidad al trabajo presencial y las dificultades relacionadas con el cambio de la prestación a otra que incluya el trabajo a distancia no serán causa de extinción del contrato ni modificación sustancial de condiciones de trabajo.

   La decisión de trabajar a distancia desde la presencialidad es reversible para ambas partes; el ejercicio de la reversibilidad se ejercerá en los términos establecidos por la negociación colectiva o en los fijados en el acuerdo de trabajo a distancia.

b) El acuerdo de trabajo a distancia debe formalizarse por escrito antes de que se inicie la prestación de servicios a distancia, con entrega de copia básica a los representantes de los trabajadores y remitirse a la oficina de empleo.

   Contenido: inventario de los medios, enumeración de gastos que tenga el trabajador y su compensación, horario, distribución del trabajo presencial y a distancia, centro de adscripción del trabajador, lugar de trabajo a distancia, plazo de preaviso para el ejercicio de la reversibilidad, medios de control empresarial y otros aspectos, incluida la duración del acuerdo (art. 7 LTD).

   Puede modificarse por acuerdo formalizado por escrito antes de su aplicación. Los trabajadores a distancia durante la totalidad de su jornada desde el inicio de la relación laboral tienen preferencia para ocupar puestos que se realicen total o parcialmente de manera presencial.

c) Derechos de las personas que trabajen a distancia:

   - Los mismos que si el trabajo hubiera sido presencial, incluyendo los derechos colectivos (art. 19 LTD), salvo aquellos que sean inherentes a la presencialidad. No sufrir perjuicio ni modificación en las condiciones pactadas. Las empresas deberán tener en cuenta las particularidades del trabajo a distancia, especialmente del teletrabajo, en la configuración y aplicación de medidas contra el acoso sexual, acoso por razón de sexo, acoso por causa discriminatoria y acoso laboral (art. 4 LTD).

- Derecho a la formación: las empresas deben garantizar su participación activa en las acciones formativas y la formación necesaria para el adecuado desarrollo de su actividad (art. LTD).
- A la promoción profesional, debiendo ser informados por escrito de las posibilidades de ascenso que se produzcan (art. 10 LTD).
- A la dotación suficiente y mantenimiento de medios, equipos y herramientas, así como a la atención precisa en el caso de dificultades técnicas (art. 11 LTD).
- Al abono y compensación de gastos; los convenios podrán establecer su forma de determinación, compensación o abono (art. 12 LTD).
- Al horario flexible en los términos del acuerdo (art. 14 LTD) y al registro horario adecuado (art. 14 LTD).
- A la prevención de riesgos laborales (arts. 15 y 16 LTD).
- Derechos relacionados con el uso de medios digitales: intimidad y protección de datos (art. 17 LTD), desconexión digital (art. 18 LTD)

d) Dirección y control empresarial: En el desarrollo del trabajo a distancia las personas trabajadoras deben cumplir las instrucciones que haya establecido la empresa sobre protección de datos, así como las instrucciones sobre seguridad de la información (art. 20 LTD). Asimismo, han de cumplir las instrucciones de uso y conservación de equipos (art. 21 LTD), teniendo en cuenta que el empresario puede adoptar las medidas que estime oportunas de vigilancia y control de las obligaciones laborales (art. 22 LTD).

10. CONTRATACIÓN DE PERSONAS CON DISCAPACIDAD

El empleo de personas con discapacidad se incentiva de diversas maneras. Aparte de alguna ya estudiada (reserva de empleo; ver epígrafe 1.1. de esta lección) y otras que se estudiarán luego (mantenimiento de empleo de incapacitados permanentes: ver lección 15ª), aquí se analiza su contratación temporal y otras medidas de fomento de su empleo temporal o indefinido.

10.1. Contrato temporal de fomento del empleo

Como ya se indicó (epígrafe 4 de esta lección), el art. 17.3 ET sigue autorizando al Gobierno para establecer otros supuestos de contratación temporal[2]. Pero, no obstante lo allí previsto, la contratación temporal de personas con discapacidad se ha venido regulando en los últimos años por normas de rango legal. Actualmente lo está por la DA 1ª Ley 43/2006; la cual, de todos modos, autoriza al Gobierno a modificarla previa consulta a las organizaciones empresariales y sindicales más representativas (DA 1ª.8).

A) Objeto

El objeto de este contrato es posibilitar la contratación temporal de trabajadores con discapacidad desempleados inscritos en la Oficina de Empleo por parte de las empresas para la realización de sus actividades cualquiera que fuere la naturaleza de las mismas (STS de 14 mayo 2020, rec. 1606/2018). No requiere, pues, causa justificativa de su temporalidad (DA 1ª.1 y STS de 12 abril 2023, rec. 3359/2020).

A estos efectos se considera trabajador con discapacidad al aquejado por un grado de discapacidad igual o superior al 33 por 100, o a pensionistas de la Seguridad Social por incapacidad permanente (total, absoluta, gran invalidez) o a pensionistas de clases pasivas por incapacidad permanente para el servicio o inutilidad (DA 1ª.1 y art. 4 de la LGDPD, modificado por DF 2ª de la Ley 3/2023, de Empleo).

B) Límites

No podrán contratar temporalmente al amparo de esta disposición las empresas que en los doce meses anteriores a la contratación hayan extinguido contratos indefinidos por despido reconocido o declarado improcedente o por despido colectivo. El período de exclusión contará a partir del reconocimiento o declaración de improcedencia o de la extinción derivada del despido colectivo (DA 1ª.4).

---

2 El art. 17.3 ET continúa autorizando al Gobierno para regular medidas "de reserva, duración o preferencia en el empleo" para facilitar la colocación, las cuales "prioritariamente" se orientarán a fomentar empleo estable.

C) Duración

La duración no podrá ser inferior a 12 meses ni superior a 3 años. Cuando se hubiera concertado inicialmente un plazo inferior al máximo establecido, podrá prorrogarse antes de su terminación por períodos no inferiores a doce meses (DA 1ª.2).

Conforme a la regla general del art. 49.1.c) ET, si se hubiere concertado por una duración inferior al plazo máximo legal y no medie denuncia o prórroga expresa y el trabajador continuara prestando sus servicios, el contrato se entenderá prorrogado automáticamente hasta dicho máximo.

D) Forma

La contratación habrá de hacerse a través de la correspondiente Oficina de Empleo, formalizando por escrito el contrato según modelo oficial que se facilite por el SEPE (DA 1ª.7).

E) Extinción

A la terminación del contrato el trabajador tendrá derecho a percibir una indemnización de 12 días de salario por año de servicio (DA 1ª.3).

Aparte esta regla especial, la terminación del contrato se regulará por lo previsto con carácter general en el art. 49 ET.

F) Incentivos

Esta contratación temporal de trabajadores con discapacidad se bonifica conforme a lo previsto en el art. 2.2 Ley 43/2006.

Las bonificaciones a la contratación por tiempo indefinido de trabajadores con discapacidad se rigen por lo previsto en el Programa de Fomento de Empleo de la Ley 43/2006.

10.2. Centros especiales de empleo, enclaves laborales y empleo con apoyo

A) Centros especiales de empleo. El RD 2273/1985, de 4 de diciembre, regula los Centros Especiales de Empleo, que vienen definidos como aquellos cuyo objetivo principal sea el de realizar un trabajo productivo, teniendo como finalidad asegurar un empleo remunerado y la prestación de servicios de ajuste personal y social que requieran sus trabajadores con discapacidad. Su plantilla estará constituida por trabajadores con discapacidad, sin perjuicio del personal no discapacitado imprescindible para el desarrollo de su actividad. Pueden ser creados por Administraciones públicas, por entidades o por personas físicas, jurídicas o comunidades de bienes, pudiendo carecer o no de ánimo de lucro.

B) Relación laboral especial. La relación laboral de los trabajadores con discapacidad con estos Centros Especiales constituye una relación laboral especial, cuya regulación se contiene en el RD 1368/1985, de 17 de julio (vid. STS de 11 abril 2023, rec. 2159/2020 en cuando al convenio colectivo aplicable). De esta regulación, cabe destacar lo siguiente:

- Los titulares de los Centros especiales deberán solicitar a la correspondiente Oficina de Empleo las personas con discapacidad que pretendan emplear. El contrato se formalizará por escrito en modelo oficial.
- Los contratos pueden ajustarse a cualquiera de las modalidades previstas en el ET, estableciéndose peculiaridades respecto del contrato para la formación y respecto del contrato a domicilio.
- El contrato puede concertarse por tiempo indefinido o por una duración determinada en los supuestos previstos por el art. 15 ET, pudiéndose establecer un período de prueba (período de adaptación), que no podrá exceder de seis meses.
- Podrá celebrarse el contrato "a bajo rendimiento" (cuando sea inferior al normal en un 25%), sin que la disminución del salario pueda exceder de dicho porcentaje.
- Se prohíbe la realización de horas extraordinarias, salvo por fuerza mayor. El trabajador podrá ausentarse para asistir a tratamientos de rehabilitación y participar en acciones de orientación-formación-readaptación (ausencias remuneradas de 10 días en un semestre).
- Se regula de modo específico la extinción del contrato por causas objetivas.
- Los llamados Equipos Multiprofesionales realizan importantes funciones (en relación, entre otros aspectos, a la declaración del grado de capacidad del trabajador, adecuación del trabajo, necesidad del período de adaptación, ascensos, constatación del rendimiento inferior, movilidad funcional y geográfica y modificación de condiciones de trabajo, y extinción por causas objetivas).

C) Enclaves laborales. Las personas con discapacidad empleadas por un Centro Especial pueden ser desplazadas temporalmente a un centro de trabajo de otra empresa (empresa colaboradora) para la realización de obras o servicios de la misma, mediante un contrato celebrado entre dicha empresa y el Centro Especial. Se trata, en suma, de un supuesto específico de contrata de obra o servicio regulado por el RD 290/2004, de 20 de febrero y que recibe el nombre de "enclave laboral".

La citada norma regula detalladamente diversos aspectos de estos enclaves laborales, tales como:

- La dirección y organización del trabajo en el enclave corresponde al Centro especial (art. 1.3), para lo que el centro contará en el enclave con encargados responsables (art. 8.2). Durante el enclave, el trabajador mantiene la relación con el Centro especial (arts. 1.3 y 8.1), al que corresponde la facultad disciplinaria (art. 8.3).
- Pueden realizar enclaves laborales solamente los centros especiales que cumplan ciertos requisitos de antigüedad, no pudiendo tener como actividad exclusiva esa de los enclaves, sino debiendo mantener una propia (art. 3).
- El contrato entre el centro y la empresa colaboradora, escrito, debe tener un contenido mínimo (art. 5.1), debiendo ser remitido al servicio público de empleo (art. 7).
- El enclave debe tener una duración mínima de 3 meses, siendo su duración máxima de 3 años, aunque caben prórrogas con duración de máxima de otros 3 años, ampliables excepcionalmente (art. 5.2). Terminado el enclave, los trabajadores con discapacidad que hayan prestado servicios en el mismo mantendrán su relación con el centro especial, salvo que su contrato sea de obra o servicio determinado (art. 8.5).
- El enclave debe estar formado por un mínimo de 5 o 3 trabajadores según la plantilla de la empresa colaboradora (aparte de los encargados, salvo que éstos sean discapacitados) (art. 5.3). El 60% de los trabajadores destinados al enclave debe presentar especiales dificultades de acceso al mercado ordinario de trabajo y los demás tener una discapacidad igual o superior al 33%, fijándose además una cierta antigüedad en el centro especial (art. 6).
- La empresa colaboradora podrá contratar a trabajadores del enclave en cualquier momento, preferentemente con carácter indefinido, pasando el trabajador a situación de excedencia voluntaria en el centro especial (art. 11). Siendo nula la cláusula del contrato de

enclave que prohíba la contratación por la empresa colaboradora (art. 5.3).

- A los enclaves, como supuestos de contrata, se les aplica lo dispuesto por el art. 42 ET y arts. 142.1 y 168.1 LGSS (arts. 1.4 y 8.1), es decir: responsabilidad solidaria o subsidiaria (ver lección 8ª). Asimismo, ambas empresas colaborarán en materia de prevención de riesgos, conforme a lo dispuesto en los arts. 24-25 LPRL y RD 171/2004, de 30 enero.

Sobre incentivos para los trabajadores con discapacidad que desarrollen sus actividades en Centros Especiales de Empleo, con carácter de relación laboral especial (RD 1368/1985, de 17 de julio), ver la guía señalada en el epígrafe 11.2 de esta lección.

D) **Empleo con apoyo.** El RD 870/2007, de 2 de julio, regula el programa de fomento de empleo con apoyo, dirigido a facilitar que las personas con discapacidad puedan obtener empleo en empresas del mercado ordinario de trabajo; se ha modificado por RD 368/2021, de 25 mayo, para promover el acceso al empleo de personas con capacidad intelectual límite.

11. EL CONTRATO TEMPORAL DE FOMENTO DEL EMPLEO EN EMPRESAS DE INSERCIÓN

De acuerdo con el art. 4 de la Ley 44/2007, que regula las empresas de inserción, estas son aquellas sociedades mercantiles o cooperativas que realicen cualquier actividad económica de producción de bienes y servicios, cuyo objeto social tenga como fin la integración y formación sociolaboral de personas **en situación de exclusión social** como tránsito al empleo ordinario. En las empresas de inserción coexisten trabajadores ordinarios junto con trabajadores que parten de una situación de este tipo (art. 5.c Ley 44/2007), que son los que se encuentran en los supuestos enumerados en el art. 2 y a los que se refieren los itinerarios de inserción y los servicios de intervención y acompañamiento (art. 3) que les han de permitir integrarse en el mercado laboral.

La Ley 44/2007 contiene varias especialidades en materia de contratación para unos y otros. Por lo que aquí interesa, el art. 15 prevé la posibilidad de recurrir al contrato temporal de fomento del empleo. La regulación de esta modalidad contractual es similar a la antes analizada para los trabajadores con discapacidad, hasta el punto que el art. 15.1 reenvía a la DA 1ª Ley 43/2006.

Existen, no obstante, algunas **diferencias:**

- De entrada, no se aplican las reglas de la DA 1ª Ley 43/2006 referidas específicamente a personas con discapacidad (cfr. art. 15.6).
- No cabe contratar por esta vía a trabajadores que lo hayan sido, en vía ordinaria o a través de un contrato de inserción, en los dos años anteriores, salvo criterio contrario en función de los problemas específicos de inserción (art. 15.3).
- En cuanto a la duración, aunque la regla general es similar, en el caso del contrato que nos ocupa la duración mínima es susceptible de modulación hasta alcanzar un mínimo de seis meses si el proceso de inserción lo aconseja, en los términos previstos en el art. 15.4.

Lección 10ª

La prestación laboral: Determinación y modificación

1. DETERMINACIÓN DE LA PRESTACIÓN: LA CLASIFICACIÓN PROFESIONAL

1.1. Sistema de clasificación profesional y clasificación del trabajador

La ordenación y descripción de las tareas o funciones a realizar en una empresa se realiza mediante el "sistema de clasificación profesional" aplicable a la misma. Este sistema vendrá establecido mediante convenio colectivo (de ámbito empresarial o sectorial) o, en su defecto, mediante acuerdo entre la empresa y los representantes de los trabajadores (art. 22.1 ET).

A lo anterior, el mismo precepto se limita a añadir que ese sistema de clasificación profesional lo será mediante grupos profesionales. Por su parte, el art. 22.2 ET define muy genéricamente el concepto de grupo: "el que agrupe unitariamente las aptitudes profesionales, titulaciones y contenido general de la prestación", añadiendo que puede incluir "distintas tareas, funciones, especialidades profesionales o responsabilidades asignadas al trabajador".

Por lo demás, el art. 22.3 dispone que la definición de los grupos profesionales garantizará la ausencia de discriminación directa o indirecta entre mujeres y hombres.

Pero, además de llevar a cabo esa ordenación por grupos, el convenio o acuerdo en cuestión describirá normalmente las tareas, funciones, especialidades o responsabilidades que se incluyan en cada grupo.

Partiendo del sistema de clasificación aplicable, la determinación de las tareas a realizar por cada trabajador se hará normalmente clasificándole en uno de los grupos, tareas, funciones, especialidades o responsabilidades previstos. Aunque nada impide que las tareas, funciones, especialidades o responsabilidades se determinen detallada y directamente en el propio contrato.

En cualquier caso, esa clasificación individual del trabajador o la descripción de las funciones a realizar por él se efectúa en el contrato de trabajo. A ello se refiere el art. 22.4 ET cuando dice que por acuerdo entre el trabajador y el empresario se asignará al trabajador "un grupo profesional" y se establecerá como contenido de la prestación objeto del contrato la realización de "todas las funciones correspondientes al grupo profesional" o solamente de "algunas de ellas".

1.2. *Efectos de la clasificación*

Esa clasificación del trabajador en un determinado grupo profesional sirve, en lo esencial, para alcanzar dos objetivos.

De un lado, sirve para determinar las tareas, funciones, especialidades o responsabilidades a realizar por el mismo: las que vengan descritas en el convenio o acuerdo como incluidas en el grupo en cuestión. Ello no obstante, la Ley contempla la posibilidad tanto de acordar solo la realización alguna de ellas como "la polivalencia funcional o la realización de funciones propias de más de un grupo" (art. 22.4 ET). En este último caso, el trabajador debe ser clasificado según un criterio de *prevalencia* (es decir, *"en virtud de las funciones que se desempeñen durante mayor tiempo"), y* no según un criterio de *preeminencia* (es decir, no en el grupo superior).

De otro lado, sirve para determinar alguno o algunos de los elementos de la retribución del trabajador: el salario base, los complementos previstos (antigüedad, nocturnidad, penosidad, participación en beneficios, etc.). En efecto, es asimismo normal que las tablas salariales del convenio fijen el salario correspondiente a cada grupo profesional, subgrupo o niveles funcionales. Por lo tanto, según cada convenio, puede suceder que el grupo profesional nos indique, a la vez que las funciones, tareas, especialidades o responsabilidades a realizar, el salario a percibir, distinto para cada uno de ellos (*v.gr.*: convenio colectivo estatal de las empresas de seguridad). Como veremos a continuación (epígrafe 2.c), el art. 39.3 piensa en una retribución según las funciones.

En fin, también es posible que la retribución se independice del grupo. Así sucede cuando la retribución se calcula para cada puesto de trabajo, valorando éste en función de una serie de factores (conocimientos, experiencia, iniciativa, autonomía, responsabilidad, mando, etc.) y calculando la retribución en función de esa valoración. Son los sistemas de retribución "por análisis y valoración de puestos de trabajo".

1.3. *Otras reglas sobre clasificación*

Aparte lo ya indicado (el sistema de clasificación se establece por convenio o acuerdo, y la determinación de las tareas se hace de mutuo acuerdo entre empresario y trabajador), del art. 22.4 ET se desprenden otras reglas a tener en cuenta:

— La clasificación del trabajador ("asignación" al mismo de "un grupo") tiene que hacerse en un determinado grupo. Ese grupo tendrá que ser el que, según el sistema aplicable, se corresponda con las tareas, funciones, especialidades o responsabilidades realizadas (antes denominado "principio de adecuación función-categoría").

— La clasificación puede ser, entonces, incorrecta. Ya sea porque no se corresponda desde el inicio con las funciones desempeñadas, ya sea porque las funciones hayan variado posteriormente (ver, infra, movilidad funcional). Para estos conflictos, está previsto un proceso especial (art. 137 LRJS), en el que no cabe recurso de suplicación frente a la sentencia del juzgado (que sí cabe, en cambio, cuando lo que se reclama es una cantidad).

— La clasificación puede ser incorrecta, también, no por falta de adecuación entre las funciones y la clasificación; sino porque las funciones asignadas no fueran las que debieron asignarse (por ejemplo, tras un período de prácticas, según el convenio aplicable). En este caso el proceso a seguir es el ordinario.

2. LA MOVILIDAD FUNCIONAL

Las funciones pactadas (y la consiguiente clasificación) pueden cambiar por mutuo acuerdo entre empresario y trabajador. Pero pueden cambiar también por decisión unilateral del empresario.

A estos efectos, el art. 39 ET permite una movilidad funcional decidida por el empresario, tanto dentro del grupo profesional cuanto fuera del grupo profesional. La ley, pues, resulta muy flexible, aunque lógicamente los requisitos no son los mismos en un caso y en otro.

A) En cuanto a las *causas de la movilidad*, el art. 39.2 ET solamente las exige cuando se trate de movilidad fuera del grupo. En tal supuesto, se requieren "razones técnicas u organizativas".

Es posible, de todos modos, que por convenio colectivo se exija una justificación también para el cambio de funciones dentro del grupo.

B) En cuanto a la *duración de la movilidad funcional*, igualmente solo se establecen límites (uno general, otros específicos) en el supuesto de movilidad fuera del grupo, pero podrían añadirse límites temporales por convenio colectivo también para la movilidad dentro del grupo.

Como límite general, el art. 39.2 ET señala el del "tiempo imprescindible" en función de las causas que motiven la movilidad.

Pero, además, el art. 39.2 fija otros límites específicos. Así, si como consecuencia de la movilidad las *funciones* a realizar fueran *superiores*, transcurrido un plazo de 6 meses durante un año o de 8 meses durante dos años, el trabajador puede reclamar el ascenso (si no obsta lo dispuesto en convenio colectivo: por ejemplo, por otorgar mejor derecho al ascenso a otro trabajador (STS 6 noviembre 2018, Rec. 947/2018). En cualquier caso, tiene derecho a la diferencia salarial desde el momento en que realice las funciones superiores.

Asimismo, el trabajador puede reclamar que se cubra la vacante conforme a las reglas aplicables, con lo que se fija un límite a la duración de su movilidad. Mediante la negociación colectiva, se pueden establecer períodos distintos a los 6-8 meses, para reclamar esa cobertura. Ambas acciones (reclamar el ascenso o la cobertura de la vacante) son acumulables.

C) En cuanto al *respeto de los derechos del trabajador* cuyas funciones se cambien, la ley establece disposiciones generales y concretas. En términos generales, conforme al art. 39.1 ET, la movilidad funcional (tanto dentro como fuera del grupo) se efectuará con respeto a la dignidad del trabajador y sin perjuicio de su formación y promoción profesional. Más específicamente, conforme al art. 39.3 ET, la realización de funciones distintas de las habituales no permite invocar como causa de despido la ineptitud sobrevenida o la falta de adaptación (ver lección 15ª).

Concretamente, en cuanto a los *derechos económicos*, el mismo art. 39.3 ET viene a establecer que el trabajador, si realiza funciones superiores, tiene derecho a la retribución correspondiente a las funciones que efectivamente realice; pero, si realiza funciones inferiores, mantendrá la retribución de origen.

En principio, pues, no sufre perjuicio económico: o la retribución es mayor (si las funciones son superiores), o la retribución es la misma (aunque realice funciones inferiores). No obstante, jurisprudencialmente se ha entendido que (tanto en un caso como en otro) puede perder los complementos por puesto de trabajo correspondientes a las funciones que deje de desempeñar: perderá, por ejemplo, el complemento por nocturnidad o por penosidad, si deja de desempeñar un trabajo nocturno o un puesto clasificado como penoso (sobre este punto, ver también lección 12ª).

D) Como límite general, el art. 39.1 ET exige que el trabajador posea las *titulaciones académicas o profesionales* precisas para ejercer las nuevas funciones.

Jurisprudencialmente, se considera que este límite puede repercutir incluso sobre la retribución: no procede la retribución correspondiente a las funciones superiores si la exigencia de la titulación de que se carece viene impuesta legalmente (STS 17 julio 2018, Rec. 776/2018). Mas si la exigencia de titulación, por el contrario, es convencional o viene impuesta por el empresario, el trabajador tiene derecho a recibir la retribución correspondiente a las funciones que ha realizado (STS 29 enero 2020, rec. 3598/2017).

E) La movilidad funcional implica una *modificación sustancial de condiciones de trabajo,* si excede de lo dispuesto en el art. 39 ET. Es decir, si se trata de una movilidad no temporal a funciones de grupo distinto.

En tal caso, habrá que aplicar las reglas previstas sobre modificación sustancial en el art. 41 ET (ver infra) o las establecidas en convenio.

Del mismo modo, si la movilidad funcional conlleva una modificación sustancial en otras condiciones de trabajo (horario, por ejemplo) o un traslado o desplazamiento, habrá que estar a las reglas sobre tales supuestos previstas en los arts. 41 o 40, respectivamente, del ET.

3. ASCENSOS

El art. 24 ET se limita a contemplar unas reglas, muy imprecisas e incompatibles entre sí, para los ascensos; aparte de recordar el principio general de no discriminación entre mujeres y hombres, aunque admitiendo "medidas de acción positiva" dirigidas a eliminar o compensar situaciones de discriminación.

Por lo tanto, necesariamente habrá que estar en este punto a lo establecido por convenio colectivo o por acuerdo entre la empresa y los representantes de los trabajadores.

Por lo general, los convenios o acuerdos empresariales suelen considerar estas reglas sobre ascensos: a) Para el ascenso entre categorías no cualificadas, el criterio de la antigüedad; b) Para el ascenso a categorías que supongan una cualificación profesional, el criterio del concurso de méritos o concurso-oposición; c) Para el ascenso a cargos de confianza o de dirección, el criterio de la libre designación.

En cuanto a la no discriminación, no obstante lo dispuesto en el art. 24.2 ET ("Los ascensos y la promoción profesional en la empresa se ajustarán a criterios y sistemas que tengan como objetivo garantizar la ausencia de discriminación, tanto directa como indirecta, entre hombres y mujeres"), téngase en cuenta la admisión de medidas de acción positiva en el art. 17.4 ET, pudiéndose establecer reservas y preferencias en las condiciones de promoción, "de modo que, en igualdad de condiciones de idoneidad, tengan preferencia las personas del sexo menos representado".

4. LA MOVILIDAD GEOGRÁFICA

Respecto del cambio de lugar de trabajo, el art. 40 ET, bajo la rúbrica "movilidad geográfica", solamente regula el traslado y el desplazamiento, los cuales suponen o bien cambio de residencia (el traslado) o bien exigencia de residencia en población distinta a la del domicilio habitual (el desplazamiento). En consecuencia, los cambios de puesto de trabajo que, por su escasa dimensión, no exigen cambio de residencia no constituyen en puridad supuestos de movilidad geográfica (STS 18 junio 2020, rec. 124/2018) y. en principio, entran dentro del poder de dirección del empresario (art. 5.c) y 20.1).

La diferencia entre traslado y desplazamiento estriba en su duración: los desplazamientos cuya duración exceda de 12 meses dentro de un período de tres años tendrán la consideración de traslados.

Caso práctico: Cambio de centro de trabajo

D. Luis R. vive en Madrid y trabaja en el centro de trabajo que su empresa tiene en el barrio de Chamberí de la capital. La empresa tiene, sin embargo, otro centro en Pozuelo de Alarcón, distante a 17 km, y ha ordenado a D. Luis que a partir del 1 de Septiembre pase a desempeñar indefinidamente sus servicios en el mismo. D. Luis se opone entendiendo que la medida empresarial constituye un traslado que la empresa no puede imponerle unilateralmente ¿Nos encontramos ante un supuesto de traslado? ¿tiene el trabajador derecho a recibir una compensación por los gastos de desplazamiento?

El cambio de lugar de trabajo no comporta cambio de residencia, por consiguiente, puede decidirlo unilateralmente el empresario. El trabajador tiene derecho a percibir una compensación por los gastos de desplazamiento, que deberá negociar con la empresa.

Vid. STS 9 febrero 2010, rec. 1605/2009

1. *Concepto de traslado.* Se tratará de un traslado cuando el cambio a un centro de trabajo distinto de la misma empresa exija cambio de residencia. Ello no obstante, no se aplica la regulación sobre traslado cuando se

trate de trabajadores que hayan sido contratados específicamente para prestar sus servicios en empresas con centros de trabajo móviles o itinerantes (es decir, para trabajar en centros de esa naturaleza). El carácter móvil o itinerante se predica del centro, no del trabajo a realizar; por ello, resulta discutible la jurisprudencia que no aplica las reglas sobre traslado cuando, por ejemplo, un trabajador encargado del montaje o reparación de líneas eléctricas pasa del centro de Castilla-La Mancha al centro de Canarias.

2. *Justificación del traslado.* El traslado debe de estar justificado por "razones económicas, técnicas, organizativas o de producción". Se consideran tales, de modo amplísimo, "las que estén relacionadas con la competitividad, productividad u organización técnica o del trabajo en la empresa".

En cualquier caso, como causa concreta, el art. 40 especifica la existencia de "contrataciones referidas a la actividad empresarial"; es decir, que la empresa obtenga una contrata o subcontrata que precise de la realización de traslados.

3. *Traslados colectivos y traslados individuales-plurales.* El traslado es colectivo cuando afecte a la totalidad de un centro de trabajo (si este ocupa a más de 5 trabajadores). El supuesto seguramente incluye tanto el cambio del propio centro como la desaparición del mismo y la integración de sus trabajadores en otro centro. Es dudoso que incluya la sustitución de todos sus trabajadores, que pasen a otro centro, por otros trabajadores.

Pero también es colectivo el traslado que, en un período de 90 días, afecte a un determinado número o porcentaje de trabajadores: a) A diez, en empresas que ocupen menos de cien; b) Al 10%, en empresas que ocupen entre 100 y 300 trabajadores; c) A treinta, en empresas que ocupen a más de 300 trabajadores.

Además, para evitar fraudes, cuando una empresa realice traslados en períodos sucesivos de 90 días en número inferior, sin que concurran nuevas causas que justifiquen esa actuación, los nuevos traslados se considerarán nulos y sin efecto. El sentido de esta disposición no es claro. ¿Cuándo en un primer período se alcance el umbral legalmente contemplado y, en el sucesivo, se añadan nuevos traslados en número inferior, tratando de eludir para estos últimos el trámite que luego se verá? ¿Cuándo en dos períodos sucesivos se traslade un número inferior, pero que en el total de ambos períodos alcance el número o porcentaje requerido?

4. *Procedimiento y efectos en caso de traslado individual-plural.* Si el traslado no es colectivo, la empresa simplemente está obligada a notificarlo al trabajador

o trabajadores afectados y a sus representantes legales (si los hay), con una antelación mínima de 30 días a la fecha de efectividad de la medida.

Comunicada la medida, el trabajador o trabajadores afectados disponen de las siguientes alternativas:

Primera, pueden *aceptar el traslado*, con derecho a una compensación por gastos propios y de los familiares en los términos que pacten (y, como mínimo, los establecidos en convenio colectivo). Aunque no se dice, en defecto de acuerdo y de convenio, la cuantía de la compensación la tendrán que fijar los tribunales.

Segunda, *rescindir el contrato*, con derecho a una indemnización idéntica a la fijada para los despidos colectivos u objetivos: 20 días de salario por año de servicio, con un máximo legal (mejorable por convenio o contrato) de 12 meses de salario.

Tercera, *impugnar el traslado* en el plazo de 20 días hábiles desde la comunicación de la medida. Tal opción no cabe si ha optado por rescindir y, en cualquier caso, mientras se tramita la misma puede suponer la obligación de ejecutar provisionalmente la medida.

Ante tal impugnación, el juzgado puede adoptar las siguientes decisiones:

— Declarar *justificado* el traslado. En tal caso, el trabajador puede aceptar definitivamente la medida o, por el contrario, rescindir el contrato con la indemnización antes dicha.

— Declarar *injustificado* el traslado, reconociendo el derecho del trabajador a ser reincorporado al puesto de origen. Pero si la empresa no lo reincorpora, la consecuencia (arts. 50.1.c ET y art. 138.8 LRJS) es que al trabajador solo le resta, en trámite de ejecución, solicitar la extinción del contrato, aunque con una indemnización mayor, equivalente a la de despido improcedente (y, como en el despido, mejorable por convenio, contrato o acuerdo): 33 días de salario por año de servicio, con un máximo legal (mejorable) de 24 mensualidades de salario.

— Declarar *nulo* el traslado, cuando se efectúe eludiendo las normas relativas al período de consultas del art. 40.2 ET o se produzca con violación de derechos fundamentales y libertades públicas (incluidos los supuestos de nulidad del art. 108.2 LRJS) (ver art. 138.7 LRJS) y en el supuesto señalado de fraccionamiento de los traslados en períodos sucesivos de 90 días (art. 40.1).

En este supuesto, ante la negativa al reintegro, el trabajador no solamente puede solicitar la extinción del contrato, sino la ejecución de la sentencia en sus propios términos (art. 138.9 LRJS); lo que supondría la imposición, como apremio, de multas pecuniarias al empleador para lograr la ejecución de la sentencia (art. 241.2 LRJS).

5. Procedimiento y efectos en caso de traslado colectivo. En este caso, la medida empresarial debe ir precedida de un período de consultas y negociación de buena fe con los representantes de los trabajadores, de una duración no superior a 15 días. La jurisprudencia viene exigiendo, so pena de nulidad del procedimiento, que el empresario facilite a los representantes de los trabajadores información adecuada sobre la medida que va a ser objeto de negociación (STS 26 junio 2018, Rec. 83/2017).

Las consultas pueden ser sustituidas por la aplicación de un procedimiento de mediación o arbitraje, siempre dentro del plazo máximo señalado. Seguramente, el transcurso del plazo no impide que empresario y representantes, si lo desean, continúen negociando.

La consulta-negociación puede producirse con los representantes unitarios o con las secciones sindicales, pero corresponde preferentemente a éstas si así lo acuerdan, siempre que sumen la mayoría de los miembros del comité de empresa o entre los delegados.

En caso de ausencia de representantes, los trabajadores pueden atribuir a su representación a una comisión designada conforme al art. 41.4 ET (ver infra, modificaciones sustanciales).

El período de consultas deberá versar sobre las causas motivadoras, la posibilidad de evitar o reducir los efectos del traslado y las medidas para atenuar sus consecuencias.

La apertura de las negociaciones y las posiciones de las partes a su conclusión se deben comunicar a la autoridad laboral.

La negociación puede terminar en un acuerdo con la mayoría de los miembros del comité o comités de empresa (o de los delegados de personal), o con las representaciones sindicales que representen a la mayoría de aquéllos.

Tras la finalización de la negociación, con acuerdo o sin él, el empleador notificará su decisión a los trabajadores, con los efectos ya vistos (aceptación, rescisión, impugnación), teniendo en cuenta que el eventual acuerdo no impide la opción de los trabajadores afectados por impugnar o rescindir. Pero con la diferencia de que la medida empresarial puede impugnarse también, mediante proceso de conflicto colectivo, por los sindicatos o representantes de los trabajadores (ver lección 6ª). Tal impugnación colectiva se producirá, normalmente, cuando no haya acuerdo; aunque podría producirse también incluso en caso de acuerdo, por parte de aquellos otros representantes que no lo hayan suscrito. La impugnación colectiva paralizará, si las había, las impugnaciones individuales hasta que se resuelva el conflicto colectivo.

6. Los desplazamientos. El concepto de desplazamiento implica, como se dijo, la exigencia de residencia en población distinta a la habitual y una duración inferior a la del traslado.

Los desplazamientos también deben estar justificados por razones económicas, técnicas, organizativas o de producción.

El trabajador debe ser informado de la medida, con "antelación suficiente" y, en cualquier caso, no inferior a cinco días laborables si el desplazamiento es de duración superior a tres meses.

Igualmente, se prevé la obligación empresarial de abonar los gastos de viaje y las dietas.

Si su duración es superior a tres meses, se tiene derecho a un permiso de cuatro días laborables por cada tres meses de desplazamiento, computando aparte los de viaje.

A diferencia del traslado, el trabajador no tiene la opción de rescindir el contrato. Pero puede igualmente impugnarlo, con las mismas consecuencias que para el traslado si se declara el desplazamiento injustificado (es decir, que si el empresario incumple la obligación de reintegrarlo, puede el trabajador en ejecución solicitar la rescisión con indemnización como en caso de despido improcedente) o nulo (es decir, si el empresario no lo reintegra, el trabajador podrá solicitar la rescisión indemnizada o la ejecución de la sentencia en sus propios términos).

El desplazamiento temporal, a países de la UE o del EEE, de trabajadores de empresas establecidas en España, las obliga a respetar las condiciones de trabajo fijadas por ley, reglamento o convenio de eficacia general en ciertas materias, conforme a la Directiva 96/71/CE, de 16 de diciembre. La transposición en España de esa Directiva se efectuó por Ley 45/1999, de 29 de noviembre recientemente modificada por el RDL 7/2021, de 27 de abril que ha transpuesto a nuestro Derecho la Directiva (UE) 2018/957.

7. Otras consecuencias. Tanto en caso de traslado como de desplazamiento, los *representantes legales* tienen, respecto de sus compañeros, prioridad de permanencia en su puesto de trabajo (art. 40.7 ET). Mediante convenio colectivo o acuerdo en el período de consultas, se podrán establecer otras prioridades a favor de trabajadores con cargas familiares, mayores de determinada edad, personas con discapacidad, etc.

En caso de traslado, si uno de los *cónyuges* cambia de residencia, el otro, si fuera trabajador de la misma empresa, tendrá derecho al traslado a la misma localidad, si hubiera puesto de trabajo en ésta (art. 40.3 ET).

8. Concurso. Conforme a la LC (arts. 169 y ss), declarado el concurso, el traslado colectivo debe venir autorizado por el juez mercantil del concurso. Previamente debe haber un período de negociación entre los representantes de los trabajadores indicados en el art. 41.4, el concursado y la administración concursal. Si hay acuerdo, el juez lo aprobará, salvo que aprecie fraude, dolo, coacción o abuso de derecho (art. 181). Si no hay acuerdo, determinará, lo que proceda "conforme a la legislación laboral"(art. 182).

El derecho a la rescisión indemnizada, en este supuesto, queda en suspenso siempre que el nuevo centro de trabajo se encuentre en la misma provincia que el centro de trabajo de origen y a menos de sesenta kilómetros de este, salvo si acredita que el tiempo de desplazamiento, de ida y vuelta, supere el veinticinco por ciento de la duración de la jornada diaria de trabajo (art. 184.2 LC).

9. Movilidad geográfica por violencia de género y por terrorismo (art. 40.4 ET) y por discapacidad (art. 40.5). La víctima de violencia de género o víctima del terrorismo que se vea obligada a abandonar el puesto de trabajo en la localidad donde venía prestando sus servicios para hacer efectiva su protección o su derecho a la asistencia social integral, tiene derecho preferente a ocupar otro puesto de trabajo, del mismo grupo profesional o categoría equivalente, que la empresa tenga vacante en otro de sus centros de trabajo.

La empresa está obligada a comunicar la existencia de vacantes.

El traslado o cambio de centro tendrá una duración inicial de 6 meses, durante los cuales la empresa debe de reservar el puesto de trabajo que ocupaba la trabajadora. Terminado ese plazo, la trabajadora puede optar entre el regreso a su puesto anterior o la continuidad en el nuevo.

Iguales derechos se reconocen a los trabajadores que tengan la consideración de víctimas del terrorismo.

También tendrán derecho preferente a ocupar un puesto vacante del mismo grupo profesional en otro centro de la empresa en otra localidad, los trabajadores discapacitados si el tratamiento de rehabilitación es más accesible en ella.

5. LA MODIFICACIÓN SUSTANCIAL DE LAS CONDICIONES DE TRABAJO

Aparte de la modificación de las condiciones de trabajo pactadas por mutuo acuerdo entre empresario y trabajador (o porque cambien las condiciones previstas en las leyes y convenios), el art. 41 ET regula la modificación unilateralmente decidida por el empresario.

La condición de trabajo a modificar sustancialmente puede ser cualquiera. El art. 41.1 ET enumera algunas de ellas, pero "entre otras", lo que significa que la enumeración legal es abierta (STS 3 abril 1995, Rec. 2252/1994). Las enumeradas expresamente son: la jornada de trabajo (pero, según art. 12.4.e ET, la conversión de tiempo completo a parcial, y viceversa, será voluntaria: ver lección 9ª), el horario y la distribución del tiempo de trabajo, el régimen de trabajo a turnos, el sistema de remuneración y cuantía salarial, el sistema de trabajo y rendimiento, y las funciones cuando el cambio exceda de lo previsto para la movilidad funcional en el art. 39 ET (ver, supra, en esta lección).

1. Concepto y causas. Lo determinante, pues, es que la modificación sea "sustancial". Conforme a la jurisprudencia, lo será, independientemente de que cause perjuicio o no al trabajador, cuando "transforme los aspectos fundamentales de la relación laboral, en términos tales que pasen a ser otros de modo notorio" (STS 11 diciembre 1997, Rec. 1281/1997). Para realizar esta valoración debe tenerse en cuenta "no solamente la materia sobre la que incida, sino también sus características, y ello desde la triple perspectiva de su importancia cualitativa, de su alcance temporal e incluso de las eventuales compensaciones" (STS 10 octubre 2005, rec. 183/2004, 5 diciembre 2019, rec. 135/2018, 26 marzo 2021, rec. 3037/2021; 17 junio 2021, rec. 180/2019 y 8 febrero 2023, rec. 4642/2019). En este sentido, la jurisprudencia consideró no sustanciales las modificaciones transitorias introducidas por la empresa para cumplir la normativa sobre el COVID-19 (STS 15 julio 2021, rec. 74/2021).

Caso práctico: modificaciones sustanciales y no sustanciales

Miguel López trabaja como camarero en el restaurante "La barraca valenciana " de Madrid. Es habitual en el mismo que los clientes gratifiquen el buen servicio que reciben con propinas, resultado de lo cual los camareros vienen percibiendo una media de 100 euros semanales. En mayo del presente año, "con el propósito de dignificar el servicio y acabar con una práctica decimonónica", la empresa ha prohibido con carácter general la percepción en el restaurante de toda propina, emitiendo al efecto una orden verbal ¿Puede la empresa hacerlo en ejercicio de su poder de dirección? ¿qué mecanismos puede activar el trabajador en su defensa?

Vid STS 17 junio 2021, rec. 180/2019

En cuanto a las causas, la modificación sustancial requiere una justificación: "razones económicas, técnicas, organizativas o de producción". Como en el caso de la movilidad geográfica, se consideran tales "las que estén relacionadas con la competitividad, productividad u organización técnica o del trabajo en la empresa".

2. Modificaciones de carácter individual. Como en el caso de los traslados, el art. 41 ET distingue entre modificaciones de carácter individual o de carácter colectivo. Asimismo, la distinción se hace depender del número o porcentaje de trabajadores afectados.

Es modificación individual la que no alcance los umbrales señalados para ser considerada colectiva.

En tal supuesto, conforme al art. 41.3 ET, el empresario debe notificar la modificación al trabajador (o trabajadores) afectado(s) y a sus representantes legales con una antelación mínima de 15 días a la fecha de su efectividad. La correcta notificación empresarial de la medida es condición sine qua non para que empiece a computar el plazo de caducidad de veinte días previsto para reclamar contra la misma (STS 27 febrero 2020, rec. 201/2018).

Frente a la comunicación de modificación, el trabajador dispone, como en el caso del traslado, de las siguientes alternativas:

— *Aceptar* la modificación, con la diferencia de que en este caso no se prevén compensaciones por la modificación.

— *Rescindir* el contrato, con alguna diferencia respecto del caso de traslado. El trabajador puede rescindir solamente en estos dos supuestos: a) Si la modificación afecta a ciertas materias (jornada, horario, régimen de turnos, sistema de remuneración y cuantía salarial, y cambio de funciones que exceda de lo previsto en el art. 39) y resulta perjudicado por la misma, circunstancia que ha de demostrar (STS 18 julio 1996, Rec. 767/1996 y 23 julio 2020, rec. 822/2018). En tal caso, la indemnización es de 20 días de salario por año de servicio, con un máximo legal de 9 meses (art. 41.3); b) Si la modificación se ha llevado a cabo sin respetar lo previsto en el art. 41 y supone un menoscabo de su dignidad: en tal caso, la indemnización es de 33 días de salario por año, con un máximo de 24 mensualidades (art. 50. apartados 1.a y 2 ET).

— *Impugnar* judicialmente la medida, en el plazo de veinte días desde la notificación. Con las mismas consecuencias que en el traslado, según el juzgado la califique de justificada, injustificada o nula.

Caso práctico: Modificación sustancial y resolución causal del contrato

D Samuel Ruiz es trabajador fijo a tiempo completo de la empresa Boddybuild, S.L,, en la que es de aplicación el IV Convenio Estatal de Instalaciones Deportivas y Gimnasios. La dirección de la empresa y la representación legal de los trabajadores han pactado una modificación sustancial de condiciones de trabajo —debidamente notificada y no impugnada— consistente en reducir un 5% del salario variable de todos los trabajadores durante 2019 y abono de las nóminas el día 10 del mes siguiente al devengo, previendo la recuperación del citado porcentaje cuando la empresa consiga unos resultados positivos.

D. Samuel pide la resolución causal de su contrato sobre la base del art. 41.3 ET, es decir, exigiendo la indemnización legal de veinte días de indemnización por año de servicio y tope de nueve mensualidades por el grave perjuicio que la modificación le ha supuesto ¿Tiene derecho a lo que pide?

No tiene derecho a la extinción indemnizada del contrato porque el perjuicio que la modificación sustancial le ha supuesto no tiene entidad suficiente y se han previsto medidas que lo atenúan.

Vid. STS 23 julio 2020, rec. 822/2018.

3. Modificaciones de carácter colectivo. Como en los traslados, son modificaciones colectivas las que en un período de 90 días afecten al menos a un determinado número o porcentaje de trabajadores de los ocupados en la empresa (STS 19 noviembre 2019, rec. 1253/2017). A diferencia de los traslados, no se contempla el supuesto de que la modificación afecte a la totalidad de los trabajadores de un centro de trabajo.

A efectos del procedimiento a seguir, hay que distinguir dos supuestos. De un lado, que la modificación afecte a condiciones establecidas en convenios estatutarios: es el supuesto, ya estudiado, de inaplicación de convenios colectivos, que es independiente del número de afectados (art. 41.6 ET) (sobre la diferencia de un procedimiento y otro, vid. STS 3 febrero 21, rec. 93/2019 (ver lección 5ª). De otro lado, que la modificación colectiva afecte a condiciones de trabajo establecidas en otras fuentes (contratos individuales, pactos o acuerdos o convenios no estatutarios). En tal caso, el procedimiento a seguir es el que se expone a continuación.

En tal supuesto, como en los traslados colectivos, el empresario está obligado a abrir un período de consultas/negociación con los representantes legales de los trabajadores no superior a 15 días. El objeto de la consulta y el posible acuerdo se regulan también en los mismos términos; se constituirá una única negociación, si bien quedará circunscrita a los centros afectados por el procedimiento. El plazo para su constitución es el de 7 días desde la comunicación empresarial de inicio del procedimiento, salvo que alguno de los centros afectados no cuente con representantes legales, que será de 15 días. Integrada por un máximo de 13 miembros por cada una de las partes. Igualmente, tienen preferencia para negociar, si así lo acuerdan y tienen mayoría, las secciones sindicales sobre la representación unitaria, representando a todos los trabajadores de los centros afectados.

En caso de que las secciones sindicales no cuenten con mayoría en la representación unitaria, la representación corresponderá al comité de empresa o delegados de personal, si el procedimiento afecta a un solo centro. Se prevé la posibilidad de que no exista representación legal, pudiendo los trabajadores atribuirla a una comisión. Es precisamente en el art. 41.4 ET donde se detalla su posible composición: o bien de un máximo de tres miembros integrada por trabajadores de la propia empresa, elegidos democráticamente; o bien una compuesta de tres miembros designada, según su representatividad, por los sindicatos más representativos y representativos "del sector al que pertenezca la empresa y que estuvieran legitimados para formar parte de la comisión negociadora del convenio" aplicable a la misma. Si el procedimiento afecta a más de un centro, la representación de los trabajadores corresponderá al comité intercentros, si el convenio colectivo le atribuye esta función, o a los representantes legales si todos los centros cuentan con representación. El centro que no cuente con representación puede designar una comisión de 3 miembros a que se ha hecho referencia; en caso de no designarla, los representantes de los otros centros afectados asumirán su representación, en proporción al número de trabajadores que representen. Téngase en cuenta que estas reglas del art. 41.4 sobre ausencia representación legal se aplican también en otros supuestos ya analizados (inaplicación del convenio, traslados colectivos) y otros que analizaremos luego (suspensión y reducción de jornada, despido colectivo). Excepcionalmente, la jurisprudencia ha admitido la posibilidad de que la modificación se negocie con la totalidad de los trabajadores de la empresa (STS 10 octubre 2019, rec. 966/2017).

Respecto de los SMR, no hay problema interpretativo en identificarlos, aunque el problema puede residir en que sean más de tres (piénsese en el País Vasco: son cuatro). Respecto de los SR, además, el problema puede consistir en determinar quiénes sean: queda claro cuando se trate de modificar un convenio estatutario (serán los que estén legitimados para negociarlo); pero no cuando se trate precisamente de modificar un acuerdo o pacto colectivo no estatutarios o una decisión unilateral del empresario de efectos colectivos, porque no hay reglas sobre legitimación en estos casos.

Transcurrido el plazo máximo para la constitución de la comisión representativa, la dirección de la empresa podrá comunicar el inicio del período de consultas a los representantes de los trabajadores. La jurisprudencia viene haciendo hincapié en la necesidad de que las consultas se lleven a cabo sobre la base de una información suficiente facilitada por la empresa. So pena de nulidad de la modificación, tal información debe permitir a los representantes de los trabajadores ejercer adecuadamente sus funciones (STS 13 octubre 2015, rec 306/2014) y 8 septiembre 2020, rec. 739/2020).

La falta de constitución de la comisión no impide el inicio y transcurso del período de consultas. Los acuerdos tienen que adoptarse por mayoría de la comisión. En fin, si la comisión la designan los sindicatos, el empresario puede a su vez atribuir su representación a las organizaciones empresariales en que estuviera integrado.

A diferencia de lo regulado en materia de traslados colectivos, si hay acuerdo se establece que "se presumirá que concurren las causas justificativas", y se afirma que dicho acuerdo "solo podrá ser impugnado por fraude, dolo, coacción o abuso de derecho en su conclusión". Dos cuestiones plantea esta redacción.

De un lado, ¿qué es lo impugnable? Aunque el art. 41.4 se refiere al "acuerdo", en la normativa procesal lo que se contempla es la posible impugnación de la decisión empresarial (ya sea una impugnación individual, art. 138 LRJS; ya sea una impugnación mediante conflicto colectivo, art. 153.1 LRJS). Es lógico que lo impugnable sea la decisión empresarial, que es la que tiene consecuencias sobre los trabajadores.

De otro lado, ¿qué tipo de presunción se establece: *iuris et de iure* o *iuris tantum*? Posiblemente una presunción de alcance intermedio: aunque se presume la existencia de la causa justificativa, los conceptos por los que se puede impugnar (fraude, dolo, etc.) dan un amplio margen a la impugnación del acuerdo (o, mejor, como dicho, de la decisión empresarial).

Si no hay acuerdo, el empresario comunicará a los trabajadores y a sus representante legales la medida que adopte y, como en el traslado colectivo, la modificación se puede impugnar —aquí sí, claramente— colectivamente, sin perjuicio de las posibles impugnaciones individuales.

En cualquier caso, los efectos para los trabajadores afectados son los mismos que en una modificación individual: aceptación, impugnación, rescisión del contrato.

4. Concurso. Conforme a la LC (arts 169 y ss), en caso de concurso, la modificación sustancial colectiva debe venir autorizada por el juez mercantil del concurso. Previamente debe haber un período de negociación entre los representantes de los trabajadores indicados en el art. 41.4 ET, el concursado y la administración concursal. Si hay acuerdo, el juez lo aceptará, salvo que aprecie fraude, dolo, coacción o abuso de derecho (art. 181). Si no hay acuerdo, tras dar audiencia a quienes han intervenido en el período de consultas, determinará lo que proceda "conforme a la legislación laboral" (art. 182).

El derecho de rescisión indemnizada, en este supuesto, queda en suspenso durante la tramitación del concurso (art. 184.1 LC).

Lección 11ª

Tiempo de trabajo y descansos

Las cuestiones de tiempo de trabajo y períodos de descanso se regulan en los arts. 34 a 38 ET, aparte de en el RD 1561/1995, sobre jornadas especiales de trabajo.

1. JORNADA DE TRABAJO

La jornada de trabajo será la pactada en convenio colectivo o en el contrato de trabajo (art. 34.1 ET). En el contrato puede pactarse una jornada más favorable (de menor duración) que la prevista en el convenio, pero tal reducción debe llevarse a cabo manteniendo el salario correspondiente al trabajador.

El propio art. 34.1 fija un límite a la jornada pactada, siendo su duración máxima de 40 horas semanales de trabajo de promedio en cómputo anual. Ello supone que la duración máxima de la jornada anual (descontadas vacaciones y festivos) sería de 1826 horas y 27 minutos (en este sentido, STS 28 febrero 2011, rec 4/2010).

Teniendo en cuenta lo anterior, hay que añadir:

1) Que, mediante convenio colectivo o, en su defecto, acuerdo con los representantes de los trabajadores, se puede establecer una distribución irregular de la jornada a lo largo del año (art. 34.2), con lo que unas semanas se podrá trabajar más y otras menos de las 40 horas semanales. El convenio o el acuerdo podrán establecer esa distribución irregular de forma fija o permitir que el empresario vaya exigiendo la prestación de trabajo de forma irregular conforme considerara oportuno en los términos que se establecieran.

A falta de convenio o acuerdo, la ley permite a la empresa distribuir un 10% de la jornada de forma irregular a lo largo del año.

En todos los supuestos de distribución irregular deben respetarse los períodos mínimos de descanso diario y semanal legalmente previstos (el convenio o acuerdo también tendrían que respetarlos) y el trabajador debe conocer el día y hora de la prestación de trabajo con un preaviso mínimo de cinco días (STS 11 diciembre 2019, rec. 147/2018).

2) Que el art. 34.3 también establece un límite máximo a la jornada diaria, que no podrá exceder de 9 horas o de 8 horas (para los menores de 18 años). Pero el límite diario de 9 horas se puede superar por convenio colectivo o, en su defecto, acuerdo con los representantes de los trabajadores.

3) Entre una jornada y la siguiente debe mediar un descanso mínimo de 12 horas (art. 34.3), descanso que no se puede solapar con el semanal, pues ambos cumplen una finalidad distinta y cada uno debe ser garantizado (STJUE 2 marzo 2023). En los supuestos de pluriempleo, este límite juega respecto de cada contrato, salvo que se trate de varios contratos suscritos con un mismo empleador, que deberá respetarlo considerándolos todos (STJUE 17 marzo 2021).

4) El tiempo de trabajo se computará de modo que al comienzo y final de la jornada el trabajador se encuentre en su puesto (art. 34.5), no pudiendo considerarse tal el tiempo empleado por el trabajador para desplazarse al mismo dentro de las instalaciones de la empresa (STS 19 noviembre 2019, rec. 1249/2017 y 26 enero 21, rec. 88/2021). No obstante, también se considera tiempo de trabajo el anterior o posterior invertido por razones de servicio (por ejemplo, por un vigilante de seguridad para recoger y devolver el arma)

5) El trabajador tiene derecho a solicitar adaptaciones de la duración y distribución de la jornada, la ordenación del tiempo de trabajo y la forma de prestación, incluido el trabajo a distancia para hacer efectiva la conciliación de la vida familiar y laboral (art. 34.8). Cuando la solicitud esté motivada por tener hijos o hijas, se podrá ejercitar hasta que estos cumplan doce años.

La Ley reconoce también este derecho a aquellos trabajadores que tengan necesidades de cuidado respecto de los hijos e hijas mayores de doce años, el cónyuge o pareja de hecho, familiares por consanguinidad hasta el segundo grado, así como de otras personas dependientes que convivan en el mismo domicilio y por razones de edad, accidente o enfermedad no puedan valerse por sí mismos, debiendo justificar estas circunstancias.

Las adaptaciones deberán ser razonables y proporcionadas en relación con sus necesidades y las organizativas o productivas de la empresa. Los términos de ejercicio de este derecho se pueden pactar en la negociación colectiva, con especial cautela antidiscriminatoria. En su ausencia, la empresa abrirá un proceso de negociación con el solicitante que deberá desarrollarse con máxima celeridad y como máximo durante quince día presumiéndose su concesión si el empresario no se opone en tal plazo de forma motivada expresa. Finalizado el proceso de negociación, la empresa comunicará por escrito la aceptación de la petición o planteará una propuesta alternativa o la denegará, indicando las razones objetivas de su decisión. Las discrepancias se resolverán por el orden social de la jurisdicción a través del procedimiento establecido en el art. 139 LRJS.

La persona trabajadora tiene derecho a solicitar el regreso a su jornada o modalidad contractual anterior una vez concluido el periodo acordado o previsto o cuando decaigan las causas que motivaron la solicitud. En otro caso, la empresa solo podrá denegar el regreso pedido cuando existan razones objetivas que lo justifiquen.

6) Las reglas generales sobre jornada sufren variaciones en el mencionado RD 1561/1995, tal y como permite el art. 34.7 ET, en una serie de actividades: ampliándose o reduciéndose las jornadas, o estableciéndose reglas especiales respecto de descanso diario y semanal.

Las ampliaciones afectan a los empleados de fincas urbanas, guardas y vigilantes no ferroviarios; al trabajo en el campo; al comercio y hostelería; a los transportes y trabajo en el mar; a trabajos en determinadas condiciones específicas (turnos, trabajos de puesta en marcha y cierre, actividades con jornadas fraccionadas).

Las limitaciones afectan a trabajos expuestos a riesgos ambientales, trabajo en el campo, de interior en minas, de construcción y obras públicas, y en cámaras frigoríficas y de congelación.

7) Registro diario de la jornada. Para que la limitación del tiempo de trabajo sea efectiva y las horas extraordinarias se remuneren o compensen, resulta imprescindible un control del tiempo de trabajo (STJUE de 14-5-2019, asunto C-55/18); con este objetivo se ha añadido el art. 34.9 ET, que establece que la empresa garantizará el registro diario de la jornada, que deberá incluir el horario de inicio y finalización de la jornada de cada trabajador, sin perjuicio de la flexibilidad horaria.

Mediante la negociación colectiva o acuerdo de empresa o, en su defecto, decisión del empresario previa consulta con los representantes legales de los trabajadores en la empresa, se organizará y documentará este registro de jornada (Vid. STS 5 abril 2022, rec7/2022). La normativa europea, no obstante, prohíbe la utilización a este propósito de los sistemas de registro de huella dactilar o por reconocimiento facial (Reglamento 2016/679). Nuestra jurisprudencia ha considerado legal un sistema de registro en el que es el propio trabajador quien debe reflejar diariamente en la aplicación informática de la empresa las horas de inicio y finalización de la jornada, las interrupciones y períodos de descanso (STS 18 enero 2023, rec. 78/2021). La empresa conservará estos registros durante cuatro años, y permanecerán a disposición de los trabajadores, de sus representantes legales y de la ITSS.

Aparte lo anterior, el art. 37 ET establece algunas reglas especiales en materia de jornada. En concreto:

a) Se prevé la *disminución de jornada por* cuidado de lactante menor de 9 meses, en los supuestos de nacimiento, adopción, guarda con fines de adopción o acogimiento (art. 37.4); es un derecho individual de las personas trabajadoras, sin que se pueda transferir su ejercicio al otro progenitor, adoptante o acogedor; pero si dos personas trabajadoras de la misma empresa ejercen este derecho por el mismo causante, la empresa puede limitar su ejercicio simultáneo por razones de funcionamiento de la empresa, que deberá motivar por escrito, debiendo en tal caso ofrecer un plan alternativo que asegure el disfrute de ambas y la conciliación. De este modo, se puede directamente elegir entre una ausencia de una hora (divisible en dos fracciones) —que se incrementará proporcionalmente por parto, adopción o acogimiento múltiples—, o una reducción de la jornada en ½ hora, o acumular el permiso en jornadas completas. En todo caso, sin disminución del salario. Cuando ambos progenitores, adoptantes, guardadores o acogedores ejerzan este derecho con la misma duración y régimen, el periodo de disfrute de la reducción de jornada en media hora podrá extenderse hasta que el lactante cumpla doce meses, con reducción proporcional del salario a partir de los nueve meses.

b) Asimismo (art. 37.5), en caso de *nacimiento de prematuros o que necesiten hospitalización,* las personas trabajadoras se pueden ausentar por una hora, sin disminución del salario. Asimismo pueden reducir su jornada en dos horas, pero con disminución proporcional del salario.

c) También (art. 37.6) los trabajadores que por razones de guarda legal tengan a su *cuidado a un menor de 12 años, a una persona con discapacidad* que no desempeñe una actividad retribuida; *o quien precise encargarse del cuidado directo del cónyuge o pareja de hecho, o un familiar hasta el 2º grado* de consanguinidad o afinidad, incluido el familiar consanguíneo de la pareja de hecho, que no pueda valerse por sí mismo y no desempeñe actividad retribuida, tienen derecho a disminuir la jornada de trabajo diaria (como mínimo 1/8 y, como máximo, la mitad), con disminución proporcional del salario, en estos casos.

Asimismo, el progenitor, adoptante o acogedor para el *cuidado durante la hospitalización y tratamiento continuado de menor afectado por cáncer* —o por cualquier otra enfermedad grave que implique ingreso hospitalario de larga duración— tendrá derecho a la reducción de la jornada, en al menos la mitad de su duración, con disminución proporcional del salario. La duración máxima legalmente prevista para este derecho se extiende hasta que el hijo, acogido o adoptado cumpla los veintitrés años mientras se mantenga la necesidad de cuidado directo, continuo y permanente. Este derecho a la reducción de la jornada puede asimismo reconocerse para el cuidado de un mayor de edad y hasta que este alcance los veintitrés años siempre que haya sido diagnosticado antes de alcanzar la mayoría y cumpla los restantes requisitos exigidos.

Si dos o más trabajadores de la misma empresa generan estos derechos por un mismo sujeto, el empresario podrá limitar su ejercicio simultáneo por razones fundadas y objetivas de funcionamiento de la empresa, debidamente motivadas por escrito. Debiendo además en tal caso ofrecer un plan alternativo que garantice el disfrute de ambos y posibilite la conciliación.

d) La concreción horaria y la determinación del período de disfrute de los permisos y reducción señalados en a), b) y c), corresponden a la persona trabajadora dentro de su jornada ordinaria; debiendo salvo fuerza mayor, preavisar con 15 días el inicio y la finalización del permiso de lactancia o la reducción por cuidado de menor o discapacitado (art. 37.7 ET). El derecho del trabajador a concretar el horario a realizar debe hacerse dentro de los límites de su jornada ordinaria, sin alterar el régimen de trabajo a turnos que venía realizando (STS 21 noviembre 2023, Rec. 357/2020).

Los convenios colectivos podrán establecer criterios para la concreción horaria de la reducción. Igualmente podrán determinar el preaviso de inicio o finalización, variando la previsión legal.

Las discrepancias entre empresario y trabajador se resolverán por la jurisdicción social, a través del procedimiento del art. 139 LRJS.

e) La trabajadora *víctima de violencia de género* tiene derecho a reducir la jornada (con disminución proporcional del salario) o a la reordenación del tiempo de trabajo para hacer efectiva su protección o su derecho a la asistencia social integral. Asimismo, tendrá derecho a realizar su trabajo total o parciamente a distancia o a dejar de hacerlo si este es el sistema establecido, cuando ello sea compatible con el puesto y funciones que desarrolla (art. 37.8). Estos derechos se ejercitarán en los términos establecidos en convenio colectivo o acuerdo de empresa, o mediante acuerdo entre la empresa y la trabajadora. En su defecto, la concreción de estos derechos corresponderá a esta, aplicándose las reglas del art. 37.7 incluidas las relativas a la resolución de discrepancias.

Iguales derechos se reconocen a los trabajadores que tengan la consideración de víctimas del terrorismo.

f) El trabajador tiene derecho a ausentarse del trabajo por causa de fuerza mayor en casos urgentes de enfermedad o accidente de familiares o convivientes que hagan indispensable su presencia inmediata. Estas ausencias serán retribuidas hasta un máximo de cuatro días al año conforme a lo que establezca el convenio colectivo o, en su defecto, el acuerdo de empresa. (art. 37.9), debiendo el trabajador acreditar el motivo de la ausencia.

2. HORAS EXTRAORDINARIAS

El art. 35.1 ET considera horas extraordinarias las "que se realicen sobre la duración máxima de la jornada ordinaria de trabajo, fijada de acuerdo con el artículo anterior". Como en el art. 34 se establece, recordemos, que la jornada es la pactada, pero con unos límites semanales y diarios que se pueden modificar por convenio o acuerdo, tendremos que:

a) Las jornadas que excedan de las 40 semanales o 9 diarias serán extraordinarias, salvo que por convenio o acuerdo se haya establecido una distribución irregular de la jornada anual o, igualmente, se haya establecido superar el límite diario.

b) Serán horas extras las que excedan de la jornada pactada en convenio o en contrato, aunque esta jornada sea inferior a la legal.

Dicho eso, las horas extraordinarias pueden ser comunes o por fuerza mayor.

2.1. *Horas extraordinarias comunes*

El régimen común de las horas extraordinarias viene a ser el siguiente:

— El trabajador es libre de realizarlas o no, salvo que esté obligado a hacerlas, si la empresa las solicita, por convenio o por su contrato de trabajo.

— Están prohibidas a los menores de 18 años, a los trabajadores nocturnos, en algunos trabajos considerados peligrosos, y cuando se trate de un contrato de trabajo a tiempo parcial (donde solamente caben las llamadas horas complementarias, ver lección 9ª).

— A efectos de su cómputo la jornada se registrará día a día. El empresario debe comunicar las horas realizadas al trabajador al mismo tiempo que entrega el recibo de salarios. También deben ser informados de las horas realizadas los representantes de los trabajadores (DA 3ª.b RD 1561/1995).

— Su número no puede ser superior a 80 al año, sin que cuenten al efecto las horas extraordinarias compensadas mediante descanso dentro de los cuatro meses siguientes a su realización. El límite legal puede ser reducido e incluso suprimido por el Gobierno. Superar el límite supone una infracción empresarial grave.

— Por convenio colectivo o por contrato individual se opta por compensarlas con descanso alternativo o por retribuirlas como mínimo al valor de la hora ordinaria. En ausencia de pacto, se compensan con descanso alternativo en los 4 meses siguientes.

— En fin, muchos convenios colectivos prohíben su realización salvo en el caso de las que llaman horas extraordinarias "estructurales" o "necesarias" (para atender pedidos imprevistos, cambios de turnos, etc.). A efectos de cotización a la Seguridad Social, actualmente el régimen es el mismo para todas las horas extraordinarias comunes.

2.2. *Horas extraordinarias por fuerza mayor*

Son las realizadas excepcionalmente para prevenir o reparar daños extraordinarios y urgentes. Su régimen es el siguiente:

— Son obligatorias si el empresario las exige.

— Pueden ser realizadas por trabajadores nocturnos.

— No computan a efectos del límite de horas extras.

— Se compensan como las comunes.

— A efectos de cotización a la Seguridad Social, cotizan menos.

3. HORAS RECUPERABLES

Conforme al art. 30 ET, las horas no trabajadas por causa imputable al empresario se retribuyen y no pueden ser recuperadas.

Por el contrario, las horas no trabajadas por fuerza mayor (estado de la mar, accidentes atmosféricos, interrupción de fuerza motriz, etc.) pueden dar lugar a una suspensión del contrato, si se autoriza tal suspensión, en cuyo caso no hay que retribuirlas (ver lección 14ª). Pero si el contrato no se suspende, hay que retribuirlas, pudiendo ser recuperadas si así se prevé en convenio colectivo.

4. HORARIO DE TRABAJO

El concreto horario de trabajo, dentro del cual se presta la jornada laboral, se fija libremente por el empresario, salvo que se haya pactado en el convenio colectivo o en el contrato de trabajo.

Pero, una vez fijado, su modificación sustancial se rige por lo dispuesto en general para modificaciones sustanciales por el art. 41 ET (ver lección 10ª), tanto si se trata de una modificación intra-anual como inter-anual.

Aparte de esto, algunos aspectos concretos:

4.1. Jornada continuada o partida

Cuando la jornada sea continuada y exceda de 6 horas, los trabajadores tienen derecho a un descanso mínimo de 15 minutos (art. 34 ET). Este descanso computará como tiempo de trabajo y se retribuirá si así se dispone en convenio o contrato.

En el caso de los menores de 18 años, ese descanso intrajornada será como mínimo de 30 minutos, si la jornada continuada excede de cuatro horas y media.

4.2. Horario rígido o flexible

El horario puede ser rígido o flexible, de modo que el trabajador tenga un margen flexible para entrar y/o salir. Incluso, es posible que se prevea que el trabajador pueda compensar la menor jornada de un día con una mayor otro día, lo que viene facilitado por la posibilidad de pactar jornadas diarias superior a 9 horas.

La posible fijación de un horario flexible sigue el régimen normal: el horario lo fija el empleador, salvo lo pactado en convenio o contrato. Y su modificación sustancial supone la aplicación de lo dispuesto en el art. 41 ET.

4.3. Trabajo nocturno y trabajadores nocturnos

El art. 36 ET define tanto el concepto de trabajo nocturno como de trabajador nocturno.

Trabajo nocturno es el que se realice entre las 22 y las 6 horas. Está prohibido a los menores de 18 años y a las mujeres embarazadas o de parto reciente si existiese riesgo para el embarazo o lactancia.

Tendrá una retribución específica, pero que la ley no concreta, remitiéndose a lo dispuesto en los convenios colectivos.

Trabajadores nocturnos son los que realicen en horario nocturno una parte no inferior a 3 horas de su jornada diaria o a un tercio de su jornada anual.

Estos trabajadores nocturnos, aparte de no poder realizar horas extras comunes, no pueden tener una jornada superior a 8 horas diarias de promedio en un período de 15 días y deben gozar de un nivel de protección en salud y seguridad adaptado a su trabajo (y, en concreto, se debe evaluar regularmente su salud y tienen derecho a pasar a puestos diurnos, si los hay, en caso de problemas de salud).

4.4. Trabajo a turnos

El art. 36 ET define el trabajo a turnos como aquel en que los trabajadores ocupan sucesivamente los mismos puestos, implicando para el trabajador un horario distinto en diferentes períodos. Dos son, por consiguiente, las condiciones requeridas para considerar el trabajo a turnos: que un mismo puesto de trabajo se ocupe de manera sucesiva por varios trabajadores y que el trabajador deba prestar el servicio en horas diferentes en un periodo determinado de días o semanas (STS 17 noviembre 2021, rec. 1712/2020).

Al respecto, las reglas son las siguientes:

— Nadie puede estar adscrito al turno de noche más de dos semanas consecutivas, salvo voluntariamente.

— En materia de protección de salud, al igual que los trabajadores nocturnos, deben gozar de un nivel de protección adaptado a la naturaleza de su trabajo (y, en concreto, a la evaluación regular de su salud).

— Conforme al art. 23 ET, los trabajadores que cursen con regularidad estudios para la obtención de un título académico o profesional, tienen preferencia en la elección de turno (parece que esto se refiere tanto a turnos variables como a turnos fijos).

5. EL CALENDARIO LABORAL

El calendario laboral anual (es decir, la distribución de días laborables y no laborables) se efectúa libremente por el empleador, previa consulta e informe previo de los representantes de los trabajadores (art. 34.6 ET y DA

3ª.a RD 1561/1995). Naturalmente, puede eventualmente estar pactado en convenio colectivo.

La aparente libertad empresarial no es tanta, puesto que el empresario está vinculado por las normas imperativas ya vistas en materia de jornada y descansos.

El empresario debe exponer un ejemplar del calendario en lugar visible de cada centro de trabajo. Si no se elabora o no se expone, la empresa comete una infracción leve.

Su variación inter-anual o intra-anual, si es sustancial, supone la aplicación del art. 41 ET.

6. EL DESCANSO SEMANAL

Aparte de las reglas especiales contenidas en el RD 1561/1995 sobre jornadas especiales de trabajo, con carácter general el art. 37 ET dispone que los trabajadores tienen derecho a un descanso mínimo semanal de día y medio ininterrumpido, pero acumulable por períodos de dos semanas. Como regla general, comprenderá el domingo y la tarde del sábado o la mañana del lunes.

En el caso de menores de 18 años, ese descanso es de dos días ininterrumpidos.

Conforme a la jurisprudencia, el descanso diario y el semanal no pueden solaparse.

7. LAS FIESTAS LABORALES

Conforme al art. 37.2 ET, los trabajadores tienen derecho a 14 días festivos, retribuidos y no recuperables, dos de los cuales serán fiestas locales.

La distribución de esos festivos se hace por el RD 2001/1983, con ciertas competencias por parte de las Comunidades Autónomas. Los calendarios de días festivos se publican anualmente por el Gobierno central y los autonómicos.

Respetando ciertas fiestas de ámbito nacional (Natividad, Año Nuevo, 1 de mayo y 12 de octubre), el Gobierno puede trasladar a los lunes las otras fiestas de ámbito nacional que tengan lugar entre semana; y se debe trasladar al lunes inmediatamente posterior el descanso correspondiente a las que coincidan con domingo.

8. LAS VACACIONES ANUALES

La Carta de los Derechos Fundamentales de la Unión Europea reconoce en el apartado 2 de su artículo 31 el derecho de todo trabajador "a un periodo de vacaciones anuales retribuidas", derecho que ha sido considerado un principio del Derecho Social de la Unión (STJUE 22 noviembre 2011). En desarrollo de esta previsión, el art. 7 de la Directiva 2003/88 obliga a los Estados miembros a adoptar las medidas necesarias para que todos los trabajadores dispongan al menos de un período de cuatro semanas de vacaciones anuales retribuidas.

En el Derecho interno, la Constitución contempla el derecho a las "vacaciones periódicas retribuidas" en su art. 40.2. Por su parte, el art. 38 ET contiene una mínima regulación, que debe completarse por el Convenio nº 132 de la OIT, los arts. 125-126 LRJS y la jurisprudencia dictada por el TJUE.

El período de vacaciones anuales, retribuidas, será el pactado pero sin que pueda ser inferior a 30 días naturales.

La duración de las vacaciones corresponde a un año de servicio, teniendo derecho a la parte proporcional si ha trabajado menos de un año. Ahora bien, como el disfrute hay que hacerlo en el año natural, normalmente se disfrutará la duración completa aunque aún no se haya completado el año de servicio (es decir, por ejemplo, el trabajador ingresa el día 1 de enero, y la empresa cierra por vacaciones en agosto: tendrá los 30 días de vacaciones).

Las vacaciones se reducen proporcionalmente en caso de ausencias imputables al trabajador, pero no en caso de ausencias por enfermedad, ni por huelga legal ni por sanción disciplinaria. En ningún caso se reducen si la ausencia es imputable al empresario, tal sería el caso de las ausencias derivadas de despido declarado judicialmente ilícito, que deben asimilarse a trabajo efectivo a efectos de generar el derecho (STJUE 29 noviembre 2017, C-214/16 y STS 11 mayo 2021, rec. 3630/2018.

Las vacaciones deben retribuirse antes de su efectivo disfrute, salvo que se haya pactado colectiva o individualmente otra cosa. En cuanto a la retribución, el art. 7 del Convenio nº132 habla de la "remuneración normal o media" y el Tribunal de Justicia de la Unión ha entendido que la retribución correspondiente es la normal u ordinaria del trabajador. En esta línea, el Tribunal Supremo ha considerado ilegal la previsión de un convenio que excluía de la retribución vacacional los complementos de cantidad y calidad de trabajo, al entender que solo pueden excluirse los complementos ocasionales, pero no los habituales, entendiendo por tales los percibidos durante seis o más meses de los once que preceden a la vacación (STS 20 diciembre 2022, rec. 27/2021).

Las vacaciones no se pueden sustituir por compensación económica, salvo en el caso de que el contrato haya finalizado, en cuyo caso se retribuye la parte proporcional a la que se tenga derecho (si se extingue en el mes de julio, por ejemplo, normalmente tendrá derecho a la retribución de 15 días, contando, pues, la prestación de servicios en el año natural, no desde la finalización de las anteriores vacaciones).

Se puede pactar, colectiva o individualmente, su fraccionamiento, pero una de las fracciones tiene que ser de dos semanas laborales ininterrumpidas (art.. 8.2 Convenio nº 132 OIT).

El concreto período de vacaciones se fija por acuerdo entre empresario y trabajador, de conformidad con lo dispuesto, en su caso, por el convenio colectivo. En caso de desacuerdo, deciden los tribunales laborales.

Caso práctico: Disfrute de las vacaciones

Hasta el presente año y desde el 2005, los trabajadores de la empresa X han venido tomando sus vacaciones anuales en las fechas de su elección, sin limitación alguna por parte de la empresa. El presente año, sin embargo, la empresa pretende imponer a su conveniencia el disfrute del período vacacional ¿puede legalmente hacerlo?

El disfrute por parte de los trabajadores de forma constante, repetida y reiterada en el tiempo sin limitación alguna del derecho a determinar la fecha de sus vacaciones constituye una condición más beneficiosa, que no puede ser eliminada unilateralmente por la empresa sin seguir el procedimiento del art. 41 ET.

(Vid. STS 7 enero 2020, rec. 2162/2017).

Si coincide con una incapacidad temporal derivada del embarazo, el parto o la lactancia natural, o con el período de suspensión del contrato previsto en el art. 48.4, 5 y 7 ET (es decir: por nacimiento, que comprende el parto y el cuidado de menor de 12 meses, adopción, guarda con fines de adopción, acogimiento, riesgo durante el embarazo o durante la lactancia natural), se tendrá derecho a disfrutar de las vacaciones en otra fecha, cuando finalice la IT o la suspensión, aunque haya terminado el año natural al que corresponden las vacaciones (art. 38.3 ET). No se prevé tal disfrute alternativo en caso de coincidencia con otros supuestos de suspensión, como riesgo durante el embarazo o lactancia (en vacaciones no habría tal riesgo).

Si coincide con una incapacidad temporal derivada de otras contingencias, igualmente se podrán disfrutar una vez terminada la incapacidad, pero solamente si no han transcurrido más de 18 meses a partir del final del año en que se hubieran originado las vacaciones.

Asimismo, según la jurisprudencia comunitaria, un trabajador que se encuentre en situación de incapacidad temporal sobrevenida durante el período de vacaciones tiene derecho a disfrutar posteriormente el período coincidente con la incapacidad temporal.

El calendario de vacaciones deberá ser conocido por el trabajador con una antelación mínima de dos meses.

En fin, las vacaciones deben ser retribuidas antes de su disfrute "a menos que se haya previsto de otro modo" (art. 7.2 C. 132 OIT). La cuantía de la retribución se puede fijar por convenio y, en su defecto, tiene que ser la remuneración "normal o media" que, a falta de concreción convencional, comprende los conceptos salariales percibidos al menos durante seis meses dentro de los once anteriores (STS de 23 abril 2019, rec. 62/2018 y de 3 marzo 2020, rec. 115/2018).

Lección 12ª

La prestación salarial

1. CONCEPTO DE SALARIO

El art. 26.1 ET define el salario como "la totalidad de las percepciones económicas de los trabajadores, en dinero o en especie, por la prestación profesional de los servicios laborales por cuenta ajena, ya retribuyan el trabajo efectivo, cualquiera que sea la forma de remuneración, o los períodos de descanso computables como de trabajo".

De esta definición cabe destacar la consideración como salario de la retribución de los períodos de descanso que computen como trabajo efectivo. Tal sucede con las vacaciones anuales (art. 38 ET), las fiestas laborales (art. 37.2 ET), los permisos retribuidos (art. 37. apartados 3, 4 y 5 ET; art. 53.2 ET), las interrupciones por impedimentos imputables al empleador (art. 30 ET); y puede suceder con el descanso intrajornada si se ha pactado su consideración como trabajo efectivo (art. 34.4 ET).

Comoquiera que el salario retribuye el trabajo efectivo o el tiempo de descanso computable como trabajo, la falta de prestación de servicios imputable al trabajador, por ejemplo como consecuencia de asistencias injustificadas o de faltas de puntualidad, no devenga salario, sin que ello suponga multa de haber (STS 27 mayo 2021, rec. 182/2019). Por contra, si la falta de prestación de servicios es imputable al empresario, el trabajador conserva el derecho a su salario.

De otra parte, la jurisprudencia entiende que la definición legal reseñada supone una presunción de que todas las percepciones económicas del trabajador constituyen salario, salvo prueba en contrario (STS de 29 enero 2019, rec. 1091/2017).

En todo caso, la definición se considera amplia. Así, la jurisprudencia del TS ha considerado salario a las opciones sobre acciones y asimismo considera salario las primas que las empresas abonan en concepto de seguro médico, de vida o accidente de sus trabajadores (STS de 2 octubre 2013, rec. 1297/2012 y 3 mayo 2017, rec. 385/2015).

2. PERCEPCIONES EXTRASALARIALES

Precisamente, no toda percepción económica obtenida por el trabajador constituye salario. En este sentido, el art. 26.2 ET establece que no tienen consideración de salario las siguientes cantidades: las percibidas por el trabajador en concepto de indemnizaciones o suplidos por los gastos realizados como consecuencia de su actividad laboral (así, las dietas, la compensación por ropa de trabajo o por útiles o herramientas, por quebranto de moneda, pluses de distancia o de transporte, etc.), las prestaciones e indemnizaciones de la Seguridad Social (las abonadas por la empresa como seguridad social complementaria y algunas prestaciones no complementarias que la empresa tiene que abonar, incluso a su cargo, como sucede con la prestación económica por incapacidad temporal), y, en fin, las indemnizaciones correspondientes a traslados, suspensiones o despidos.

3. COMPOSICIÓN DEL SALARIO

El art. 26.3 ET se limita a señalar que la estructura salarial comprende el salario base y, en su caso, determinados complementos. El *salario base* es la retribución fijada por unidad de tiempo o por unidad de obra y no obedece a ninguna de las causas que pueden dar lugar al reconocimiento de un complemento salarial

Los tipos de *complementos* contemplados por la ley son tres: los fijados en función de circunstancias relativas a las condiciones personales del trabajador, los fijados en función del trabajo realizado y los fijados en función de la situación o resultados de la empresa.

Siendo esa la estructura legalmente prevista, la determinación de cuál sea el salario base y cuáles sean los complementos (y la cuantificación de uno y otros) es tarea que corresponde, según el art. 26.3 ET, a la negociación colectiva y, en su defecto, al contrato de trabajo. Pese a la literalidad de la ley (que parece otorgar al contrato un papel meramente supletorio, en ausencia de convenio colectivo), la práctica consiste en la fijación por la negociación colectiva de la concreta estructura salarial aplicable a cada empresa, pero pudiéndose complementar esa regulación por la añadida en cada contrato de trabajo, siempre que el contrato (como es la regla general, ver lección 2ª) no establezca en perjuicio del trabajador condiciones menos favorables o contrarias a las del convenio colectivo.

En cuanto a los *complementos personales,* destaca el *complemento o plus de antigüedad.* Este tipo de complemento, como todos los demás, se puede prever en el convenio colectivo o en el contrato de trabajo. En la medida en que existe una cierta tendencia hacia su desaparición, hay que resaltar que nada impide que, en un ámbito en que el complemento de antigüedad viniera siendo establecido por el convenio colectivo, sea suprimido por un convenio posterior. Ello no obstante, del art. 25.2 ET parece desprenderse un límite a esa posibilidad de supresión de este tipo de complemento: el convenio posterior podría suprimir el plus de antigüedad pero "sin perjuicio de los derechos adquiridos o en curso de adquisición en el tramo temporal correspondiente".

En cuanto a los *complementos en función del trabajo realizado,* de contenido muy variado, destacan los complementos de *puesto de trabajo* (penosidad, toxicidad, peligrosidad, suciedad, nocturnidad, disponibilidad, residencia, insularidad, navegación, vuelo, embarque, turnos, etc.). Otros posibles complementos de este tipo son los complementos *por calidad o cantidad de trabajo: comisiones,* primas o incentivos de productividad, pluses de asistencia o de asiduidad, etc. (tradicionalmente, se incluye en este tipo de complementos a las horas extraordinarias).

En cuanto a los *complementos en función de la situación y resultados de la empresa,* incluyen muy diversos sistemas de participación en ingresos y/o beneficios y en el capital (opciones sobre acciones). En la práctica, es frecuente que complementos con esa denominación previstos en convenios, tengan una cuantía fija, independiente de los resultados empresariales, pero en tal caso no son propiamente complementos salariales sino conceptos equiparables a la retribución básica o directamente a una paga extraordinaria

Dado que los complementos dependen de circunstancias que pueden variar (así, sobre todo, los complementos de puesto) se plantea *el problema de su consolidación o no* una vez que desaparezca la circunstancia que los fundamentaba. Al respecto, el art. 26.3 ET se remite a lo dispuesto en el convenio o en el contrato de trabajo; pero añade que, salvo pacto en contrario, no son consolidables los complementos por puesto de trabajo o en función de los resultados de la empresa.

4. MODALIDADES DEL SALARIO

El salario se puede hacer efectivo en dinero o en especie.

El *salario en dinero* se puede abonar en moneda de curso legal o mediante talón bancario u otra modalidad de pago similar a través de entidades de crédito, previo informe al comité de empresa o delegados de personal (art.

29.4 ET). La jurisprudencia ha considerado: a) que el trabajador puede elegir entre cheque nominativo o al portador; b) que no tiene derecho a tiempo libre para cobrarlo; y c) que no viene obligado (en caso de transferencia) a abrir cuenta en la entidad de crédito que la empresa indique.

El salario en especie es objeto de ciertas limitaciones: a) No puede exceder del 30% del salario ni minorar la cuantía íntegra en dinero del SMI (art. 26.1 ET); b) El Convenio nº 95 OIT contiene varias reglas sobre el salario en especie, algunas de las cuales, al menos, parecen directamente aplicables; c) Hay que tener en cuenta, asimismo, normas específicas sobre comedores o sobre alojamiento (ver RRDD 1333/1984 y 486/1997).

5. SISTEMAS SALARIALES

La expresión "sistemas salariales" se refiere a las diversas formas o procedimientos para cuantificar el salario (ya sea el salario base, ya sean los posibles complementos). Al respecto, apenas hay normas legales aplicables.

Básicamente, la cuantificación del importe del salario puede hacerse *por unidad de tiempo* (atendiendo a la duración del servicio, independientemente de la cantidad de obra realizada; pero téngase en cuenta que existe un deber general de rendimiento), o *por unidad de obra* (atendiendo a la cantidad o calidad de la obra producida, independientemente del tiempo invertido).

Un sistema peculiar es el llamado *salario a tarea:* el trabajador se compromete a realizar una determinada cantidad de obra en la jornada de trabajo, entendiéndose cumplida la jornada cuando se realice la cantidad de obra prevista.

Respecto del *salario a comisión,* calculado en función de los negocios, colocaciones o ventas en que el trabajador haya mediado, la normativa legal (art. 29.2 ET, art. 77 LJS) establece que: a) el derecho a la comisión nace en el momento de realizarse y pagarse el negocio, etc., en que haya intervenido el trabajador; b) que debe liquidarse y pagarse al finalizar el año, salvo que se haya pactado otra cosa; y c) que el trabajador y sus representantes pueden pedir comunicaciones de la parte de los libros referentes a tales devengos. Si el negocio se deshace por culpa del empresario, el trabajador mantiene el derecho a la comisión.

Sobre la participación en beneficios, resultan aplicables las reglas sobre examen de libros y cuentas de la empresa y asesoramiento de expertos (art. 77 LJS).

6. DETERMINACIÓN DEL SALARIO

Como ya se ha indicado, el salario (su estructura y cuantía) se determina por los convenios colectivos y, en la medida en que los mejore, por el contrato de trabajo.

De todos modos, el art. 27 ET prevé la fijación por el Gobierno de un salario mínimo interprofesional (SMI), previa consulta con los sindicatos y asociaciones empresariales más representativas, teniendo en cuenta una serie de factores (entre ellos, el IPC). Asimismo, se establece que se efectuará una revisión semestral para el caso en que no se cumplan las previsiones sobre el IPC.

El RDL 3/2004, de 25 de junio, introdujo el concepto de "indicador público de renta de efectos múltiples" (IPREM)[1]. De este modo, aunque el SMI mantiene una función de garantía salarial mínima y sigue vinculado a muchos supuestos (art. 1), el IPREM se utilizará como indicador o referencia del nivel de renta para determinar la cuantía de determinadas prestaciones o para acceder a determinadas prestaciones, beneficios o servicios públicos (ver art. 2.1).

De este modo, las referencias al SMI contenidas en las normas estatales (vigentes en el momento de promulgarse el RDL) se entenderán referidas al IPREM (art. 2.3), salvo las señaladas en el art. 1. apartados 2 y 3. Sobre todo, en materia de protección por desempleo, se establece detalladamente qué cuestiones siguen referidas al SMI y cuáles se entienden referidas al IPREM (art. 3). Las otras administraciones públicas pueden utilizar como índice o referencia de renta el IPREM, pero sin perjuicio de fijar indicadores propios en el ejercicio de sus competencias.

Los convenios colectivos, por su parte, deben respetar el SMI y el principio constitucional de igualdad de trato, si bien con matices propios (ver, por ej., la STC 177/1988). Es decir, que los convenios colectivos no solamente no pueden establecer tratamientos discriminatorios (por ejemplo,

---

1 El RD 145/2024, de 6 de febrero, establece el SMI para el 2024 en 37,8 euros/día y 1134 euros/mes considerando una cuantía anual de 15.876 euros/año (a efectos de compensación y absorción). Para eventuales que trabajen menos de 120 días se fija en 53,71 euros por jornada laboral y para empleados de hogar en 8,87 euros/hora. El IPREM se fija anualmente por la LPGE. Al no haberse aprobado LPGE para el año 2024, y a pesar del aumento del SMI, han permanecido congelados valores del 2023. La Ley 31/2022, de PGE 2023, lo fijó en 20 euros/día, 600 euros/mes, 7.200 euros /año (cuando sustituye al SMI en cómputo anual sin pagas extraordinarias) y 8.400 euros/año (cuando sustituye al SMI en cómputo anual con pagas extraordinarias).

directos o indirectos por razón de género: ver, por ej., STC 147/1995; o entre temporales y fijos: ver, por ej., SSTC 177/1983 y 136/1987), sino que tampoco pueden disponer diferencias de trato que no estén razonablemente justificadas. En este sentido, la jurisprudencia constitucional (SSTC 119/2002 y 27/2004)) viene entendiendo que la distinta fecha de ingreso en la empresa no justifica por sí sola el establecimiento de una doble escala salarial, requiriéndose para que el trato diferencial pueda considerarse razonable y proporcionado la concurrencia de elementos adicionales de justificación que compensen a los afectados, así como la previsión de su carácter transitorio. La ordinaria, por su parte, que reitera que la fecha de la contratación no puede justificar el trato diferencial, señala que las diferencias, de introducirse, deben ser sean "razonables, objetivas, equitativas y proporcionadas, estando el convenio facultado para establecer determinadas diferencias en función de las particulares circunstancias concurrentes en cada caso, sin que cuando se trata de la retribución del trabajo quepan generalizaciones, de manera que el principio general a tener en cuenta es el de igual retribución a trabajo de igual valor"(STS 7 octubre 2020, Rec. 2592/2018 y 17 noviembre 2020, Rec. 3068/2018).

Por su parte, el contrato de trabajo debe respetar el SMI y el salario establecido, en su caso, por el convenio colectivo. Asimismo, el contrato de trabajo debe respetar el principio de no discriminación: es decir, que el empresario puede pactar con sus trabajadores salarios que no sean iguales (STC 34/1984) o conceder o acordar condiciones más beneficiosas, con el único límite de que las diferencias salariales no pueden basarse en las causas de discriminación (raza, sexo, religión, etc.) prohibidas por los arts. 14 CE y arts. 4.2.c) y 17.1 ET.

Caso práctico: Igualdad retributiva

D. Ricardo J. trabaja en la empresa INCA junto a otros quince trabajadores. Todos ellos cobran la retribución que corresponde a su clasificación profesional de acuerdo con el convenio colectivo; pero, adicionalmente, la empresa paga a los restantes trabajadores 200 euros mensuales, cantidad que no recibe D. Ricardo, sin que haya motivo aparente que lo justifique. D. Ricardo reclama esta cantidad alegando el principio de igualdad de trato, ¿tiene derecho a percibirla?

El empresario, en ejercicio de su libertad u autonomía, no está sometido al principio de igualdad de trato y puede establecer diferencias en las retribuciones siempre y cuando respete los mínimos establecidos en la norma convencional. En las relaciones entre particulares no rige el derecho a la igualdad, sino a la no discriminación.

Vid. STC 34/1984, de 9 de marzo y *STS 14 mayo 2014, rec. 2328/2013.*

Más específicamente, el art. 28 ET prohíbe toda discriminación por razón de sexo en cualquiera de los elementos o condiciones de la retribución, satisfecha directa o indirectamente, y cualquiera que sea la naturaleza de la misma, salarial o extrasalarial, estando obligado el empresario a pagar la misma retribución por la prestación de un trabajo de igual valor. Un trabajo tendrá igual valor que otro cuando la naturaleza de las funciones o tareas efectivamente encomendadas, las condiciones educativas, profesionales o de formación exigidas para su ejercicio, los factores estrictamente relacionados con su desempeño y las condiciones laborales en las que dichas actividades se lleven a cabo sean equivalentes (art. 28.1 ET) El RD. 902/2020 en materia de igualdad retributiva entre hombres y mujeres desarrolla este precepto legal y los elementos a tomar en consideración para llevar a cabo la valoración.

El empresario está obligado a llevar un registro de valores medios de salarios, complementos salariales y percepciones extrasalariales de su plantilla, desagregados por sexo y distribuidos por grupos profesionales, categorías profesionales o puestos de trabajo iguales o de igual valor. Los trabajadores, tienen derecho a acceder al registro de su empresa a través de sus representantes (art. 28.2 ET). Esta obligación de registro se extiende a todas las empresas y comprende a toda su plantilla (RD. 902/2020).

En las empresas que cuenten con al menos 50 trabajadores el promedio de las retribuciones de los trabajadores de un sexo sea superior a los del otro en un 25% o más del conjunto de la masa salarial o media de las retribuciones satisfechas, el empresario debe incluir en el registro salarial una justificación de que dicha diferencia responde a motivos no relacionados con el sexo de las personas trabajadoras.

7. PAGO DEL SALARIO

El art. 29 ET contiene varias normas sobre el lugar, tiempo y forma de pago del salario.

Respecto del *lugar de pago*, será el pactado o, en su defecto, el que resulte de los usos y costumbres. No obstante, la normativa de la OIT (Convenios nn. 95 y 117) prohíbe el pago en bares o establecimientos similares (tiendas de venta al por menor, centros de distracción), salvo que se trate de empleados de esos establecimientos.

Respecto del *momento de pago*, se hará en la fecha pactada o conforme a los usos y costumbres. En todo caso, el período de pago no puede exceder de un mes (salvo para comisiones). Las pagas extraordinarias se abonarán una en Navidad y otra en la fecha pactada, pero se pueden prorratear por mensualidades.

Si el pago no es puntual, el interés por mora es del 10% anual (STS de 10 enero 2019, rec. 925/2019).

El trabajador tiene derecho a percibir anticipos a cuenta del trabajo ya realizado (art. 29.1 ET). El RD 3084/1974 regula los anticipos a cuenta de salarios futuros; aparte lo que se pueda establecer por convenio colectivo.

Respecto de la *forma de pago*, el abono se puede hacer en moneda de curso legal, mediante talón o mediante otra modalidad de pago similar a través de entidades de crédito, previo informe a los representantes del personal. En todo caso, la prueba del pago del salario corresponde al empresario: probada por el trabajador la realización de la prestación de servicios o la imposibilidad de la misma imputable al empresario, recae sobre este la prueba de que ha abonado el correspondiente salario (STS 4 julio 2023, rec. 3304/2020).

La liquidación y pago se documentarán mediante la entrega de un recibo de salarios. Existe un modelo oficial (Orden ESS/2098/2014, de 6 noviembre, que modifica el anexo de la Orden 27 diciembre 1994), pero, por convenio o acuerdo, puede ser sustituido por otro modelo, siempre que contenga, con la debida claridad y separación, las diferentes percepciones y las deducciones que procedan.

El recibo debe ser archivado por la empresa, junto con los documentos de cotización, durante un mínimo de cuatro años.

8. LA PROTECCIÓN DEL SALARIO

El cobro del salario se protege mediante diversas medidas.

A) En primer lugar, se establece una *garantía frente a los acreedores del trabajador*, mediante la *inembargabilidad del salario* (es absolutamente inembargable el SMI; lo que exceda, es parcialmente inembargable: hasta el importe de un segundo SMI, es embargable el 30%, etc.), en los términos previstos en la Ley de Enjuiciamiento Civil (art. 607). Es una garantía que juega frente a los acreedores del trabajador.

La inembargabilidad absoluta del SMI se amplía (en un 50% y otro 30% por cada miembro del núcleo familiar que no disponga de ingresos superiores al SMI), en el caso de ejecución hipotecaria de la vivienda familiar, cuando el precio de la venta no alcance a cubrir la deuda (art. 1 RDL 8/2011).

B) En segundo lugar, se establecen *garantías frente a otros acreedores* del empresario, de modo que ciertos salarios tienen *preferencia,* absoluta (sobre cualquier otro crédito) o singular (sobre algunos otros créditos). Tras la promulgación de la LC, hay que distinguir según se trate de preferencias en ausencia de concurso o en caso de concurso.

a) En ausencia de concurso (art. 32 ET):

— Los salarios del último mes tienen preferencia absoluta sobre cualquier otro crédito, con el límite del doble del SMI.

— Los demás salarios impagados gozan de preferencia absoluta sobre cualquier otro crédito, respecto de los objetos elaborados por los trabajadores mientras sean propiedad o estén en posesión del empresario (créditos refaccionarios).

— Los demás salarios (y las indemnizaciones por despido) están singularmente privilegiados (con el límite del triple del SMI), sobre los demás créditos excepto los garantizados con derecho real (hipoteca).

— Cuando concurran exclusivamente créditos salariales, la regla es el reparto proporcional o a prorrata entre ellos (art. 270 LRJS).

b) En caso de concurso:

— Son créditos contra la masa los créditos anteriores o posteriores a la declaración del concurso por indemnizaciones derivadas de accidente de trabajo y enfermedad profesional, los créditos por los salarios de los 30 últimos días anteriores a la declaración de concurso (con el límite del doble del SMI) y los demás créditos laborales generados por el ejercicio de la actividad profesional o empresarial del concursado tras la declaración del concurso, quedando comprendidos en esta regla los créditos laborales correspondientes a este periodo, incluidas las indemnizaciones de despido o extinción de los contratos de trabajo que se hubieran producido con posterioridad a la declaración de concurso, así como los recargos sobre las prestaciones por incumplimientos de las obligaciones en materia de salud laboral, hasta que el juez acuerde el cese de la actividad profesional o empresarial, o declare la conclusión del concurso (art. 242, 1,2 y 11 LC).

Estos créditos se satisfacen deduciendo de la masa activa los bienes y derechos necesarios antes de pagar los créditos concursales(art. 429 LC). No obstante hay límites: no se pueden iniciar inmediatamente ejecuciones (salvo para los salarios de los 30 últimos días) y el pago se hará con cargo a bienes no afectos a créditos con privilegio especial (ver art. 244 LC).

— Son créditos con privilegio especial los créditos de los trabajadores sobre los objetos por ellos elaborados mientras sean propiedad o estén en posesión del concursado l (art. 270.3° LC). Se pagarán con cargo a esos bienes, subastados (con salvedades), aunque hay opciones alternativas (atender su pago con cargo a la masa activa).

— Son créditos con privilegio general los créditos anteriores a la declaración del concurso por salarios que no tengan la consideración de créditos contra la masa ni reconocido privilegio especial, en la cuantía que resulte de multiplicar el triple del salario mínimo interprofesional por el número de días de salario pendientes de pago; las indemnizaciones derivadas de la extinción de los contratos, en la cuantía correspondiente al mínimo legal calculada sobre una base que no supere el triple del SMI; los capitales coste de seguridad social de los que sean legalmente responsable el concursado, y los recargos sobre prestaciones por incumplimiento de las obligaciones en materia de salud laboral devengadas con anterioridad a la declaración de concurso (art. 280.1)

— El resto de los créditos serían créditos ordinarios (art.269.3 LC) Se satisfacen con cargo a los bienes y derechos de la masa activa que resten una vez satisfechos todos los anteriores, aunque excepcionalmente el juez puede autorizar su pago con antelación (arts. 433 y 434 LC).

C) En tercer lugar, hay *garantías frente a la insolvencia del empresario*, mediante la intervención del **Fondo de Garantía Salarial** (o Fogasa) (art. 33 ET). Es un organismo autónomo que se financia con aportaciones del empresario (el tipo del 0,2% sobre la base de contingencias profesionales).

Pero, en realidad, las funciones del Fogasa son más amplias y no se limitan a los casos de insolvencia empresarial. Son las siguientes:

a) En los supuestos de insolvencia y en el de concurso de acreedores, el Fogasa abonará:

— el importe de los salarios pendientes de pago (incluidos los salarios de tramitación, cuando procedan) y reconocidos en acto de conciliación o en resolución judicial, hasta 120 días y con el límite del doble del SMI (art. 33.1 ET);

— las indemnizaciones reconocidas como consecuencia de sentencia, auto, acto de conciliación judicial o resolución administrativa a favor de los trabajadores a causa de despido o de extinción de los contratos conforme a los artículos 50 (extinción a instancia del trabajador por causa justificada), 51 (despido colectivo), y 52 (extinción por causa objetiva), 40.1 (extinción por traslado) y 41.3 (extinción por modificación sustancial) todos del ET, o a causa de extinción conforme a los artículos 181 y 182 de la Ley Concursal, al art.11.2 del Real Decreto 1620/2011 por el que se regula la relación laboral especial der servicio del hogar familiar, o por extinción de contratos temporales o de duración determinada (art. 33.2 ET). Con varios límites: una anualidad de indemnización, salvo en el caso del 41.3 en el que el límite máximo es de 9 mensualidades y en el del art. 11 del RD. 1620/2011 que es de 6 mensualidades, y sin exceder el salario diario base de cálculo de la indemnización del doble del SMI, incluida la parte proporcional de pagas extraordinarias. Para los supuestos del art. 50 y 56 ET, la indemnización se calculará sobre la base de 30 días por año de servicio.

El art. 33.3 establece reglas específicas respecto de los procedimientos concursales.

b) En los casos de extinción del contrato por fuerza mayor, la Autoridad laboral que autorice los despidos puede decidir que la totalidad o parte de la indemnización la abone el Fogasa, aunque no haya insolvencia, etc., pero con derecho a reintegrarse del empresario (art. 51.7 ET).

La primera de las funciones señaladas (abono de salarios e indemnizaciones en caso de insolvencia empresarial) se aplica también al personal de alta dirección (DA 5ª ET), no así las dos siguientes (ver art. 3.2 RD 1382/1985).

Lección 13ª

Otros derechos y deberes laborales

1. DERECHOS DEL TRABAJADOR

Se ha analizado en la lección anterior el derecho del trabajador al salario. Pero el contrato de trabajo tiene una estructura compleja, en la que, junto con prestaciones principales (trabajo, salario) aparecen otros derechos y deberes.

El art. 4 ET enumera una serie de derechos, distinguiendo entre *derechos "básicos"* (trabajo y libre elección de profesión u oficio; libre sindicación; negociación colectiva; huelga; participación en la empresa) y *derechos "en la relación de trabajo"* (a la ocupación efectiva, a la promoción y formación profesional en el trabajo; a la no discriminación para el empleo o una vez empleados; a la integridad física y a una adecuada política de prevención de riesgos laborales; al respeto de su intimidad y a la consideración debida a su dignidad; a la percepción puntual de la remuneración; a cuantos otros se deriven específicamente del contrato de trabajo).

Muchos de esos derechos ya se han estudiado en lecciones anteriores. Se analizan aquí los que no han sido objeto de un estudio previo pormenorizado.

1.1. Derecho a la no discriminación

El art. 14 CE prohíbe "discriminación alguna por razón de nacimiento, raza, sexo, religión, opinión o cualquier otra condición o circunstancia personal o social".

A su vez, el art. 4.2.c) ET reconoce a los trabajadores el derecho "a no ser discriminados directa o indirectamente para el empleo, o una vez empleados", por esas y otras razones añadidas[1], incluida la "discapacidad,

---

1 Por razones de estado civil, edad dentro de los límites marcados por esta Ley, origen racial o étnico, condición social, religión o convicciones, ideas políticas, orientación e identidad sexual, expresión de género, características sexuales, afiliación o no a un sindicato, así como por razón de lengua dentro del Estado español, discapacidad, así como por razón de sexo, incluido el trato desfavorable

siempre que se hallasen en condiciones de aptitud para desempeñar el trabajo o empleo de que se trate".

Por su parte, el art. 17.1 ET declara nulos los preceptos reglamentarios, las cláusulas de los convenios y, cabe subrayarlo aquí, los pactos individuales y las decisiones unilaterales del empresario "que den lugar en el empleo, así como en materia de retribuciones, jornada y demás condiciones de trabajo, a situaciones de discriminación directa *desfavorables* por razón de edad o discapacidad o a situaciones de discriminación directa o indirecta" por casi las mismas razones que enumera el art. 4.2.c ET. Contempla además la condición sexual, la adhesión o no a acuerdos de los sindicatos y vínculos de parentesco con personas pertenecientes o relacionadas con la empresa. Por su parte, el art. 8 LOI considera discriminación por razón de sexo todo trato desfavorable a las mujeres relacionado con el embarazo o la maternidad, y el arts. 2.1 de la Ley 15/2022, de 12 julio, prohíbe la discriminación por enfermedad o condición de salud, estado serológico y/o predisposición genética a sufrir patologías y trastornos.

En relación a este principio de no discriminación cabe hacer las siguientes consideraciones.

a) El art. 14 Const. contiene realmente dos principios: la *igualdad de trato* ("Los españoles son iguales ante la ley…") y la *no discriminación* en los términos que se acaban de exponer.

El principio de igualdad de trato vincula a los poderes públicos (y, entre ellos, el poder normativo: las leyes, reglamentos o convenios estatutarios no pueden establecer tratos desiguales, salvo que el trato desigual sea justificado y razonable y el criterio de diferenciación sea objetivo: ver STC 177/1993, de 31 mayo), mientras que en las relaciones entre particulares solo se impone la prohibición de discriminación directa o indirecta por esas causas o razones particularmente rechazables contempladas en el art. 14 CE y en los arts. 4.2.c y 17.1 ET (ver STC 34/1984, de 9 marzo).

b) Pese a lo anteriormente dicho, tanto la CE (arts. 1.1 y 9.2) como la normativa comunitaria (art. 157.4 TFUE, art. 3 Directiva 2006/54/CE, de 5 julio; art. 5 Directiva 2000/43/CE, de 29 junio, igualdad de trato de las personas independientemente de su origen racial o étnico; art. 7 Directiva 2000/78 CE, de 27 noviembre, de establecimiento de un marco general

---

dispensado mujeres u hombres por el ejercicio de los derechos de conciliación o corresponsabilidad de la vida familiar y laboral.

para la igualdad de trato en el empleo y la ocupación, en concreto para luchar contra la discriminación por motivos de religión o convicciones, discapacidad, edad u orientación sexual) ofrecen apoyo a lo que se conoce como medidas de *"acción positiva"* que supongan un trato más favorable a ciertos colectivos, sobre todo mujeres (también otros: personas con discapacidad, por ejemplo), para superar situaciones históricas de desigualdad, para compensar situaciones fácticas desfavorables.

En efecto, en el derecho interno, tales medidas de acción positiva encuentran su apoyo en el art. 1.1 (Estado social de derecho) y, sobre todo, en el *"principio de igualdad real"* del art. 9.2 CE: a los poderes públicos les corresponde promover las condiciones para que la libertad e igualdad del individuo y de los grupos en que se integra sean reales y efectivas, remover los obstáculos que impidan o dificulten su plenitud y facilitar la participación de todos los ciudadanos en la vida política, económica, social y cultural.

En la normativa interna no constitucional, la "acción positiva" encuentra su reconocimiento expreso en el art. 17.4 ET, no solo a efectos de contratación, sino también de clasificación profesional, promoción y formación, y en el art. 24.2 ET (ver lección 10ª). También, ampliamente en relación con los poderes públicos, pero en términos matizados (corregir situaciones patentes de desigualdad, medidas razonables y proporcionadas) en el art. 11 LOI. Se recoge igualmente en el art. 35 Ley 62/2003, de 30 de diciembre, que establece medidas para la igualdad de trato y no discriminación, en particular por razón de origen racial o étnico, religión o convicciones, discapacidad, edad u orientación sexual.

La doctrina constitucional (ver SSTC 128/1987, de 16 julio, o 28/1992, de 9 marzo) se ha orientado igualmente en el sentido de admitir medidas singulares a favor de la mujer, que traten de corregir una situación desigual de partida, pero considerando discriminatorias aquellas "normas protectoras" del trabajo femenino, que suponen en sí mismas un obstáculo para el acceso real de la mujer al empleo en igualdad de condiciones con los varones (como, por ejemplo, conceder un plus de transporte nocturno solo a la mujer).

El principio de igualdad de trato y de oportunidades entre mujeres y hombres, aplicable en el empleo público y privado, se garantizará en el acceso al empleo (incluido por cuenta propia), en la formación y promoción profesionales, en las condiciones de empleo y en la afiliación y participación en organizaciones sindicales, patronales y profesionales (art. 5 LOI).

Por lo demás, la normativa recoge dos precisiones importantes. De un lado, que no constituye discriminación en el acceso al empleo una diferencia de trato justificada por razones profesionales (ver art. 5 LOI). De otro lado, se contempla y define tanto la discriminación directa como indirecta por razón de sexo (art. 6 LOI y art. 28 Ley 62/2003; art. 2.2 Directiva 2000/43/CE y art. 2.2 Directiva 2000/78/CE).

c) Más específicamente, los arts. 45-47 LOI regulan la elaboración de planes de igualdad en las empresas de más de 50 trabajadores, o cuando lo establezca un convenio colectivo, o cuando la autoridad laboral haya sustituido sanciones accesorias (ver infra, letra g) por la elaboración y aplicación de dicho plan; la elaboración de un plan de igualdad será voluntaria para las demás empresas. Se crea, asimismo, un registro de planes de igualdad de las empresas como parte de los Registros de convenios colectivos (art. 46.4 LOI, desarrollado por RD 901/2020, de 13 octubre). Recuérdese lo ya señalado al respecto en la lección 5ª.

Los planes de igualdad de las empresas son un conjunto ordenado de medidas, adoptadas después de realizar un diagnóstico de situación, tendentes a alcanzar en la empresa la igualdad de trato y de oportunidades entre mujeres y hombres y a eliminar la discriminación por razón de sexo (art. 46.1 LOI); los planes han de fijar los concretos objetivos a alcanzar, las estrategias para su consecución y el establecimiento de sistemas eficaces de seguimiento. Con carácter previo se elaborará un diagnóstico negociado que se referirá a las materias a que se refiere el art. 7.1 del RD 901/2020: proceso de selección y contratación; clasificación profesional; formación; promoción profesional; condiciones de trabajo incluida la auditoria salarial entre hombres y mujeres; ejercicio corresponsable de los derechos de la vida personal, familiar y laboral; infrarrepresentación femenina; retribuciones y prevención del acoso sexual y por razón de sexo.

Los planes de igualdad y los diagnósticos previos han de ser objeto de negociación con la representación legal de las personas trabajadoras, o con las secciones sindicales si cuentan con mayoría de aquella, debiéndose constituir una comisión negociadora paritaria (art. 5 RD 901/2020). Los planes de igualdad incluirán la totalidad de la empresa, su contenido se estructurará en la forma que establece el art. 8 del RD 901/2020: determinación de las partes que lo conciertan, ámbitos personal, territorial y temporal; informe del diagnóstico de situación de la empresa; resultados de la auditoría retributiva; definición de los objetivos cualitativos y cuantitativos; descripción de las medidas concretas, plazo de ejecución y priorización; identificación de los medios y recursos para su implantación, seguimiento y evaluación; calendario de actuaciones para la implantación, seguimiento y evaluación de las medidas del plan; sistema de seguimiento, evaluación y revisión periódica; composición y funcionamiento de la comisión u órgano i paritario encargado del seguimiento, evaluación y revisión y procedimiento de modificación y para solventar las posibles discrepancias.

d) En cuanto a las personas con discapacidad, aparte del ya señalado art. 17.1 (el cual, por razones de edad o discapacidad, solo prohíbe las discriminaciones "desfavorables"), el art. 64 TR de la LGDPD establece que para garantizar el derecho a la igualdad de oportunidades los poderes públicos establecerán medidas contra la discriminación y medidas de acción positiva. Las medidas de acción positiva podrán consistir en apoyos complementarios y normas, criterios y prácticas más favorables. Las medidas de igualdad de oportunidades podrán ser ayudas económicas, ayudas técnicas, asistencia personal, servicios especializados y ayudas y servicios auxiliares para la comunicación (art. 68).

e) Cabe recordar (ver lección 3ª) que la eficaz protección frente a actos discriminatorios ha exigido establecer una peculiar distribución de la *carga de la prueba:* la persona supuestamente discriminada debe probar que existen "indicios" de discriminación, pero, probados éstos, se presume la existencia de discriminación salvo prueba en contrario (presunción "iuris tantum"), debiendo entonces el presunto discriminador probar la existencia de otros motivos objetivos y razonables de su actuación, que destruyan tal presunción de discriminación.

Tal distribución de la prueba se recoge en la normativa procesal laboral: con carácter general en el art. 96 LJS en referencia a la discriminación por una serie de motivos, y en el art. 181.2 LJS en el proceso especial de tutela de derechos fundamentales y libertades públicas, que incluye la prohibición del tratamiento discriminatorio y del acoso (art. 177.1 LJS).

También se recoge la inversión de la carga de la prueba en el art. 13 LOI (salvo en procesos penales), en el art. 36 Ley 62/2003 (ídem) y en el art. 30 de la Ley 15/2022.

Además, existe un medio de prueba específico, consistente en que el juez podrá recabar un dictamen de los organismos públicos competentes (art. 95.3 LJS).

f) Se contempla también la protección frente a actos empresariales de *represalia.* Así, el art. 17.1 ET declara nulas las decisiones empresariales que supongan un trato *desfavorable* como reacción frente a una reclamación efectuada en la empresa o ante una acción judicial destinada a exigir el cumplimiento del principio de igualdad de trato y no discriminación. En relación al principio de igualdad de trato entre mujeres y hombres, asimismo el art. 9 LOI. Más ampliamente (ver lección 15ª), el art. 55.5 ET considera nulo el despido "que tenga por móvil alguna de las causas de discriminación prohibidas en la Constitución o en la Ley, o bien se produzca con violación de derechos fundamentales y libertades públicas del trabajador", entre los que se encuentra el derecho a la tutela judicial efectiva (art. 24 CE).

g) Como *sanciones* frente a los actos discriminatorios, hay que tener en cuenta que la LISOS (art. 8.12) considera *infracción empresarial* muy grave las decisiones empresariales discriminatorias o de represalia, en los mismos términos que el art. 17.1 ET.

Es infracción grave no cumplir las obligaciones que en materia de planes de igualdad establecen el ET o el convenio aplicable (art. 7.13 LISOS).

El art. 46 bis LISOS regula extensamente las responsabilidades empresariales específicas en materia de igualdad, contemplando medidas accesorias (pérdida y exclusión de acceso a beneficios derivados de programas de empleo), sustituibles por elaboración de plan de igualdad, como se dijo antes. La no elaboración o aplicación de dicho plan es infracción muy grave (art. 8.17 LISOS).

A su vez, el art. 314 CP considera *delito* la discriminación en el empleo, público o privado, contra alguna persona por razón de su ideología, religión o creencias, su pertenencia a una etnia, raza o nación, su sexo, orientación sexual, situación familiar, enfermedad o minusvalía, por ostentar la representación legal o sindical de los trabajadores, por el parentesco con otros trabajadores de la empresa o por el uso de alguna de las lenguas oficiales dentro del Estado español, siempre que la conducta sea recalcitrante (no se restablezca la situación de igualdad tras requerimiento o sanción administrativa) y sancionándola con penas de prisión de 6 meses a 2 años o multa de 6 a 12 meses.

h) Téngase presente, por lo demás, la posibilidad de acudir al proceso especial de tutela de derechos fundamentales y libertades públicas (arts. 177 y ss. LJS) (ver lección 2ª), con la posible declaración de nulidad radical de la conducta discriminatoria. Así como la posibilidad de solicitar la extinción justificada del contrato por incumplimiento grave de las obligaciones empresariales conforme al art. 50.1.c ET (ver lección 15ª).

Caso práctico: Contratación laboral y buena imagen

Con fecha 22 de febrero de 1998 la empresa de transporte aéreo publicó en la prensa una convocatoria de ámbito nacional para cubrir necesidades temporales de plazas de auxiliares de vuelo (tripulantes de cabina de pasajeros), informando de ello a la representación unitaria y secciones sindicales. Los requisitos exigidos para participar, y posteriormente acceder a dichos puestos de trabajo, según la citada convocatoria, eran, entre otros: A.– Edad.– entre 18 a 25 años.– B.– Estatura: Mujeres, entre 1,64 y 1,82 m; Hombres, entre 1,74 y 1,90.– C.– En caso de necesitar lentes correctoras (no más de dos dioptrías), usar microlentillas.– C.– Poseer una "buena imagen". Esta exigencia de una determinada imagen ¿Es un requisito discriminatorio?

La jurisprudencia ha considerado que se trata de una exigencia que tiene una justificación objetiva y razonable y, por tanto, no discriminatoria. Se trata de una empresa que opera en régimen de libre competencia, en el sector de líneas aéreas, en el que precisamente los Tripulantes de Cabina o Auxiliares de Vuelo, son quienes de manera constante y habitual proyectan sobre los clientes la imagen de la compañía, que, naturalmente, debe ser buena para poder mantenerse en esa actividad en condiciones razonables de igualdad con otras empresas dedicadas a la misma actividad.

(Vid. STS de 27 diciembre 1999, rec. 1959/1999).

1.2. Derecho al respeto de la intimidad y consideración debida a la dignidad

Tal derecho, se añade, comprende "la protección frente a ofensas verbales o físicas de naturaleza sexual y frente al acoso por razón de origen racial o étnico, religión o convicciones, discapacidad, edad u orientación sexual, y frente al acoso sexual y al acoso por razón de sexo" (art. 4.2.e ET).

Cabe considerar, de modo más detallado, algunos aspectos de este derecho.

a) En primer lugar, la protección frente al *acoso sexual.*

Aparte la normativa comunitaria (Art. 2.1.d) Directiva 2006/54/CE, de 5 julio), su concepto se recoge en art. 7.1 LOI: "cualquier comportamiento verbal, no verbal o físico no deseado *de índole sexual* con el propósito o el efecto de atentar *contra la dignidad* de una persona, en particular cuando se crea un entorno intimidatorio, hostil, degradante, humillante u ofensivo".

En el terreno laboral, se recoge como causa de despido, entre otros supuestos de acoso (ver infra), el acoso sexual (art. 54.2.g ET), lo que afecta al acoso sexual cometido por compañeros.

El art. 8.13 LISOS considera infracción empresarial muy grave "el acoso sexual, cuando se produzca dentro del ámbito a que alcanzan las facultades de dirección empresarial, cualquiera que sea el sujeto activo de la misma", lo que comprende el acoso sexual cometido tanto por el empresario como por los compañeros cuando culpablemente no sea evitado por el empleador.

Por su parte, el art. 184 CP tipifica como delito el acoso sexual (la solicitud de "favores de naturaleza sexual para sí o para un tercero prevaliéndose de una situación de superioridad laboral, docente o análoga, con el anuncio expreso o tácito de causar a la víctima un mal relacionado con las legítimas expectativas que pueda tener en el ámbito de dicha relación", castigándolo con pena de prisión de seis a doce meses o multa de diez a quince meses e inhabilitación especial para el ejercicio de la profesión, oficio o actividad de doce a quince meses.

b) En segundo lugar, ese art. 4.2.e) ET también contempla específicamente el derecho a la protección frente al *acoso* "por razón de origen racial o étnico, religión o convicciones, discapacidad, edad u orientación sexual, y... por razón de sexo".

Aparte la normativa comunitaria citada antes (art. 2.1.c Directiva 2006/54/CE), el acoso por razón de sexo se define por el art. 7.2 LOI: "cualquier comportamiento realizado en función del sexo de una persona, con el propósito o el efecto de atentar contra su dignidad y de crear un entorno intimidatorio, degradante u ofensivo".

La misma definición de acoso, *en relación al origen racial o étnico,* se encuentra en el art. 2.3 de la Directiva 2000/43/CE, de 9 junio 2000. Y la misma definición, *en relación a la religión o convicciones, discapacidad, edad u orientación sexual,* se encuentra en el art. 2.3 de la Directiva 2000/78/CE, de 27 noviembre.

En el terreno laboral, en paralelo a las medidas frente al acoso sexual, de un lado, se considera causa de despido "El acoso por razón de origen racial o étnico, religión o convicciones, discapacidad, edad u orientación sexual y el acoso sexual o por razón de sexo al empresario o a las personas que trabajan en la empresa" (art. 54.2.g ET). Y, al igual que se ha señalado respecto del derecho a la no discriminación, cabe acudir al proceso especial de tutela de derechos fundamentales y a la solicitud de extinción justificada del contrato.

De otro lado, el art. 8.13.bis LISOS considera infracción empresarial muy grave el "acoso" por los mismos motivos del art. 4.2.e) ET (no menciona aquí el acoso sexual), aunque no lo haya cometido el empresario, si se produce dentro de su ámbito de dirección y, conociéndolo, no hubiera adoptado medidas para impedirlo.

Como norma de cierre, el art. 8.11 LISOS considera igualmente como infracción empresarial muy grave "los actos del empresario que fueren contrarios al respeto de la intimidad y consideración debida a la dignidad de los trabajadores".

c) En tercer lugar, en cuanto al respeto de la *intimidad* del trabajador, no es sino reflejo parcial del más amplio derecho constitucional "al honor, a la intimidad personal y familiar y a la propia imagen" (art. 18.1 CE).

Baste resaltar aquí algunos aspectos de estos derechos:

- Su regulación se encuentra, fundamentalmente, en dos leyes orgánicas: la LO 1/1982, de 5 de mayo, de protección civil del derecho al honor, a la intimidad personal y familiar y a la propia imagen; y en la LO 3/2018, de 5 de diciembre, de Protección de Datos Personales y garantía de los derechos digitales (LOPDP).
- El ET (que no tiene carácter de ley orgánica) solo regula algunos aspectos muy concretos: art. 18 (registros personales del trabajador), art. 23.3 (adopción por el empresario de medidas de vigilancia y control), art. 20.4 (verificación por el empresario del estado de enfermedad o accidente del trabajador), art. 20 bis (derechos de los trabajadores a la intimidad en relación con el entorno digital y a la desconexión) y art. 64.5.f) (informe de los representantes previo a la implantación y revisión de sistemas de control del trabajo). Los estudiaremos luego, al analizar el poder de dirección empresarial.
- Especial interés reviste la mencionada LOPDP. De la misma cabe destacar lo siguiente:

  a') La Ley establece una serie de principios sobre la obtención y tratamiento de datos personales: exactitud de los datos, deber de confidencialidad, tratamiento basado en el consentimiento del afectado, tratamiento por obligación legal y protección especial de categorías especiales de datos.

  b') Ciertos "datos sensibles" gozan de especial protección: datos sobre la ideología, afiliación sindical, religión o creencias; datos relativos al origen racial o étnico, la salud[2] y la vida sexual (art. 9); datos relativos a infracciones penales (art. 10).

---

2 Vid. STJUE de 21-12-2023, asunto C-667/21 sobre tratamiento ilícito de datos de salud e indemnización.

- El derecho al honor, la intimidad y la propia imagen ha suscitado interesante doctrina constitucional en el terreno laboral. Cabe mencionar dos SSTC: la 170/1987, de 30 octubre (negativa a afeitarse de trabajador de la hostelería) y la 99/1994, de 11 abril (negativa de un trabajador cortador de jamón ibérico a dejarse fotografiar en una exhibición pública). El TC parte de que los derechos fundamentales se modalizan en la esfera empresarial, pero solo en la medida estrictamente imprescindible; de modo que la captación y difusión de la propia imagen solo es admisible cuando lo justifiquen la conducta de la persona y las circunstancias.

- Las nuevas tecnologías han suscitado nuevas problemáticas laborales, sobre todo en orden al control empresarial del uso por parte de los trabajadores del correo electrónico y de Internet (ver, infra, subepígrafe sobre poder de dirección), materia sobre la que incide el art 20 bis ET sobre derechos de los trabajadores a la intimidad en relación con el entorno digital y a la desconexión, que establece el derecho de los trabajadores a la intimidad en el uso de los dispositivos digitales puestos a su disposición por el empleador, a la desconexión digital y a la intimidad frente al uso de dispositivos de videovigilancia y geolocalización en los términos establecidos por la legislación vigente en materia de protección de datos personales y garantía de derechos digitales. En este sentido, la LOPDP establece los siguientes derechos, que pueden ser objeto de garantías adicionales establecidas en los convenios colectivos:

- A la intimidad y uso de dispositivos digitales en el ámbito laboral (art. 87). El empleador podrá acceder a los contenidos derivados del uso de medios digitales facilitados a los trabajadores a los solos efectos de controlar el cumplimiento de las obligaciones laborales y garantizar la integridad de los dispositivos. Los empleadores deben establecer criterios de utilización de los dispositivos digitales respetando los estándares mínimos de protección de la intimidad de acuerdo con los usos sociales y los derechos reconocidos constitucional y legalmente, contando con la participación de los representantes de los trabajadores (STS de 6 febrero 2024, rec. 263/2022). Los trabajadores deberán ser informados sobre los criterios de utilización de los dispositivos con fines privados.

- Derecho a la desconexión digital en el ámbito laboral (art. 88), a fin de garantizar fuera del tiempo de trabajo legal o convencionalmente establecido, el respeto al descanso, permisos, vacaciones, así como de su intimidad personal y familiar.

- Derecho a la intimidad frente al uso de dispositivos de videovigilancia y de grabación de sonidos en el lugar de trabajo (art. 89). Los empleadores habrán de informar con carácter previo, de forma expresa, clara y concisa acerca de esta medida, que no podrá instalarse en lugares de descanso, vestuarios, aseos, comedores o análogos. La grabación de sonido es más restrictiva.
- Derecho a la intimidad frente al uso de sistemas de geolocalización en el ámbito laboral (art. 90). Los empleadores pueden tratar estos datos obtenidos a través de sistemas para el ejercicio de las funciones de control de los trabajadores; los trabajadores deben ser informados de forma expresa, clara e inequívoca de la existencia de estos dispositivos y del posible ejercicio de los derechos de acceso, rectificación, limitación del tratamiento y supresión (Vid. STS de 15 septiembre 2020, rec. 528/2018 sobre control mediante el GPS del uso del vehículo de empresa fuera de la jornada laboral).

Caso práctico: Cesión de imagen por trabajadores de telemárketing

Una empresa incorpora a los contratos que firma con sus empleados para prestar los servicios de Contact-Center al inicio de la relación laboral una cláusula contractual que dice: "El trabajador consiente expresamente, conforme a la LO 1/1982, de 5 de mayo, RD 1720/2007 de Protección de Datos de carácter personal y Ley Orgánica 3/1985 de 29 de mayo, a la cesión de su imagen, tomada mediante cámara web o cualquier otro medio, siempre con el fin de desarrollar una actividad propia de telemarketing y cumplir, por tanto, con el objeto del presente contrato y los requerimientos del contrato mercantil del cliente." ¿Se trata de una cláusula válida?

Esta actividad incluye la realización de video-llamadas como sistema de telemárketing y la cesión viene condicionada a que su fin sea cumplir con el objeto del contrato. Se trata de una actividad prevista en el convenio colectivo sectorial y aprobada por AEPD. Esta cláusula no es abusiva, ni actualmente es preceptivo requerir el consentimiento expreso (arts. 6-1-b) 7 y 9-2-b) del Reglamente UE 2016/679) porque los datos se ceden en el marco del cumplimiento de un contrato de trabajo cuyo objeto lo requiere. En todo caso, se cede la imagen para realizar videollamadas, pero no para su grabación y posterior tratamiento.

(Vid. STS de 10 abril 2019, rec. 227/2017).

1.3. Derecho a la integridad física y a una adecuada política de seguridad y salud

También por lo que respecta a este derecho (art. 4.2.d ET), su regulación se encuentra básicamente fuera del ET: en la Ley de Prevención de Riesgos Laborales (LPRL) (Ley 31/1995, de 8 noviembre). La Ley está desarrollada en numerosos Reglamentos, entre los que cabe destacar el de los servicios de prevención (RD 39/1997, de 17 enero) y el de coordinación de actividades empresariales (RD 171/2004, de 30 enero). Las infracciones y sanciones en esta materia se encuentran en la LISOS.

De esta compleja materia cabe resaltar los siguientes aspectos:

A) La LPRL reconoce al trabajador el *derecho* a una "protección eficaz" en materia de seguridad y salud en el trabajo, y el correlativo *deber* empresarial de protección frente a los riesgos laborales (art. 14.1 LPRL).

B) Como *caracteres* de este deber, la LPRL recoge (art. 14.2, 4 y 5) estos: es un deber dinámico, de imposible traslado a otros sujetos implicados, y cuyo coste no debe recaer en los trabajadores.

C) La LPRL establece una serie de importantes *"principios de la acción protectora"* (art. 15), tales como evitar los riesgos, evaluar los riesgos que no se puedan evitar, combatir los riesgos en origen, adaptar el trabajo a la persona, tener en cuenta la evolución de la técnica, etc.

D) Se establecen concretas *"obligaciones empresariales":* obligación de evaluación de los riesgos y planificación de la actividad preventiva (art. 16); obligación de proporcionar los equipos de trabajo y medios de protección adecuados (art. 17); obligación de información, consulta y participación de los trabajadores (art. 18); obligación de proporcionar formación a los trabajadores (art. 19); obligación de elaborar un plan de emergencia (art. 20); obligación de adoptar las medidas necesarias en caso de riesgo grave e inminente (art. 21); obligación de vigilar periódicamente la salud (art. 22); obligación de documentación (art. 23); obligación de protección de trabajadores especialmente sensibles a determinados riesgos, a trabajadoras en maternidad o parto reciente, y a menores (arts. 25-27); obligación de constituir un sistema de prevención (Cap. IV y RD 39/1997, de 17 enero).

E) Se regula la coordinación de actividades empresariales cuando trabajadores de varias empresas trabajen en un mismo centro (art. 24, desarrollado por RD 171/2004, de 30 enero).

F) Las responsabilidades empresariales que se pueden derivar en caso de incumplimiento son:

- Responsabilidades *penales*, ya sea por homicidio (art. 138 y 142 CP), por lesiones (arts. 147 y sigs. CP) o por delito contra la seguridad y salud laboral (arts. 316-317 CP).
- Responsabilidades *administrativas*, previstas en la LISOS. Las infracciones tipificadas son leves (art. 11), graves (art. 12) y muy graves (art. 13). Las respectivas sanciones (art. 40.2) son más elevadas,

amén de preverse la suspensión o cierre del centro y limitaciones para contratar con la Administración (arts. 53 y 54).

Recuérdese lo ya visto respecto de la responsabilidad solidaria en caso de contratas y subcontratas y de ETTs (lección 8ª).

- Responsabilidad *civil* de daños y perjuicios (art. 1101 CC), asegurable.
- *Recargo* del 30% al 50% de las prestaciones económicas por accidente de trabajo y enfermedad profesional (art. 164.1 LGSS), no asegurable.

G) Se establece (art. 29) la *obligación de los trabajadores* de velar por su propia seguridad y salud y la de aquellas otras personas a las que pueda afectar su actividad profesional; así como obligaciones concretas (usar adecuadamente los equipos de trabajo, medios de protección individual y dispositivos de seguridad existentes, etc.).

H) Se establece el derecho del trabajador a *desobedecer* las órdenes empresariales que impliquen un riesgo grave e inminente (art. 21.2).

I) En cuanto a *participación de los trabajadores*, se regula la figura de los delegados de prevención (arts. 35-37) y la del Comité de Seguridad y Salud (arts. 38-39), previéndose la creación por convenios o acuerdos intersectoriales de otros órganos especializados.

Los primeros son designados por y entre los representantes del personal (delegados de personal y comités de empresa: ver lección 4ª), de acuerdo con una escala en función del número de trabajadores (entre 1 y 8 delegados). Tienen funciones de colaboración, cooperación, consulta y vigilancia y control. Se regulan sus facultades.

El Comité es un órgano paritario, en empresas o centros con 50 o más trabajadores, formado por los delegados de prevención y el empresario y/o sus representantes. Participan en él, con voz pero sin voto, los delegados sindicales y los técnicos de prevención. Tiene funciones de elaboración, puesta en práctica y evaluación de los planes preventivos, y promueve iniciativas para la prevención de riesgos.

1.4. Derecho a la promoción y a la formación profesional en el trabajo

En cuanto a este derecho (art. 4.2.b), aparte de aspectos concretos ya estudiados, como los ascensos (art. 24 ET, ver lección 10ª) o la promoción económica (ver, en relación al complemento personal por antigüedad, art.

25 ET y lección 12ª), el art. 23.1 ET establece una serie de derechos también específicos:

a) Al disfrute de permisos necesarios para concurrir a exámenes;

b) Preferencia para elegir turno de trabajo, si tal es el régimen instaurado en la empresa, cuando curse con regularidad estudios para la obtención de un título académico o profesional;

c) A la adaptación de la jornada ordinaria para la asistencia a cursos de formación profesional;

d) A la concesión del permiso oportuno de formación o perfeccionamiento profesional con reserva de puesto de trabajo.

e) A la formación necesaria para su adaptación a las modificaciones operadas en el puesto de trabajo.

En relación a los mismos, cabe poner de relieve dos cuestiones.

De un lado, que su escasa concreción obliga a remitirse a lo dispuesto en los convenios colectivos respecto de su ejercicio (el propio art. 23.2 hace esta remisión expresa), incluida la cuestión de la remuneración de los permisos previstos.

De otro lado, que la concesión de permisos formativos se fomenta mediante financiación pública, regulada por el RD 694/2017, de 3 julio, que desarrolla la Ley 30/2015, de 9 noviembre, que regula el Sistema de Formación Profesional para el empleo el ámbito laboral (art. 29). El permiso individual de formación es el que la empresa autoriza a un trabajador para participar en una acción formativa reconocida mediante una titulación o acreditación oficial; ha de ser presencial, limitada a 200 horas laborales por curso o año natural y la empresa podrá financiar los costes salariales con el crédito anual de formación.

Por su parte, el art. 23.3 reconoce el derecho, a los trabajadores con al menos un año de antigüedad en la empresa, a un permiso retribuido de 20 horas anuales de formación profesional para el empleo, vinculada a la actividad de la empresa, acumulables por un período de hasta 5 años (STS de 20 noviembre 2019, rec. 39/2018).

1.5. Derecho a los inventos del trabajador

Su regulación legal se encuentra en la Ley de Patentes (Ley 24/2015, de 24 julio) y en la Ley de Propiedad Intelectual (RDLeg. 1/1996, de 12 abril).

Los inventos pueden ser de servicio, libres o mixtos. Los de servicio o laborales (art. 15 Ley 24/2015) son fruto de una actividad de investigación que explícita o implícitamente constituya el objeto del contrato de trabajo. Pertenecen al empresario, aunque el trabajador tenga derecho a ser mencionado como inventor en la patente, sin que tenga derecho a remuneración salvo que su aportación personal y la importancia del invento excedan de manera evidente del contenido de su contrato.

Los inventos libres (art. 16) son aquellos no debidos a una investigación que sea objeto del contrato laboral, aunque se produzcan durante la vigencia de éste y en la empresa. Pertenecen al trabajador.

Los inventos mixtos (art. 17) son aquellos que, aunque no debidos tampoco a una investigación que sea objeto del contrato, en su obtención influyan predominantemente los conocimientos adquiridos en la empresa o la utilización de medios proporcionados por ella. El empresario tiene derecho a asumir la titularidad del invento o reservarse un derecho de utilización. En tales casos, el trabajador tiene derecho a una compensación económica justa y, en su caso, a ser mencionado como inventor en la patente.

Correlativamente, se impone al trabajador un deber de informar por escrito de los inventos al empresario.

2. DEBERES DEL TRABAJADOR

El art. 5 ET establece una serie de *"deberes básicos"* de los trabajadores. Tales deberes básicos son: a) "Cumplir con las obligaciones concretas de su puesto de trabajo, de conformidad a las reglas de la buena fe y diligencia"; b) "Observar las medidas de seguridad e higiene que se adopten"; c) "Cumplir las órdenes e instrucciones del empresario en el ejercicio regular de sus facultades directivas"; d) "No concurrir con la actividad de la empresa, en los términos fijados en esta Ley"; e) "Contribuir a la mejora de la productividad"; y d) "Cuantos se deriven, en su caso, de los respectivos contratos de trabajo".

2.1. Deber de buena fe

El art. 5.a ET establece, como deber básico del trabajador, el de "cumplir con las obligaciones concretas de su puesto de trabajo, de conformidad a las reglas de la buena fe". En relación al mismo, cabe resaltar lo siguiente:

A) En primer lugar, que el deber de buena fe es un criterio de valoración de conductas, que modaliza la ejecución de todas las obligaciones contractuales del trabajador. Ello no obstante, la jurisprudencia constitucional ha subrayado que no debe confundirse con un genérico deber de lealtad o fidelidad, no supone una "situación de sujeción al interés empresarial" (STC 1/1998, de 12 enero).

B) En segundo lugar, que el deber de buena fe genera una amplia gama de comportamientos concretos. Así, se habla de deberes tanto de cooperación (por ejemplo, denuncia de deficiencias, deber de secreto, prohibición de soborno, etc.), como de corrección (por ejemplo: uso adecuado de medios empresariales: teléfono, correo electrónico, internet).

C) En tercer lugar, que este deber de buena fe ha condicionado especialmente el ejercicio en la empresa del derecho fundamental a la libertad de expresión y a la libertad de información (art. 20.1.a y d CE).

El TC parte de que estos derechos trascienden su dimensión individual, en cuanto son "garantía de una institución política fundamental, que es la opinión pública libre" (por todas, STC 20/1990, de 15 febrero).

Estos derechos constitucionales son derechos distintos, aunque no fácilmente deslindables. La libertad de expresión se refiere a pensamientos, ideas, opiniones, creencias y juicios de valor. La libertad de información se refiere a hechos ("noticiables").

En cuanto a la *libertad de expresión*, tiene su límite en expresiones injuriosas (por todas, STC 204/1997, de 25 noviembre: "juicios de valor claramente ofensivos, innecesarios para expresar su opinión sobre los hechos denunciados"; no hay tal, en cambio, en STC 186/1996, de 25 noviembre o en STC 106/1996, de 12 junio: "expresiones no ofensivas ni vejatorias, aunque sí improcedentes o irrespetuosas").

En cuanto a la *libertad de información*, esta debe ser veraz, lo que exige del informante la adecuada diligencia y responsabilidad, no transmitiendo como hechos verdaderos simples rumores carentes de toda constatación o meras invenciones o insinuaciones (por todas, STC 4/1996, de 16 enero).

Hay que añadir que, en el caso de irregularidades en un servicio público, la posible oposición entre deber de buena fe y libertad de expresión o de información queda "notablemente difuminada", por lo que es lícito que el trabajador haga prevalecer el interés público (por todas, STC 1/1998, de 12 enero).

D) En cuarto lugar, que la libertad de expresión y de información puede quedar especialmente limitada en el caso de *empresas ideológicas o "de tendencia"* (partidos políticos, sindicatos, organizaciones religiosas, etc.). A este respecto, la doctrina constitucional (SSTC 5/1981, 47/1985, 77/1985 o 106/1996) ha señalado: a) No se consideran empresas de tendencia aquellas que, aun siendo su titular un sujeto ideológico, carecen en sí mismas de proyección de la ideología (por ejemplo, hospital de una orden religiosa); b) Que hay que diferenciar, dentro de las mismas, entre tareas ideológicas y tareas neutrales; c) Que son inadmisibles los ataques, abiertos o solapados, al ideario del centro, aunque el respeto al ideario no conlleva la apología del mismo, ni la transformación de la enseñanza en propaganda o adoctrinamiento, ni la subordinación del rigor científico al ideario del centro; d) Que puede quedar limitada incluso la intimidad (vida extralaboral) del trabajador en la medida en que pueda ser parte importante de la labor educativa encomendada.

Al trabajador le son exigibles una serie de conductas en virtud del genérico deber de buena fe, pero también se regulan estas cuestiones concretas:

A) Durante la vigencia del contrato, se prohíbe la *"concurrencia desleal"* (art. 5.d y 21.1 ET) del trabajador. Al respecto, cabe subrayar los siguientes aspectos:

- Literalmente se prohíbe la concurrencia mediante el trabajo por cuenta ajena, pero se entiende incluida también la realizada mediante trabajo por cuenta propia.
- No se prohíbe toda concurrencia, sino la desleal. Lo que supone la existencia de elementos añadidos o rasgos adicionales a la simple competencia y que impliquen un perjuicio a los intereses competitivos del empleador (teoría de la "deslealtad añadida").

  Es decir, aportar a un segundo empresario o usar en beneficio propio ventajas complementarias respecto de una competencia normal o leal (aprovechamiento de datos internos de la empresa, de información acerca de su organización y técnicas productivas, de los circuitos financieros o comerciales, de las relaciones personales con proveedores, clientes, etc.).
- La concurrencia consentida expresamente no puede ser sancionada, si bien no impide prohibirla luego (STS de 21 diciembre 2021, rec. 1090/2019).

- La concurrencia tiene que ser real y no meramente hipotética (no tiene que tratarse de un mero proyecto, sino que se requiere un principio de ejecución).
- Pero no se requieren perjuicios reales, bastando con los potenciales.
- Se considera desleal la violación de secretos empresariales (DF 2ª Ley 1/2019, de 20 febrero, de secretos empresariales).

B) Más ampliamente, el trabajador puede pactar una *plena o exclusiva dedicación,* debidamente compensada (art. 21.1 ET).

Tal pacto puede rescindirse, por escrito, con un preaviso de 30 días; en tal caso, se pierde la compensación económica pactada (art. 21.3 ET).

C) Extinguido el contrato, puede asimismo pactarse un *deber de no competencia* (art. 21.2 ET), con las siguientes condiciones: 1) Duración máxima de dos años (técnicos) o seis meses (resto trabajadores); 2) Existencia de efectivo interés industrial o comercial; 3) Abono de una compensación económica adecuada, siendo nulo el pacto en caso contrario (STS de 18 octubre 2021, rec. 3769/2018); también es nula la cláusula cuando el empresario no la abona en su totalidad (STS de 26 enero 2024, rec. 2349/2021) y cuando deja al libre arbitrio del empleador el cumplimiento o no del pacto de no competencia (STS de 25 enero 2024, rec. 3361/20222). En caso de incumplimiento el trabajador ha de indemnizar a la empresa, pero se ha considerado abusiva la cláusula penal del pacto de no competencia postcontractual consistente en abonar el doble de lo percibido por tal concepto (STS de 1 febrero 2021, rec. 894/2019).

D) En fin, cabe un *pacto de permanencia* (art. 21.4 ET). Con los siguientes requisitos: 1) Por escrito; 2) No superior a dos años; 3) Solo cuando el trabajador haya recibido, con cargo al empresario, una especialización profesional para poner en marcha proyectos determinados o realizar un trabajo específico.

2.2. *Deber de diligencia o rendimiento*

El cumplimiento de las obligaciones laborales debe hacerse asimismo de conformidad con las reglas de la "diligencia" (art. 5.a ET). Deber que, luego (art. 20.2 ET) se pone en relación con la diligencia y colaboración que marquen las disposiciones legales, los convenios colectivos, las órdenes e instrucciones del empresario en el ejercicio regular de sus facultades de dirección y, en su defecto, los usos y costumbres.

El trabajador, pues, no debe solamente las funciones o tareas pactadas (ver lección 10ª), sino un rendimiento mínimo al llevarlas a cabo. La falta de rendimiento, si es voluntaria, determinará el despido disciplinario del trabajador; si es involuntaria, la extinción del contrato por ineptitud del trabajador (ver lección 15ª).

En cualquier caso, el problema esencial es la determinación del rendimiento mínimo debido. El art. 20.2 ET se remite, en primer lugar, a lo dispuesto en las leyes, los convenios, las órdenes o instrucciones del empresario y, en su defecto, los usos y costumbres; pero, en segundo lugar, a las exigencias de la buena fe.

Por lo tanto, cabe que el rendimiento debido se establezca por convenio o por el empresario, mediante sistemas más o menos complejos de medición del trabajo. Nada impide, por lo demás, de acuerdo con el sistema general de fuentes (ver lección 2ª), que el rendimiento debido sea pactado en el contrato de trabajo.

Cabe señalar que el rendimiento pactado individualmente o fijado unilateralmente por la empresa debe, en su caso, someterse a lo pactado colectivamente. Y, de otro lado, que jurisprudencialmente se viene exigiendo que se trate de rendimientos que no sean "irrazonables, abusivos o imposibles de cumplir".

El papel de la costumbre, por lo demás, es aquí (como en términos generales, conforme al art. 3.4 ET; ver lección 2ª) manifiestamente supletorio ("en defecto de...").

En fin, la falta de medición objetiva del rendimiento (por convenio, por pacto individual o por decisión empresarial) no exime de la prestación de la diligencia o rendimiento debido conforme a las reglas de la buena fe. Lo que remite a la consecución de un rendimiento "normal", que sería el alcanzado por otros trabajadores en un puesto de trabajo igual o similar; o, si no cabe tal comparación, por el propio trabajador con anterioridad (salvo que ese rendimiento anterior sea manifiestamente superior o elevado).

3. EL PODER DE DIRECCIÓN DEL EMPRESARIO

El poder de dirección (implícito en el propio concepto de trabajo subordinado: art. 1.1. ET) viene atribuido al empresario. Aparte de algunos aspectos del mismo ya analizados (especialmente en la lección 10ª: movilidad funcional, geográfica y modificación de condiciones de trabajo), el ET atribuye al empleador algunas facultades concretas:

- En primer lugar (art. 18 ET), permite realizar *registros* sobre la persona del trabajador, sus taquillas o sus efectos particulares, cuando sean necesarios para la protección del patrimonio empresarial y de los demás trabajadores, dentro del centro y en horas de trabajo. Pero el propio precepto exige el respeto al máximo de la dignidad e intimidad del trabajador; y obliga a la asistencia de un representante o de otro trabajador, si ello fuera posible, como garantía de objetividad y eficacia de la prueba (STS de 5 junio 2024, rec. 5761/2022).

- En segundo lugar (art. 20.3 ET), el derecho a adoptar las medidas que estime oportunas de *vigilancia y control* para verificar el cumplimiento por el trabajador de sus obligaciones y deberes laborales (lo que incluye, como señala la jurisprudencia, no solo la instalación de cámaras o micrófonos, sino el control del uso de medios empresariales, como el teléfono o el ordenador), guardando en su adopción y aplicación la consideración debida a su dignidad.

En la medida, en efecto, en que ese poder de vigilancia y control puede perjudicar derechos constitucionales (dignidad; intimidad; secreto de las comunicaciones) las medidas empresariales deben someterse a un *juicio de proporcionalidad:* que sean susceptibles de conseguir el fin propuesto (juicio de idoneidad), que no exista otra medida más moderada con igual eficacia (juicio de necesidad), y que deriven de ella más beneficios o ventajas que perjuicios (juicio de proporcionalidad en sentido estricto).

En todo caso, se rechaza el uso de medios de control en lugares de la empresa en que no se presta trabajo (comedores, vestuarios, aseos, locales sindicales), pero la jurisprudencia extiende la protección de la intimidad a lugares en que se desarrolla la actividad laboral (ver STC 98/2000, de 10 abril: instalación de micrófonos, además de grabación de imágenes no discutida, junto a cajas y ruleta en casino, que no se acreditó que fuera indispensable para la seguridad y buen funcionamiento; o SSTC 186/2000, de 10 julio y 3/2016, de 18 enero, que consideran justificada la instalación de un circuito de videovigilancia para controlar unos puestos de cajero).

En cualquier caso, la jurisprudencia considera privadas las llamadas telefónicas, el correo electrónico y la navegación por Internet (STC 61/2021, de 15 de marzo) efectuadas desde el lugar de trabajo; por ello, exige establecer previamente las reglas de control sobre su uso, informando a los trabajadores de su existencia (lo que seguramente relaciona esa advertencia con la cuestión de la previa tolerancia) (ver STEDH 3 abril 2007 y STEDH 9 enero 2018 López Ribalda I; también SSTS 5 diciembre 2003 y 26 septiembre 2007), sin embargo la STEDH (de Gran Sala, de 17 octubre 2019, López Ribalda II), finalmente ha aceptado la validez de la videovigilancia llevada a cabo mediante dos tipos de cámaras, unas visibles y otras ocultas, para aclarar hechos de extrema gravedad. Pero aun no concurriendo esas circunstancias la prueba de videovigilancia es válida si es conocido por los trabajadores el hecho de la instalación del sistema de control (STS de 13 octubre 2021, rec. 3715/2018). Asimismo, en caso de información previa de la grabación de las conversaciones telefónicas con clientes (STC 160/2021, de 4 octubre).

- En tercer lugar (art. 20.4), el derecho a *verificar el estado de enfermedad o accidente* alegado por el trabajador para justificar su inasistencia, mediante reconocimiento a cargo de personal médico, que puede depender de empresa contratada al efecto por la empleadora (STS de 15 junio 2021, rec. 57/2020). La negativa del trabajador a esos reconocimientos puede determinar la suspensión de los derechos económicos por esas situaciones.

3.1. El deber de obediencia

Correlativamente al poder de dirección, el trabajador está obligado a cumplir las órdenes e instrucciones empresariales "en el ejercicio regular de sus facultades directivas" (art. 5.c ET). Tanto del empresario como de persona en quien aquél delegue (art. 20.1 ET).

Pese a la clara y repetida (art. 20.2 ET) referencia a ese ejercicio regular del poder de dirección, la jurisprudencia considera que el poder de dirección conlleva la obligación del trabajador de obedecer y luego recurrir, en su caso, las órdenes ilegales; de este modo, las órdenes empresariales se presumen legítimas.

Ello no obstante, esa presunción y ese deber de obediencia no son absolutos. Se establece, también por la jurisprudencia, un "derecho de resistencia" en supuestos excepcionales: ilegitimidad subjetiva de la orden, ilegalidad penal, vulneración de reglas profesionales, órdenes peligrosas, respeto a la vida privada, a la dignidad y derechos fundamentales, etc.

Aparte de esas excepciones, ténganse en cuenta ciertos derechos reconocidos expresamente al trabajador: a interrumpir o no reanudar su actividad en caso de peligro grave e inminente (arts. 21.1.b, 21.2 y 23 LPRL), a no aceptar el cambio de duración de la jornada (art. 12.4.e ET), a los permisos retribuidos (art. 37.3 ET), a la no realización de horas extraordinarias comunes (art. 35 ET), etc.

3.2. El poder disciplinario

Como consecuencia del poder de dirección, el empresario tiene reconocido un *poder sancionador o disciplinario* (art. 58.1 ET).

Aparte lo dispuesto en relación al despido disciplinario (arts. 54-56 ET, ver lección 15ª), las faltas del trabajador y sus correspondientes sanciones se encuentran tipificadas (como exige el principio de legalidad) en los convenios colectivos.

Unas y otras se tipifican como leves, graves y muy graves. Las leves se suelen sancionar con amonestaciones o breves suspensiones de empleo y sueldo. Las graves, con suspensiones de empleo y sueldo, o con cambios de puesto de trabajo, o con inhabilitaciones para ascenso. Las muy graves, con inhabilitaciones o suspensiones de mayor duración, o con traslados o con despido. Las faltas prescriben en los plazos establecidos en el art. 60.2 ET, pero en caso de infracciones graves con ocultación de los hechos, el *dies a quo* no es aquel en que la empresa tiene un conocimiento indiciario, sino que cuando la naturaleza de los hechos lo requiera, ésta se debe fijar en el día en que la empresa tenga un conocimiento cabal, pleno y exacto de los mismos (STS de 14 diciembre 2021, rec. 1869/2019).

La imposición de sanciones es revisable judicialmente (art. 114 y sigs. LJS); la sentencia podrá confirmar la sanción, revocarla totalmente, revocarla en parte (pudiendo autorizar la imposición de una sanción adecuada a la gravedad de la falta; pero no es ajustado a derecho que el Juez de instancia mantenga la calificación de falta muy grave y revoque en parte la sanción impuesta, autorizando al empresario a imponer una sanción diferente (STS de 10 febrero 2021, rec. 1329/2018) o declararla nula (art. 115 LJS). No cabe recurso alguno, salvo para faltas muy graves apreciadas judicialmente (STC 125/195, de 24 julio), salvo que se invoque vulneración de un derecho fundamental, como la garantía de indemnidad (STS de 14 enero 2023, rec. 4153/2020).

No se admiten las sanciones consistentes en multas o reducción de vacaciones o descansos (art. 58.3 ET).

Las sanciones graves y muy graves requieren comunicación escrita (art. 58.2 ET). Recuérdese (lección 4ª) que se debe informar a los representantes legales de la imposición de sanciones muy graves (art. 64.4.c ET) y que los representantes legales y los delegados sindicales tienen derecho a expediente contradictorio en caso de sanciones graves y muy graves (art. 68 ET y art. 10.3 LOLS).

Lección 14ª

Interrupción y suspensión del contrato

El ordenamiento laboral contempla una amplia serie de supuestos de interrupción de la prestación laboral, para atender derechos e intereses muy diversos. Dada esa diversidad de supuestos, en algunos casos incluso se mantiene la retribución (permisos y otras interrupciones retribuidas), en otros simplemente se reserva el puesto de trabajo (casi todos los supuestos de suspensión y los de excedencia voluntaria por cuidado de hijos y familiares o por funciones sindicales), y en otros solamente se conserva una preferencia para el reingreso en vacantes (excedencia voluntaria común).

1. INTERRUPCIONES RETRIBUIDAS

Se contemplan, sobre todo, en el art. 37.3 ET y se trata de:

1º) *Permisos por razones personales*: matrimonio o registro de pareja de hecho (15 días naturales, vid. STS de 17 marzo 2020, rec. 193/2018) accidente, enfermedad grave, hospitalización o intervención quirúrgica con reposo domiciliario del cónyuge, pareja de hecho o parientes hasta 2º grado por consanguinidad o afinidad, incluido el familiar consanguíneo de la pareja de hecho, y de cualquier otra persona que conviva con el trabajador en el mismo domicilio y requiera su cuidado efectivo (5 días), fallecimiento del cónyuge, pareja de hecho o parientes hasta 2º grado por consanguinidad o afinidad (2 días, 4 días si necesita desplazamiento), traslado de domicilio habitual (1 día), realización de exámenes prenatales y técnicas de preparación al parto (tiempo indispensable), así como para la asistencia a las sesiones de información y preparación y para realizar los informes psicológicos y sociales previos a la declaración de idoneidad en caso de adopción o acogimiento.

2º) *Cumplimiento de deber inexcusable de carácter público y personal*, incluido el ejercicio del sufragio activo, *o el desempeño de un cargo público*. Se descuenta la indemnización que se perciba. La duración será por el tiempo indispensable y es un permiso retribuido, salvo que en estos aspectos una norma legal o convencional disponga otra cosa. Si la ausencia dura más del 20% de las horas laborales en tres meses, la empresa puede pasar al trabajador a situación de excedencia forzosa (y ya no abona el salario).

3°) *Por el desempeño de funciones sindicales o de representación.* Cabe remitirse a lo ya estudiado (lección 4ª) sobre crédito horario mensual retribuido de los representantes unitarios y de los delegados sindicales (art. 68.e ET y art. 10.3 LOLS), y sobre permiso retribuido de representantes sindicales en negociación colectiva (art. 9.2 LOLS).

En todos los casos anteriores, hay que preavisar y justificar las ausencias, salvo dificultad insalvable.

4°) Igualmente, se prevé un permiso retribuido de 6 horas semanales para el *trabajador despedido por causas objetivas* (ver lección 15ª) y el disfrute de los permisos necesarios para concurrir a *exámenes* (art. 23 ET, ver lección 13ª).

2. SUSPENSIÓN DEL CONTRATO

El art. 45 ET contempla una amplia serie de supuestos de suspensión del contrato, sin remuneración, aunque normalmente con reserva de puesto.

1°) Por mutuo acuerdo, salvo que el consentimiento esté viciado (art. 45.1.a). No hay reserva, si no se pacta.

2°) Por las causas consignadas válidamente en el contrato, salvo vicio en el consentimiento, fraude de ley o abuso de derecho (art. 45.1.b). Serían abusivos los pactos de suspensión sin causa o por apreciación potestativa del empresario. No hay reserva, si no se pacta.

3°) Por incapacidad temporal, que es la situación en que el trabajador está impedido para el trabajo y recibe asistencia sanitaria (art. 45.1.c). La situación se extingue por alta médica o por llegar a su duración máxima. La duración máxima es de 365 días prorrogables por otros 180 días (art. 169.a LGSS), pero puede durar hasta 730 días por demora en la calificación de incapacidad permanente (art. 174.2 LGSS); o incluso la suspensión del contrato se puede mantener hasta dos años desde la declaración de incapacidad permanente si previsiblemente va a ser objeto de revisión por mejoría (art. 48.2 ET).

4°) Por nacimiento, adopción o acogimiento, riesgo durante el embarazo y riesgo durante la lactancia natural (art. 45.1.d) y e), art. 48.4 a 9 ET).

a) En caso de *nacimiento, que comprende el parto y el cuidado de menor de doce mes* (art. 48.4), se suspende el contrato de la madre biológica durante 16 semanas, ampliables por parto múltiple (dos semanas más por hijo a partir del segundo), o por partos prematuros con falta de peso o aquellos en que el neonato precise hospitalización a continuación del parto por un período superior a 7 días (se ampliará en los días de hospitalización, con un máximo de 13 semanas adicionales), o por discapacidad del hijo (dos semanas adicionales incluso en caso de haber una única persona progenitora, art. 48.6 ET). Es un derecho individual no transferible al otro progenitor.

Se disfrutan a opción de la interesada, pero ininterrumpidas y con un descanso obligatorio de seis semanas inmediatamente posteriores al parto.

En el supuesto de fallecimiento del hijo, el período de suspensión no se reduce salvo reincorporación voluntaria de la madre a su trabajo una vez finalizadas las seis semanas de descanso obligatorio.

El descanso del otro progenitor (que anteriormente se protegía mediante el permiso de paternidad), será también de 16 semanas, de las que son obligatorias las 6 semanas ininterrumpidas —y a jornada completa— posteriores al parto. El descanso posterior a las 6 semanas posteriores al parto puede ser a jornada completa o parcial, previo acuerdo con el empresario.

b) En caso de *adopción, guarda con fines de adopción o acogimiento siempre que su duración no sea inferior a un año* (art. 48.5 y 6) de menores de 6 años (o mayores con discapacidad o con especiales dificultades de inserción), la suspensión es igualmente de 16 semanas, ampliable por multiplicidad o discapacidad. De las cuales, seis semanas deberán disfrutarse de forma obligatoria e ininterrumpida inmediatamente después de la resolución judicial por la que se constituya la adopción o la decisión administrativa de guarda con fines de adopción o acogimiento; las diez semanas restantes se podrán disfrutar en periodos semanales, de forma acumulada o interrumpida, dentro de los doce meses siguientes. Es un derecho individual no transferible al otro adoptante o acogedor. En caso de adopción internacional el disfrute pude iniciarse hasta cuatro semanas antes de la resolución cuando sea necesario el desplazamiento previo al país de origen del adoptado.

La persona trabajadora debe comunicar con una antelación mínima de quince días el ejercicio de este derecho; el empresario puede limitar por razones objetivas y por escrito el disfrute simultáneo de las diez semanas voluntarias.

c) En caso de *riesgo* durante el *embarazo* o durante la *lactancia natural* (art. 48.8), que no se pueda evitar mediante cambios en condiciones de trabajo, o en el tiempo de trabajo o mediante traslado a otro puesto (ver art. 26 LPRL).

El contrato se suspende hasta que se suspenda el contrato por parto, o el lactante cumpla nueve meses, o desaparezca la incompatibilidad con el trabajo.

d) En todos los supuestos anteriores, se bonifican al 100% las cuotas empresariales de los contratos de interinidad celebrados para sustituir a los trabajadores con contrato suspendido, así como las cuotas empresariales respecto de los propios sustituidos.

5°) Por privación de libertad del trabajador (art. 45.1.g). El contrato se suspende mientras no haya sentencia condenatoria firme. En caso de libertad provisional, puede pactarse de mutuo acuerdo la suspensión hasta la sentencia firme. Una vez que haya sentencia firme absolutoria, la empresa deberá readmitir al trabajador; si hay sentencia firme condenatoria, las ausencias al trabajo se consideran no justificadas y la empresa podrá despedir al trabajador por abandono del trabajo.

6°) Por sanción disciplinaria (art. 45.1.h). Habrá que estar al régimen disciplinario previsto en el convenio aplicable. En ese sentido, los convenios suelen prever la suspensión por sanción disciplinaria, de una duración en función de la gravedad de la falta (por falta muy grave, suele preverse una suspensión de hasta 6 meses). Cabe la suspensión cautelar hasta aclarar los hechos, pero si no hay sanción, no parece procedente la pérdida de salarios.

7°) Por causas económicas, técnicas, organizativas o de producción o por fuerza mayor; y reducción de jornada (art. 45.1.i y j y art. 47 ET, arts. 16-26 RPDC).

El art. 47 ET regula la reducción de jornada y suspensión del contrato por causas económicas, técnicas, organizativas y de producción (ETOP), y las derivadas de fuerza mayor que se enuncian como supuestos de suspensión. Normalmente estas causas se aplican por decisión de la empresa (art. 47.1 ET) aunque en caso de *declaración de concurso*, la suspensión o reducción de jornada debe ser autorizada por el juez mercantil del concurso, si es colectiva (habrá que estar por analogía a la definición de despido colectivo) (art. 169.1 TRLC). Ambas situaciones constituyen situación legal de desempleo (art. 267.1.b) y c) LGSS) y la empresa puede ser acreedora de los beneficios en la cotización que establece la DA 44ª LGSS, condicionados a la realización de acciones formativas y compromiso de mantenimiento del empleo de los trabajadores afectados durante los 6 meses siguientes a la finalización de la vigencia de ERTE.

A) Reducción de jornada o suspensión de contratos por causas ETOP (art. 47.2 a 4 ET).

Las causas se definen en los mismos términos que para el despido colectivo (ver, infra, lección 15ª), con la única diferencia de que se habla de disminución persistente de ingresos o ventas durante dos trimestres consecutivos y no de tres. Como en el despido colectivo (o la modificación sustancial), si las obligadas consultas con los representantes de los trabajadores finalizan con acuerdo, se presumirá que existen las causas.

El procedimiento, que será aplicable cualquiera que sea el número de trabajadores de la empresa y de los afectados por la medida, se inicia mediante comunicación a la autoridad laboral y apertura simultánea de un periodo de consultas con los representantes legales de los trabajadores no superior a 15 días o a 7 días si la plantilla es inferior a cincuenta personas. Como en el despido colectivo (o la modificación sustancial de condiciones), la consulta se llevará a cabo en una única comisión negociadora integrada por un máximo de 13 miembros por cada una de las partes; la intervención como interlocutores ante la dirección de la empresa corresponderá a los sujetos y en el orden y condiciones indicados en el art. 41.4 ET. Del mismo modo, el empresario y los representantes pueden acordar sustituir las consultas por el procedimiento de mediación o arbitraje aplicable. suprimir

La comisión representativa de las personas trabajadoras deberá quedar constituida antes de la comunicación empresarial de apertura del periodo de consultas, debiendo el empresario comunicar a los trabajadores o a sus representantes su intención de iniciar el procedimiento. El plazo máximo para la constitución de la comisión será de 5 días desde la fecha de la referida comunicación, o de 10 días si alguno de los centros afectados no cuenta con representantes legales. Transcurrido el anterior plazo máximo la empresa habrá de comunicar a los trabajadores y a la autoridad laboral el inicio del periodo de consultas.

Durante el periodo de consultas las partes deberán negociar de buena fe, con vistas a lograr un acuerdo, que requerirá la mayoría de la representación de los trabajadores y que a su vez representen a la mayoría de los trabajadores del centro o centros afectados. Pero pueden acordar sustituir el periodo de consultas por el procedimiento de mediación o arbitraje que sea de aplicación en la empresa.

También como en el despido colectivo, la autoridad laboral dará traslado de la comunicación empresarial a la entidad gestora del desempleo vía internet, utilizando la aplicación certific@2 (O.ESS/982/2013, de 20 mayo) y recabará informe preceptivo de la ITSS. Dicho informe, igualmente, se debe evacuar en el plazo de 15 días desde la notificación a la autoridad de la finalización de las consultas.

Cuando el periodo de consultas finalice con acuerdo se presume que concurren las causas justificativas y solo podrá ser impugnado por fraude, dolo, coacción o abuso de derecho en su conclusión.

Tras finalizar las consultas, el empresario notificará su decisión a los trabajadores y a la autoridad laboral (y ésta a la EG del desempleo) en el plazo de 15 días desde la última reunión, caducando el procedimiento en caso de no hacerlo. La suspensión surte efectos desde esa comunicación a la EG, salvo que la decisión empresarial contemple una fecha posterior.

La decisión empresarial puede ser impugnada por la autoridad laboral a petición de la EG de la prestación por desempleo cuando aquella pudiera tener por objeto la obtención indebida de las prestaciones por parte de los trabajadores, por inexistencia de causa motivadora de la situación legal de desempleo.

Los trabajadores pueden reclamar ante la jurisdicción social, que declarará la medida justificada o injustificada. Si la decisión afecta a un número colectivo (en los mismos términos que para el despido), cabe reclamar en conflicto colectivo. Si la decisión se declara injustificada, la sentencia declarará la inmediata reanudación del contrato y el abono de los salarios dejados de percibir o las diferencias que procedan respecto de lo percibido por prestaciones de desempleo. En este último caso, el empresario deberá reintegrar a la EG.

Durante la vigencia de la medida la empresa podrá comunicar a la representación de los trabajadores una prórroga, que deberá ser tratada en un periodo de consultas de 5 días como máximo y la decisión empresarial será comunicada a la autoridad laboral en un plazo de 7 días, surtiendo efectos desde el día siguiente a la finalización del periodo inicial de suspensión o reducción de jornada.

B) Reducción de jornada o suspensión de contratos por fuerza mayor (art. 47.5 y 6 ET).

Las personas trabajadoras afectadas por estos ERTE gozan de una prestación por desempleo adicional específica (DA 46ª LGSS).

a) Fuerza mayor temporal (art. 47.5 ET)

En cuanto a la reducción de jornada o la suspensión por *fuerza mayor* (un hecho imprevisible o inevitable que impida, temporalmente en este caso, el trabajo; por ejemplo, constituye fuerza mayor un ataque informático que impide el trabajo: STS 11 junio 2024, rec. 144/2022), el art. 47.5 ET se remite asimismo a la regulación de la extinción por ese motivo en el art. 51.7 ET (ver lección 15ª). El procedimiento se iniciará mediante solicitud de la empresa, acompañada de los medios de prueba que estime necesarios, y simultánea comunicación a la representación legal de los trabajadores.

La existencia de la fuerza mayor deberá ser constatada por la autoridad laboral, cualquiera que sea el número de trabajadores afectados, previo informe preceptivo de la ITSS, que deberá pronunciarse sobre la concurrencia de la fuerza mayor.

La autoridad laboral dictará resolución en el plazo de 5 días desde la solicitud que surtirá efectos desde la fecha del hecho causante de la fuerza mayor y hasta la fecha que se determine en la misma, limitándose a constatar su existencia, correspondiendo a la empresa la decisión sobre la reducción de las jornadas de trabajo o suspensión de contratos. En caso de silencio administrativo se entenderá autorizado el ERTE. Pero si a la finalización del periodo determinado en la resolución se mantiene la fuerza mayor, se debe solicitar una nueva autorización.

b) Fuerza mayor temporal por impedimentos o limitaciones en la actividad (art. 47.6 ET)

La fuerza mayor temporal puede venir determinada por impedimentos o limitaciones a la actividad normalizada de la empresa que sean consecuencia de decisiones de la autoridad pública competente, incluidas las destinadas a la protección de la salud pública. Serán de aplicación las reglas referidas en el apartado a) precedente, con las siguientes particularidades:

— No es preceptiva la solicitud por la autoridad laboral de informe de la ITSS.

— Corresponde a la empresa justificar, en la documentación que acompañe a la solicitud, la existencia de las limitaciones o impedimento.

— La autoridad laboral autorizará el expediente si entiende justificadas las limitaciones o impedimento alegados.

C) Normas comunes a los ERTE por causas ETOP y por fuerza mayor temporal (art. 47.7 ET).

Por las mismas causas, se podrá autorizar una *reducción temporal de la jornada* entre un 10% y un 70%, computando sobre jornada diaria, semanal, mensual o anual, priorizando la reducción de jornada frente a la suspensión.

Junto con la comunicación a la autoridad laboral de su decisión de reducir jornada o suspender contratos, la empresa comunicará a través de los procedimientos automatizados que se establezcan:

— El periodo dentro del cual se aplicará la suspensión del contrato o reducción de jornada.

— Identificación de los trabajadores incluidos en el ERTE.

— Tipo de medida a aplicar respecto a cada persona y el porcentaje máximo de reducción de jornada o el número máximo de días de reducción.

Durante el periodo de aplicación del expediente, la empresa podrá desafectar y afectar a trabajadores en función de la alteración de las circunstancias señaladas como causa justificativa, informando la representación legal de los trabajadores y previa comunicación a la EG de las prestaciones sociales y a la TGSS.

Dentro del periodo de aplicación del ERTE no podrán realizarse horas extraordinarias, acordar nuevas externalizaciones de actividad ni concertarse nuevas contrataciones, salvo que las personas que presten servicio en el centro afectado no puedan por razones justificadas desarrollar las funciones encomendadas.

Durante las reducciones de jornada o suspensiones de contratos de los arts. 47 y 47 bis, las empresas podrán desarrollar acciones formativas para cada una de las personas afectadas, con el objetivo de mejora de sus competencias profesionales y la empleabilidad. Se priorizará la atención de las necesidades reales de empresas y trabajadores, incluyendo las vinculadas a la adquisición de competencias digitales y las que permitan la recualificación, aunque no tengan relación directa con la actividad de la empresa (DA 25ª ET), con derecho de las empresas a un incremento del crédito para la financiación de acciones en el ámbito de la formación programada.

Conforme a la DA 17ª ET, lo dispuesto en el art. 47 ET no es de aplicación a las AAPP y entidades de derecho público vinculadas o dependientes de ellas, salvo a las que se financien mayoritariamente con ingresos obtenidos por operaciones realizadas en el mercado.

D) ERTEs para hacer frente al impacto del COVID-19.

Finalmente hay que señalar que con carácter excepcional se han adoptado normas específicas para regular los expedientes de regulación temporal de empleo (ERTE) por suspensión de contratos y reducción de jornada por causa de fuerza mayor para hacer frente al impacto económico y social del COVID-19 (RDL 8/2020, de 17 de marzo, en su caso por impedimentos o limitaciones de actividad como consecuencia de nuevas restricciones o medidas de contención sanitaria adoptadas, a partir del 1 de octubre de 2020 (RDL 30/2020, de 29 septiembre). Asimismo, se reguló las suspensiones de contrato y reducciones de jornada por causas económicas, técnicas, etc..., por COVID-19 (RDL 24/2020, de 6 junio). Los ERTES y las exenciones de las cuotas empresariales por este motivo se prorrogaron hasta 30 de septiembre de 2021 (arts. 1 y 3 RDL 11/2021, de 27 de mayo), posteriormente hasta 28 de febrero de 2022 (RDL 18/2021, de 28 septiembre) y finalmente hasta 31 de marzo de 2022 (DA 1ª RDL 2/2022, de 22 febrero), pasando posteriormente y sin solución de continuidad a estar amparadas por el art. 47.5 ET.

8º) Reducción de jornada o suspensión del contrato en caso de activación del Mecanismo RED de Flexibilidad y Estabilización del Empleo (art. 47 bis).

Este procedimiento tiene por finalidad normalizar la experiencia positiva desarrollada durante la crisis sanitaria y económica derivada de la COVID-19 mediante el recurso a los ERTE como medida de flexibilidad interna en las empresas, ajustando su actividad, pero evitando la destrucción de empleo.

Este mecanismo de flexibilidad y estabilización del empleo requiere su activación por el Consejo de Ministros y permitirá a las empresas solicitar medidas de reducción de jornada o suspensión de contratos. El mecanismo RED tendrá dos modalidades:

— Cíclica, cuando se aprecie una coyuntura macroeconómica general que aconseje la adopción de instrumentos adicionales de estabilización, con una duración de un año.

— Sectorial, cuando en un sector o sectores de actividad se aprecien cambios permanentes que generen necesidades de recualificación y de procesos de transición profesional de los trabajadores. La duración inicial será de un año, pero caben dos prórrogas de 6 meses cada una.

Una vez activado el Mecanismo RED, las empresas podrán solicitar voluntariamente a la autoridad laboral la reducción de jornada o suspensión de contratos en cualquiera de sus centros, comunicándolo simultáneamente a la representación de los trabajadores y se tramitará como los ERTE por fuerza mayor temporal (art. 47.5 ET), previo desarrollo de un periodo de consultas como en los ERTE por causas ETOP (art. 47.3 ET). En caso de la modalidad sectorial, la solicitud debe ir acompañada de un plan de recualificación de las personas trabajadoras afectadas.

La autoridad laboral recabará informe a la ITSS sobre la concurrencia de los requisitos, que deberá emitir en el plazo de 7 días desde la notificación de inicio de la empresa a la autoridad laboral y ésta deberá dictar resolución en el plazo de 7 días naturales a partir de la conclusión del periodo de consultas, entendiéndose autorizada la medida si no hubiera recaído pronunciamiento expreso.

Cuando el periodo de consultas concluya con acuerdo, la autoridad laboral autorizará la aplicación del mecanismo, pudiendo la empresa proceder a las reducciones de jornada o suspensiones acordadas. Si finaliza sin acuerdo, la autoridad laboral dictará resolución estimando o desestimando la solicitud empresarial.

Son reglas comunes a ambas modalidades del Mecanismo RED:

— Procedimiento aplicable al mecanismo RED. Se ha establecido en el RD 608/2023, de 11 de julio.

— Durante la vigencia de la medida la empresa puede hacer una propuesta de prórroga.

- La reducción de la jornada podrá ser entre un 10 y un 70 por ciento; la empresa debe indicar en su solicitud el periodo dentro del cual se aplicarán las medidas propuestas y el tipo de medida a aplicar a cada concreto trabajador; la empresa podrá afectar o desafectar trabajadores en función de las alteraciones de las circunstancias y dentro de este periodo no podrán realizarse horas extraordinarias, nuevas externalizaciones ni contrataciones laborales.

— La ITSS y el SEPE colaborarán en el control de la aplicación del mecanismo.

— Los trabajadores afectados se beneficiarán de la prestación regulada en la DA 41ª LGSS (vid. Lec. 16, ep. 8.9.C) y serán colectivo prioritario para acceder a las iniciativas de formación del sistema de formación profesional para el empleo. Las empresas vienen obligadas a ingresar las cuotas correspondientes a la aportación empresarial (art. 153 bis LGSS), pero pueden acogerse voluntariamente a las exenciones en la cotización establecidas en la DA 44ª LGSS, que tienen como contrapartida obligaciones formativas y de mantenimiento del empleo durante los 6 meses siguientes a la finalización de la vigencia de la aplicación del mecanismo.

En fin, se ha constituido un Fondo RED de Flexibilidad y Estabilización del empleo, sin personalidad jurídica, adscrito al MTES, para atender las necesidades futuras de financiación en materia de prestaciones y exenciones a las empresas del pago de cuotas a la Seguridad Social y costes asociados a la formación (DA 5ª RDL 4/2022, de 15 marzo).

9º) Por ejercicio del derecho de huelga (art. 45.1.l). Ver lección 6ª.

10º) Por cierre patronal (art. 45.1.m). Ver lección 7ª.

11º) Por ejercicio de cargo público representativo (art. 45.1.f) **y por excedencia forzosa** (art. 45.1.k).

El art. 45 distingue estos dos supuestos, que aparentemente coinciden en parte porque el art. 46.1 ET dice que la excedencia forzosa se concederá por la designación para cargo público (cargo no representativo), pero también por la elección para cargo público (cargo público representativo), siempre que se imposibilite la asistencia al trabajo.

Pero realmente no hay coincidencia, si entendemos que en el caso de ejercicio de cargo representativo es el trabajador el que decide la suspensión (independientemente de que el cargo le imposibilite o no asistir al trabajo), mientras que en el caso de excedencia forzosa es el empresario el que decide suspender el contrato (cuando el cargo representativo o no representativo imposibilite el trabajo).

El art. 46.1 no concreta cuándo se da la imposibilidad para asistir al trabajo, por lo que parece oportuno integrar la laguna con lo que ya vimos que dispone el art. 37.3 (cuando el cumplimiento de deber público o desempeño de cargo público imposibiliten la asistencia el 20% de las jornadas en tres meses).

En ambos supuestos se tiene derecho a la reserva de puesto. En todo caso, en el supuesto de excedencia forzosa, el art. 46.1 ET reconoce el derecho del excedente a que se le compute la duración de la misma a efectos de antigüedad.

12º) Al haberse suspendido la prestación del **servicio militar,** se ha suprimido la suspensión del contrato de trabajo por este motivo o por **prestación social sustitutoria**. Pero el art. 27 RD 1691/2003, de 12 diciembre, reconoce el derecho a la reserva del puesto a quienes acceden a la condición de reservistas voluntarios durante el período en que se encuentren activados.

13º) Por decisión de la trabajadora víctima de violencia de género (art. 45.1.n) o de violencias sexuales (art. 38 LO 10/2022, de 6 septiembre). La suspensión no podrá exceder de seis meses, pero, si la efectividad de su derecho de protección requiriese la continuidad de la suspensión, el juez podrá prorrogarla por períodos de tres meses, con un máximo de dieciocho meses; las víctimas tienen derecho a la protección por desempleo (art. 267.1.b)2º LGSS). Se bonifica en un 100% la celebración de un contrato temporal para su sustitución.

14º) Por disfrute del permiso parental (art. 45.1.o) para el cuidado de hijo, hija o menor acogido por tiempo superior a un año y hasta que el menor cumpla ocho años. Este permiso no retribuido tendrá una duración no superior a ocho semanas, continuas o discontinuas, y podrá disfrutarse a tiempo completo o a jornada parcial; constituye un derecho individual de las personas trabajadoras, sin que pueda transferirse su ejercicio. La determinación de los periodos de disfrute corresponde al titular del derecho, que ha de comunicarlo a la empresa con una antelación de 10 días o la fijada en convenio, salvo fuerza mayor, que tendrá en cuenta la situación y necesidades organizativas de la empresa. Ésta podrá aplazar la concesión del permiso por un tiempo razonable y justificación por escrito después de haber ofrecido una alternativa de disfrute flexible cuando dos o más personas generen este derecho por el mismo causante o en otros supuestos en que el disfrute en el periodo solicitado altere seriamente el correcto funcionamiento de la empresa (art. 48 bis ET).

3. EXCEDENCIA VOLUNTARIA

El art. 46 ET contempla, aparte de la ya mencionada excedencia forzosa, tres supuestos de excedencia voluntaria para el trabajador: un supuesto común y dos especiales (por cuidado de hijos o familiares y por ejercicio de funciones sindicales).

3.1. Excedencia voluntaria común

Se reconoce a todo trabajador con una antigüedad en la empresa de un año, sin otro requisito (sin necesidad de causa justificativa). Su duración no puede ser inferior a cuatro meses ni mayor de cinco años. Solo se tiene derecho de nuevo, si han transcurrido cuatro años desde la anterior.

El trabajador tiene derecho a la excedencia si cumple esos requisitos, pero no puede tomarla unilateralmente, debiendo, en último término, obtenerla por decisión judicial.

Lo fundamental de la excedencia voluntaria común, es que no existe reserva de puesto, sino derecho preferente a reingreso en vacantes de igual o similar categoría. En relación a este derecho a ocupar vacantes cabe señalar lo siguiente:

- Antes de solicitar el reingreso, la plaza del excedente se puede ocupar por cualquier otro trabajador, o amortizarla (mediante despido colectivo, incluso por supresión de funciones o reasignación de su cometido a otros trabajadores). Pero, solicitado el reingreso, no se puede cubrir la plaza por nuevos trabajadores, o por otros de la empresa con menos derecho.
- Como la excedencia hay que solicitarla por una duración concreta, se puede denegar el reingreso antes de finalizar el plazo.
- El trabajador tiene que solicitar el reingreso antes de finalizar el período de excedencia (incluso se admite que por convenio colectivo se puede prever un plazo de preaviso, si la regulación del convenio es más favorable). El incumplimiento total o parcial de la solicitud de reingreso en el plazo establecido tendrá las consecuencias que el convenio establezca, pero el incumplimiento en parte del preaviso no determina la pérdida del derecho al reingreso (STS de 24 enero 2022, rec. 4927/2018) si se solicita antes de finalizar la excedencia concedida (STS de 22 mayo 2024, rec, 1317/2023).
- Una vez solicitado el reingreso, el empleador debe informar sobre la existencia de vacantes; y sobre él recae la carga de probar la inexistencia de vacantes (STS 06/10/2005, rec-3876/2004).
- Solicitado el reingreso, si no hay vacante en la misma localidad (STS de 13 julio 2017, rec. 2779/2015), se prolonga la excedencia. Solo finalizará por negativa del trabajador a ocupar vacante de igual o similar categoría.
- Si el contrato era a tiempo completo, el excedente tiene derecho al reingreso en esas condiciones, aunque cabe aceptar temporalmente un contrato a tiempo parcial que no implica renuncia a su derecho (STS de 24 mayo 2023, rec. 2355/2020).
- La negativa empresarial a readmitir puede revestir dos significados. De un lado, puede suponer un despido (si la negativa empresarial a

readmitir es clara y terminante, tajante, indubitada): en este caso, el trabajador debe demandar por despido y tiene un plazo de caducidad de 20 días hábiles. De otro lado, la negativa puede suponer una decisión provisional por entender que no hay vacante: en este caso, el trabajador debe ejercitar una demanda ordinaria por no reincorporación, para lo que tendría el plazo normal de prescripción de un año desde que se produjo la negativa (STS de 6 abril 2022, rec. 200/2021).

- Si se trata de despido, la indemnización que procede es la correspondiente. Si se trata de negativa a la reincorporación, se tiene derecho a una indemnización por daños, que se suele fijar en los salarios dejados de percibir.
- En fin, la excedencia puede extenderse a otros supuestos colectivamente acordados, con el régimen y efectos que allí se prevean (incluso reserva de puesto).

Caso práctico: Excedencia voluntaria y cese de actividad de la empresa

Un trabajador que venía disfrutando de excedencia voluntaria desde el mes de agosto de 2016, con fecha límite 1 de septiembre de 2019, solicitó su ingreso a lo que se le contestó que no podía ser readmitido porque la empresa ya no estaba en activo, porque había cesado su actividad y dada de baja en la TGSS el 4 de diciembre de 2018. ¿La no readmisión en estas circunstancias es constitutiva de despido?

Tratándose de un trabajador excedente voluntario, conserva sólo un derecho preferente al reingreso en las vacantes de igual o similar categoría a la suya que hubiera o se produjeran. La jurisprudencia considera que no es lo mismo la pérdida de un puesto de trabajo que se está desempeñando y que constituye normalmente el medio de vida del trabajador, que el desvanecimiento del derecho expectante a ocupar una vacante en la empresa en la que se prestaron servicios, y de la que el trabajador se apartó, no reconociendo derecho a percibir indemnización de despido colectivo por cierre del centro de trabajo (STS de pleno de 25 octubre 2000, rec. 3606/1998), aunque figuraran incluidos en la lista de trabajadores afectados por el expediente de regulación de empleo (STS de29 de noviembre de 2006, rec. 4464/2005). Por tanto, aplicando esa doctrina, se considera que en este caso tampoco puede haber ninguna consecuencia indemnizatoria (STS de 19 diciembre 2018, rec. 3606/1199/2017).

3.2. Excedencia voluntaria por cuidado de hijos o familiares

El art. 46.3 prevé la excedencia, voluntaria, por cuidado de hijos (naturales o adoptivos), en caso de acogimiento (permanente o preadoptivo, incluso provisionales), o para el cuidado de familiares hasta el 2º grado que no puedan valerse por sí mismos (por edad, accidente, enfermedad o discapacidad) y no desempeñen actividad retribuida.

A diferencia de la excedencia común no se exige una antigüedad en la empresa. No hay una duración mínima y la máxima es de tres (de dos, en caso de cuidado de familiares). La duración es desde el nacimiento o resolución judicial o administrativa de adopción o acogimiento; en cambio, en caso de cuidado de familiares, la excedencia podrá solicitarse (con esa duración de dos años) en cualquier momento. Esos períodos de duración pueden disfrutarse de forma fraccionada.

Si dos o más trabajadores de la misma empresa generasen este derecho por el mismo sujeto causante (mismo hijo, acogido o familiar), el empresario puede limitar su ejercicio por razones de funcionamiento, debiendo ofrecer un plan alternativo que garantice el disfrute de ambas personas y posibilite el ejercicio de los derechos de conciliación.

A diferencia de la excedencia común, durante el primer año el excedente tiene reserva del mismo puesto -STS de 26 abril 2023, rec. 292/2020- (hasta 15-18 meses, en el caso de familias numerosas). Trascurrido ese plazo, sigue teniendo reserva, no solo preferencia para ocupar vacante, pero de un puesto del mismo grupo o categoría equivalente.

Otra peculiaridad es que computa a efectos de antigüedad y se tiene derecho a asistir a cursos de formación profesional. En el ejercicio de este derecho se tendrá en cuenta el fomento de la corresponsabilidad entre hombres y mujeres y evitar la perpetuación de roles y estereotipos de género.

3.3. Excedencia voluntaria por funciones sindicales

El art. 46.4 ET prevé que pueden solicitar el pase a situación de excedencia los cargos representativos, a nivel provincial o superior, de cualquier sindicato.

En esta excedencia, que es voluntaria, las peculiaridades son:

- No se exige antigüedad en la empresa.
- No hay duración mínima o máxima, será la que dure el cargo representativo.
- La reincorporación será en el plazo de 30 días desde el cese.
- Del art. 48.3 ET parece desprenderse que hay reserva de puesto ["En los supuestos de suspensión por... funciones sindicales de ámbito provincial o superior, el trabajador deberá reincorporarse en el plazo máximo de treinta días naturales a partir de la cesación en... (la) función]; pero, según la STC 263/1994, no habría tal.

En efecto, el art. 9.1.b) LOLS reconoce un derecho a **permisos no retribuidos** y a la **excedencia forzosa**, con reserva de puesto, a los cargos sindicales igualmente electivos a nivel provincial o superior, pero solo de los sindicatos más representativos.

Lección 15ª

La extinción del contrato de trabajo

Las distintas causas de extinción del contrato de trabajo se indican en el art. 49.1 ET. Algunas de ellas, pero no todas, son objeto de desarrollo en sus artículos posteriores (arts. 50 a 56): resolución por el trabajador por causa justificada (art. 50), despido colectivo y despido por fuerza mayor (art. 51), extinción por causas objetivas (arts. 52 y 53), despido disciplinario (arts. 54 a 56).

1. EL DESPIDO DISCIPLINARIO

El despido disciplinario se contempla como causa o supuesto de extinción en el art. 49.1.k) ET. Conforme al art. 54.1 ET, que lo desarrolla, el contrato de trabajo podrá extinguirse por decisión del empresario, mediante despido basado en un incumplimiento grave y culpable del trabajador.

1.1. Causas del despido

Se consideran incumplimientos contractuales, justificativos del despido, los enunciados en el art. 54.2 ET. Es una enumeración cerrada de siete supuestos, aunque todos ellos (en especial, algunos) muy amplios. En cualquier caso, los convenios colectivos pueden y suelen regular el régimen disciplinario, estableciendo un listado de faltas (leves, graves y muy graves) y de sanciones (entre ellas, el despido por faltas muy graves). De este modo, los convenios colectivos pueden concretar las causas de despido legalmente previstas. Para los empleados públicos, el art. 95 EBEP detalla las faltas disciplinarias muy graves (y el art. 96 añade que el despido del personal laboral comporta la inhabilitación para ser titular de un nuevo contrato de trabajo con funciones similares).

Esas causas de despido, previstas en el art. 54.2 ET, son las siguientes.

a) *Inasistencia e impuntualidad.* Son causa de despido las “faltas repetidas e injustificadas de asistencia o puntualidad al trabajo”.

El número de faltas se suele concretar en los convenios colectivos; en su defecto, la gravedad deberá ser valorada por los tribunales (así, ausencia injustificada de nueve días, STS de 17 julio 2018, rec. 2474/2017).

En cuanto a la exigencia de culpabilidad ("injustificadas"), deberá ser apreciada en función de las circunstancias (entre ellas, incluso, la previa tolerancia del empleador). Recuérdese (ver lección 14ª) que la normativa laboral prevé una amplia serie de supuestos de permisos, suspensiones y excedencias. En cuanto a la mujer víctima de violencia de género, aparte de la posibilidad de suspender su contrato (ver lección 14ª), las ausencias o faltas de puntualidad motivadas por la situación física o psicológica derivada de la violencia se considerarán justificadas, cuando así lo determinen los servicios competentes, sin perjuicio de comunicar dichas ausencias a la empresa a la mayor brevedad (art. 21.4 Ley Orgánica 1/2004, de 28 de diciembre).

b) *Indisciplina o desobediencia.* Es causa de despido "la indisciplina o desobediencia en el trabajo".

La exigencia general de gravedad lleva a que los tribunales estimen que la desobediencia tiene que ser "clara, abierta, terminante y firme". La gravedad, pues, dependerá de su reiteración, aunque también de otras circunstancias (sus efectos, el efectuarse ante terceros, etc.).

En cuanto al requisito de injustificación, la jurisprudencia estima, en general, que hay que obedecer aunque luego se reclame. No obstante, se admite la desobediencia cuando concurran circunstancias de peligrosidad, ilegalidad o análogas que razonablemente la justifiquen (ver Lección 13ª).

c) *Ofensas verbales o físicas.* Constituyen incumplimiento contractual "las ofensas verbales o físicas al empresario o a las personas que trabajen en la empresa o a los familiares que convivan con ellos".

Las conductas en cuestión pueden ser muy variadas: insultos, agresiones (STS de 31 mayo 2022, rec. 1819/2020), amenazas, chantajes. Desde luego, se incluyen también las ofensas por escrito.

Entre los sujetos ofendidos se consideran incluidos también al empresario persona jurídica, a los directivos, a los clientes de la empresa o al público en general.

El requisito de gravedad no exige reiteración, pero ha de graduarse en función de diversos factores subjetivos (antigüedad, nivel cultural, conducta anterior, etc.) u objetivos (publicidad, etc.).

El requisito de culpabilidad hace que se requiera una intencionalidad ofensiva, pero tal ánimo ofensivo se presume. También esta intencionalidad hay que valorarla en función de las circunstancias.

d) *Transgresión de la buena fe contractual.* Muy ampliamente, se considera causa de despido "la transgresión de la buena fe contractual, así como el abuso de confianza en el desempeño del trabajo" (ver Lección 13ª).

Las conductas encuadrables dentro de esta causa pueden ser variadísimas (apropiación de dinero, sustracción de mercancías aun de muy escaso valor -STS de 17 octubre 2023, rec. 5073/2022-, concurrencia desleal, positivo en cocaína de conductor de autobús -STS de 21 febrero 2023, rec. 3723/2021, etc.). En general, se tratará de conductas dolosas o negligentes que causen la pérdida de confianza por parte del empresario, aunque no supongan un daño para la empresa.

e) *Disminución del rendimiento.* Constituye incumplimiento sancionable "la disminución continuada y voluntaria en el rendimiento de trabajo normal o pactado".

La disminución del rendimiento, pues, ha de constatarse en función del rendimiento que haya de ser considerado como debido. En algunos convenios se fijan o se dan criterios para fijar los niveles de rendimiento (mínimo, normal, superior). Si los rendimientos no están pactados, el punto de comparación será el que venía alcanzando habitualmente el propio trabajador u otros de similar o igual categoría (ver Lección 13ª).

En cualquier caso, la disminución del rendimiento tiene que ser voluntaria (pero ello incluye la mera culpabilidad: por realizar otras tareas en horas libres, por ejemplo) y continuada (en este sentido, la gravedad tendrá que ser apreciada por los tribunales).

f) *Embriaguez y toxicomanía.* Constituyen causa de despido tanto la embriaguez habitual como la toxicomanía "si repercuten negativamente en el trabajo".

Pese a la literalidad de la norma, puede ser causa de despido incluso una embriaguez no habitual, en función de las consecuencias (por ejemplo, poner en peligro la vida de terceros). Y, asimismo, pese al carácter de enfermedad de dichas situaciones, la ley las considera imputables al trabajador.

En cualquier caso, lo importante es la repercusión negativa en el trabajo (riesgo de accidentes, etc.).

g) *Acoso.* En fin, es causa de despido "el acoso por razón de origen racial o étnico, religión o convicciones, discapacidad, edad u orientación sexual y el acoso sexual o por razón de sexo al empresario o a las personas que trabajan en la empresa".

Ya se vio (lección 13ª) el concepto de acoso.

1.2. Procedimiento

El art. 55.1 ET exige para el despido disciplinario la comunicación escrita al trabajador, indicando los hechos que lo motivan y la fecha del despido. La carga de probar la notificación de la carta de despido al trabajador recae sobre el empresario, que puede elegir el medio para hacerla llegar al trabajador (sobre la notificación por burofax vid. STS de 27 enero 2022, rec. 4282/2019).

La exigencia de comunicación escrita no obsta a que se considere despido (aunque formalmente incorrecto) el producido oralmente. Incluso, constituye despido el que se produzca tácitamente, es decir, por conductas empresariales claramente demostrativas de la intención de poner fin a la relación. Asimismo, se considera despido la comunicación de extinción de un contrato temporal, cuando la temporalidad no esté legalmente justificada (ver lección 9ª).

La exigencia de indicación de los hechos supone la suficiente precisión sobre los mismos, para permitir la defensa del trabajador.

Respecto de la exigencia de indicación de la fecha del despido, hay que considerar que no se exige plazo de preaviso alguno, por lo que pueden coincidir la fecha de la comunicación y la del despido efectivo. En todo caso, si en la realidad no coinciden la fecha indicada y la fecha del despido efectivo, a efectos de plazo para la presentación de la demanda, se toma en cuenta la fecha del despido efectivo.

Otras normas, ya expuestas (lección 4ª), exigen la apertura de expediente contradictorio previo al despido en el caso de los representantes (unitarios o sindicales) de los trabajadores, o candidatos (STC 38/1981). Así como la obligación de oír al delegado sindical con arreglo a la LOLS, en su caso, si al empleador le consta la condición de afiliado del trabajador (STS de 30 enero 2020, rec. 3983/2017).

El plazo para ejercer la acción contra el despido es de caducidad (ver lección 2ª) y de 20 días hábiles[1]. Se suspende (literalmente: se interrumpe) di-

---

1 Cuestión muy importante en la práctica. Son inhábiles a efectos procesales (pero también para accionar contra el despido, según la jurisprudencia) los sábados y domingos, los días 24 y 31 de diciembre, los días de fiesta nacional y los festivos a efectos laborales en la respectiva CA o localidad donde radique la sede del tribunal (ver arts. 133 LEC y 182 LOPJ). Los días del mes de agosto también son inhábiles, salvo para las modalidades procesales de despido y extinción conforme a los arts. 50 y 52 ET, y otras indicadas en el art. 43.4 LJS.

cho plazo hasta 15 días hábiles por el trámite de conciliación previa (STS de 19 abril 2022, rec. 460/2020), por la suscripción de un compromiso arbitral o por la solicitud de abogado de oficio. Cuando el empleador es una Administración pública, la notificación ha de indicar los recursos que procedan, órgano ante el que hubieran de presentarse y plazo para interponerlos (art. 69.1 LJS); su omisión supondrá que se mantiene suspendido el plazo de caducidad (STS de 14 abril 2021, rec. 3663/2018), con el límite del plazo de prescripción de un año del art. 59.1 ET (STS de 19 julio 2023, rec. 1769/2022).

Caso práctico: Caducidad de la acción de despido

D. Manuel era trabajador fijo, con más de 10 años de antigüedad en la empresa. El día 3 de junio de 2024, al incorporarse al trabajo tuvo una fuerte discusión con su superior jerárquico; inmediatamente se le entregó carta en la que se le indicaba que quedaba despedido con efectos de esa misma fecha. Presentó solicitud de conciliación el día 7 de junio, siendo las partes citadas para su celebración el día 21 de junio, que terminó sin avenencia. ¿Cuándo finaliza el plazo de caducidad y hasta cuándo puede presentarse la demanda por despido?

El día del despido, 3 de junio no computa, tampoco el día de solicitud de conciliación, ni el de su celebración. Así el día de presentación de la papeleta de conciliación habían transcurrido 3 días del plazo de caducidad; a partir de la solicitud de conciliación el plazo queda suspendido con el límite de 15 días hábiles (art. 65.1 LJS), reanudándose el cómputo a partir del día siguiente al del intento de conciliación (el día 24 de junio será el día 4º del plazo de caducidad; contando seguidamente tan solo los días hábiles (de lunes a viernes que no sean festivos) el día 20º es el 16 de julio, pero la demanda puede ser presentada hasta las 15 horas del día 17 de julio en la sede del servicio común procesal o, de no existir este, en la del órgano judicial (Art. 45.1 LJS). Pero téngase en cuenta que tampoco se computarán los festivos en la sede del órgano jurisdiccional (art. 103.1 LJS).

Si el despido se realizara inobservando los requisitos formales, el empresario podrá, en el plazo de 20 días naturales (STS de 10 noviembre 2004, rec. 5837/2003), realizar un nuevo despido cumpliéndolos; en cuyo caso debe poner a disposición del trabajador los salarios devengados (art. 55.2 ET). Cabe también acordar un nuevo despido del mismo trabajador, que debe ser impugnado dentro de su propio plazo de caducidad (STS de 30 marzo 2010, rec. 2660/2009).

Téngase en cuenta, asimismo, que cuenta la festividad de la localidad del Juzgado, no del domicilio del demandante; que si un festivo nacional ha sido sustituido en una CA, no es inhábil en ésta; que no computan el día del despido, ni el de presentación de la papeleta de conciliación, ni el de la celebración de ésta; que para los 15 días de suspensión por conciliación tampoco computan los inhábiles; y que la presentación de escritos que esté sujeta a plazo puede efectuarse hasta las 15 horas del día hábil siguiente al del vencimiento, no admitiéndose en ningún caso en el Juzgado de guardia (art. 45 LJS).

1.3. *Efectos*

Ejercitada la acción contra el despido, el Juzgado de lo social puede declararlo procedente, improcedente o nulo.

Caso práctico: Despido disciplinario, uso prohibido de vehículo de empresa fuera de la jornada laboral. Control mediante GPS

Doña Luisa prestaba servicios para la demandada ZYX, S. L. como supervisora de puesto de venta. En marzo de 2015 la empresa le facilitó un vehículo para su uso en jornada laboral y para desempeñar su trabajo diario, prohibiendo expresamente el uso con fines particulares. Se le informó por escrito de que su vehículo dispone de un dispositivo de localización por GPS para garantizarla seguridad y coordinación de los trabajos.

El día 11-4-2016, Doña Luisa inició una situación de incapacidad temporal por enfermedad común con el diagnóstico de "Trastorno ansiedad generalizado"; en el parte de baja se hace constar una duración probable de la baja de 25 días.

En fecha 22 de abril de 2016, la empresa notificó a Doña Luisa, mediante burofax, carta de despido disciplinario imputándole los siguientes hechos: A pesar de la prohibición del uso del vehículo para fines ajenos a la actividad laboral y su situación de enfermedad, el sistema de geo-posicionamiento (GTA) con el que está dotado su vehículo ha registrado una utilización intensa del mismo durante el fin de semana previo a su baja médica así como durante la misma, habiéndose registrado hasta el día 21 del corriente mes de abril un total de 1.935,21 km recorridos, contraviniendo la autorización de uso y, posiblemente, perjudicando su recuperación médica. Acompaña a la carta informe de registro de utilización del vehículo con expresión de las fechas y tiempos de utilización, distancias recorridas velocidades máximas alcanzadas. Califique el despido.

El derecho fundamental que pudiera verse afectado es el de protección de datos de carácter personal (art. 18.4 CE). Se trata de determinar si el control mediante el GPS fuera de la jornada laboral excede los límites de la finalidad perseguida por el sistema de captación de datos. Resulta evidente que el uso se limitó a los términos indicados por la empresa que la trabajadora conocía: captación de datos de ubicación permanente del vehículo, pero ninguna circunstancia personal de los ocupantes. La captación de datos fuera de la jornada laboral se vincula a la seguridad del vehículo y posible responsabilidad de su propietario, sin que se aprecie invasión de la esfera privada. Consecuentemente, constatado un incumplimiento grave y culpable mediante prueba válida, el despido ha de ser calificado como procedente.

(Vid. STS de 15 septiembre 2020, rec. 528/2018).

a) **Despido procedente.** Se considerará tal "cuando quede acreditado el incumplimiento alegado por el empresario en su escrito de comunicación" y haya sido formalmente correcto (art. 55.4 ET; art. 108.1 LJS). La declaración de procedencia convalida la extinción del contrato, sin derecho a indemnización ni a salarios de tramitación (art. 55.7 ET; art. 109 LJS).

b) Despido improcedente (art. 55.4 ET; art. 108.1 LJS). La declaración de improcedencia se producirá cuando no se prueben los hechos imputados o estos no constituyan un incumplimiento que justifique el despido (no "quede acreditado el incumplimiento"), o cuando sea formalmente incorrecto ("cuando en su forma no se ajustara a lo establecido" en el art. 55.1).

Si se declara improcedente por defecto de forma y se hubiere optado por la readmisión, se puede efectuar un nuevo despido en el plazo de 7 días desde la notificación de la sentencia (art. 110.4 LJS).

En caso de que el juez considere que los hechos acreditados no revisten gravedad suficiente, pero constituyen infracción de menor entidad, podrá autorizar la imposición de una sanción adecuada a la gravedad de la falta, sanción que el empresario podrá imponer después de haber readmitido al trabajador, en el plazo de caducidad de los diez días siguientes a la firmeza de la sentencia y es revisable a través del incidente de ejecución de la sentencia de despido (art. 108.1 LJS).

Los efectos de la declaración de improcedencia varían según el despedido sea un trabajador común, o sea un representante del personal (art. 56 ET; art. 110 LJS).

En el caso de un trabajador común, la declaración de improcedencia permite al empleador optar entre la indemnización y la readmisión (art. 56.1), aunque por convenio se puede otorgar la opción al trabajador. La opción se debe ejercitar en el plazo de 5 días desde la notificación de la sentencia (art. 56.1); si no se opta, la ley presume la readmisión (art. 56.3 ET). Pero ya en el acto del juicio, la parte titular de la opción (puede serlo también el trabajador que sea representante legal o sindical) puede anticipar su opción para el caso de declaración de improcedencia (art. 110.b LJS, STS de 14 febrero 2019, rec. 1782/2017).

Si se ha optado por la *indemnización*, se deben abonar 33 días por año de servicios (no antigüedad), prorrateándose por meses los períodos de tiempo inferiores[2], con un máximo de 24 mensualidades. Esta indemnización legal es mejorable por convenio o contrato. Esta cuantía se aplica también a los contratos formalizados antes del 12/02/2012: por el tiempo de servicios anterior a razón de 45 días por año y por el tiempo posterior a

---

2 De modo que hasta 12/2/2012 un año equivale a 45 días de salario, un mes equivale a 3,75 días (45/12), y un día equivaldría a 0,125 días (45/360). Con posterioridad, un año equivale a 33 días, un mes a 2,75 días (33/12) y un día a 0,091 días (33/360). Pero la jurisprudencia mantiene que no se debe prorratear por días, sino por meses (pero redondeando cualquier fracción de mes a mes completo). Para el cálculo de la indemnización por despido véase la siguiente herramienta: https://www.poderjudicial.es/cgpj/es/Servicios/Utilidades/Calculo-de-indemnizaciones-por-extincion-de-contrato-de-trabajo/

razón de 33 días. La indemnización resultante no puede ser superior a 720 días de salario, salvo que del cálculo por el período anterior resultase un número superior, pero nunca superior a 42 mensualidades; en cuyo caso ese número de días correspondientes al primer período se aplicará como importe indemnizatorio máximo (DT 11ª ET).

El cálculo se hace sobre el salario a que tenga derecho el trabajador o el que realmente perciba, si este último es mayor; se obtiene dividiendo la remuneración anual entre 365 (incluso en caso de año bisiesto, STS de 25 febrero 2020, rec. 3270/2017). Se incluyen proporcionalmente las gratificaciones extraordinarias. No computan las percepciones extrasalariales. En algunos supuestos de jornada reducida con disminución del salario (nacimiento de prematuros u hospitalizados, cuidado de menor de 12 años o persona con discapacidad, víctima de violencia de género y de ejercicio a tiempo parcial de la suspensión por nacimiento y cuidado de menor; suspensión en los supuestos de adopción, guarda con fines de adopción y de acogimiento y permiso parental ejercidos a tiempo parcial) se tiene en cuenta el salario completo (DA 19ª ET)[3].

Caso práctico: Cálculo de la indemnización por despido improcedente

D. Manuel, era trabajador fijo en la empresa desde 1 de septiembre de 2008, y fue despedido el día 30 de mayo de 2024. Calcular la indemnización por despido disciplinario improcedente teniendo en cuenta que según el convenio aplicable su retribución mensual comprende salario base de 1400 euros, antigüedad 140 euros, asistencia 250 euros, plus transporte 110 euros. Asimismo, el convenio establece el derecho a dos gratificaciones extraordinarias de una mensualidad de salario base más antigüedad cada una.

Hay que calcular los días indemnizables y el salario regulador.

Para determinar los días que comprende la indemnización hay que dividir el periodo de servicios en dos: de 1 septiembre 2008 a 11 febrero 2012 y de 12 febrero 2012 a 30 mayo 2024 (art. 56.1 y DT 11ª ET).

De 1/9/08 a 11/2/12: Comprende 3 años, 5 meses y 10 días, por lo que se mensualiza o toma la fracción como mes completo: 3 años (3x45=135 días) y 6 meses (45/12x6=22,5 días), total 157,5 días.

---

3 En otro orden de cosas, téngase en cuenta que, conforme al art. 7.e) de la Ley 35/2006, están exentas del IRPF las indemnizaciones por despido o cese del trabajador "en la cuantía establecida con carácter obligatorio" en el ET. En la medida en que, conforme a la DF 11ª Ley 3/2012, ya no se dispone en ese artículo que están exentas con ese límite "cuando se extinga el contrato con anterioridad al acto de conciliación" (exención que la DT 22ª de la misma Ley limita a despidos entre las entradas en vigor del RDL 3/2012 y de la Ley 3/2012), cabe entender que no hay exención salvo que la improcedencia se reconozca en conciliación o se declare en sentencia.

De 12/2/12 a 30/5/2024: comprende 12 años, 3 meses y 19 días (que computan como mes completo): 12 años (12x33=396 días) y 4 meses (33/12x4=11 días), total 407 días.

Días indemnizables: 157,5 + 407= 564,5.

Salario regulador: remuneración mensual de naturaleza salarial:

1400+140+250=1790x12= 21.480 euros año. A esta cantidad hay que añadirle el importe de gratificaciones extraordinarias: 2 x (1400+140)= 3.080 euros. Remuneración anual total: 21.480+3.080= 24.560 euros que dividida entre 365 = 67,28 salario regulador.

Indemnización: 564,5 x 67,28= 37.979,56 euros

Aparte de ello, si la empresa opta por la readmisión (art. 56.2), debe abonar los llamados *salarios de tramitación,* equivalentes a los dejados de percibir entre la fecha del despido y la de notificación de la sentencia, o hasta que el trabajador encuentre otro empleo (descontando lo percibido en éste o, si no se prueba el importe, el SMI).

Si la sentencia se dicta transcurridos más de 90 días hábiles desde la demanda, el exceso es por cuenta del Estado, pudiendo reclamárselos el empresario (art. 56.5 ET, art. 116.1 LJS).

Además, la empresa debe readmitir en las mismas condiciones que regían antes del despido. La fecha de reincorporación se debe comunicar al trabajador en el plazo de 10 días siguientes a la notificación de la sentencia, para efectuarla en un plazo no inferior a 3 días (art. 278 LJS).

Caso de que, habiéndose optado por la readmisión, ésta no se produzca o se produzca irregularmente, el trabajador puede (dentro de unos plazos fijados por la LJS, art. 279) plantear un "incidente de no readmisión". Acreditada, entonces, la no readmisión o su irregularidad, el Juez determinará la extinción del contrato, con derecho a la indemnización ya señalada, los salarios de tramitación y, en atención a las circunstancias concurrentes y los perjuicios ocasionados, una posible *indemnización adicional* calculada en 15 días de salario por año de servicio con un máximo de 12 mensualidades (art. 281 LJS).

En el caso de despido de un representante, la opción corresponde al trabajador, entendiéndose que opta por la readmisión si no hay opción expresa y teniendo en todo caso derecho a los salarios de tramitación (art. 56.4 ET). Si el trabajador opta por la readmisión, y ésta no se produce o se produce irregularmente, cabe igualmente suscitar un incidente de no readmisión, pero con distintas consecuencias, ya que la sentencia debe ejecutarse en sus propios términos (art. 282 LJS). En efecto, el juez ordenará la readmisión efectiva, a efectuar en el plazo de 5 días (art. 283 LJS). De no obedecerse, en fin, la orden judicial, el juez acordará que el trabajador siga cobrando su salario, que continúe en alta y se cotice por él a la Seguridad Social, y que continúe desarrollando sus funciones representativas. El pago del salario y el desarrollo de las funciones se garantizan mediante la posible ejecución sobre bienes del empresario (por una cantidad equivalente a seis meses de salario) y mediante la puesta en conocimiento de la Autoridad laboral del impedimento al ejercicio de sus funciones, a efectos de sanciones (art. 284 LJS).

Sin perjuicio de lo anterior, si se acredita la imposibilidad de readmitir por cese o cierre de la empresa u otra causa de imposibilidad material o legal, el juez declarará extinguida la relación y acordará que se abonen las indemnizaciones y salarios dejados de percibir (art. 286 LJS).

c) **Despido nulo.** El Juez declarará nulo el despido en los siguientes supuestos (art. 55.5 ET):

- Cuando sea discriminatorio o cuando vulnere alguno de los derechos fundamentales del trabajador (por ejemplo, al vulnerar el derecho a la tutela judicial, es nulo si constituye represalia contra una reclamación anterior del trabajador: garantía de "indemnidad", STC 144/2005, de 6 junio; o la libertad de expresión, STC 146/2019, de 25 noviembre; discriminación por estado civil, STS 9 febrero 2022, rec. 1871/2020).
- Salvo que sea procedente, cuando se trate del despido de:

1) Personas trabajadoras durante el período de suspensión por nacimiento, adopción, guarda o acogimiento, disfrute del permiso parental, por riesgo durante el embarazo o durante la lactancia natural, por enfermedades causadas por el embarazo, parto o lactancia natural, (o cuyo preaviso de despido finalice dentro de ese período).

2) Trabajadoras embarazadas, aunque esa situación sea desconocida por el empleador o por la misma trabajadora.

3) Personas trabajadoras que hayan solicitado o estén disfrutando permisos por nacimiento, adopción, guarda con fines de adopción o acogimiento, por nacimiento de hijo prematuro que deba permanecer hospitalizado y por guarda de menor de doce años o familiar, las adaptaciones de jornada por conciliación de la vida laboral y familiar, la excedencia por cuidado de hijos y el de las víctimas de violencia de género por el ejercicio de su derecho a hacer efectiva su protección.

4) Personas trabajadoras después de haberse reintegrado al trabajo tras la suspensión por nacimiento, adopción, guarda o acogimiento, si no han trascurrido más de 12 meses desde el nacimiento, adopción, guarda con fines de adopción o acogimiento.

- La jurisprudencia comunitaria también ha considerado nulo el despido de un trabajador en IT de larga duración (STJUE de 1 diciembre 2016, asunto C-395/15, asunto Daouidi).

En caso de despido nulo, los efectos son la readmisión del trabajador y el abono de los salarios dejados de percibir (art. 55.6 ET). El Juez puede fijar una indemnización adicional si se prueba la lesión de un derecho fundamental, sin necesidad de aportar las bases para su cuantificación (STS 23 febrero 2022, rec. 4322/2019), y puede ser la cuantía establecida como sanción en la *LISOS* por los mismos hechos (STS de 9 marzo 2022, rec. 2269/2019).

Si el empleador no readmitiera regularmente al trabajador, éste podría plantear un incidente de no readmisión. Las consecuencias de la no readmisión son las ya vistas antes (arts. 282-286 LJS).

1.4. Ejecución provisional

(Arts. 297-302 LJS)

Frente a la sentencia del Juzgado cabe que tanto empresario como trabajador planteen recurso de suplicación (ver lección 2ª). En relación a ello, se regula la ejecución provisional de la sentencia del Juzgado y la posibilidad de cambio de opción.

- Si el despido se ha declarado improcedente y se ha optado por la readmisión (o si ha sido declarado nulo), el empresario viene obligado a readmitir provisionalmente al trabajador. De no hacerlo, al menos deberá abonarle los salarios correspondientes hasta la resolución del recurso (art. 297 LJS).

  Si al resolver el recurso el TSJ la sentencia favorable al trabajador fuera revocada en todo o en parte, no obstante el trabajador no tendría que devolver los salarios devengados (art. 300 LJS).

- Si se ha optado por la indemnización, no habría obligación de readmitir provisionalmente aunque se hubiera planteado recurso. Pero, si al resolver el recurso, el TSJ incrementara la cuantía de la indemnización debida, el empleador podría cambiar su opción por la de readmisión (art. 111.b LJS); a la inversa, si disminuyera dicha cuantía, el trabajador representante podría cambiar su opción por la de readmisión (art. 112.b LJS).

2. EL DESPIDO COLECTIVO

El art. 49.1.i ET prevé la extinción "por despido colectivo, fundado en causas económicas, técnicas, organizativas o de producción, siempre que aquél haya sido autorizado conforme a lo dispuesto en esta Ley". La regulación de este despido se hace en el art. 51 ET y en el RPDC.

La Directiva 98/59/CE, de 20 de julio de 1998, regula estos despidos colectivos, exigiendo una consulta/negociación con los representantes de los trabajadores y la comunicación a la autoridad laboral con una antelación de un mes a la efectividad de los despidos.

2.1. Concepto de despido colectivo

De manera casi idéntica al concepto de traslado colectivo, el despido será colectivo cuando (art. 51.1 ET):

a) O bien afecte a la totalidad de los trabajadores de la empresa, siempre que sean más de cinco.

b) O bien, en un período de noventa días, afecte a un cierto número o porcentaje de trabajadores en relación al número de trabajadores de la empresa:

— 10 o más en empresas de hasta 100 trabajadores.

— 10% o más en empresas de entre 100 y 300.

— 30 o más en empresas de más de 300 trabajadores.

La jurisprudencia española había considerado que, respecto de un despido o despidos determinados y para determinar si formaban parte o no de un despido colectivo, ese período de noventa días tan solo se computaba hacia atrás, lo que impedía sumar los despidos posteriores salvo en supuestos de actuación fraudulenta (STS 23 abril 2012, rec. 2724/2011). Pero, por el contrario, la jurisprudencia europea ha entendido que el periodo de referencia ha de ser continuo y se pueden computar los despidos producidos antes o después de la fecha del despido o despidos individuales impugnados (STJUE de 11 noviembre 2020, Asunto C-300/19).

El cómputo es sobre la empresa, de modo que el cierre total de un centro, si no llega a los umbrales indicados en relación a la totalidad de trabajadores de la empresa, no es colectivo. No obstante, según la Directiva comunitaria y jurisprudencia del TJUE el cómputo debe tomar como referencia el centro de trabajo (entre otras, S. de 15 mayo 2015). Por ello, la jurisprudencia considera que será colectivo el despido que supere los umbrales del art. 51.1 ET tomando como referencia la totalidad de la empresa, pero también cuando se superen en referencia a cualquiera de sus centros de trabajo que emplee a más de 20 trabajadores (STS de 17 octubre 2016, rec. 36/2016).

Para el cómputo de la plantilla se incluirá a la totalidad de los trabajadores que presten servicios el día en que se inicie el procedimiento (art. 1 RPDC).

A diferencia del traslado colectivo, para ese cómputo deben sumarse también otras extinciones que se hayan producido "por iniciativa del empresario en virtud de otros motivos no inherentes a la persona del trabajador" y no debidas a la finalización de contratos temporales. En todo caso, la jurisprudencia comunitaria considera que el concepto de despido colectivo incluye las extinciones no queridas por el trabajador, aunque dependan de circunstancias ajenas a la voluntad del empresario, tales como incendios u otros casos de fuerza mayor, aunque no cuando se trate del cese de actividad a raíz del fallecimiento del empresario.

Al igual que en el traslado colectivo, en fin, se consideran fraudulentas y nulas las nuevas extinciones que se produzcan en períodos sucesivos de 90 días, al amparo del art. 52.c (despido no colectivo por las mismas causas) sin que concurran nuevas causas que justifiquen tal actuación.

2.2. Justificación del despido colectivo

Como se ha visto, el despido tiene que estar fundado en causas económicas, técnicas, organizativas o de producción, que el art. 51.1 ET se encarga de definir.

- Se entiende que concurren causas económicas cuando de los resultados de la empresa se desprenda "una situación económica negativa". Concepto del que la ley añade ejemplos: "la existencia de pérdidas actuales o previstas o la disminución persistente de su nivel de ingresos ordinarios o ventas". Se entiende que la disminución es persistente "en todo caso... si durante tres trimestres consecutivos el nivel... de cada trimestre es inferior al registrado en el mismo trimestre del año anterior".
- Se entiende que concurren causas técnicas cuando se produzcan "cambios": entre otros, "en el ámbito de los medios o instrumentos de producción".

- Concurren causas organizativas cuando se produzcan "cambios": entre otros, "en el ámbito de los sistemas y métodos de trabajo del personal o en el modo de organizar la producción". Cabe pensar en la externalización de servicios mediante contratas (STS de 21 diciembre 2022, rec. 3835/2021).
- Concurren causas productivas cuando se produzcan "cambios" entre otros, "en la demanda de los productos o servicios" ofertados por la empresa. Por ejemplo, reducción de pedidos, cartera de clientes, etc.

Lo que ya no es necesario es que la empresa tenga que acreditar la razonabilidad de la medida para los siguientes fines u objetivos (que antes se fijaban en el art. 51.1):

- Si la causa aducida era económica, "para preservar o favorecer su posición competitiva en el mercado".
- Si la causa aducida era técnica, organizativa o productiva, "para contribuir a prevenir una evolución negativa de la empresa o a mejorar la situación de la misma a través de una más adecuada organización de los recursos, que favorezca su posición competitiva en el mercado o una mejor respuesta a las exigencias de la demanda".

Dicho de otro modo, antes de la reforma de 2012 se trataba de considerar dos elementos: de un lado, la concurrencia de "una causa o factor desencadenante" (causa económica, técnica, etc.); de otro lado, la "conexión de funcionalidad o instrumentalidad" entre el despido que se pretende y el objetivo a alcanzar. En otras palabras, constatar unos hechos y emitir un juicio sobre la razonabilidad de la medida de despido respecto de la consecución de determinados fines.

De este modo, por ejemplo, la descentralización de actividades mediante recurso a la subcontratación (causa organizativa) justificaba el despido si —y solo si— contribuía a uno de los fines previstos (conexión de funcionalidad). Ahora, basta con que la empresa decida subcontratar.

No obstante, no hay unanimidad en la Sala de lo Social del TS en cuanto al enjuiciamiento de los despidos colectivos; aunque mayoritariamente se ha sostenido que no corresponde a los órganos judiciales hacer un juicio de proporcionalidad, sino uno más limitado de adecuación, que compruebe la existencia de causa, su pertenencia al tipo legal descrito en el art. 51.1 ET y la idoneidad de la decisión en términos de gestión empresarial; también se sostiene que el juzgador debe ejercer un control sobre la proporcionalidad de las medidas así como el posible abuso de derecho o fraude de ley (STS de 23 septiembre 2014, rec. 231/2013); sobre la adecuación de las medidas extintivas (STS de 21 octubre 2021, rec. 112/2021).

En lo que se refiere a las AAPP, se ha derogado con efectos de 30 de marzo de 2022 la DA 16ª sobre aplicación del despido por causas económicas, técnicas, organizativas o de producción en el sector público (DD 2ª y DF 8ª.2.f) RDL 32/2021).

2.3. Tramitación

A) *Legitimación* (art. 51.2 ET, arts. 26 RPRE). El despido colectivo debe ir precedido de un período de "consultas" (pero durante el mismo las partes deben "negociar de buena fe", con vistas a la consecución de un "acuerdo") con los representantes legales de los trabajadores; la obligación de consultas nace desde que se plantea o proyecta una disminución de puestos de trabajo cuyo número puede superar los umbrales del despido colectivo (STJUE de 22 enero 2024, asunto C-589/22). La consulta se llevará a cabo en una única comisión negociadora integrada por un máximo de 13 miembros por cada una de las partes.

La intervención como interlocutores ante la dirección de la empresa corresponderá a los sujetos y en el orden y condiciones indicados en el art. 41.4 ET (ver lección 10ª). En caso de inexistencia de representantes unitarios, los trabajadores pueden negociar todos con la empresa (STS de 29 enero 2024, rec. 1044/2023).

Como sucede con la modificación sustancial de condiciones de trabajo, si la comisión viene integrada por miembros designados por los sindicatos, el empresario puede atribuir su representación a las organizaciones empresariales "en que estuviera integrado" (pero nada impide que la otorgue a cualquier otra).

La Comisión representativa de los trabajadores deberá constituirse antes del inicio del período de consultas en el plazo de 7 o 15 días siguientes a la comunicación empresarial de la intención de iniciar el procedimiento colectivo (según el centro cuente o no con representantes legales).

B) *Comunicación.* Conforme al art. 51.2 (segundo párrafo), la comunicación de la apertura del período de consultas se realizará mediante escrito dirigido por el empresario a los representantes legales de los trabajadores, una copia del cual se hará llegar a la autoridad laboral (arts. 2-6 RPDC). En el escrito se harán constar (art. 3.1 RPDC): a) La especificación de las causas del despido; b) Número y clasificación profesional de los trabajadores afectados, desglosada por centro, provincia y CA, en su caso. No es discriminatorio seleccionar a los trabajadores que se encuentren más próximos a la edad de jubilación (STC 66/2015, de 13 abril); también pueden ser incluidas mujeres embarazadas; c) Número y clasificación profesional de los trabajadores empleados habitualmente en el último año; d) Período previsto para la realización de los despidos; e) Criterios tenidos en cuenta para la designación de los afectados; f) Copia de la comunicación dirigida a los trabajadores o sus representantes manifestando la intención de iniciar el procedimiento, y g) Representantes de los trabajadores que integrarán la comisión negociadora o indicación de la falta de constitución de ésta en los plazos legales.

La comunicación debe ir acompañada de una "memoria explicativa" de las causas y demás aspectos antes señalados y de toda la "información" necesaria para acreditar las causas (art. 51.2, párrafos 3 y 4) así como del plan de recolocación externa en caso de despidos que afecten a más de 50 trabajadores (art. 51.10 ET). Simultáneamente a la entrega de la comunicación a los representantes legales de los trabajadores, el empresario solicitará por escrito de estos su preceptivo informe (art. 3. 2 y 3 RPDC).

La documentación en los despidos por causas económicas (art. 4 RPDC) incluye una "memoria explicativa" de las causas acreditando la situación económica negativa. Para acreditar la situación económica se deberán aportar las "cuentas anuales" —en su caso, auditadas— de los dos últimos ejercicios completos y las "cuentas provisionales" a la presentación de la solicitud. Si la situación económica negativa consiste en una previsión de pérdidas, informar de los "criterios...para su estimación" y un "informe técnico" sobre su carácter y evolución.

La documentación en los despidos por las otras causas (art. 5 RPDC) incluirá una "memoria explicativa" de las mismas, así como "informes técnicos", ambos con la finalidad de acreditar la concurrencia de las causas (STS de 25 abril 2019, rec. 204/2018 en cuanto a la entrega de documentación).

En cuanto al plan de recolocación externa para los trabajadores afectados por el despido a través de empresas de recolocación autorizadas (art. 51.10 ET), se requiere cuando el despido afecte a más de 50 trabajadores, teniendo en cuenta las extinciones producidas por motivos no inherentes a la persona del trabajador en los 90 días anteriores al inicio del despido colectivo, salvo en empresas que se hubieran sometido a un procedimiento concursal. El plan se diseñará para un período mínimo de 6 meses; deberá incluir medidas de formación y orientación profesional, atención personalizada y búsqueda activa de empleo (art. 9 RPDC).

C) *Autoridad competente* (art. 25 RPDC). Como es materia transferida a las CCAA, la autoridad laboral competente (estatal o autonómica) dependerá de la ubicación de los centros afectados, el número de trabajadores, la trascendencia social de la medida y de algún otro dato (por ejemplo, empresas relacionadas con la Defensa Nacional).

Si el procedimiento afecta a centros ubicados en su totalidad en una CA, autoridad competente lo será el órgano determinado por la misma.

Si el procedimiento afecta a centros ubicados en dos o más CCAA —y en algún otro supuesto—, la autoridad competente lo será, según los casos, la Dirección General de Empleo del MTMSS, la Delegación del Gobierno en la CA o en las ciudades de Ceuta y Melilla, o la Subdelegación del Gobierno en la provincia.

D) *Negociación con los representantes* (art. 51.2, párrafos 1 y 8-9 ET, art. 7 RPDC). El período de consultas tendrá una duración "no superior" a quince días naturales (empresas de menos de 50 trabajadores) o a treinta días naturales (empresas de 50 o más).

En todo caso, la consulta/negociación deberá versar sobre las causas motivadoras, la posibilidad de evitar o reducir los efectos del despido, o medidas para atenuar las consecuencias para los afectados (que se ejemplifican).

La buena fe en la negociación exige un esfuerzo negociador, pero la negociación puede culminar o no en un acuerdo. Si no hay acuerdo, es posible que resulte aplicable alguno de los acuerdos de solución extrajudicial de conflictos (el ASEC-V estatal; un acuerdo autonómico), procediéndose entonces a aplicar los trámites previstos en los mismos. Como se recordará (lección 7ª), tales procedimientos pueden consistir en una mediación obligatoria o en un arbitraje voluntario. Es factible, pues, que como consecuencia de la aplicación de dichos acuerdos, se alcance una solución (ya sea un acuerdo tras la mediación, ya sea un laudo arbitral).

Los arts. 27 y 28 RPDC regulan con cierto detalle la actuación de la comisión negociadora: acta de constitución; en su caso, forma de negociación global o por centros; cómputo de la mayoría cuando la comisión esté integrada por representantes de varios centros, contenido de las actas.

El acuerdo requiere "la conformidad de la mayoría" de los miembros de la comisión negociadora que, en su conjunto, representen a la mayoría de los trabajadores del centro o centros afectados.

Pero, en todo caso, el empresario y la representación laboral pueden acordar en cualquier momento la sustitución del período de consultas/ negociación por el procedimiento que sea aplicable en la empresa, a desarrollar siempre dentro del plazo máximo antes señalado.

E) *Procedimiento administrativo* (art. 51.2, párrafo 10 ET). El procedimiento administrativo se desarrolla al mismo tiempo que la negociación.

Desaparecida la exigencia de autorización para el despido, el papel de la autoridad laboral consiste en "velar" por la efectividad del período de consultas. A esos efectos, puede remitir "advertencias y recomendaciones" a las partes, que no supondrán "la paralización ni la suspensión" del procedimiento. También podrá realizar las actuaciones de "mediación" convenientes y realizar funciones de "asistencia". Aparte, como veremos luego, la posibilidad de "impugnar" el acuerdo alcanzado en su caso.

La autoridad (art. 51.2 ET) dará traslado de la comunicación de la apertura del período de consultas a la entidad gestora de la prestación por desempleo. Debe recabar informe de la Inspección de Trabajo, que debe ser evacuado en el improrrogable plazo de 15 días desde la finalización del período de consultas.

F) *Finalización del período de consultas* (art. 51.2, párrafo 11 ET). Transcurrido el período de consultas, el empresario comunicará a la autoridad laboral el resultado del mismo. Caso de alcanzarse un acuerdo (directamente o tras una mediación; o, en su sustitución, un laudo arbitral), el empresario le trasladará copia del mismo. En caso contrario, remitirá a los representantes de los trabajadores y a la autoridad laboral la decisión final de despido colectivo que haya adoptado y las condiciones del mismo; su omisión determina la nulidad de los despidos individuales (STS de 5 marzo 2020, rec. 4355/2017). Si no lo comunica en el plazo de 15 días desde la última reunión en el período de consultas, caduca el procedimiento (STS de 15 febrero 2023, rec. 224/2022). Después de comunicada la decisión a la autoridad laboral y antes de hacerse efectivas las medidas, el empresario debe informar a la EG de las prestaciones por desempleo (vía internet, utilizando la aplicación certific@2, O.ESS/982/2013).

G) *Medidas precautorias* (art. 51.3 ET). Cuando la extinción propuesta afectase a más del 50% de los trabajadores, el empresario dará cuenta de la venta de bienes de la empresa, excepto los de tráfico normal, a la autoridad y representantes laborales.

H) *Convenio especial y aportación al Tesoro Público*

Conforme al art. 51.9 ET y DA 13 LGSS, cuando se trate de empresas no incursas en procedimiento concursal y el despido colectivo incluya trabajadores con 55 o más años de edad y que no tuvieran la condición de mutualistas el 1 enero 1967, existe la obligación de abonar las cuotas destinadas a la financiación de un convenio especial respecto de esos trabajadores (ver lección 16ª) hasta los 63 años de edad, o 61 si el despido es por causas económicas; a partir de esa edad son a exclusivo cargo del trabajador.

Conforme al art. 51.11 ET y DA 16ª Ley 27/2011, las empresas de 100 o más trabajadores (o de un grupo que emplee a ese número), que realicen despidos colectivos que afecten a trabajadores de 50 o más años de edad, siempre que el porcentaje de éstos sobre el total de los trabajadores despedidos sea superior al porcentaje de trabajadores de 50 años o más sobre el total de trabajadores de la empresa y que hubieren obtenido beneficios en los dos ejercicios económicos anteriores, deberán efectuar una aportación económica al Tesoro Público; el plazo para reclamarla está sometida al plazo de prescripción de cuatro años (STS de 19 septiembre 2023, rec. 37/2023). Para el cálculo de la aportación, regulada por RD 1484/2012, de 29 oct., se establecen complejas reglas. La aportación se exige también cuando la empresa proceda a medidas temporales de regulación de empleo (suspensiones, reducciones de jornada), siempre que entre la finalización de la situación legal de desempleo derivada de esas medidas y la extinción de los contratos no haya transcurrido más de un año.

2.4. Efectos

A) *Notificación del despido* (art. 51.4 ET). Comunicada, como hemos visto antes, la decisión de despido a los representantes, el empresario podrá notificar los despidos individualmente a los trabajadores. Debe hacerlo conforme a lo establecido en el art. 53.1 para los despidos objetivos, es decir: comunicación escrita expresando la causa pero sin necesidad de indicar los criterios de selección de los trabajadores afectados ni entregar copia a la representación de los trabajadores, simultánea puesta a disposición del trabajador de la indemnización debida (aunque si es por causa económica puede no hacerlo hasta la efectividad del despido) y plazo de preaviso de 15 días (pero, en todo caso, tienen que haber transcurrido 30 días entre la fecha de comunicación de apertura de las consultas y la fecha de efectos del despido).

B) *Prioridad de permanencia* (art. 13 RPDC). Como sabemos (lección 4ª), se reconoce prioridad de permanencia a los representantes unitarios y delegados sindicales. Por convenio colectivo o acuerdo durante el período de consultas, pueden añadirse otras preferencias a favor de otros colectivos.

En el sector público, tendrá prioridad de permanencia el personal laboral fijo que hubiera adquirido esa condición de acuerdo con los principios de igualdad, mérito y capacidad, a través de un procedimiento selectivo de ingreso convocado al efecto, cuando así lo establezcan los entes, organismos y entidades a que se refiere el art. 3.2 LCSP.

C) *Indemnización* (art. 51.4 ET). En virtud de la remisión que el art. 51.4 hace al art. 53.1, los despedidos tienen derecho a una indemnización de 20 días de salario, con el tope máximo de 12 mensualidades, aunque se puede fijar (por convenio, por contrato, en el acuerdo para el despido) una cantidad superior; no es discriminatorio que la indemnización pactada sea menor para trabajadores mayores de 60 años (STS de 24 enero 2023, rec. 2785/2021).

No obstante, la jurisprudencia estima que los trabajadores en excedencia voluntaria sin reserva de puesto no tienen derecho a indemnización. Y en algún caso peculiar se ha estimado la validez de un acuerdo de devolución en caso de volver a ser empleados.

Si el empresario no abona la indemnización (simultáneamente al despido o mediante transferencia bancaria antes de la fecha de efectos, STS de 12 noviembre 2019, rec. 769/2019) o en caso de desacuerdo, el trabajador podrá reclamarla ante la jurisdicción social. El plazo sería el general de un año.

D) *Impugnación de la decisión empresarial* (art. 51.6 ET). La decisión empresarial puede impugnarse colectiva o individualmente y el acuerdo alcanzado en período de consultas puede impugnarse por la autoridad laboral. La demanda por los representantes debe presentarse en el plazo de caducidad de 20 días desde la fecha del acuerdo o de la notificación a los representantes de la decisión empresarial.

a) En primer lugar (arts. 51.6 ET y 124 LJS), la impugnación puede ser colectiva, ante la Sala de lo Social del TSJ correspondiente o ante la de la AN. Puede ser impugnada por los “representantes legales”; si se formula por los “representantes sindicales”, deben tener “implantación suficiente” en el ámbito del despido.

La demanda puede fundarse en falta de causa legal, no realización del período de consultas, adopción de la decisión con fraude, dolo, coacción o abuso de derecho, y vulneración de derechos fundamentales y libertades públicas. No pueden ser objeto de este proceso las pretensiones sobre prioridad de permanencia.

Si no se ha impugnado por los representantes o la autoridad, transcurrido el plazo de caducidad de 20 días, en el plazo de otros 20 días el empresario puede interponer demanda con la finalidad de que su decisión se declare ajustada a derecho.

El proceso es urgente y tiene preferencia sobre cualquier otro asunto, salvo los de tutela de derechos fundamentales y libertades públicas. El juicio deberá tener lugar dentro de los 15 días siguientes a la admisión de la demanda, la sentencia se dictará dentro de los 5 días siguientes al juicio y será recurrible en casación ordinaria.

La sentencia declarará la decisión extintiva:

- Ajustada a derecho, cuando el empresario haya cumplido el período de consultas y entregado la documentación prevista, y acredite la concurrencia de la causa legal.
- No ajustada a derecho cuando no acredite la causa.
- Nula, cuando el empresario no haya realizado el período de consultas o entregado la documentación prevista, o cuando la medida se haya efectuado en vulneración de derechos fundamentales y libertades públicas. En tal caso, se declarará el derecho de los afectados a la reincorporación.

b) En segundo lugar (arts. 51.6 ET y 120-123 LJS, con algunas especialidades en el art. 124.13), la decisión extintiva se puede impugnar individualmente por los afectados mediante la modalidad procesal para extinción por causas objetivas.

Las reglas específicas son las siguientes:

a) Despido colectivo no impugnado por los representantes o por la autoridad laboral.

El plazo de caducidad de comienzo cuando haya transcurrido el plazo de 20 días de que disponían los representantes para impugnar. Si el objeto versa sobre las preferencias de determinados trabajadores, éstos deben ser demandados. El despido será nulo además de en los supuestos recogidos en el art. 122.2 LJS, cuando no se haya respetado el período de consultas, etc. y cuando no se hayan respetado las prioridades de permanencia.

b) Cuando el despido colectivo haya sido impugnado.

El plazo de caducidad computa desde la firmeza de la sentencia colectiva o desde la conciliación judicial (STS de 10 junio 2021, rec. 4188/2018). La citada sentencia o el acuerdo de conciliación judicial tendrán eficacia de cosa juzgada sobre los procesos individuales, que se limitarán a cuestiones individuales no resueltas en la sentencia o acuerdo. Será nula la extinción que no respete el régimen de preferencias legal, correccional o acordado en el período de consultas.

c) En tercer lugar (arts. 51.6 ET y 148.b LJS), la autoridad laboral puede impugnar de oficio el acuerdo entre el empresario y los representantes cuando aprecie fraude, dolo, coacción o abuso de derecho, así como cuando la entidad gestora de las prestaciones por desempleo hubiese informado de que el despido colectivo pudiese tener por objeto la obtención indebida de prestaciones por inexistencia de causa motivadora.

2.5. Concurso de acreedores

Una vez declarado el concurso de acreedores, el despido colectivo tendrá que ser autorizado igualmente, pero no por la Autoridad laboral sino por el Juez mercantil del concurso (art. 169.1 TRLC). Recuérdese que igual autorización judicial procede cuando la medida consista en una modificación sustancial de carácter colectivo o en una suspensión colectiva (no se contempla expresamente el caso de traslado colectivo, pero del art. 169.1 TRLC se deduce claramente que también el traslado colectivo deberá autorizarse). De modo que, en el caso de suspensión o despido colectivos, la competencia pasa de la Autoridad laboral a la judicial; y la medida de modificación sustancial colectiva o el traslado colectivo deben ser autorizadas por el Juez del concurso, autorización que no se requiere (ni laboral ni judicial) si no hay tal situación.

Más concretamente, la extinción colectiva de contratos de trabajo se tramitará ante el juez mercantil, una vez presentada ante el mismo la declaración de concurso.

Previamente procederá un período de negociación, no superior a 30 días, entre los representantes de los trabajadores y la administración concursal. Pero el período de consultas será innecesario si se acompaña acuerdo a la solicitud.

Si se alcanza acuerdo, se comunicará al juez, que solicitará informe a la autoridad laboral. El juez aceptará el acuerdo, salvo que aprecie fraude, dolo, coacción o abuso de derecho.

Si no hay acuerdo, determinará lo que proceda conforme a la legislación laboral (es decir, conforme al art. 51 ET autorizará si hay causa).

En este supuesto (como en los de traslados colectivos, suspensión colectiva o modificación colectiva, ver lección 10ª), el auto del juez mercantil puede ser recurrido, mediante recurso de suplicación ante los órganos jurisdiccionales del orden social (es decir, ante el correspondiente TSJ).

La cuantía de la indemnización es la misma que en los supuestos del art. 51 y 52 ET.

3. DESPIDO POR FUERZA MAYOR

Conforme al art. 49.1.h) ET, los contratos de trabajo pueden extinguirse por fuerza mayor, debidamente constada por la autoridad laboral en los términos de los arts. 51.7 ET y 31-33 RPDC.

Por fuerza mayor hay que entender una circunstancia, imprevisible e inevitable, que imposibilite definitivamente la prestación de trabajo. Puede tratarse de una fuerza mayor "propia" (situaciones catastróficas: incendio, inundación, terremoto, guerra, etc.) o de una fuerza mayor "impropia" (una decisión de una autoridad pública, tal como una expropiación forzosa). Una situación previsible (como la terminación del arrendamiento de un local) no constituye fuerza mayor, pero puede ser causa que justifique la extinción —mediante despido colectivo o no colectivo— en función de las circunstancias.

La fuerza mayor debe ser "constatada" por la autoridad laboral; es decir, que los despidos deben ser autorizados por la misma, en procedimiento de regulación de empleo. En cualquier caso, dicha autorización se requiere cualquiera que sea el número de trabajadores afectados, no solamente si es colectivo. La autoridad debe recabar informe a la Inspección y realizará o solicitará cuantas actuaciones e informes estime indispensables.

No es necesario período de negociación con los representantes de los trabajadores (aunque se entiende que estos ostentarán la condición de parte interesada en el expediente de regulación de empleo, y según el art. 32 RPDC la solicitud de la empresa a la autoridad laboral se les debe comunicar simultáneamente).

La autorización, que debe ser dictada en el plazo de 5 días desde la solicitud empresarial, surtirá efectos desde la fecha del hecho causante de la fuerza mayor. Por ello, si el despido por fuerza mayor es colectivo, cabe entender insuficientemente transpuesta la normativa comunitaria.

La falta de autorización expresa supondría la autorización de la solicitud empresarial (normativa general del art. 24 LPAC).

Alguna doctrina admite la posibilidad de autorizar la suspensión, aunque se haya solicitado la extinción de los contratos.

Los trabajadores despedidos tienen derecho a la indemnización de 20 días por año de servicio con máximo de 12 mensualidades. La Autoridad laboral que autorice el despido puede, además, acordar que toda o parte de esa indemnización sea abonada por el Fogasa, pero sin perjuicio del derecho de este organismo a resarcirse del empresario (ver lección 12ª).

La decisión extintiva empresarial puede impugnarse en los términos ya vistos para el despido colectivo por causas económicas, etc. Pero en este supuesto, en que se requiere autorización para extinguir los contratos, puede impugnarse también ante la jurisdicción laboral el acto administrativo no autorizando o autorizando los despidos (por la modalidad procesal regulada en los arts. 151-152 LJS). Si la sentencia deja sin efecto una resolución administrativa en virtud de la cual se hubieran producido extinciones, declarará el derecho de los afectados a reincorporarse a su puesto; pero salvo que el empresario opte por indemnizarlos como en despido improcedente (art. 151.11 LJS).

4. DESPIDO POR CAUSAS OBJETIVAS

Los arts. 52-53 ET regulan la extinción del contrato por "causas objetivas". A fin de cuentas, se trata de un despido puesto que la decisión es empresarial.

4.1. Causas

Las causas o supuestos previstos en el art. 52 ET son cuatro, toda vez que el RDL 4/2020, de 18 febrero derogó el art. 52.d) ET (despido por absentismo).

A) *Ineptitud del trabajador (art. 52.a).* Podrá ser despedido el trabajador por ineptitud *sobrevenida,* o por ineptitud *originaria* pero desconocida por el empleador (salvo que hubiera transcurrido el período de prueba).

El concepto de ineptitud es amplio y supone la falta de conocimientos, aptitudes (STS de 22 julio 2005, rec. 1333/2004) o requisitos (titulaciones -STS de 25 abril 2023, rec. 1931/2022-, etc.) para la realización de su trabajo, como pérdida del carnet de conducir (STS de 31 mayo 2018, rec.

2785/2016) o pérdida del permiso de trabajo para extranjero (STS de 23 junio 2021, rec. 3444/2018). Debería incluir aquellos supuestos de ejecución defectuosa del trabajo o de bajo rendimiento no imputables a culpa del trabajador, o cuya culpa no se pudiera probar.

Interesa poner en relación esta causa de despido con las situaciones en que puede ser declarado el trabajador desde el punto de vista de la Seguridad Social, para precisar su alcance:

La incapacidad permanente parcial (equivalente a pérdida de más de un 33% de su rendimiento) no permite extinguir el contrato. Conforme al RD 1451/1983, si no afecta al rendimiento (pero, por definición, afecta) el trabajador debe ser reincorporado a su puesto de trabajo o, de ser ello imposible (¿por qué?), mantenerle el nivel retributivo; de acreditarse disminución en el rendimiento, el empresario podrá ocuparle en otro puesto adecuado o, de no existir éste, reducir proporcionalmente su salario (no más del 25%).

La incapacidad permanente total (para la profesión habitual) o absoluta (para cualquier trabajo) son causa de extinción del contrato, conforme al art. 49.1.e) ET. Pero tales situaciones no pueden ser declaradas si el trabajador no reúne los requisitos necesarios para la obtención de una pensión.

B) *Falta de adaptación (art. 52.b).* El trabajador puede también ser despedido por "falta de adaptación... a las modificaciones técnicas operadas en su puesto de trabajo" (52.b ET). Es, pues, un supuesto específico de ineptitud.

Tales modificaciones tienen que ser "razonables". Hay que entender que tal exigencia de razonabilidad equivale a la de "causas económicas, técnicas, organizativas o de producción", a las que luego se refiere el apartado c) del mismo artículo y que son las mismas que justifican el despido colectivo.

Previamente, el empresario deberá ofrecer al trabajador un curso dirigido a facilitar la adaptación a las modificaciones operadas. El tiempo destinado a la formación se considerará de trabajo efectivo y el trabajador abonará al trabajador el salario medio que viniera percibiendo.

El despido no puede producirse, en todo caso, hasta que "hayan transcurrido como mínimo dos meses desde que se introdujo la modificación o desde que finalizó la formación dirigida a la adaptación".

C) *Despido por causas económicas, técnicas, organizativas o productivas (art. 52.c).* La empresa puede asimismo extinguir contratos por causas económicas, técnicas, organizativas o de producción, siempre que el número de despedidos sea inferior al que supone la calificación del despido como colectivo.

Como ya se ha señalado, coinciden estrictamente las causas justificativas de la extinción, tanto en el despido colectivo como en el objetivo. El control judicial alcanza tanto a la existencia de las causas como a la razonabilidad de las decisiones extintivas (STS de 10 octubre 2023, rec. 3103/2021). El empresario no viene obligado a agotar todas las posibilidades de recolocación de los trabajadores afectados (STS de 15 septiembre 2022, rec. 93/2021). En cuanto a la selección de los trabajadores afectados, no es discriminatorio el criterio de productividad y el absentismo. En fin, al igual que en el despido colectivo, gozan de prioridad para su permanencia en la empresa los representantes de los trabajadores.

D) *Falta de consignación financiera (art. 52.e).* Cuando se trate de contratos de duración indefinida, con entidades sin ánimo de lucro, para la ejecución de planes y programas públicos determinados, sin dotación económica estable y financiados mediante consignaciones presupuestarias o extra-presupuestarias anuales consecuencia de ingresos externos de carácter finalista, la insuficiencia de la correspondiente consignación es causa para la extinción de los contratos.

A fin de cuentas, es un supuesto concreto de causa económica. Por ello, si la extinción, en este supuesto, afecta a un número de trabajadores tal que suponga un despido colectivo, se debe seguir el procedimiento ya estudiado para este tipo de despido.

4.2. Procedimiento

Los requisitos para proceder a un despido o despidos por causas objetivas son los siguientes:

- Comunicación escrita al trabajador, expresando la causa (como en el disciplinario, con la suficiente concreción para permitir la defensa del trabajador).
- Preaviso de 15 días entre la entrega de la comunicación escrita y la extinción del contrato.
- Puesta a disposición del trabajador de una indemnización de 20 días de salario por año de servicio, con un máximo legal de 12 mensualidades. La puesta a disposición tiene que ser simultánea a la comunicación escrita, si bien se ha admitido el pago mediante

transferencia bancaria del día del despido (STS de 12 enero 2022, rec. 4657/2018); salvo cuando la causa sea económica y no se pueda hacer por tal situación, y se haga constar en la comunicación y probar en el acto de juicio (STS de 12 enero 2022, rec. 500/2019). En tal caso, el abono procederá cuando tenga efectividad el despido.

- Entrega de copia de la comunicación escrita o carta de despido (STS de 3 abril 2024, rec. 2075/2023), pese a que la ley habla literalmente de copia del "escrito de preaviso", a la representación legal de los trabajadores (basta con la entrega a un delegado de personal), si el despido es por causas empresariales (art. 52.c) ET). Esta comunicación no puede ser previa a la entrega al trabajador despedido, sino posterior y en un plazo prudencia (y lo es cinco días hábiles después del despido, STS de 4 junio 2024, rec. 3159/2023).
- Permiso retribuido de 6 horas semanales durante el período de preaviso.

4.3. Efectos

Contra el despido objetivo, el trabajador podrá recurrir ante la jurisdicción social (arts. 120-123 LJS). El plazo es de 20 días hábiles, desde la efectividad del despido, pero cabe recurrir antes durante el período de preaviso.

Como en el despido disciplinario, el Juzgado de lo Social declarará el despido procedente, improcedente o nulo.

La declaración de *procedente* confirmará la extinción del contrato, consolidando la indemnización antes señalada, ya entregada al trabajador.

La declaración de *improcedente* se producirá cuando no se acrediten las causas alegadas, y también cuando no se hubieren cumplido los requisitos formales (como el retraso en la entrega de la indemnización), salvo la no concesión del preaviso o el error excusable en el cálculo de la indemnización, sin perjuicio de la obligación del empresario de abonar los salarios correspondientes a dicho periodo o al pago de la indemnización en la cuantía correcta.

Dará lugar a la opción (por el empresario o por el trabajador despedido, si éste es un representante) entre readmisión o indemnización. La *indemnización*, en su caso, es también de 33 días por año de servicio con máximo de 24 mensualidades (de la que se descontará la cuantía ya percibida); como en el despido disciplinario, para contratos formalizados antes del 12/02/2012 y hasta esa fecha, la indemnización se calculará a razón de 45 días por año.

En caso de opción por la readmisión, naturalmente el trabajador deberá reintegrar la indemnización percibida.

En su caso también corresponden los *salarios de tramitación,* en los mismos términos que para el despido disciplinario.

La declaración de *nulidad* se producirá en los mismos supuestos que en el despido disciplinario, y cuando se haya efectuado en fraude de ley, eludiendo las normas establecidas para los despidos colectivos en el art. 51.1 in fine ET (art. 122.2 LRJS).

5. EXTINCIÓN POR MUERTE, JUBILACIÓN O INCAPACIDAD DEL EMPRESARIO

Según el art. 49.1.g) ET, el contrato se extinguirá por muerte, jubilación o incapacidad del empresario, sin perjuicio de lo dispuesto en el art. 44 ET (transmisión de empresa, ver lección 8ª).

De este modo, el contrato se extingue (con abono solamente de una indemnización de un mes de salario) salvo que los sucesores del empresario, o el propio empresario jubilado, o el propio empresario incapaz o su representante, opten por la continuidad de la actividad empresarial (o, alternativamente, por transmitirla a terceras personas).

Los tribunales admiten un plazo prudencial para adoptar esa decisión de continuidad o no en la actividad empresarial (STS de 27 septiembre 2023, rec. 4408/2021).

Por lo demás, a lo que se acaba de decir hay que añadir:

— Que la extinción de los contratos de trabajo vinculada a la muerte de un empresario persona física no está comprendida en el concepto de despidos colectivos en el sentido de la Directiva 98/59/CE, ni la misma se opone a una normativa nacional que establece diferentes indemnizaciones por muerte del empresario y por despido colectivo (STJUE de 10 diciembre 2009, asunto C-323/08).

— Que la *jubilación* del empresario, en su caso, tiene que ser conforme a alguno de los regímenes de la Seguridad Social en que esté en alta como autónomo. Cabe, eventualmente, la jubilación solo en alguno de estos regímenes y no en los demás (por ejemplo, como autónomo del Régimen del Mar y no en el RETA; o a la inversa), pudiendo entonces extinguir la actividad como empresario en ese régimen.

— Que la *incapacidad* requerida es, incluso, la que se manifieste de hecho, impidiéndole desarrollar sus actividades directivas. En otras palabras, no es necesario que se trate de una situación de incapacidad declarada conforme al correspondiente régimen de Seguridad Social, ni una incapacidad declarada judicialmente (STS de26 abril 2001, rec. 3015/2000).

La falta de previsión de consulta/negociación con los representantes o de preaviso en caso de extinción por jubilación o incapacidad supondría una insuficiente transposición de la normativa comunitaria, si la extinción resulta colectiva. En este sentido se ha pronunciado la STJUE de 7-7-2024, asunto C-196/23, Plamaro, de forma que si la extinción de los contratos de trabajo por jubilación del empresario supera el umbral establecido en el art. 1.1 de la Directiva 98/59 ha de calificarse de "despido colectivo" a los efectos de información y consulta con los representantes de los trabajadores.

6. EXTINCIÓN DEL CONTRATO POR EXTINCIÓN DE LA PERSONALIDAD JURÍDICA DEL EMPRESARIO

También conforme al art. 49.1.g) ET, el contrato o contratos de trabajo se extinguen por extinción de la personalidad jurídica del empresario. Es decir, por extinción (conforme a las reglas aplicables en cada caso) de la asociación civil, sociedad civil o mercantil, ente público, etc., titular de la empresa en cuestión.

Pero esta causa de extinción del contrato de trabajo requiere que se sigan los trámites del art. 51 ET y normas de desarrollo (art. 30 RPDC), cuando el número de trabajadores afectados es superior a 5, en caso contrario se seguirá el procedimiento para las extinciones individuales por causas objetivas (STS de 22 febrero 2023, rec. 349/2022). Es decir, cuando se aplican las reglas del despido colectivo, habrá que negociar con los representantes de los trabajadores (pero, si hay declaración de concurso, el competente para autorizar será el juez mercantil, si la extinción es colectiva), en caso contrario se notificará directamente la carta de despido a los trabajadores afectados. Si concurre causa de disolución, el órgano competente debe nombrar liquidadores y tramitar el despido colectivo para hacer efectiva la causa extintiva de tramitar el correspondiente despido colectivo para hacer efectiva la causa extintiva..." (STS de 12 julio 2017, Rec. 32/2017), sin necesidad de acreditar la concurrencia de causa empresarial (STS [Sala General] de 3 diciembre 2014, Rec. 201/2013).

El seguimiento de los trámites del despido colectivo incluye el derecho a la indemnización de 20 días por año de servicio, con máximo legal de 12 mensualidades.

7. DIMISIÓN DEL TRABAJADOR

A) *Supuesto general.* El art. 49.1.d) ET contempla la extinción por dimisión del trabajador, con el preaviso que señalen los convenios colectivos o la costumbre del lugar. Si no viene así establecido, se ha aplicado por analogía el de 15 días para denunciar contratos temporales, incluso se ha admitido su fijación por contrato individual.

El trabajador se puede retractar de su decisión durante el período de preaviso, antes de la efectividad del cese; en todo caso, durante este período el contrato continúa en vigor. Esta extinción por dimisión del trabajador no requiere, pues, causa justificativa alguna. Y puede producirse, salvo lo que luego se dirá, tanto si el contrato es de duración indefinida como si es temporal.

La dimisión del trabajador no precisa de forma alguna. Por tanto, puede comunicarse tanto de forma escrita como verbal. Incluso puede producirse de forma tácita ("abandono"), cuando por sus actos el trabajador manifieste inequívocamente su voluntad extintiva. Por lo demás, la dimisión y baja inmediata firmada al comunicar la empresa el conocimiento de incumplimientos contractuales no supone vicio de consentimiento (STS de 20 enero 2021, rec. 2093/2018).

La inobservancia del preaviso exigido (que suele fijarse en 15 días) no obsta a la extinción del contrato. Pero, en tal caso, el trabajador deberá indemnizar a la empresa por los daños y perjuicios causados (jurisprudencialmente, se suelen cuantificar estos daños en una cuantía igual a los salarios percibidos durante el período no preavisado).

Esta posibilidad de dimisión puede quedar condicionada por la existencia de un "pacto de permanencia" en la empresa. En efecto, el art. 21.4 ET admite tal pacto en una situación muy concreta: cuando el trabajador haya recibido, con cargo al empresario, una especialización profesional para poner en marcha proyectos determinados o realizar un trabajo específico.

Tal pacto tendrá que formalizarse por escrito y no podrá tener una duración superior a dos años. Si el trabajador dimite o abandona antes del plazo pactado, deberá indemnizar al empresario por los daños y perjuicios causados.

B) *Por violencia de género.* El art. 49.1.m) ET contempla la extinción del contrato por decisión de la trabajadora que se vea obligada a abandonar su trabajo como consecuencia de ser víctima de violencia de género. Naturalmente, en este caso no se exige preaviso y, asimismo, hay que entender que no sería obstáculo la existencia de un pacto de permanencia.

8. RESOLUCIÓN DEL CONTRATO POR EL TRABAJADOR, POR CAUSA JUSTIFICADA

El art. 49.1.j) ET contempla la extinción por voluntad del trabajador, "fundamentada en un incumplimiento contractual del empresario".

8.1. Causas

Las causas de resolución vienen desarrolladas en el art. 50 ET, siendo una de ellas amplísima.

A) *Por modificaciones sustanciales.* La resolución se puede producir, en primer lugar, por modificaciones sustanciales llevadas a cabo sin respetar lo previsto en el art. 41 ET y que redunden en menoscabo de la dignidad del trabajador (art. 50.1.a ET).

De todos modos, como ya vimos (Lección 10ª), una modificación sustancial justificada y respetando lo previsto en el art. 41 ET en determinadas condiciones (por ejemplo, las funciones) y que cause un perjuicio cualquiera al trabajador le dará derecho a rescindir con una indemnización, aunque menor a la señalada en el art. 50.2 ET.

B) *Por impago o retrasos en el abono del salario.* La resolución puede tener como causa "la falta de pago o retrasos continuados en el abono del salario pactado" (art. 50.1.b ET).

Como en el caso anterior, la jurisprudencia no requiere culpabilidad empresarial en el impago o retrasos, que pueden deberse a circunstancias ajenas a la voluntad empresarial. Para evitar esta causa de extinción, si el empresario no puede abonar puntualmente los salarios debería proceder a la solicitud de suspensión del contrato por causas económicas, técnicas, organizativas o productivas, o por fuerza mayor.

El impago o los retrasos, eso sí, deben revestir gravedad, con independencia de la situación económica de la empresa o las dificultades que atraviese (STS de 4 octubre 2023, rec. 3715/2022). La misma será apreciada por los tribunales (normalmente, impagos o retrasos de pocos meses no se consideran suficientemente graves, p.e.: de menos de tres meses, STS de 16 enero 2015, rec. 257/2014). En todo caso, deber tratarse de una deuda incontrovertida.

C) *Por incumplimiento grave de las obligaciones empresariales.* La tercera causa de extinción (art. 50.1.c ET), es el incumplimiento grave de sus obligaciones por parte del empresario. Se trata, pues, de un supuesto amplísimo, en que tienen cabida múltiples conductas: falta de ocupación efectiva, acoso sexual, impago de mejoras voluntarias de Seguridad Social, acoso moral, incumplimiento de obligaciones de seguridad, etc.

Aparte la gravedad, en este caso sí que se exige culpabilidad: quedan exceptuados los supuestos de incumplimiento por "fuerza mayor".

Un caso de incumplimiento, expresamente contemplado en el art. 50.1.c) ET, es la *negativa del empresario a reintegrar al trabajador en sus antiguas condiciones,* cuando el traslado o desplazamiento o la modificación sustancial de condiciones de trabajo se declaren judicialmente injustificadas. En ese caso, como se vio (ver lección 10ª), la única alternativa del trabajador ante la negativa del empleador a reponerle en su anterior lugar o condiciones de trabajo, es precisamente ésta de solicitar la extinción de su contrato por causa justificada.

8.2. Procedimiento y efectos

Conforme al art. 50.1 ET, el trabajador podrá solicitar la extinción del contrato por las causas vistas, pero resulta obvio que la relación laboral ha de estar vigente (STS de 14 septiembre 2018, rec. 2652/2017). La acción está sometida al plazo de prescripción de un año.

En principio, pues, no puede desistir unilateralmente y abandonar su trabajo. Deberá solicitar a la jurisdicción social la declaración de extinción del contrato y, mientras, permanecer en su puesto laboral (STS de 19 abril 2023,rec. 3615/2021).

Ello no obstante, los tribunales admiten con bastante amplitud supuestos en que cabe el abandono inmediato: cuando la actuación empresarial ponga en peligro la vida o salud, o la dignidad del trabajador; incluso en el supuesto concreto de impagos o retrasos de suficiente gravedad. Ciertamente, en estos casos de abandono, de todos modos el trabajador se verá normalmente obligado a acudir a los tribunales, a fin de que éstos reconozcan la existencia de causa extintiva y declaren el derecho a la indemnización debida. En todo caso, cuando la conducta empresarial perjudique la dignidad o integridad física o moral del trabajador, podrá acordarse a instancia del mismo alguna de las medidas cautelares contempladas en el art. 180.4 LJS (suspensión de la relación, exoneración de la prestación de servicios, etc.) con mantenimiento del deber empresarial de cotizar y pagar salarios (art. 79.7 LJS); aunque el propio trabajador puede rescindir directamente el contrato, asumiendo el riesgo de la posterior calificación judicial (STS de 3 febrero 2016, rec. 3198/014).

La indemnización debida, conforme al art. 50.2 ET, es la misma que corresponde al despido improcedente: 33 días por año de servicio, con un máximo legal de 24 mensualidades. A fin de cuentas, esta dimisión provocada por el empresario es una especie de despido indirecto.

En fin, en caso de declaración de concurso, si la extinción solicitada por los trabajadores afecta a un colectivo (misma definición que para despido colectivo, aunque sin referencia al período de 90 días), el juez competente será el mercantil, aunque su resolución es recurrible en suplicación ante los órganos jurisdiccionales del orden social (Sala de lo Social del TSJ).

9. EXTINCIÓN POR MUERTE, JUBILACIÓN O INCAPACIDAD DEL TRABAJADOR

Este supuesto de extinción viene contemplado en el apartado e) (muerte, gran invalidez o invalidez permanente total o absoluta) y en el apartado f) (jubilación del trabajador), ambos del art. 49.1 ET.

El supuesto de extinción por muerte del trabajador no requiere aquí mayor comentario, el contrato se extingue sin posibilidad de mantenerlo sustituyendo la persona del trabajador; es dudosa la vigencia del D. 2 marzo 1944 que establece una indemnización de 15 días de salario en caso de muerte por causas naturales.

A) *Jubilación del trabajador (art. 49.1.f ET)*. La jubilación del trabajador puede ser causa de extinción del contrato, sin ningún tipo de indemnización legal. Recuérdese, no obstante, que actualmente se pretende un sistema de *jubilación gradual y flexible*. Así, como se dijo (ver lección 9ª), se contempla la jubilación parcial con suscripción simultánea de contrato de relevo o sin ella. Igualmente, cabe la compatibilidad entre la pensión de jubilación y el trabajo a tiempo parcial. También la jubilación anticipada con reducción de la pensión. Al tiempo que se fomenta el retraso en la jubilación, mediante bonificaciones e incremento de la pensión.

En todo caso, en lo que aquí interesa, la jubilación del trabajador podría ser voluntaria o forzosa al alcanzar determinada edad. La voluntaria, en el fondo, no es sino una dimisión del trabajador sin causa, por lo que cabría revocación de la decisión antes de su efectividad (p.e.: por desistir de la solicitud de pensión para reiterarla más adelante, STS de 26 abril 2023, rec. 2860/2020). La forzosa puede establecerse por ley para concretas actividades (así, en caso de los controladores aéreos a los 65 años, DA 4ª Ley 9/2020, de 14 abril y STS de 30 noviembre 2021, rec. 4801/2018) y, con carácter general, tras una azarosa historia en los últimos años, ha vuelto a admitirse: conforme a la DA 10ª ET en la redacción dada por DF 1ª de la Ley 21/2021, de 28 diciembre, los convenios colectivos (suscritos desde 1 de enero de 2022) podrán establecer cláusulas que posibiliten la extinción del contrato de trabajo (que no el acceso forzoso a la jubilación, pudiendo permanecer en activo en otro empleo) por el cumplimiento por parte del trabajador de la edad igual o superior a 68 años, siempre que se cumplan los siguientes requisitos:

> La persona afectada por la extinción ha de cumplir los requisitos para tener derecho al 100 por ciento de la pensión ordinaria de jubilación en la modalidad contributiva.
>
> La mediada deberá vincularse, como objetivo coherente de la política de empleo expresado en el convenio colectivo, al relevo generacional a través de la contratación indefinida y a tiempo completo de, al menos, un nuevo trabajador o trabajadora.

Excepcionalmente, con el objetivo de alcanzar la igualdad real y efectiva entre mujeres y hombres coadyuvando a superar la segregación ocupacional por género, la extinción forzosa del contrato puede rebajarse a la edad ordinaria de jubilación fijada en la normativa de la Seguridad Social (65 o 67 años, o la que corresponda transitoriamente, vid. Lec. 16, ep. 8.5) cuando la tasa de ocupación de las mujeres trabajadoras por cuenta ajena afiliadas a la Seguridad Social, en alguna de las actividades económicas definidas por los códigos CNAE correspondientes al ámbito funcional del convenio, sea inferior al 20 por ciento de las personas ocupadas en las mismas. La citada tasa de ocupación será la correspondiente a fecha de constitución de la comisión negociadora del convenio y la facilitará la Administración de la Seguridad Social. La aplicación de esta excepción exigirá, además, el cumplimiento de los siguientes requisitos:

La persona afectada por la extinción ha de cumplir los requisitos para tener derecho al 100 por ciento de la pensión ordinaria de jubilación en la modalidad contributiva.

En el CNAE al que esté adscrita la persona afectada por la extinción, que será el aplicable para la determinación de los tipos de cotización por ATEP, la tasa de ocupación de empleadas ha de ser inferior al 20 por ciento del total de personas trabajadoras a la fecha de efectos de la decisión extintiva.

Cada extinción contractual deberá llevar aparejada la simultánea contratación indefinida y a tiempo completo de, al menos, una mujer en la mencionada actividad.

La empresa ha de comunicar con carácter previo la decisión extintiva a los representantes legales de los trabajadores y a la persona trabajadora afectada.

Las cláusulas de extinción forzosa del contrato por cumplimiento de la edad ordinaria de jubilación suscritas con anterioridad podrán ser aplicadas hasta tres años después de la finalización de la vigencia inicial pactada del convenio.

B) *Incapacidad del trabajador* (art. 49.1.e). El contrato se extinguirá, igualmente, por declaración del trabajador en situación de gran invalidez o de incapacidad permanente total o absoluta, sin indemnización. La extinción no precisa de formalidad alguna (STS de 3 febrero 2021, rec. 998/2018). No obstante, la extinción automática en caso de IP total, sin obligación del empresario de realizar ajustes razonables para permitir al trabajador conservar el empleo, es contraria al art. 5 de la Directiva 2000/78/CE, de 27 noviembre, sobre igualdad de trato en el empleo y la ocupación (STJUE de 18 enero 2024, asunto C-631/22).

Lo fundamental al respecto, ya está dicho (ver, en esta lección, la extinción por ineptitud del trabajador). La declaración de esas situaciones requiere que la calificación sea firme, que no contemple la revisión por mejoría durante un periodo de dos años y que el trabajador tenga derecho a una pensión por las mismas. En caso contrario, la empresa podría proceder al despido por la causa objetiva de ineptitud, con el abono de la correspondiente indemnización.

10. EXTINCIÓN POR MUTUO ACUERDO

El "mutuo acuerdo de las partes" es causa extintiva del contrato (art. 49.1.a ET). La validez de dicho acuerdo requiere la inexistencia de vicios (error, violencia, intimidación o dolo) o de causa ilícita.

En la práctica, el mutuo acuerdo suele reflejarse en el llamado "recibo de finiquito" o de "saldo y finiquito". Como se vio (lección 2ª) en dicho documento suelen contenerse dos declaraciones: de un lado, que se han saldado las deudas con el trabajador y que éste no tiene nada más que reclamar (lo que podía plantear problemas en relación al principio de indisponibilidad de derechos, del art. 3.5 ET); de otro lado, que la relación queda extinguida (por mutuo acuerdo, precisamente; aunque también puede reflejar la extinción por voluntad del trabajador o por despido del mismo).

Al respecto, existe abundante jurisprudencia que valora si el recibo refleja claramente la voluntad extintiva del trabajador en función de las circunstancias y la actuación coetánea de las partes. O si, por el contrario, solamente contiene una liquidación de deudas, pero no un mutuo acuerdo extintivo.

Por lo demás, dos normas inciden sobre el recibo de finiquito. En primer lugar, el art. 49.2 ET, que reconoce al trabajador el derecho a solicitar la presencia de un representante legal en el momento de la firma del recibo, debiéndose hacer constar en el mismo dicha presencia o que el trabajador no ha hecho uso de tal posibilidad; el trabajador puede también hacer constar que el empresario ha impedido la presencia del representante. En segundo lugar, el art. 64.4.b) ET establece que el comité de empresa (o los delegados de personal) tiene derecho a conocer los "modelos" relativos a la terminación del contrato, entre los que figuraría precisamente el modelo utilizado de recibo de finiquito (es frecuente que los convenios colectivos pacten un determinado modelo de recibo).

11. EXTINCIÓN POR CAUSAS PACTADAS

El contrato de trabajo se podrá extinguir "por las causas consignadas válidamente en el contrato salvo que las mismas constituyan abuso de derecho manifiesto por parte del empresario" (art. 49.1.b ET).

Al celebrar el contrato, pues, cabe pactar una condición resolutoria del mismo. Es decir, condicionar la continuidad del contrato a un "suceso futuro e incierto", el cual, de producirse, causaría la extinción del mismo.

Tal condición no puede ser abusiva, considerándose tales las llamadas "cláusulas potestativas" que dejen a la decisión discrecional del empleador la extinción del contrato, sin causa objetiva que justifique la extinción. Por el contrario, se admite como válido el condicionar la extinción a decisiones administrativas (subsistencia de un permiso, renovación de un carnet) o similares (alcanzar el rendimiento pactado, obtención de una titulación).

La extinción por la causa pactada se estima que requiere, en todo caso, la denuncia de alguna de las partes; es decir, la comunicación por una de las partes a la otra del cumplimiento de la condición y de la extinción del contrato.

12. EXTINCIÓN DE CONTRATOS TEMPORALES

En el caso de contratos temporales válidamente celebrados, la relación laboral se extinguirá "por expiración del tiempo convenido o realización de la obra o servicio objeto del contrato" (art. 49.1.c ET). Dicha extinción quedó suficientemente analizada respecto de cada una de las modalidades de contratación temporal (lección 9ª).

Únicamente cabe aquí poner de relieve tres cuestiones.

a) En primer lugar, que el trabajador tiene legalmente (art. 49.1.c ET) derecho a una indemnización por finalización del contrato, excepto en los contratos formativos y el contrato de duración determinada por causa de sustitución, diferente trato que finalmente no ha sido considerado contrario a la cláusula 4 del Acuerdo marco sobre el trabajo de duración determinada (Directiva 1999/70) y los formativos. La indemnización prevista es de 12 días por año de servicio o parte proporcional o la prevista en la normativa específica de aplicación (así, como se vio, es de 12 días para el contrato de fomento de empleo de trabajadores con discapacidad o cuando se contrate por una ETT).

b) En segundo lugar, que en el supuesto de que el contrato temporal celebrado sea ilegal o fraudulento, la comunicación de terminación del mismo por expiración del tiempo convenido constituirá, en realidad, un despido. El ejercicio de la acción para recurrir judicialmente frente a la resolución empresarial extintiva caducará a los 20 días hábiles siguientes al de producción de la resolución del contrato temporal. De ser, efectivamente, ilegal o fraudulento el contrato temporal, el Juzgado considerará y declarará la extinción como despido improcedente.

c) En tercer lugar, que es posible que se produzca el despido del trabajador temporal (ya sea despido disciplinario, ya sea despido objetivo) antes de la expiración del tiempo convenido o antes de la realización de la obra o servicio objeto del contrato.

En este supuesto, si el despido es declarado improcedente, es factible que, al tiempo de la sentencia que declare tal improcedencia, de todos modos el contrato ya se haya extinguido por expiración del tiempo convenido. En tal caso, los muy eventuales salarios de tramitación (puesto que, como vimos, se reducen ahora a los supuestos de despido improcedente de representante o de despido nulo) quedarían limitados al momento de extinción del contrato temporal. Pero, por lo que respecta a la indemnización por la improcedencia del despido, esta procedería plenamente (como obligación alternativa a la de readmitir, que resultaría imposible por la extinción del contrato).

Lección 16ª

Derecho de la Seguridad Social

1. CONCEPTO DE SEGURIDAD SOCIAL

Se entiende por Seguridad Social las técnicas específicas de protección de las personas frente a situaciones de necesidad provocadas por determinados riesgos o contingencias (ver art. 2.2 LGSS).

En efecto, toda persona está expuesta a determinados acontecimientos, denominados *"contingencias"* (enfermedad o accidente; maternidad, paternidad, riesgo durante el embarazo o lactancia; vejez; muerte; cargas familiares; pérdida del empleo) (ver arts. 155-160), las cuales ocasionan *"situaciones de necesidad"* por incremento del gasto (asistencia sanitaria, ayuda de terceros, cargas familiares) o por disminución de los ingresos de las personas afectadas (incapacidad temporal o permanente para el trabajo; suspensión del contrato por las causas antes aludidas; jubilación; muerte y supervivencia; hijos a cargo; desempleo) (ver art. 42.1 LGSS).

La protección frente a esas contingencias puede ser inespecífica (es decir, no concebida específicamente para las mismas): la caridad o beneficencia, el ahorro, el aseguramiento voluntario. Esas técnicas inespecíficas resultan insatisfactorias porque dependen de la voluntad y/o capacidad de financiación de los individuos.

Por ello surge, ya como técnica específica de protección, a finales del s. XIX, en Alemania, la técnica de los "seguros sociales obligatorios". Sus rasgos principales son la obligatoriedad, su carácter profesional, la financiación con cargo al empresario en buena medida y su limitación a determinadas situaciones de necesidad concretas. Se instauran siendo canciller BISMARCK.

Con posterioridad, a partir sobre todo de los informes del economista BEVERIDGE, a principios de la década de los cuarenta, se abre camino la idea de un "sistema de seguridad social", es decir, de protección de todos los ciudadanos frente a cualquier situación de necesidad, financiado mediante impuestos.

Todo ello lleva a que quepa distinguir, en la actualidad, dos modelos de Seguridad Social. De un lado, un modelo "bismarckiano" de Seguridad Social profesional (para trabajadores subordinados y autónomos), contributiva (financiada por cuotas de empresarios y trabajadores), para un número limitado de situaciones de necesidad (las antes señaladas). De otro lado, un modelo "beveridgeano" de Seguridad Social universalista (para todos los ciudadanos), no contributiva o asistencial (financiada por impuestos), para cualquier situación de necesidad.

Naturalmente, son frecuentes los modelos o sistemas mixtos de Seguridad Social, en parte contributivos y en parte asistenciales. Tal es el caso español en la actualidad.

A la tendencia hacia sistemas de Seguridad Social universalistas se une, hoy en día, la crisis provocada por el aumento de beneficiarios (envejecimiento de la población, alto desempleo), el incremento del gasto (asistencia sanitaria y farmacéutica) y las dificultades de financiación (incremento de costes si se aumentan las cuotas empresariales, políticas de reducción del déficit público).

2. EL DERECHO ESPAÑOL DE LA SEGURIDAD SOCIAL

2.1. Orígenes del sistema español

Los orígenes se sitúan en la Ley de Accidentes de Trabajo de 1900, aunque se limitó a declarar la responsabilidad objetiva (sin necesidad de culpa) del empresario en caso de accidente laboral. Realmente el primer seguro obligatorio, en 1919, fue el llamado Retiro Obrero. A éste le siguieron posteriormente, durante la Dictadura de Primo de Rivera y en la Segunda República, el de maternidad y el de accidentes de trabajo. Fue después de la Guerra Civil cuando se generalizaron los seguros obligatorios: de enfermedad (SOE), de vejez e invalidez (SOVI), de enfermedad profesional, subsidios familiares, de desempleo, etc.

Estos seguros sociales evolucionan hacia un sistema de Seguridad Social, a partir de la Ley de Bases de 1963 y su texto articulado o Ley de Seguridad Social de 1966, que entró en vigor el día 1 de enero de 1967. Esta Ley sufre reformas importantes en 1972, dando lugar al texto refundido de Ley General de Seguridad Social de 1974, seguido por el de 1994, antecedente del actual de 2015.

En todo caso, se trataba de un sistema que contemplaba la protección de una amplia serie de situaciones de necesidad, pero claramente profesional (trabajadores por cuenta propia y ajena, con alguna asimilación) y contributivo o financiado por cuotas (en 1980, por ejemplo, la aportación estatal a la financiación del sistema suponía solamente el 9,4%).

2.2. Normas constitucionales

La CE sienta las bases del modelo de Seguridad Social y regula la distribución de competencias en esa materia.

A) Modelo de Seguridad Social

La base de la legislación vigente es el **art. 41 CE** Conforme al mismo "Los poderes públicos mantendrán un régimen público de Seguridad Social para todos los ciudadanos, que garantice la asistencia y prestaciones sociales suficientes ante situaciones de necesidad, especialmente en caso de desempleo". A lo que se añade que "La asistencia y prestaciones complementarias serán libres".

Se trata de una norma que, por su ubicación, constituye un principio programático, a desarrollar o configurar legalmente.

a) En términos generales, para ese desarrollo legal, el art. 41 establece un marco muy flexible, que "impide hablar de un modelo único de seguridad Social como conforme" al mismo (STC 37/1994).

En todo caso, el art. 41 exige un nivel no contributivo, por el que se atiendan cualesquiera situaciones de necesidad, superando el modelo tradicional contributivo en que solamente se atendían contingencias concretas (ver SSTC 103/1983, 65/1987, 134/1987 y 184/1990).

La *universalización* ("para todos los ciudadanos" y "ante situaciones de necesidad") se ha buscado mediante la introducción en 1990 de prestaciones no contributivas (de invalidez, de vejez, por hijos a cargo) y mediante un sistema sanitario público que abarca a casi todos los ciudadanos (en último término, a los de recursos limitados). Tal universalidad era, no obstante, limitada, sobre todo en el caso del desempleo: hay dos niveles de protección (contributivo y asistencial), pero ambos exigen normalmente una mínima cotización, por lo que la protección universal es más bien la que se dispensa mediante el programa de "renta activa de inserción" (ver, infra, epígrafe 8.9.E).

Cabía, pues, concluir en que se había producido una cierta universalización respecto a toda persona sin recursos, pero siempre en relación a contingencias concretas, no de modo amplio frente a cualquier situación de necesidad. Pero nuevos desarrollos, en el caso de la Atención a la Dependencia[1] y, sobre todo, mediante la regulación del Ingreso Mínimo Vital, permiten referirse ya a un claro nivel no contributivo universal.

b) Al mismo tiempo se han mantenido las tradicionales prestaciones contributivas, con lo que nuestro sistema se configura realmente como un *sistema mixto con tres niveles*: nivel público contributivo, nivel público no contributivo y nivel complementario voluntario privado.

La cuestión, entonces, es si ese modelo mixto de Seguridad Social con tres niveles es, no solo compatible con el art. 41 CE (lo que no plantea dudas: el art. 41 "no constriñe el establecimiento de un único sistema prestacional fundado en principios idénticos" STC 184/1983), sino si ese es precisamente el modelo exigido por la CE o si, por el contrario, el legislador podría configurar un modelo totalmente distinto del actual, en concreto, un modelo estrictamente con un nivel público no contributivo y con un nivel complementario privado, suprimiendo el tradicional nivel público contributivo.

Al respecto cabe mantener que, conforme a la doctrina constitucional, hay, respecto de cualquier institución (como lo es la Seguridad Social) "un núcleo o reducto indisponible para el legislador" (STC 32/1981), el cual debe identificarse con aquellos rasgos de la institución de que se trate "recognoscibles para la imagen que de la misma tiene la conciencia social en cada tiempo y lugar" (SSTC 26/1987 y 76/1988).

En suma, el legislador tiene que mantener, al configurar el modelo de Seguridad Social, "los rasgos que la hacen recognoscible en el estado actual de la conciencia social" (STC 37/1994). En otras palabras: Seguridad Social es lo que la sociedad española entiende por Seguridad Social y, en ese sentido, la sociedad española entiende por tal un sistema que permita, en situaciones de necesidad, obtener unas prestaciones similares a las rentas de activo; al contrario, no reconocería como tal un sistema que solamente otorgara unas prestaciones mínimas.

Así parece entenderlo el TC: "La situación de necesidad a que alude el art. 41... ha cristalizado en nuestra normativa legal en un sistema de Seguridad Social que no se basa ("solamente", habría que añadir) en la protección frente a la pobreza" (STC 253/1988).

---

[1] En este sentido, la Ley 39/2006, de 14 de diciembre, de Promoción de la Autonomía Personal y Atención a las personas en situación de dependencia, aunque se basa más bien en los arts. 49 y 50 CE y constituye un sistema propio: SAAD (Sistema para la Autonomía y Atención a la Dependencia).

c) Pese a entender, como se acaba de decir, que el legislador está obligado a mantener un régimen publico contributivo, sin embargo no tiene necesariamente que mantener una regulación determinada: el art. 41 no pretende el "mantenimiento incólume del régimen establecido en la vigente LSS" (STC 37/1994). Por ello, el legislador, dispone de un amplio margen de configuración legal[2], para establecer unos "derechos sociales de prestación" que dependen de las posibilidades económicas[3].

B) Distribución de competencias

Conforme al art. 149.1.17ª CE, el Estado tiene competencia exclusiva sobre "Legislación básica y régimen económico de la Seguridad Social, sin perjuicio de la ejecución de sus servicios por las Comunidades Autónomas".

Como puede observarse, a diferencia de lo que sucede en materia laboral (lección 2ª), las CCAA pueden asumir competencias no solo ejecutivas, sino también normativa, aunque todo lo referido al régimen económico (no solamente la legislación básica al respecto) corresponde al Estado.

2.3. Normativa vigente

Amén del vigente texto refundido de la **Ley General de la Seguridad Social** de 2015, aprobado por RDLeg. 8/2015, de 30 octubre, que ha codificado el derecho de la Seguridad Social; su estructura es la siguiente: el Título I, artículos 1 a 135, relativo a las normas generales del sistema de Seguridad Social; Título II, arts. 136 a 261, relativo al Régimen General de la Seguridad Social; Tít. III, arts. 262 a 304 regula protección por desempleo; Tít. IV, arts. 305 a

---

2 El sistema de Seguridad Social se configura "como un régimen legal en el que tanto las aportaciones de los afiliados como las prestaciones a dispensar, sus niveles y condiciones, vienen determinados, no por un acuerdo de voluntades, sino por reglas que se integran en el ordenamiento jurídico y que están sujetas a las modificaciones que el legislador introduzca" (STC 65/1987) (las cursivas son del autor).

3 Los derechos de Seguridad Social son "derechos sociales de prestación que implican una carga financiera, son de contenido legal y requieren ineludiblemente una intermediación legislativa. Corresponde al legislador en función de las situaciones de necesidad existentes y de los medios financieros disponibles determinar la acción protectora a dispensar por el régimen público de Seguridad Social y las condiciones para el acceso a las prestaciones y para su pérdida. Esta caracterización de derechos prestacionales que requieren una base financiera sólida y una administración de recursos escasos permiten al legislador una amplia libertad de configuración" (STC 126/1994).

326, regula el Régimen Espacial de los Trabajadores por Cuenta Propia o Autónomos; Tít. V, arts. 327 a 350, relativo a la protección por cese de actividad; y Tít. VI, arts. 351 a 373, relativo a las prestaciones no contributivas; además de una serie de disposiciones adicionales y transitorias. Existe también una extensa *normativa reglamentaria de desarrollo* (algunos reglamentos aún proceden de 1966; otros, muy importantes como el que regula la inscripción de empresas y la afiliación, altas y bajas de trabajadores[4], o el que regula la cotización[5], son ya de 1995-96; incluso de 2004 —el que regula la recaudación[6]—).

Aparte, hay que señalar la importancia de la *normativa comunitaria* (en especial, el Reglamento 883/2004, de 29 abril) y de la *normativa internacional* (especialmente, el Convenio OIT nº 102).

Son importantes los Reglamentos comunitarios citados, que se inspiran en los principios de igualdad de trato, de totalización de los períodos de cotización, y de exportación de las prestaciones.

En fin, hay que tener presente asimismo la abundante jurisprudencia y doctrina legal tanto de los tribunales españoles como del TJUE.

La de Seguridad Social es una legislación inabarcable y en constante revisión. Desde 1985 se han sucedido las reformas que persiguen el objetivo de garantizar la viabilidad financiera del sistema. Recientemente (RDL 2/2023, de 16 de marzo) se ha puesto énfasis en el aumento de los ingresos, incrementado el esfuerzo contributivo mediante cotización adicional de solidaridad (art. 19 bis LGSS) y el Mecanismo de Equidad Intergeneracional (art. 127 bis LGSS), con sus correspondientes periodos transitorios (DT 42ª y DT 43ª LGSS).

3. EL CAMPO DE APLICACIÓN DEL SISTEMA DE SEGURIDAD SOCIAL

3.1. *Sujetos protegidos*

Conforme al art. 7 LGSS, hay que distinguir entre la protección contributiva y la no contributiva.

A) En cuanto a la modalidad contributiva, abarca a todos los trabajadores (por cuenta ajena y por cuenta propia) y asimilados, así como los fami-

4 RD 84/1996, de 26 enero.
5 RD 2064/1995, de 22 diciembre.
6 RD 1415/2004, de 11 junio.

liares a su cargo, incluyendo a los no nacionales que residan o se encuentren legalmente en España. Se incluye a personas que no son trabajadores, tales como estudiantes. Aunque se prevé, en la práctica no hay exclusiones por la marginalidad del trabajo. Los españoles no residentes no quedan incluidos, pero el Gobierno ha establecido medidas de protección social (art. 7.4 LGSS y RD 8/2008, de 11 enero).

B) En cuanto a la modalidad no contributiva, abarca igualmente a los nacionales y extranjeros residentes legales (art. 7.2 LGSS) y más extensamente la asistencia sanitaria: Los extranjeros no registrados ni autorizados como residentes tienen derecho en las mismas condiciones que las personas con nacionalidad española siempre que no tengan la obligación de acreditar la cobertura obligatoria de la asistencia sanitaria por otra vía, no exista un tercero obligado al pago y no puedan exportar el derecho desde su país de origen o procedencia (art. 3 ter Ley 16/2003). Asimismo, es requisito de acceso al ingreso mínimo vital, "tener residencia legal y efectiva en España y haberla tenido de forma continuada e ininterrumpida durante al menos el año inmediatamente anterior" a la solicitud (art. 10.1.a) Ley 19/2021, de 20 de diciembre, LIMV).

3.2. Estructura del sistema

El sistema se articula en varios Regímenes (arts. 9-10 LGSS): El llamado Régimen General, y los denominados Regímenes Especiales (del Mar, de Trabajadores Autónomos, de Funcionarios, de Estudiantes, de la Minería del Carbón). Otros regímenes especiales anteriores se han integrado en el General, si bien conservando especialidades en materia de encuadramiento, afiliación, cotización y recaudación (son los llamados "sistemas especiales")[7].

Sus ámbitos de aplicación vienen a ser los siguientes:

A) Régimen General. (art. 136 LGSS) Se encuadran en él los trabajadores por cuenta ajena de la industria y de los servicios[8], socios trabajadores

---

7 Así, los autónomos agrarios (SETA) se integraron en el RETA (se rigen por los arts. 323-326 LGSS), y los trabajadores por cuenta ajena agrarios, en el R. General se rigen por los arts. 252-256 y DT 17ª LGSS). En último lugar el de Empleados del Hogar, que con efectos de 1 de enero de 2012 ha quedado integrado en el Régimen General (actualmente se rigen por los arts. 250 y 251, DA 24ª y DT 16ª LGSS).

8 Se incluye expresamente los socios trabajadores de sociedades mercantiles capitalistas, aun cuando sean miembros de su órgano de administración, si el desempeño de este cargo no conlleva funciones de dirección y gerencia de la sociedad, ni poseen su control (ver art. 305.2.b LGSS); a los conductores de vehículos de turismo al

de las sociedades laborales que no posean el control efectivo de la sociedad, realicen funciones de dirección y gerencia y sean retribuidos, y los asimilados a ellos (consejeros y administradores de sociedades de capital que no posean el control efectivo, sean retribuidos por ello o por su condición de trabajadores y no ejerzan funciones de dirección y gerencia, su inclusión es a tiempo completo, STS 15 julio 2004, Rec. 2746/2003). Pero también se encuadran ciertos funcionarios[9], determinados cargos públicos[10] y sindicales[11], y determinados consejeros o administradores de sociedades mercantiles capitalistas. Además, el Gobierno puede encuadrar a otros colectivos, asimilándolos a trabajadores por cuenta ajena[12], como ha sido el caso de los alumnos que realicen prácticas formativas o prácticas académicas externas (DA 52ª LGSS, añadida por art. Único.34. RDL 2/2023). Y, por el contrario, no se encuadran en él los trabajadores por cuenta ajena de la minería del carbón, ni los trabajadores que sean socios de la sociedad titular de la empresa y tengan su control efectivo (art. 136.2.b) LGSS).

B) Del Mar[13]. Incluye a trabajadores por cuenta ajena y a autónomos titulares de embarcaciones que realicen actividades marítimo-pesqueras, u otras actividades (mariscadores, buceadores, rederos, prácticos...).

---

servicio de particulares; al personal civil no funcionario de organismos, servicios o entidades del Estado, o de organismos o entidades de la Administración Local; a los laicos o seglares que presten servicios retribuidos en establecimientos o dependencias de entidades o instituciones eclesiásticas; a las personas que presten servicios retribuidos en entidades o instituciones de carácter benéfico-social; al personal contratado al servicio de Notarías, Registros y oficinas o centros similares.

9 Funcionarios en prácticas de Cuerpos o Escalas que no estén sujetos al Régimen de clases pasivas; funcionarios de nuevo ingreso de las CCAA; funcionarios del Estado transferidos a las CCAA que hayan ingresado o ingresen voluntariamente en Cuerpos o Escalas propios de las mismas; funcionarios del Estado ingresados a partir de 1 de enero de 2011, incluidos a efectos de pensiones.

10 Altos cargos de las AAPP que no sean funcionarios; miembros de las Corporaciones Locales y otros entes locales que desempeñen sus cargos con dedicación exclusiva o parcial.

11 Cargos representativos de sindicatos que desempeñen funciones sindicales de dirección, con dedicación exclusiva o parcial, y perciban retribución.

12 Los supuestos son numerosos. Por ejemplo: Clérigos diocesanos de la Iglesia Católica y ministros de otras iglesias o confesiones religiosas (Evangélicas, Adventistas, Israelitas, imanes y otros dirigentes religiosos islámicos, Iglesia Ortodoxa Rusa), deportistas profesionales (ciclistas, balonmano, incluidos en la relación laboral especial), ciertos beneficiarios de becas, etc.

13 Ley 47/2015, de 21 octubre, reguladora de la protección social de las personas trabajadoras del sector marítimo-pesquero.

C) De Trabajadores Autónomos (RETA)[14]. Abarca a los trabajadores por cuenta propia (incluyendo todos los agrarios), que realicen de forma habitual, personal y directa una actividad económica a título lucrativo. Se presume tal condición en quienes ostenten la titularidad de un establecimiento abierto al público. Tienen tal condición de autónomos los socios de sociedades civiles, de sociedades colectivas o comanditarias, e incluso de capitalistas que dispongan de su control efectivo. Se incluye a los profesionales colegiados (aunque en algunos casos pueden optar por la Mutualidad de su Colegio).

D) De Funcionarios. El Régimen especial de Seguridad Social de los funcionarios viene realmente integrado por dos mecanismos de cobertura: el Régimen del Mutualismo Administrativo regulado por una serie de leyes de Seguridad Social especiales[15] y el Régimen de Clases Pasivas[16].

3.3. Relaciones entre los distintos Regímenes

Cabe indicar dos cuestiones.

A) De un lado, que se prevé la máxima homogeneidad posible de los Especiales respecto del General en cuanto a la protección (art. 10.4 LGSS), aunque la regulación actual todavía establece diferencias.

---

14 Arts. 305-326 LGSS. Ver, además, lo dispuesto en el Estatuto del Trabajo Autónomo (LETA). Respecto de los autónomos agrarios, algunos de ellos integran dentro del RETA un Sistema Especial para Trabajadores por Cuenta Propia Agrarios (muy resumidamente: si obtienen de las actividades agrarias unos ciertos porcentajes y dedican a ellas la mayor parte de su tiempo de trabajo, aparte otros requisitos).

15 Para funcionarios civiles de la Administración General del Estado, RD Leg. 4/2000, de 23 junio; para funcionarios militares, RDLeg. 1/2000, de 9 junio; para funcionarios de la Administración de Justicia, RDLeg. 3/2000, de 23 junio. A través del Mutualismo Administrativo se cubren una serie de prestaciones; entre otras, las de asistencia sanitaria, subsidio por incapacidad temporal, servicios sociales y asistencia social.

16 RDLeg. 670/1987, de 30 abril. A través de Clases Pasivas, se cubren, amén de otras, las pensiones ordinarias de jubilación o retiro (forzosa, voluntaria o por incapacidad permanente), las pensiones ordinarias a favor de familiares (viudedad, orfandad, a favor de los padres) y las pensiones extraordinarias equivalentes cuando se produzcan por acto de servicio o como consecuencia del mismo. Ha quedado reservado a los funcionarios de la Administración del Estado ingresados antes de 1 de enero de 2011 (ver art. DA 3ª LGSS).

B) De otro lado, que una misma persona puede estar en alta en varios Regímenes, ya sea a la vez (es lo que se denomina "pluriactividad"), ya sea sucesivamente. De este modo, habrá cotizaciones a varios regímenes, ya sea superpuestas, ya sea sucesivas. Por ello, básicamente puede suceder:

— Que se computen independientemente las cotizaciones a cada Régimen, generando las prestaciones correspondientes, si se cumplen los requisitos exigidos en cada uno de ellos[17]. En principio, las prestaciones de distintos Regímenes (por ejemplo, las pensiones) son compatibles entre sí (cfr. art. 122.1 LGSS).

— Que se computen recíprocamente, totalizándolas en uno de ellos y prorrateando entre todos la prestación que eventualmente se reconozca. Solo cabe aquí señalar la existencia de varias normas al respecto[18], así como que, en general, solo se totalizarán (solo computarán recíprocamente) los períodos cotizados que no se superpongan (ver, en general, art. 9.2 LGSS; y las normas citadas en la nota anterior).

---

17 En todo caso, si se ha cotizado a varios regímenes y no se causa pensión en uno de ellos ni pueda causarse en el futuro (STS de 13 noviembre 2019, rec. 2270/2017), las cotizaciones superpuestas acreditadas en éste se podrán acumular a las del Régimen en que se causa la pensión, pero exclusivamente para determinar la base reguladora de la misma, art. 49 LGSS.

18 La normativa propia de los diversos regímenes especiales contiene reglas sobre cómputo recíproco de cotizaciones; además, el Decreto 2957/1973, de 16 noviembre, generaliza el cómputo recíproco entre todos los Regímenes Especiales que coincidan en tenerlo con el General.

Establece, como regulación, que la pensión deberá reconocerla el Régimen en que se acrediten más cotizaciones, pero si no se reúne el mínimo de cotización exigido en éste, y sí en alguno de los otros que se totalizan, la debe otorgar este último.

– Asimismo, el RD 691/1991, de 12 abril, regula el cómputo recíproco entre el Régimen de Clases Pasivas y los demás, diferenciando entre pensiones derivadas de contingencias comunes y profesionales. A) Respecto de las primeras, establece que se podrán totalizar los períodos de cotización a solicitud del interesado, siempre que no se superpongan, para la adquisición de la pensión y para determinar el porcentaje aplicable. B) Respecto de las pensiones por contingencias profesionales (o causadas en acto de servicio), se aplicará la normativa del Régimen correspondiente a la actividad relacionada con el accidente, enfermedad o acto de servicio, sin totalización. Por ello, si en otro Régimen se acreditan cotizaciones, puede reconocer una pensión por contingencias comunes, sin totalizar los períodos cotizados al Régimen de la contingencia profesional.

4. GESTIÓN DE LA SEGURIDAD SOCIAL

La gestión del sistema público se lleva a cabo por las llamadas Entidades Gestoras, pero se contempla también la colaboración privada (Mutuas, empresas). No obstante, se ha encomendado al Gobierno la creación de la Agencia Estatal de la Administración de la Seguridad Social (DF 3ª de la Ley 21/2021, de 28 de diciembre).

4.1. Entidades Gestoras y Servicios Comunes

Se encuentran reguladas en los arts. 66 y ss. LGSS.

Se trata, en primer lugar, del Instituto Nacional de la Seguridad Social **(INSS),** que administra y gestiona las prestaciones económicas, salvo las no contributivas de jubilación e invalidez y las de desempleo, pero sí la renta activa de inserción (art. 22 RDL 20/2020, d 29 mayo). También ha asumido la gestión de las prestaciones económicas del Régimen de Clases Pasivas (DF 1ª y DT 2ª del RDL 15/2020, de 21 de abril, que incurren en inconstitucionalidad según STC 111/2021, de 13 mayo). A partir de 1 de enero de 2022 la gestión de Clases Pasivas será ejercida por la DG de Ordenación de la Seguridad Social (DT 3ª Ley 22/2021, de PGE/2022 y DT 2ª RD 501/2024, de 21 mayo) hasta que culmine el proceso de asunción de la gestión por el INSS.

En segundo lugar, el Instituto Nacional de Gestión Sanitaria **(INGESA)**, que administra y gestiona los servicios sanitarios. Pero en 2002 ya ha sido transferido a la totalidad de las Comunidades Autónomas, donde ha asumido las denominaciones correspondientes; como tal INGESA solamente es competente en Ceuta y Melilla.

En tercer lugar, el Instituto de Mayores y Servicios Sociales **(IMSERSO)** que gestiona las prestaciones no contributivas de invalidez y jubilación y otros servicios complementarios del sistema.

En cuarto lugar, el Servicio Público Estatal de Empleo **(SEPE)**, **realmente es un organismo autónomo** dependiente de la Administración General del Estado, que gestiona las prestaciones por desempleo. Otras de sus funciones (colocación, formación) se han transferido a las Comunidades Autónomas. Sus funciones serán asumidas por la Agencia Española de Empleo (arts. 18 a 22 de la Ley 3/2023, de 28 de febrero, **Ley de Empleo (LE)** cuando se regulen por RD las condiciones de transformación (DA 1ª LE).

En fin, ciertos Regímenes cuentan con entidades gestoras propias (Instituto Social de la Marina —ISM—, Mutualidades de funcionarios,...). En cuanto a los **servicios comunes,** son entidades que cumplen funciones complementarias de gestión sobre la totalidad del sistema. Son: la Tesorería General de la Seguridad Social **(TGSS)** regulada por RD 2318/1978, de 15 septiembre, gestiona los actos de encuadramiento (inscripción de empresas; afiliación, altas y bajas de trabajadores), así como las funciones financieras y recaudatorias; el Servicio Jurídico de la Administración de la Seguridad Social (RD 947/2001, de 3 agosto y DA 1ª RD 501/2024, de 21 mayo) y la Gerencia de informática (art. 74 bis LGSS y RD 1600/2004, de 2 julio y DA 2ª RD 501/2024).

4.2. Colaboración en la gestión

Colaboran en la gestión las *Mutuas Colaboradoras con la Seguridad Social,* y las propias empresas.

En cuanto a las **Mutuas** (arts. 80 y ss. LGSS; RD 1993/1995, de 7 diciembre), colaboran sobre todo en la protección de contingencias profesionales (prestaciones por accidentes de trabajo y prestación económica de IT, período de observación en enfermedades profesionales, y prestaciones de signo profesional: riesgos durante embarazo y lactancia y cuidado de menores con cáncer). La colaboración se puede extender también a la incapacidad temporal por contingencias comunes.

Al respecto, el empresario puede optar por formalizar la protección en la EG o en una Mutua. Si opta por una Mutua, en todo caso la cotización se ingresa en la TGSS, pero se transfiere a la Mutua.

Además, las Mutuas cumplen otras funciones: respecto de autónomos, prevención de riesgos, etc.

En cuanto a las **empresas** (art. 102 LGSS), efectúan una *colaboración obligatoria* (abonan las prestaciones por incapacidad temporal —salvo en caso de jubilación parcial— y desempleo parcial, compensándose luego en sus cotizaciones a la entidad gestora). Pero también pueden asumir una *colaboración voluntaria,* previa autorización, prestando directamente la asistencia sanitaria y recuperación profesional y las prestaciones por incapacidad temporal derivadas de contingencias profesionales. Si asumen esta colaboración, tienen una reducción en las cotizaciones.

5. CONSTITUCIÓN DE LA RELACIÓN JURÍDICA DE SEGURIDAD SOCIAL

El aseguramiento conlleva una serie de "actos de encuadramiento" (arts. 15 y ss. y 138 y ss. LGSS), que recaen sobre el empresario como sujeto responsable, el cual debe cumplir estas obligaciones (inscripción de empresa, afiliación, altas, bajas y variación de datos de los trabajadores) mediante el sistema de remisión electrónica de datos (Sistema RED, regulado por O.ESS/484/2013, de 26 marzo).

5.1. Inscripción de empresas

Toda empresa debe inscribirse antes de iniciar sus actividades. La inscripción, que es única para todo el sistema y para todo el territorio nacional, se practica por la TGSS, asignando al empresario un número de identificación (denominado CCC: Código Cuenta Cotización).

5.2. Afiliación

Se debe afiliar a toda persona que, por primera vez, vaya a realizar una actividad determinante de la inclusión en el ámbito de aplicación del sistema. Es única para toda la vida y para todo el sistema, asignándosele un número de afiliación y un documento de afiliación.

La solicitud de afiliación es obligatoria para el empresario, antes del inicio de la actividad. Si el empresario incumple, puede instarla el trabajador o practicarla de oficio la EG lo que no exime de responsabilidad al empresario.

Si se trata de un autónomo, la obligación recae sobre él, aparte la posible afiliación de oficio.

5.3. Altas y bajas

Procede el alta cada vez que el trabajador inicie una actividad y la baja cuando cese en ella. Caben varias altas a lo largo de la vida profesional, que pueden ser simultáneas en el mismo Régimen (pluriempleo) o en distintos (pluriactividad), o sucesivas a lo largo de la vida.

Los sujetos obligados son los mismos que para la afiliación: el empleador y, en caso de incumplimiento por éste, puede instarla el trabajador o practicarse de oficio.

En cuanto a los plazos y efectos de altas y bajas:

A) La solicitud de *alta* debe presentarse antes del inicio de los servicios.

- *Si se solicita fuera de plazo,* en principio el alta no tiene efectos retroactivos, aunque sí los tiene: a) según reglamento, si se han ingresado las cuotas en plazo, desde su ingreso; b) según jurisprudencia, si se ingresan las cuotas anteriores a la formalización del alta con los recargos correspondientes.

- *Si se practica de oficio,* como consecuencia de la actuación de la Inspección, los efectos se retrotraen asimismo a la fecha de dicha actuación o de la denuncia, queja o petición que la haya promovido.

B) La solicitud de *baja* dispone de un plazo de tres días desde el cese de los servicios. Conviene precisar que la obligación de cotizar solamente se extingue si se solicita en plazo y forma la baja, aunque asimismo desde que la TGSS conozca el cese.

Interesa mucho señalar que la legislación contempla situaciones asimiladas, en que, pese a no existir actividad, al trabajador se le sigue considerando en alta (situación *"asimilada" al alta*). Normalmente, son situaciones temporales (huelga, cierre, incapacidad temporal, períodos de inactividad de trabajos de temporada, inscripción permanente en la oficina de empleo, etc.), aunque algunas pueden ser muy largas o permanentes (caso de la suscripción de un "convenio especial" [19] y la situación asimilada al alta de las personas trabajadoras desplazadas al extranjero al servicio de empresas que ejerzan sus actividades en territorio español[20]). En algunas de estas situaciones se mantiene la obligación de cotizar (convenio especial, a cargo del trabajador).

También importa señalar que, para ciertas prestaciones (derivadas de accidente de trabajo y enfermedad profesional, desempleo; asistencia sanitaria por enfermedad común, maternidad y accidente no laboral), aunque el trabajador no se encuentre en alta por incumplimiento del empresario, se le considera en situación de *"alta presunta" o "de pleno derecho"*, con el consiguiente derecho a prestaciones (automaticidad de las prestaciones) (art. 166.4 LGSS).

---

19 Cfr. OTAS/2865/2003, de 13 octubre. Entre otros muchos, pueden suscribir el convenio especial los trabajadores que causen baja en el Régimen de que se trate, con el requisito normalmente de tener cubierto un período de 1.080 días de cotización. Como ya se indicó (lección 15ª) hay obligación de financiar un convenio especial cuando un despido colectivo incluya a trabajadores de 55 o más años. Conforme a la DA 13ª LGSS las cotizaciones abarcarán desde la fecha entre el cese en el trabajo (o la extinción de la obligación de cotizar por desempleo) y la fecha en que el trabajador cumpla la edad de jubilación. Las cotizaciones serán a cargo del empresario hasta que el trabajador cumpla 63 años (61, si el despido es por causas económicas). A partir de esa edad, a cargo del trabajador.

20 O.ISM/835/2023, de 20 de julio.

6. LA OBLIGACIÓN DE COTIZAR

Limitándonos al Régimen General, la obligación de cotizar corresponde al empresario y al trabajador. Pero el empresario debe ingresar ambas cotizaciones, para lo que debe descontar la cuota del trabajador en el momento de abonar el salario. Si no lo hace así, quedará obligado a pagar ambas cuotas. Por lo demás, recuérdese sobre todo la existencia de responsabilidad solidaria en caso de contratas y subcontratas de la propia actividad (art. 42 ET) y de responsabilidad subsidiaria si no la hay solidaria (art. 168.1 LGSS) (lección 8ª), así como la previsión de bonificaciones en múltiples supuestos (Lec. 9ª).

6.1. Determinación de las cuotas

Las cuotas se determinan en función de unas bases de cotización, a la que se aplican unos tipos (ver la LPGE de cada año y la correspondiente Orden de cotización. La Ley 31/2022, de 23 de diciembre, de PGE 2023, ha fijado los tipos de cotización y el tope máximo de la base de cotización. En 2024 y hasta que se apruebe la LPGE, la DT 9ª del RDL 8/2023, de 27 dic, ha establecido que las bases mínimas se incrementarán automáticamente en el mismo porcentaje que lo haga el SMI incrementado en un sexto (que ha sido del 5% ex RD 145/2024, de 6 febrero). En cuanto a las bases mínimas de cotización, según categorías profesionales y grupos de cotización, tendrán como tope mínimo las cuantías del salario mínimo interprofesional vigente en cada momento, incrementadas en un sexto (Art. 122.Uno.2. LPGE/2023). Por lo demás, el SMI para 2024 ha sido fijado en la cuantía de 37,8 euros/día o 1.134 euros/mes (RD 145/2024, de 6 febrero). Las bases máximas de cada categoría profesional y el tope máximo de las bases de cotización se fijarán aplicando el porcentaje previsto para la revalorización de las pensiones (3,8 %, art. 78.1 RDL 8/2023) al que se sumará el establecido en la DT 38ª LGSS (1,2 puntos porcentuales adicionales cada año desde 2024 a 2050). Estas reglas se han desarrollado por O.PJC/51/2024, de 29 enero, modificada por O.PJC/281/2024, de 27 marzo.

Bases. En cuanto a la base de cotización *por contingencias comunes,* comprende todo el salario del trabajador, excluyendo las horas extraordinarias (que cotizan, pero aparte; se prevé que el MISSM pueda establecer su cómputo). También se incluyen las percepciones extrasalariales, excepto las asignaciones para gastos de locomoción del trabajador que se desplace fuera de su centro habitual de trabajo, cuando utilice medios de transporte público y justifique el importe con factura o documento equivalente y las asignaciones para gastos de locomoción no comprendidos entre los anteriores y para gastos de manutención y estancia en municipio distinto del lugar de trabajo habitual, en la cuantía y alcance previstos en la normativa del IRPF; tampoco las indemnizaciones por traslados, suspensiones y despidos (art. 147.2 LGSS). Por otro lado, como ya se ha dicho, juegan ciertos límites máximo y mínimos, que se fijan anualmente por la Ley de Presupuestos (el tope máximo para cualquier categoría profesional, en 2024 es de 4.720,50 euros/mes o de 157,35 euros/día (arts. 2 y 3 O.PJC51/2024) , las bases mínimas por categorías profesionales oscilan entre 44,10 euros/día o 1.323,00 euros/mes y 1.847,40 euros/mes (art. 3 O.PJC/51/2024 modificada)). En cuanto a la base *por contingencias profesionales,* incluye las horas extraordinarias, pero también con el límite mínimo y el máximo.

En ambos casos, las pagas extraordinarias o de vencimiento superior al mes, se prorratean mensualmente.

La base para la *cotización adicional por horas extras,* se forma con la cuantía de las mismas.

La base *para desempleo, formación profesional y fondo de garantía salarial,* es la misma que para contingencias profesionales.

Tipos. Los tipos de cotización se fijan por la LPGE. Para el año 2024 y en tanto se apruebe la LPGE/2024, se aplica la LPGE/2023 con las modificaciones que establece la DT 9ª del RDL 8/2023, de 27 diciembre, son los siguientes (ver art. 122.2 Ley 31/2022 y arts. 4, 5 y 31 Orden PJC/51/2024, modificada por la O.PJC/281/2024).[21] (téngase en cuenta que hay reglas especiales no solo para los Regímenes Especiales, sino también para los Sistemas Especiales dentro del General y diversas situaciones):

- Contingencias comunes: 28,30% (23,60%, empresario; 4,70%, trabajador).
- Horas extras por fuerza mayor: 14% (12% y 2%, respectivamente).

---

[21] Para los contratos para la formación y aprendizaje y los contratos formativos en alternancia se establece una cuota única cuando la base de cotización por contingencias comunes no supere la base mínima mensual de cotización: para 2024 son 64,30 euros para contingencias comunes (53,61 empleador; 10,69 trabajador), 7,38 euros para contingencias profesionales, 4,07 euros para Fogasa y 2,26 euros por FP); por el MEI 0,70 por ciento, 0,58 a cargo del empresario y 0,12 a cargo del trabajador (ver art. art. 44 O.PJC/281/2024 reformada). Por desempleo se aplica el tipo normal (7.05, del que 5,5 al empleador y 1,55 al trabajador) a la base mínima por contingencias profesionales. Cuando la base de cotización mensual supere la base mínima del régimen que corresponda, a la diferencia se le aplicarán los tipos ordinarios.

- Otras horas extras: 28,30% (23,60% y 4,70%).
- Desempleo, en contrato indefinido: 7,05% (5,50% y 1,55%).
- Desempleo, en contrato temporal a tiempo completo: 8,30% (6,70% y 1,60%).
- Desempleo, en contrato temporal a tiempo parcial: 8,30% (6,70% y 1,60%).
- Formación profesional: 0,70% (0,60% y 0,10%).
- Fondo de Garantía Salarial: 0,20% (solo empresario).
- Para el mecanismo de equidad intergeneracional, la cotización tendrá efectos entre 2023 y diciembre de 2050, consistirá en el 1,2 por ciento aplicable a la base de contingencias comunes, del que 1,00 por ciento será a cargo de la empresa y el 0,2 por ciento, a cargo del trabajador (art. 127 bis añadido por RDL 2/2023), pero se aplica progresivamente hasta 2029 (DT 43ª LGSS). En 2024 el tipo es el 0,70 por ciento, del que el 0,58 será a cargo de la empresa y el 0,12 a cargo del trabajador (art. 4.c) O.PJC/51/2024).
- Contingencias profesionales: los porcentajes fijados en la DF 4ª Ley 42/2006 oscilan entre un 0,90% y un 7,15%; se contemplan reducciones para empresas que hayan contribuido a la disminución y prevención de la siniestralidad (ver RD 231/2017, de 10 marzo), si bien su aplicación se ha suspendido durante 2023 por DA 97ª Ley 31/2022 de PGE).
- Cotización adicional de solidaridad para el importe de las retribuciones que supere el importe de la base máxima: Está prevista a partir de 1 de enero de 2025 (Art. 19 bis, DT 43ª LGSS y DF 10ª RDL 2/2023). A estos efectos habrá tres tramos: Desde la base máxima hasta el 10% adicional (tipo 5,5%), desde el 10% adicional hasta el 50% (tipo 6%), retribuciones superiores al 50% adicional (tipo 7%). Los tipos se distribuirán entre empresario y trabajador en la misma proporción que el tipo por contingencias comunes; su aplicación transitoria será progresiva, así en 2025: primer tramo 0,92%, segundo tramo 1%, tercer tramo 1,17% (DT 42ª LGSS).

En resumen, para las empresas la cotización viene a suponer un 29,90% sobre el salario, para un trabajador con contrato normal a tiempo indefinido, aparte contingencias profesionales y horas extras.

Caso práctico: Cotización a la Seguridad Social

D. Manuel es trabajador fijo, titulado de grado, al servicio de la empresa de vigilancia y seguridad. En el mes de mayo de 2024 sus devengos han sido: salario base 1.510,79; antigüedad 70,09; y plus transporte 129,90. El convenio establece tres gratificaciones extraordinarias al año, por un importe cada una de ellas de una mensualidad de salario base, más antigüedad y peligrosidad, en su caso. Calculad la aportación del trabajador a la Seguridad Social.

Remuneración: 1.510,79+70,09+129,90=	**1.710,78 euros**
Prorrata Gratif. Extr: (1510,79+70,09) 3/12=	395,22 euros
Total	2.106,00
Contingencias comunes: 2.106,00x 4,7%=	98,98M.
Equidad Intergeneracional: 2.106,00 x0,12%=	2,52
Desempleo: 2.106,00X1,55%=	32,64
F Profesional: 2.106,00 x0,10%=	2,10
Total	**136,24 €**
Líquido (pendiente retención IRPF)	**1.574,54 €**

6.2. Nacimiento y extinción de la obligación de cotizar

Nace con el comienzo de la prestación laboral, aunque no se dé de alta. Se extingue con el cese en la actividad, si se da de baja.

Recuérdese que en muchos supuestos de suspensión de la actividad, se mantiene la obligación de cotizar, señaladamente en caso de incapacidad temporal (con reducción del 75 por ciento de las cuotas empresariales por contingencias comunes de los trabajadores mayores de 62 años), nacimiento y cuidado de menor y riesgo para el embarazo (pero también que, si los trabajadores/as son sustituidos, se bonifica al 100% la cotización tanto de los sustitutos como de los sustituidos: ver lección 9ª).

Las cuotas ingresadas fuera de plazo, siempre que sea antes del hecho que causa la situación protegida, surten efecto y determinan que responda la EG.

6.3. Recaudación

El ingreso se debe realizar en el mes siguiente al del devengo de la cotización, trasmitiendo por medios electrónicos las liquidaciones, o aportando los documentos de cotización[22] incluso si no se realiza el pago. Estos documentos se deben conservar durante 4 años (que es también el plazo

22 Aprobados por Resolución de 17 noviembre 2005 (BOE 30 noviembre).

de prescripción de la obligación de cotizar). Este es el actual sistema de autoliquidación por el sujeto responsable, que se sustituirá progresivamente por el sistema de liquidación directa por la TGSS, por cada trabajador, a solicitud del sujeto responsable, cuando los datos que éste facilite permitan realizar el cálculo de la liquidación (arts. 22 y 29 LGSS).

Transcurrido el período de pago reglamentario, las cuotas impagadas se reclamarán mediante "reclamación de deuda"[23], expedida por la TGSS, o mediante "acta de liquidación"[24], expedida por la Inspección de Trabajo y Seguridad Social (ITSS).

Además, la cotización ingresada en periodo voluntario sufre un recargo, entre el 10% y el 35%, lo que depende también de que se hayan presentado o no los documentos de cotización o transmitido los datos (art. 30 LGSS).

En todo caso, el pago se puede aplazar, salvo la aportación del trabajador y las cuotas por ATEP, con garantía suficiente y devengo de interés legal del dinero. Aparte moratorias por circunstancias excepcionales.

Una vez firme la reclamación o el acta[25], si no se han ingresado las cuotas se iniciará mediante "providencia de apremio" la recaudación en vía ejecutiva, devengándose intereses de demora (art. 31 LGSS). La providencia tiene la misma fuerza ejecutiva que las sentencias judiciales. Contra la misma cabe recurso de alzada en algunos supuestos (art. 86 RGR), pero, una vez firme, se ejecutarán las garantías existentes o se procederá al embargo de bienes y derechos del responsable.

---

[23] Art. 33 LGSS y art. 62 RGR: Básicamente cuando se trate de falta de cotización respecto de trabajadores dados de alta, pero no se hubieren presentado en plazo los documentos o contengan errores que resulten de los mismos; o se trate de trabajadores dados de alta que no consten en los documentos presentados en plazo; o se trate de diferencias de importe debidas a errores que resulten de los documentos presentados.

[24] Art. 34 LGSS y art. 65 RGR: Básicamente cuando se trate de falta de afiliación o alta, o de diferencias de cotización que no resulten directamente de los documentos presentados), o de derivación de responsabilidad (responsables solidarios o subsidiarios).

[25] Pero también procede la providencia de apremio, sin previa reclamación de deuda o acta de liquidación, en algún caso (como falta de ingreso respecto de trabajadores dados de alta e incluidos en los documentos, cuando la cuota esté correctamente liquidada) (art. 85 RGR).

7. LA ACCIÓN PROTECTORA (I): CONTINGENCIAS PROFESIONALES Y CONTINGENCIAS COMUNES

Algunas situaciones de necesidad reciben una mejor protección si se derivan de "contingencias profesionales" (accidente de trabajo y enfermedad profesional): no se requiere cotización previa, las prestaciones se aproximan al salario que se percibía, se causan aunque no haya alta (automaticidad absoluta).

7.1. Accidente de trabajo

El concepto de **accidente de trabajo** (art. 156 LGSS), que procede de la ley de 1900, es el de toda "lesión corporal" que el trabajador sufra "con ocasión o por consecuencia del trabajo" que ejecute por cuenta ajena. La propia LGSS construye un concepto amplio.

En primer lugar, en cuanto al elemento *lesión,* que incluye también las enfermedades comunes cuya causa sea el trabajo pero "no listadas" como enfermedades profesionales (art. 156.2.e) como el contagio por COVID-19 (art. 9 y DT 3ª RDL 19/2020, de 26 mayo), las enfermedades preexistentes "agravadas" por el accidente (art. 156.2.f) o las enfermedades "intercurrentes" sufridas durante el proceso patológico derivado del accidente (art. 156.2.g).

En segundo lugar, también se construye ampliamente el *nexo causal entre trabajo y accidente.* La causalidad puede ser directa, por consecuencia (golpe, caída, quemadura...), como indirecta, con ocasión. La causalidad indirecta es la que ha tenido mayor virtualidad expansiva, de modo que se incluye el accidente llamado "in itinere", entre el domicilio y el lugar de trabajo (art. 156.2.a); el acaecido como consecuencia de tareas ordenadas por el empresario o realizadas espontáneamente en interés de la empresa (art. 156.2.c); o en actos de salvamento o análogos conectados con el trabajo (art. 156.2.d); y el acaecido al realizar tareas de representación del personal (art. 156.2.b). Asimismo, se consideran accidente de trabajo el producido por imprudencia profesional (art. 156.5.a), o por culpa de un tercero pero que guarde relación con el trabajo (art. 156.5.b), o el acaecido por fuerza mayor si guarda relación con el trabajo (pero no se entiende por fuerza mayor la insolación, el rayo o fenómenos análogos) (art. 156.4.a).

En tercer lugar, *se presume* accidente laboral el que sufra el trabajador durante el tiempo y en el lugar de trabajo, salvo prueba en contrario (art. 156.3). Así, se considera AT el infarto en vestuario habiendo fichado (STS de 22 diciembre 2020, rec. 719/2010), pero no en caso contrario (STS de 22 mayo 2024, rec. 3911/2021).

7.2. Enfermedad profesional

En cuanto a la **enfermedad profesional**, se considera tal la contraída a consecuencia del trabajo y que esté listada como tal reglamentariamente (sistema de lista, aunque el elenco de actividades no es cerrado). Por eso, las que no están listadas se entienden como accidente de trabajo, son las enfermedades del trabajo.

El vigente cuadro de enfermedades profesionales y la lista complementaria de enfermedades cuyo origen profesional se sospecha, se encuentra en el RD 1299/2006, de 10 noviembre.

8. LA ACCIÓN PROTECTORA (II): PRESTACIONES

Nuestro ordenamiento contempla una amplia serie de prestaciones en especie (asistencia sanitaria, prestaciones recuperadoras) o en metálico (indemnizaciones, prestaciones periódicas: pensiones vitalicias o subsidios temporales). Las prestaciones periódicas se pagan, como regla general, en catorce pagas anuales (art. 46 LGSS).

Unas prestaciones son de cuantía fija, pero lo habitual es que sean de cuantía variable, en función del tiempo cotizado e importe de las bases de cotización. La cantidad concreta se determina aplicando un porcentaje (fijo o variable) a la base reguladora (bases por las que se haya cotizado en el periodo que corresponda).

Las prestaciones contributivas se financian mediante cuotas profesionales y cumplen una función de sustitución de las rentas de activo; las no contributivas se financian mediante aportaciones del Estado y su función es garantizar mínimos de subsistencia. Ambas se enumeran en el art. 109.3 LGSS.

8.1. Régimen jurídico de las prestaciones

A) Reglas generales

Cabe resaltar los aspectos siguientes:

A) Garantías. No se puede transigir sobre los derechos de Seguridad Social (art. 27 LGSS), y las prestaciones no pueden ser objeto de retención, cesión, compensación o descuento, salvo por obligaciones alimenticias a favor del cónyuge e hijos o de obligaciones contraídas dentro de la Seguridad Social (art. 44.1 LGSS) Pero son embargables conforme a LEC (ídem) y están sujetas a tributación (art. 44.1).

B) Incompatibilidad. Las pensiones del Régimen General son incompatibles cuando coincidan en un mismo beneficiario, salvo disposición contraria (art. 163 LGSS). Iremos concretando las diversas situaciones de compatibilidad o incompatibilidad, ya sea respecto de otras pensiones, ya sea respecto del salario.

En todo caso, cabe decir que: a) Son incompatibles las pensiones del Régimen General que protejan una misma situación de necesidad; b) Son compatibles las pensiones para una misma situación de distintos Regímenes. Recuérdese que el trabajador puede cotizar a varios (pluriactividad), tanto simultánea como sucesivamente. Puede, entonces, generar varias pensiones (con el límite de que, si se accede a la pensión desde una situación no de alta, para causar pensión en el Régimen General y en otro u otros, será necesario que las cotizaciones acreditadas en cada uno se superpongan, al menos, durante 15 años).

C) Prescripción y caducidad. Las prestaciones no regidas por el principio de oficialidad (IT cuando no se discuta la realidad de la relación laboral, STS de 7 julio 2015, rec. 703/2014) deben solicitarse como regla general, incluso por vía electrónica (arts. 130 LGSS), pudiendo adoptarse resoluciones de forma automatizada de la totalidad del procedimiento (Res. INSS de 23 febrero 2016 que establece las aplicaciones), o actuaciones del mismo (Res. DG del INSS de 14 de enero de 2022, BOE del 26); las solicitudes deben ser resueltas en el plazo establecido para cada una de ellas (RD 286/2003, de 7 marzo); transcurrido el plazo sin que haya recaído resolución, se entenderá desestimada por silencio administrativo (art. 129.3 LGSS). Asimismo, el derecho al reconocimiento de las prestaciones prescribe a los 5 años del hecho causante (art. 53.1 LGSS). Pero hay plazos más breves (por ejemplo, en desempleo). O no los hay: en caso de jubilación, y de prestaciones de muerte y supervivencia (salvo auxilio de defunción); pero los efectos económicos se retrotraen solamente a los 3 meses anteriores a la solicitud cuando no rige el principio de oficialidad.

Una vez reconocida una prestación, el derecho al percibo de cada mensualidad caduca al año de su respectivo vencimiento (art. 54 LGSS).

D) Revisión de reconocimiento de derechos y reintegro de prestaciones indebidas. En general, la revisión de los actos declarativos de derechos no se puede efectuar directamente por la EG, sino por la Jurisdicción Social (art. 146.1 LJS), pero esta acción prescribe a los cuatro años desde la fecha de reconocimiento de la prestación de que se trate (STS de 29 septiembre 2021, rec. 1087/2018). Sí puede la EG cuando se trate de errores materiales o aritméticos o la percepción indèbida se deba a omisiones o inexactitudes en las declaraciones del beneficiario (art. 146.1.a LJS); y también directamente en el caso del desempleo (art. 295 LGSS).

La reclamación de las cantidades indebidamente percibidas prescribe a los 4 años, sea cual sea la causa de la indebida percepción (art. 55.3 LGSS y STS de 2 febrero 2023, rec. 502/2020). Pero la jurisprudencia ha inaplicado la norma interna en caso de reintegro debido a error de la Administración (STS de 29 abril de 2024, rec. 1092/2023).

E) Téngase en cuenta el límite *máximo* para el reconocimiento y revalorización de las pensiones públicas: en , es 3.175,04 euros mensuales o 44.450,56 euros anuales *(art.* 78.1 RDL 8/2023, de 27 diciembre*)*.Téngase asimismo en cuenta que hay *mínimos* para las distintas pensiones (art. 78.3 y Anexo IV RDL 8/2023), que son incompatibles con la percepción de rentas en la cuantía que cada año fije la LPGE y no pueden superar la cuantía de las pensiones no contributivas de jubilación e invalidez (establecida en 7.250,60 euros/año en 2024); así como que se prevé su **revalorización** y mantenimiento del poder adquisitivo de las pensiones, de forma que se revalorizarán al comienzo de cada año en el porcentaje equivalente al valor medio de las tasas de variación interanual expresadas en tanto por ciento del IPC de los doce meses previos a diciembre del año anterior, pero si hubiera sido negativo no variará el importe (art. 58 LGSS). En este sentido, en 2024 se han incrementado las pensiones en un 3,8 por ciento (arts. 78.1 RDL 8/2023).

Asimismo, para garantizar la suficiencia de las pensiones, las cuantías mínimas de las pensiones contributivas y no contributivas no podrán ser inferiores a partir de enero de 2027 al umbral de pobreza o a un determinado porcentaje del mismo, correspondiendo la determinación de su cuantía a la LPGE de cada año (DA 53ª LGSS, añadida por RDL 2/2023).

F) Complemento de pensiones contributivas para la reducción de la brecha de género (art. 60 LGSS). Las mujeres que causaron pensión de jubilación, viudedad o incapacidad permanente a partir de 1 enero 2016, percibían adicionalmente un complemento por su aportación demográfica a la Seguridad Social, concretado en un porcentaje en función de los hijos (biológicos o adoptados) habidos antes del hecho causante: 5% por 2 hijos, 10% por 3 hijos y 15% por 4 o más hijos. Pero la exclusión de los varones que se encuentren en las mismas condiciones se ha considerado que constituye discriminación directa por razón de sexo (STJUE de 12-12-2019, asunto C-450/18)[26]. Por ello, el RDL 3/2021, de 3 de febrero, ha dado nueva redacción al art. 60 LGSS suprimiendo el anterior complemento por maternidad, que sus beneficiarias pueden seguir percibiendo, por el complemento para reducir la brecha de género; que se aplica a las pensiones contributivas de jubilación, incapacidad permanente y de viudedad.

Se define la brecha de género como "el porcentaje que representa la diferencia entre el importe medio de las pensiones de jubilación contributiva causadas en un año por los hombres y por las mujeres"; este complemento se mantendrá en tanto que la brecha de género de las pensiones de jubilación causadas en el año anterior sea superior al 5 por ciento (nueva DT 37ª LGSS); actualmente la brecha se sitúa en torno al 28,1 por ciento.

El complemento se reconoce a las mujeres que hayan tenido uno o más hijos o hijas y que sean beneficiarias de las pensiones contributivas de jubilación —pero no en la modalidad parcial, aunque actualmente no se excluye la jubilación total anticipada—, incapacidad permanente o viudedad; también puede reconocerse a los hombres (fallecimiento del otro progenitor o haber interrumpido o visto afectada su carrera profesional con ocasión del nacimiento o adopción).

Cada hijo o hija dará derecho al reconocimiento de un complemento, con el límite de cuatro, nacidos con vida o adoptados antes del hecho causante de la pensión correspondiente. El importe del complemento no será tenido en cuenta en la aplicación del límite máximo de las pensiones; su cuantía es, durante 2024, de 33,20 euros mensuales por hijo o hija, pagaderos 14 veces al año (art. 78.2 RDL 8/2023). En el bienio 2024-2025 el importe del complemento se revalorizará en un 10 % adicional a la revalorización ordinaria (DT 1ª RDL 2/2023).

B) Condiciones generales para causar las prestaciones

A) Afiliación y alta. Se causa derecho a prestaciones cuando se reúna el requisito general de estar afiliado y en alta (o situación asimilada al alta) al sobrevenir la contingencia o situación protegida (art. 167.1).

Recuérdese, no obstante, la situación de "alta presunta o de pleno derecho": a efectos de *accidente de trabajo y enfermedad profesional*, de *desempleo,*

[26] STJUE de 14-9-2023, asunto C-113/22: la negativa del INSS a cumplir la anterior sentencia, salvo reconocimiento judicial es discriminación procedimental que debe ser indemnizada; y STS de 15 noviembre 2023, rec. 5542/2022, ha fijado la indemnización en 1.800 euros.

y de *asistencia sanitaria por* enfermedad común, maternidad y accidente no laboral.

Además, actualmente no se precisa estar en alta para determinadas situaciones, como veremos luego (invalidez permanente, jubilación, muerte y supervivencia).

B) Cotización previa. Normalmente se exige también una cierta cotización previa (el mal llamado "período de carencia"), excepto cuando se trate de accidente (laboral o no) o de enfermedad profesional.

Por lo demás, téngase en cuenta que determinados períodos sin cotización real se cuentan como de cotización efectiva: el de excedencia por cuidado de hijos o familiares (o 15 o 18 meses, si se trata de familia numerosa) (ver lección 14ª), beneficios por cuidado de hijos o menores acogidos (Cap. III RD 1716/2012), o los días de IT no agotados al pasar a IP, o el período de suspensión del contrato hasta 18 meses por violencia de género (ver lección 14ª), y otros.

Hay reglas específicas para los trabajadores a tiempo parcial (art. 247 LGSS), que en su redacción actual es respetuoso con la jurisprudencia del TJUE (Sentencia de 8 de mayo de 2019, C-161/18) y del TC (STC 155/2021, de 13 septiembre y en caso de contratos temporales de duración igual o inferior a 30 días (arts. 151 y 249 bis LGSS) y art. 26.1 O.PJC/51/2024, modificado por O.PJC/281/2024).

C) Responsabilidad respecto de la acción protectora

Si se han cumplido los requisitos exigidos, responsable de las prestaciones debidas lo es la EG (o entidad colaboradora: Mutua, empresa) correspondiente (art. 167.1 LGSS).

En caso contrario, es responsable el empresario incumplidor, amén de posibles responsables solidarios o subsidiarios (en caso de subcontratación, sucesión de empresa, cesión ilegal, ETTs, ver lección 10ª) (art. 168.2 LGSS).

El tema es importante, sobre todo en caso de pensiones, en que el empresario responsable tendrá que capitalizar el coste debido (art. 110.3 LGSS).

No obstante, ténganse en cuenta tres cuestiones:

1ª) De un lado, lo ya indicado respecto de los efectos retroactivos del alta fuera de plazo, cuando se han ingresado las cuotas, y respecto de que las cuotas ingresadas fuera de plazo —siempre que se ingresen antes del hecho causante— surten efecto trasladando la responsabilidad a la EG.

2ª) De otro lado, que la EG anticipará las prestaciones aunque no haya habido alta en los supuestos ya dichos de "alta presunta o de pleno derecho" (es lo que se denomina "automaticidad absoluta") y posteriormente se dirigirá frente al responsable; del mismo modo que anticipará las prestaciones en caso de falta de cotización, siempre que el trabajador esté en alta, o no se requiera ésta, en el momento del hecho causante ("automaticidad relativa": prestaciones de IT, maternidad, jubilación, en invalidez, viudedad y orfandad por contingencias comunes). Aunque hay límites cuantitativos para estas anticipaciones (ver art. 167.3 LGSS).

3ª) También se prevé cierta responsabilidad subsidiaria de las entidades gestoras en caso de insolvencia del sujeto responsable (empresario u otro responsable) (art. 167.3 LGSS).

4ª) *Recargo en caso de AT y EP* (art. 164 LGSS). Cuando la lesión se deba a la carencia de los dispositivos de precaución reglamentarios, o estén inutilizados o en malas condiciones, o no se hayan observado las medidas de seguridad e higiene en el trabajo, o las elementales de salubridad o adecuación personal a cada trabajo, las prestaciones económicas por AT y EP sufrirán un recargo de entre el 30 y el 50%. La responsabilidad recae sobre el empresario infractor (STS de 18 septiembre 2018, rec. 144/2017) y no puede ser objeto de seguro alguno. El derecho prescribe a los cinco años. El procedimiento para su imposición se regula en la OM 18-1-1996. En caso de impugnación judicial, la sentencia sobre reclamación de daños y perjuicios por el mismo suceso dañoso surte efecto positivo de cosa juzgada sobre el recargo (STS de 14 febrero 2018, rec. 205/2016) y en sentido contrario cuando la sentencia firme precedente es la del recargo (STS de 26 abril 2023, rec. 1865/2020) y también la dictada en proceso por sanción por infracción en materia de prevención de riesgos laborales por los mismos hechos (STS de 8 junio 2021, rec. 3771/2018).

8.2. Asistencia sanitaria

Se regula por las normas que más adelante se citan y por los arts. 98 y ss. TRLGSS-1974. Como se señaló, tienen derecho a la asistencia sanitaria pública prácticamente casi todos los ciudadanos (básicamente, trabajadores afiliados y en alta, pensionistas y perceptores de prestaciones periódicas, familiares a su cargo menores de 26 años o con discapacidad igual o superior al 65%, quienes hayan agotado la prestación o subsidio por desempleo y figuren inscritos en la oficina de empleo como demandante, y, en general, las personas —de nacionalidad española, de la UE, del EEE o de Suiza que residan en España y los extranjeros residan o no legalmente— que no superen el límite establecido de ingresos reglamentariamente)[27]. Las personas que residan en España y no tengan la condición de aseguradas ni de beneficiarias pueden suscribir un criterio especial (RD 576/2013, de 26 de julio). Las personas que no tengan derecho a la asistencia sanitaria a cargo de fondos públicos pueden suscribir un convenio especial (RD 576/2013, de 26 julio).

En caso de asistencia sanitaria transfronteriza, los asegurados deben abonar los gastos por abonados en otro Estado; en caso de que el Estado de afiliación sea España, se reembolsarán los gastos siempre que la asistencia sanitaria recibida figure entre las prestaciones que el asegurado tiene derecho según la cartera común de servicios del Sistema Nacional de Salud o, en su caso, la cartera complementaria de la Comunidad Autónoma correspondiente (art. 10 RD 81/2014, de 7 febrero).

Conforme al art 7.1 Ley 16/2003, el catálogo de prestaciones del Sistema Nacional de Salud comprende las prestaciones correspondientes a salud pública (art. 11), atención primaria (art. 12), atención especializada (art. 13), atención sociosanitaria (art. 14), atención de urgencias (art. 15), la prestación farmacéutica (art. 16), la ortoprotésica (art. 17), de productos dietéticos (art. 18) y de transporte sanitario (art. 19).

Para hacer efectivas las prestaciones sanitarias se establece una cartera común de servicios, articulada en tres modalidades: básica, común y de servicios accesorios (art. 8.2).Las CCAA, incluyendo la cartera común de servicios, podrán aprobar sus respectivas carteras de servicios (art. 8 quinquies).

Por lo que a la prestación farmacéutica se refiere, el art. 102 del TR Ley garantías y uso racional de los medicamentos (RDLeg. 1/2015) regula la aportación de los beneficiarios en la prestación farmacéutica ambulatoria de modo proporcional al nivel de rentas: a) un 60% para usuarios y beneficiarios cuya renta sea igual o superior a 100.000 euros; b) un 50% para aquellos cuya renta sea superior a 18.000 euros; c) un 40% para los no

---

[27] Art. 3 Ley 16/2003; esta cantidad se fija en cien mil euros anuales, art. 2.1.b) RD 1192/2012, pero este límite ha sido declarado inconstitucional (STC 139/2016, de 21 julio). Respecto de las personas sin recursos, cfr. RD 1088/1989, de 8 septiembre. Los extranjeros no registrados ni autorizados recibirán asistencia sanitaria en las mismas condiciones que los españoles (art. 3 ter Ley 16/2003).

incluidos en los apartados anteriores; d) un 10% para pensionistas, con excepción de los del apartado a. Se fijan topes máximos mensuales para pensionistas y sus beneficiarios: 8,23 euros (renta inferior a 18.000), 18,52 euros (renta entre 18.000 y 100.000) y 61,75 euros (renta superior a 100.000), aparte de tratamientos de carácter crónico y de ciertas exenciones.

Las prestaciones sanitarias del SNS únicamente se facilitarán por el personal legalmente habilitado, en centros y servicios, propios o concertados, salvo en situaciones de riesgo vital, cuando se justifique que no pudieron ser utilizados los medios de aquél (art. 9 Ley 16/2003). El recurso a servicios médicos ajenos al sistema sanitario público, por no poder utilizar oportunamente éstos, se admite en caso de asistencia urgente, inmediata y de carácter vital (art. 4.3 RD 1030/2006). En otro sentido, cabe señalar que el beneficiario debe observar las prescripciones de los facultativos, pudiendo negarse solo por motivos razonables (tratamiento quirúrgico o especialmente penoso), pudiendo en caso contrario quedar liberada la Seguridad Social de sus obligaciones por incapacidad (ver art. 102 LGSS de 1974).

8.3. Incapacidad temporal (IT), nacimiento y cuidado de menor, ejercicio corresponsable del cuidado del lactante, riesgo durante el embarazo o lactancia natural y cuidado de menores afectados por cáncer u otra enfermedad grave

A) La situación de *incapacidad temporal* (arts. 169-176 LGSS) se produce mientras el trabajador reciba asistencia sanitaria y esté impedido para el trabajo, con una duración máxima de 365 días prorrogables por otros 180 más[28]. En caso de enfermedad profesional, se incluyen los períodos de observación de hasta 6 meses, prorrogables por otros tantos.

Aparte de los requisitos generales de afiliación y alta, se requiere específicamente un período previo de cotización de 180 días en los últimos cinco años, si es por enfermedad común, excepto en las situaciones especiales de menstruación incapacitante secundaria, interrupción del embarazo (art. 172.a) LGSS).

La prestación consiste en un subsidio, que se calcula aplicando a una base reguladora (la base de cotización del mes anterior al inicio de la IT,

[28] Agotados los 12 meses, el INSS —a través de los órganos competentes para evaluar la IP— es el único competente para la prórroga, o para la iniciación de expediente de IP, o para emitir alta médica. En caso de alta médica se contempla un procedimiento en caso de discrepancia del interesado. Si emite el alta médica cesa la colaboración obligatoria de la empresa.

dividida por 30 si el salario es mensual o por los días del mes si el salario es por día trabajado; más promedio de horas extras si es por contingencias profesionales) un porcentaje del 60% (del 4º día al 20º) y, el resto, del 75%. Si es por contingencia profesional, desde el primer día siguiente a la baja y del 75%.

Caso práctico: Subsidio por IT

Como continuación de la práctica de cotización (vid. Epígrafe 6 de esta misma lección), D. Manuel no pudo acudir a trabajar durante todo el mes de junio de 2024 por enfermedad común, justificándolo debidamente con los partes de baja y confirmación, es su primera baja en este año 2024. Calculad importe del subsidio y entidad responsable del pago.

Base reguladora:2.06,00:30= 70,2 €

Días 1 a 3 = 0 €

Días 4 a 15: 60 % de la BR= 42,12 x 12= 505,44 € a cargo del empresario

Días 16 a 20: 60% de la BR= 42,12 x 5= 210,6 € a cargo EG, pero lo anticipa la empresa.

Días 21 a 30: 75% de la BR: 52,65 x 10= 526,5 € a cargo EG, pero lo anticipa la empresa.

Total .... 1.242,54 €

La responsabilidad del pago, si es por contingencia común, corresponde al empresario entre los días 4º y 15º. A partir del 16º, a la entidad gestora o colaboradora (ver epígrafe 4.2).

El derecho al subsidio lo reconoce la entidad que lo gestione, pero al INSS le corresponde la determinación de la contingencia (art. 6 RD 1430/2009). Los partes médicos de baja y de confirmación se extenderán en función de la duración estimada del proceso, para lo cual los médicos dispondrán de unas tablas de duración óptima de los distintos procesos patológicos y del grado de incidencia en las distintas actividades laborales (art. 2.3 RD 625/2014). Los partes médicos de alta en los procesos derivados de contingencias comunes los emite el facultativo del servicio público de salud, del INSS o ISM; la Mutua puede formular propuestas motivadas de alta. En los procesos derivados de contingencias profesionales el parte médico de alta lo expedirá el facultativo del servicio público de salud, del INSS-ISM y por el médico de la empresa colaboradora o de la Mutua que gestione el proceso (art. 5 RD 625/2014). El alta pone fin a la situación de IT, ya sea sin curación —iniciando el proceso de calificación de la incapacidad permanente— o por curación, expedido por el facultativo del servicio público de salud o de la Mutua. El facultativo que expida los partes de baja, confirmación o alta entregará copia a la persona trabajadora y el servicio público de salud, mutua o empresa colaboradora que remitirán los partes al INSS por vía telemática, de manera inmediata y, en todo caso, en el primer día hábil siguiente a su expedición; el INSS comunicará los datos identificativos de los partes a las empresas, como máximo, en el primer día hábil siguiente a su recepción (art. 7.1 y 2 RD 624/14, reformado por RD 1060/2022, de 27 diciembre) por medios electrónicos (art. 10 Orden ESS/1187/2015). El interesado puede iniciar ante la EG el procedimiento administrativo de revisión del alta (art. 4 RD 1430/2009).

El derecho al subsidio se extingue por transcurso del plazo máximo (365 días prorrogables por otros 180), examinándose en el plazo de 3 meses el estado del interesado a efectos de su calificación como incapaz permanente. No obstante, cuando continúe el tratamiento médico por expectativa de recuperación o mejora y fuera aconsejable demorar la calificación, se podrá retrasar hasta los 730 días.

B) Nacimiento y cuidado de menor: Se regula en los arts. 177 a 182 LGSS, parcialmente reformados por art. 4.Uno RDL 6/2019, que configuran esta nueva prestación que sustituye a las anteriores de maternidad y paternidad. Se consideran situaciones protegidas el nacimiento, la adopción, la guarda con fines de adopción y el acogimiento familiar siempre que, en este último caso su duración no sea inferior a un año, durante los periodos de descanso que por tales situaciones disfruten (arts. 48.4 a 6 ET y 49.a), b) y c) EBEP). Se trata de unificar la protección por nacimiento de hijo dispensada a la madre biológica y al otro progenitor, distinto de la madre biológica, que no cabe en caso de familia monoparental (STS de 2 marzo 2023, rec. 3972/2020). Los beneficiarios del subsidio por nacimiento y cuidado de menor deben cumplir los requisitos generales exigidos en el art. 165.1 LGSS y además un período mínimo de cotización según cuál fuera su edad en la fecha del parto o en la de la decisión administrativa o judicial de acogimiento (art. 178.1 LGSS y art. 5 RD 295/2009, de 6 de marzo).

En cuanto a la duración, es de 16 semanas. La suspensión por adopción guarda con fines de adopción o acogimiento, tendrá una duración de 16 semanas para cada adoptante. En caso de discapacidad del hijo o hija en el nacimiento, adopción, guarda o acogimiento, el permiso tendrá una duración adicional de dos semanas, una para cada progenitor (art. 48.6 ET).

Es obligatorio el disfrute a tiempo completo de las seis semanas posteriores al nacimiento, adopción, guarda o acogimiento, pudiendo fraccionarse las restantes por periodos semanales, comunicándolo a la empresa con 15 días de antelación, hasta que el hijo o hija cumpla doce meses.

Los beneficiarios del subsidio por nacimiento y cuidado de menor deben cumplir los requisitos generales exigidos en el art. 165.1 LGSS y además un período mínimo de cotización según cuál fuera su edad en la fecha del parto o en la de la decisión administrativa o judicial de acogimiento (que oscila desde inexigencia de tal período si el trabajador es menor de 21 años, 90 días dentro de los siete años anteriores al inicio del descanso si se encuentra entre los 21 y 26 años y si su edad es superior, 180 días dentro de los siete años anteriores o 360 días en su vida laboral anterior (art. 178.1 LGSS y art. 5 RD 295/2009, de 6 de marzo).

La cuantía de la prestación económica por nacimiento y cuidado de menor es el 100 por 100 de la base reguladora, equivalente a la establecida para la prestación de IT por contingencias comunes (art. 179.1 LGSS). En caso de parto múltiple, adopción o acogimiento de más de un menor de forma simultánea, se reconoce un subsidio especial hijo o menor acogido a partir del segundo, igual al que corresponda percibir por el primero, durante el período de seis semanas inmediatamente posteriores al parto o decisión administrativa o judicial de acogimiento o resolución judicial por la que se constituya la adopción (art. 6 RD 295/2009).

- Subsidio por nacimiento de naturaleza no contributiva. Las trabajadoras por cuenta ajena o por cuenta propia que, en caso de parto, reúnan todos los requisitos para acceder a la prestación por nacimiento excepto el período mínimo de cotización, tienen derecho a una prestación del 100 por 100 del IPREM vigente en cada momento —salvo que la base reguladora calculada conforme a las reglas generales de la prestación por maternidad fuese de cuantía inferior, en cuyo caso se estará a ésta— arts. 15 y 16 Real Decreto 295/2009, de 6 marzo. La duración de la prestación es de 42 días naturales a contar desde el parto (art. 181 y art. 182 TRLGSS/2015). Dicha duración se incrementará en 14 días naturales en los casos de nacimiento de hijo en una familia numerosa o en la que, con tal motivo, adquiera dicha condición, o en una familia monoparental, o cuando la madre o el hijo estén afectados de discapacidad en un grado igual o superior al 65 por 100. El incremento de la duración es único, sin que proceda su acumulación cuando concurran dos o más circunstancias de las señaladas. (arts. 16 y 17 RD 295/2009). El subsidio lo gestiona directamente el INSS.

C) Ejercicio corresponsable del cuidado del lactante (arts. 183 a 185 LGSS). El art. 4.Nueve RDL 6/2019, de 1 de marzo, ha incorporado esta nueva prestación en la acción protectora de la Seguridad Social. Se considera situación protegida la reducción de la jornada de trabajo en media hora (art. 37.4 ET) llevada a cabo con la misma duración y régimen los dos progenitores, guardadores con fines de adopción o acogedores con carácter permanente, cuando ambos trabajen, para el cuidado del lactante desde que cumpla nueve meses hasta los doce meses de edad (STS de 7 mayo 2020, rec. 3806/2017). No se protege, por tanto, a las familias monoparentales, ni cuando uno de los progenitores, adoptantes, etc. no trabaje, ni cuando la jornada se reduzca en una hora de ausencia. Según el art. 37.4 ET ambos progenitores, adoptantes, etc. pueden reducir la jornada en media hora hasta que el menor cumpla doce meses, con derecho al salario; si ambos mantienen la reducción de jornada entre los nueve y doce meses, ahora sin remuneración, esta prestación suple la reducción salarial pero solo a uno de ellos. Por ello quedan excluidos los funcionarios, porque el permiso por lactancia de los funcionarios alcanza hasta que el menor cumpla doce meses (art. 48.f) EBEP). La prestación consistirá en un subsidio equivalente al 100 por ciento de la base reguladora del subsidio de IT por contingencias comunes en proporción a la media hora de reducción de la jornada que se protege. La prestación se extingue cuando el menor cumpla doce meses (art. 185.2 LGSS). Los beneficiarios deben acreditar los mismos requisitos exigidos para la prestación por nacimiento y cuidado de menor (art. 184.1 LGSS).

D) En cuanto al *riesgo durante el embarazo y lactancia natural* (arts. 186-187 y 188-189 LGSS y RD 295/2009, de 6 mayo), el subsidio consiste en un porcentaje del 100% de la base reguladora y se satisface por la EG o Mutua que gestione las contingencias profesionales.

La situación protegida es, en caso de riesgo durante el embarazo, aquella en que se encuentra la trabajadora embarazada durante el período de suspensión del contrato de trabajo en los supuestos en que la evaluación de riesgos en la empresa hubiera determinado la presencia de procedimientos o condiciones que pudieran influir negativamente en la salud de la trabajadora o del feto, cuando no hubiera sido posible la adaptación del puesto ni el cambio a puesto exento de riesgo (art. 26.3 LPRL y 186 LGSS); situación similar se produce en caso de riesgo durante la lactancia natural (art. 26.4 LPRL y 188 LGSS).

E) Respecto de la reducción de jornada por *cuidado de menores afectados por cáncer u otra enfermedad grave* (art. 190 LGSS reformado por DA 28ª.3 Ley 22/2021, de PGE 2022); el listado de enfermedades se contiene en el anexo del RD 1148/2011, de 29 julio), que requiera hospitalización de larga duración, supone un subsidio del 100% de la base reguladora para IT por contingencias profesionales en proporción a la reducción de la jornada, que es al menos de un 50%, durante la hospitalización y tratamiento continuado de la enfermedad. El subsidio se extingue por reincorporación plena al trabajo, por curación o mejoría del menor, por fallecimiento o por cumplir éste 23 y, en su caso, 26 años (art. 192 LGSS y art. 7 RD 1148/2011, de 29 julio). La O.TMS 103/2019, de 6 febrero, actualiza la lista de enfermedades y aprueba el modelo de declaración médica.

8.4. Incapacidad permanente (IP)

Se encuentra regulada en los arts. 193 y ss. LGSS. La situación de IP consiste en la disminución o anulación de la capacidad laboral, por reducciones anatómicas o funcionales graves, una vez que el trabajador ha sido dado de alta médica o ha terminado la situación de IT.

Actualmente (DT 26ª LGSS), los "grados" de la incapacidad permanente siguen siendo la *parcial* (disminución no inferior al 33% del rendimiento normal), *total* (inhabilitación para todas o las fundamentales tareas de la profesión habitual), *absoluta* (para toda profesión u oficio) y *gran invalidez* (cuando el incapacitado requiere asistencia para los actos más esenciales de la vida). Está prevista una determinación listada de los grados de incapacidad, aún no aprobada. Se contemplan, además, "lesiones permanentes no incapacitantes" (art. 201-203 LGSS).

Los *requisitos* son los generales de afiliación y alta (pero no se requiere alta si hay un período de cotización previo de 15 años distribuido de cierta manera) y tener un período mínimo de cotización (que varía, sobre todo, en función de la edad)[29], si se trata de enfermedad común. Pero, además, si la incapacidad deriva de contingencias comunes, no se puede acceder a la pensión de incapacidad si se tienen 65 años y se cumplen los requisitos para tener una pensión de jubilación.

Las *prestaciones* son las siguientes:

a) Para lesiones permanentes no incapacitantes, cantidades a tanto alzado (O.ISM/350/2023);

b) Para incapacidad parcial, 24 mensualidades de la base reguladora de IT;

---

29 Básicamente: si el trabajador tiene menos de 31 años, un tercio del tiempo transcurrido entre la fecha en que cumplió 16 años y el día del hecho causante; si tiene cumplidos 31 años, un cuarto del tiempo transcurrido entre la fecha en que cumplió 20 años y el hecho causante, con un mínimo de 5 años (y la quinta parte del período dentro de los 10 años anteriores al hecho causante). Hay reglas especiales para incapacidad parcial y para acceso desde situaciones de alta, o alta asimilada, sin obligación de cotizar.

c) Para los grados superiores, resumidamente, una pensión vitalicia del 55% de la base reguladora para la total (que se puede incrementar en un 20%, para la denominada "total cualificada"[30]; y se puede cambiar por una prestación a tanto alzado si el trabajador es menor de 60 años), y del 100% para la absoluta. Si el incapacitado es gran invalido, tiene derecho a la pensión anterior incrementada con un complemento para remunerar a la persona que lo atienda[31].

La *base reguladora* varía:

— para enfermedad común, es el resultado de dos operaciones: en primer lugar, dividir por 112 las bases de cotización de los 96 meses anteriores al hecho causante (art. 197 LGSS)[32]; y, en segundo lugar, a ese resultado se le aplica un porcentaje en función de los años cotizados (como en jubilación, pero sin computar "días-cuota" por pagas extraordinarias), pero en todo caso se consideran cotizados los años que resten hasta la edad ordinaria de jubilación y al menos se aplicará un porcentaje del 50%;

— para accidente común, dividir por 28 la suma de 24 meses de cotización consecutivos elegidos dentro de los 7 años anteriores;

— para contingencias profesionales, se aplican reglas que aproximan el cálculo al salario real dejado de percibir[33].

Las prestaciones son compatibles con la realización de otras actividades, incluso las de incapacidad absoluta si son compatibles con el estado del inválido y no representan un cambio en su capacidad a efectos de revisión (ver art. 198 LGSS).

Están previstas **prestaciones no contributivas** (arts. 363 y ss. LGSS)[34], para personas entre 18 y 65 años, residentes legales y durante 5 años en te-

---

30 Cuando por la edad, falta de preparación general o especialización y circunstancias sociales y laborales del lugar de residencia, se presuma la dificultad de obtener empleo en actividad distinta de la habitual anterior (art. 196.2 LGSS). Es incompatible con la prestación por desempleo (STS de 26 octubre 2022, rec. 4256/2019).

31 El importe de dicho complemento se fija por el art. 196.4 LGSS. En ningún caso puede ser inferior al 45% de la pensión percibida sin el complemento.

32 Los últimos 24 meses se toman en su valor nominal, los anteriores se actualizan en función de la evolución del IPC.

33 Ver Reglamento de Accidentes de 1956 (arts. 60 y ss.), DA 11ª RD 4/1998 y STS de 15 febrero 2022, rec. 4528/2018.

34 Por su parte, la Ley 39/2006 prevé, para las personas en situación de dependencia (ver art. 2.2), una serie de prestaciones y servicios (arts. 4.1 y 14). Se establece un

rritorio español (de ellos 2 inmediatamente anteriores a la invalidez), con una discapacidad del 65% o más (conforme a baremo), y que carezcan de ingresos superiores a los legalmente previstos por la Ley de Presupuestos (el límite es el de la cuantía que se dice a continuación).

La cuantía es de 7.250,60 euros anuales (Art. 78.5 RDL 8/2023) con un complemento de 525 euros/año (si carecen de vivienda en propiedad y residen en una alquilada por quien no sea pariente hasta 3º grado, RD 1191/2012).

8.5. Jubilación

Se regula en los arts. 204 y ss. LGSS. Se protege la situación de las personas que, cumplida la edad establecida, cesen o hayan cesado[35] en el trabajo. Se trata de la prestación central del Sistema de Seguridad Social.

La pensión puede causarse tanto desde una situación de alta como no (art. 205.1.b), pero hay *requisito de edad*: normalmente, 65 años si se ha cotizado durante 38 años y 6 meses, o 67 años en caso contrario. El requisito de los 67 años (o la alternativa de 65 con 38 y ½ años cotizados), es de implantación progresiva entre 2013 y 2027 (DT 7ª LGSS). El requisito de edad se reduce para ciertas actividades excepcionalmente penosas, peligrosas, etc. (art. 206 LGSS)[36] y para personas con discapacidad (art. 206 bis LGSS)[37].

Se contempla la jubilación anticipada con importante reducción de la prestación, si se cumplen ciertos requisitos: se establecen dos modalidades

---

catálogo de servicios (art. 15): de prevención (art. 21), de teleasistencia (art. 22), de ayuda a domicilio (art. 23), de centro de día y de noche (art. 24), y de atención residencial (art. 25); y se prevén prestaciones económicas: vinculadas al servicio (art. 17), para cuidados en el entorno familiar y apoyo a cuidadores no profesionales (art. 18) y de asistencia personal (art. 19).

35 Pero recuérdese la posibilidad de **jubilación parcial,** conforme a arts. 12 ET y 215 LGSS y RD 1131/2002, de 31 octubre (ver lección 9ª).

36 El procedimiento vigente para reconocer estas actividades y establecer los coeficientes reductores se estableció por RD 1698/2011, de 18 noviembre; se han incluido actividades como bomberos, Ertzaintza, mossos d´esquadra, policías locales, etc. En estos casos se ha de ingresar una cotización adicional del 10,60 por ciento (art. 30 O.PCM/244/2022, de cotización/2022).

37 A partir de 1 enero 2012, 56 años para personas afectadas en un grado igual o superior al 45% por una discapacidad de las enumeradas en el art. 2 del RD 1851/2009 (art. 3 del mismo). El RD Real 1539/2003, de 5 de diciembre, por el que se establecen coeficientes reductores de la edad de jubilación a favor de los trabajadores que acrediten un grado de discapacidad igual o superior al 65 por ciento.

de jubilación anticipada. En primer lugar, por cese en el trabajo por causa no imputable al trabajador (art. 207 LGSS). Se requiere tener cumplida una edad inferior en cuatro años, como máximo, a la edad ordinaria de jubilación que resulte aplicable; que el cese en el trabajo no sea imputable a la voluntad del trabajador (despido colectivo; despido objetivo asimismo por causas económicas, etc.; extinción del contrato conforme a la Ley Concursal; muerte, jubilación o incapacidad del empresario o extinción de la personalidad jurídica del contratante; fuerza mayor; extinción del contrato por voluntad del trabajador por las causas de los arts. 40.1, 41.3 y 50 ET y extinción por voluntad de la trabajadora víctima de violencia de género); se requiere, en fin, inscripción en oficina de empleo durante 6 meses inmediatamente anteriores y cotización efectiva durante 33 años.

En segundo lugar, en caso de cese por voluntad del interesado (art. 208 LGSS), a una edad inferior en dos años como máximo a la que resulte ordinaria de jubilación aplicable, acreditando cotización efectiva durante 35 años y que el importe de la pensión resultante sea superior a la mínima correspondiente con 65 años.

En ambos casos con coeficientes reductores según los meses de adelanto de la jubilación y el periodo cotizado, que se aplican sobre la cuantía de la pensión resultante de aplicar a la base reguladora el porcentaje que corresponda por meses de cotización. Ahora bien, en caso de jubilación por voluntad del interesado, si la base reguladora fuera superior al tope máximo de la cuantía inicial de las pensiones, los coeficientes reductores se aplicarán sobre el indicado límite o tope (art. 210.3 LGSS), si bien esta regla reductora de la cuantía de la pensión entra en vigor el 1 de enero de 2024 y se aplicará de forma gradual durante 10 años (DT 34ª.2 LGSS). En caso de jubilación anticipada por causas no imputables al trabajador y en el supuesto contemplado en el art. 208.3 LGSS, los coeficientes reductores se aplicarán sobre el importe de la pensión resultante de aplicar a la base reguladora el porcentaje que corresponda por meses de cotización, sin que el importe resultante pueda ser superior a la cuantía resultante de reducir el tope máximo de pensión en un 0,50 por ciento por cada trimestre o fracción de anticipación. En fin, las anteriores reglas no se aplican a las jubilaciones anticipadas por discapacidad o peligrosidad de la actividad (art. 210.5 LGSS).

El cese en el trabajo es normalmente total, aunque cabe la **jubilación parcial** compatible con el trabajo. A ésta puede se puede acceder a la edad ordinaria de jubilación, si se tiene derecho a la misma y sin que sea obligatorio celebrar un contrato de relevo, pero cabe también la jubilación parcial anticipada de los trabajadores a tiempo completo a una edad que se diversifica teniendo en cuenta los años de cotización (mínimo 33, o 25 en caso de personas con discapacidad) y que se eleva progresivamente hasta 2027 que será de 63 o 65 años (art. 215 y DT 10ª LGSS); se requiere 6 años de antigüedad en la empresa, reducir la jornada entre un 25% y un 50%, o del 75% cuando se contrate un relevista por tiempo indefinido y jornada completa; empresa y trabajador deben cotizar sobre la base que hubiera correspondido de seguir trabajando a jornada completa, si bien se aplica de forma gradual (DT 10ª.3 LGSS).

El cese por jubilación es voluntario, con estímulos al retraso de la edad de jubilación (arts. 152 y 210.2 LGSS, ver infra), entendiéndose causada la pensión en la fecha indicada por la persona interesada en su solicitud, si cumple los requisitos para ello (art. 3.1 RD 453/2022, de 14 junio), aunque la actual redacción de la DA 10ª ET contempla la extinción forzosa del contrato cuando el trabajador cumpla 68 años, tenga derecho al 100 por cien de la pensión y la medida se vincule a objetivos coherentes de política de empleo expresados en el convenio colectivo o, excepcionalmente, la jubilación forzosa puede establecerse al cumplir la edad ordinaria de jubilación en las actividades en que la tasa de ocupación femenina sea inferior al 20 por ciento de las personas ocupadas, en cuyo caso cada extinción debe llevar aparejada la simultánea contratación por tiempo indefinido y a tiempo completo de una mujer en la mencionada actividad.

Sobre todo, hay un *requisito de cotización previa*: 15 años, sin computar días por pagas extraordinarias[38], dos de los cuales deben estar comprendidos en los 15 anteriores (o en los 15 anteriores al momento en que cesó la obligación de cotizar, si se accede desde situación de alta o asimilada sin tal obligación).

La *base reguladora* es el cociente de dividir por 350 las bases de cotización durante los 300 meses anteriores a la jubilación[39], si bien a partir de 1 de enero de 2026 será, progresivamente, el cociente de dividir entre 378 la suma de 324 bases de cotización (art. 209.1 y DT 40ª LGSS).

El *porcentaje* que se aplica a la base va desde un 50% (por 15 años) hasta un 100%; a partir del año decimosexto, por cada mes adicional de cotización se genera un porcentaje adicional de pensión (art. 210.1 LGSS), variando dicho porcentaje progresivamente, hasta concluir en 2027 (DT 9ª

38 Se exigen, pues, 5.475 días cotizados.

39 Como en incapacidad permanente, los últimos 24 meses se toman en su valor nominal y los anteriores se actualizan en función de la evolución del IPC.

LGSS). Hay reglas específicas para los trabajadores a tiempo parcial (art. 248.3 LGS). Pero si se accede a la jubilación demorada, es decir, después de cumplir la edad ordinaria que corresponda, se puede añadir un 4% por cada año completo cotizado entre la fecha en que cumplió esa edad y la del hecho causante de la pensión, pudiéndose superar el tope máximo de pensión aunque con límites, o una cantidad a tanto alzado, o una combinación de ambas soluciones (art. 210.2 LGSS y RD 371/2023, de 16 mayo); y además, no se cotiza por contingencias comunes salvo incapacidad temporal (se cotiza un 1,55 por ciento, 1,30 a cargo de la empresa y 0,25 a cargo del trabajador, art. 30.1.a) O.PJC/51/2024) cuando se haya alcanzado la de edad de acceso a la pensión de jubilación que en cada caso corresponda (art. 152 LGSS).

La pensión es incompatible con el trabajo, suspendiéndose en caso de trabajo a tiempo completo; tampoco es compatible con un puesto de trabajo en el sector público (art. 213.2 LGSS). Pero puede ser compatible:

Con el desempeño de una actividad de creación artística por la que perciban ingresos derivados de los derechos de propiedad intelectual, incluidos los generados por la transmisión a terceros, con obligación de ingresar una cotización de solidaridad del 8% (art. 2 RD 302/2019, de 26 abril).

Con un trabajo a tiempo parcial, minorándose la pensión (art. 213.1 LGSS y RD 1132/2002, de 31 octubre): es la "jubilación flexible" (Vid. STS de 19 septiembre 2023, rec. 4115/2020).

Con trabajos por cuenta propia que no superen el SMI en cómputo anual (art. 213.4 LGSS).

Cabe, asimismo, la pensión de jubilación compatible con el trabajo, por cuenta propia o ajena, a tiempo completo o parcial (arts. 214 LGSS), siempre que se cumplan unos requisitos: haber accedido a la pensión al menos un año después de haber cumplido la edad ordinaria de jubilación que resulte aplicable y que la misma alcance el 100 por 100 de la base reguladora. La pensión compatible con el trabajo será equivalente al 50% de su reconocimiento inicial (pero lo es en el 100 por cien en caso de autónomos con al menos un trabajador por cuenta ajena en la actividad, no computan los empleados de hogar (STS de 26 abril 2023, rec. 517/2020), —derecho que no alcanza a los autónomos societarios (STS de 23 julio 2021, rec. 1515/2020), ni a las contrataciones realizadas por comunidades de bienes (STS de 14 marzo 2023, rec. 2760/2020), ni por sociedades civiles irregulares (STS de 14 junio 2023, rec. 1744/2020)—, art. 214.2 LGSS), sin derecho a complemento por mínimos. Durante la realización del trabajo compatible solo se cotiza por incapacidad temporal y por contingencias profesionales; asimismo, las partes quedan sujetas a una cotización especial de solidaridad (7% empresario y 2% trabajador) no computable para las prestaciones (art. 153 LGSS).

Existe igualmente una **prestación no contributiva** (arts. 369-372 LGSS), con los siguientes requisitos: 65 años, residencia en territorio español, límite de rentas fijado anualmente por la ley de presupuestos. Además, haber residido legalmente en España durante 10 años entre los 16 años y la fecha de la jubilación, de ellos dos consecutivos e inmediatamente anteriores. El límite de rentas y la cuantía es como en la no contributiva de invalidez.

8.6. Muerte y supervivencia

Se regulan en los arts. 216 y ss. LGSS. La muerte del sujeto causante da lugar, sobre todo, a situaciones de viudedad y de orfandad (pensión y prestación), aunque hay otras prestaciones (gastos de sepelio, prestaciones a familiares).

En cuanto a la **viudedad**, los requisitos son los de *alta* del causante, y una *cotización previa* de 500 días en los cinco años anteriores (salvo que el fallecimiento sea por accidente, laboral o no, o por enfermedad profesional). También aunque el causante no esté en alta, pero con una cotización de 15 años. Si se superpusieron las cotizaciones durante al menos 15 años en dos regímenes, se causará derecho a pensión en ambos (art. 223.1 LGSS).

Además, si deriva de enfermedad común preexistente al matrimonio, se requiere éste con un año de antelación (o convivencia —STS de 26 octubre 2022, rec. 2059/2019— y matrimonio que hubieran superado los dos años) o existencia de hijos comunes. Pero se prevé una prestación temporal de viudedad si no se cumple este requisito, con una duración de 2 años e igual cuantía que la pensión.

Beneficiario es el "cónyuge" superviviente, pero también quien se encontrase unido al causante formando "pareja de hecho". Se considera pareja de hecho la formalmente constituida, con análoga relación de afectividad a la conyugal, por quienes, no hallándose impedidos para contraer matrimonio, no tengan vínculo matrimonial con otra persona y acrediten, mediante certificado de empadronamiento, una convivencia estable y notoria con carácter inmediato al fallecimiento del causante y con una duración ininterrumpida no inferior a cinco años, salvo que existan hijos en común. La existencia de pareja, además, ha de acreditarse mediante inscripción en registro específico o mediante documento público en el que conste su constitución, en todo caso dos años antes del fallecimiento (art. 221.2 LGSS).

En caso de separación o divorcio o nulidad matrimonial, son beneficiarios también los que hayan sido cónyuges legítimos, si no han contraído nuevas nupcias o constituido pareja de hecho, en cuantía proporcional al tiempo de convivencia con el fallecido, pero se garantiza el 40% al cónyuge superviviente o la pareja que conviviera con el causante; en caso de fallecimiento del excónyuge, la viuda recupera la pensión íntegra (STS de 9 febrero 2022, rec. 4823/2018). Deben reunir los mismos requisitos que el cónyuge y alguno más (relacionados con la percepción de las pensiones compensatorias en los arts. 97-98 CC). Cuando la unión de hecho se extinga por voluntad de uno de ellos, solo se podrá causar pensión de viudedad si el superviviente no ha constituido otra unión de hecho o matrimonio y sea acreedor de pensión compensatoria que se extinga con la muerte del causante, cuya cuantía limita el importe de la pensión, o porque sea mujer víctima de violencia de género (art. 221.3 LGSS). El actual art 221 LGSS ha suprimido el requisito de dependencia económica del superviviente, que en muchos casos impidió el reconocimiento del derecho a pensión, dando la DA 40ª LGSS un plazo de un año a partir del 1 de enero de 2022 para su reconocimiento.

La prestación consiste en un 56% de la base reguladora, y en un 60% desde 1 de enero de 2019 para los mayores de 65 años que no perciban otra pensión pública (DA 44ª Ley 6/2018, de PGE). La base reguladora se calcula dividiendo por 28 las bases de cotización de 24 meses ininterrumpidos dentro de los 15 años anteriores; para contingencias profesionales, la base es el salario real. El porcentaje se amplía al 70% cuando la pensión es la única o principal fuente de ingresos (art. 31 RD 3158/1966).

Cuando el cónyuge o la pareja de hecho sobreviviente no pueda acceder a la pensión vitalicia de viudedad porque su matrimonio con el causante no hubiera tenido una duración de un año o por la inexistencia de hijos comunes, o que su inscripción como pareja de hecho no se hubiera producido con una antelación de dos años respecto a la fecha de fallecimiento del causante y reúna los demás requisitos, tendrá derecho a una prestación temporal de viudedad de cuantía igual a la de la pensión de viudedad que le hubiera correspondido y con una duración de dos años (art. 222 LGSS).

No pueden ser beneficiarios de prestaciones por muerte y supervivencia los condenados por delito de homicidio, cuando la víctima sea el sujeto causante y su reconocimiento puede ser revisado de oficio en cualquier momento. Cabe la suspensión cautelar antes de dictarse condena, si hubiese resolución judicial de la que se deriven indicios racionales del delito, pero garantizando las obligaciones de alimentos a favor de los beneficiarios de pensión de orfandad o en favor de familiares (arts. 232 LGSS).

En cuanto a la pensión de **orfandad**, tienen derecho a ella cada uno de los hijos e hijas del causante o de la causante fallecida, cualquiera que sea la naturaleza de su filiación, siempre que en el momento de la muerte sean menores de 21 años o estén incapacitados para el trabajo y siempre que el causante se encontrara en alta o situación asimilada al alta o fuera pensionista (art. 224.1 LGSS). La pensión consiste en un 20% de la base reguladora por hijo (misma que en viudedad), hasta que el beneficiario cumpla 21 años, aunque no hay límite de edad si está incapacitado para el trabajo (es decir, IP absoluta o gran invalidez).

El límite de edad se amplía hasta los 25 años, si el huérfano no ejercita un trabajo lucrativo o no alcanza rentas superiores al SMI; si cursa estudios y cumpliera los 25 durante el curso escolar, la percepción se mantiene hasta el día del mes inmediatamente posterior al del inicio del siguiente curso académico (art. 224.3 LGSS; vid. STS de 23 enero 2020, rec. 4202/2017). Este límite es de aplicación inmediata en caso de orfandad absoluta (cuando no sobrevive ninguno de los progenitores)[40] o el huérfano presenta una discapacidad igual o superior al 33%[41]. Si la orfandad es simple, el límite se amplía asimismo hasta los 25 si el huérfano no ejercita un trabajo lucrativo o no alcanza rentas superiores al SMI.

En caso de no reconocimiento de pensión de viudedad por delito de homicidio, los hijos del mismo que sean titulares de pensión de orfandad tendrán derecho al incremento por orfandad absoluta (art. 233 LGSS). En estos casos la pensión de orfandad no será abonada a la persona condenada (art. 234 LGSS).

Asimismo, tendrán derecho a una prestación de orfandad las hijas e hijos de la causante fallecida, cualquiera que sea su filiación, como consecuencia de violencia contra la mujer en los términos establecidos por la ley o por los tratados internacionales ratificados por España, siempre que se hallen en circunstancias equiparables a una orfandad absoluta (es decir, que el causante de la muerte sea el padre o que, siendo el causante un tercero, la fallecida fuera la progenitora supérstite o el único progenitor conocido o se acredite el abandono del hogar por el otro progenitor), y siempre que no reúnan los requisitos necesarios para causar una pensión de orfandad (arts. 216.3 y 224.1 LGSS).

---

40 En ese supuesto de orfandad absoluta, si estuviese cursando estudios y cumpliera los 25 años durante el curso escolar, la prestación se prolonga hasta el día primero del mes inmediatamente posterior al siguiente curso académico.

41 La pensión de orfandad se extingue por cumplir las edades indicadas, pero también por adopción o por contraer matrimonio (salvo que esté afectado por IP absoluta o gran invalidez). Pero, si al extinguirse, aún no se han devengado 12 mensualidades, se entregará de una vez la cantidad restante.

La cuantía de dicha prestación es el 70% de la base reguladora siempre que los rendimientos de la unidad familiar de convivencia, dividido por el número de miembros, no supere el 75% del SMI vigente excluida la parte proporcional de las pagas extras (art. 224.1 LGSS).

Se han establecido reglas específicas tanto para la pensión de orfandad y cuanto para la prestación de orfandad, cuando se trate de hijos e hijas de la causante fallecida como consecuencia de violencia sobre la mujer (art. 224.2 LGSS reformado por art. 5 de la LO 2/2022), relativas a la suspensión por superar el nivel de ingresos, incidencia del fallecimiento del adoptante y presunción de orfandad absoluta.

Hay otras prestaciones por supervivencia, como son la indemnización especial a tanto alzado de 6 meses de la base reguladora en caso de muerte por accidente de trabajo o enfermedad profesional (art. 277 LGSS) y prestaciones en favor de familiares, dependientes económicamente del causante y que acrediten prolongada dedicación a su cuidado (art. 226 LGSS).

8.7. Cargas familiares

Se prevén prestaciones contributivas (arts. 235 y ss. LGSS) y no contributivas (arts. 351 y ss. LGSS).

La *contributiva* consiste en considerar como período de cotización efectiva (a efectos de jubilación, incapacidad permanente, muerte y supervivencia y maternidad) los tres años de excedencia por cuidado de hijo o menor acogido (ver lección 14ª). Solo se considera el primer año si la excedencia es por cuidado de otros familiares. Hay otros supuestos: Las cotizaciones efectuadas durante los dos primeros años de reducción de jornada por cuidado de menor, se computarán incrementadas hasta el 100% (art. 237.3 LGSS); asimismo, se computan desde 112 días (hasta 270 en 2019) como cotizados por extinción de la relación laboral o finalización del cobro de prestación o subsidio por desempleo entre los 9 meses anteriores al nacimiento y la finalización del 6º año posterior a esta situación (Cap. II RD 1716/2012), así como 112 días de cotización asimilados por parto (más 14 días por cada hijo a partir del segundo (art. 235 LGSS).

Las *no contributivas* consisten en:

a) Una asignación económica por cada hijo, menor de 18 años afectado por un grado igual o superior al 33% de discapacidad o, cuando siendo mayor, tenga reducido un grado de discapacidad igual o superior al 65%, así como por los menores acogidos. En el ingreso mínimo vital se integra la asignación por hijo menor sin discapacidad o cuando sea inferior al 33% (DT 7ª RDL 20/2020, de 29 mayo).

b) Una prestación económica de pago único por nacimiento o adopción de hijo, en supuestos de familias numerosas, monoparentales o en los casos de madres o padres con discapacidad.

   En los casos de nacimiento o adopción de hijo en España en una familia numerosa —se estará a la Ley 40/2003, de 18 de noviembre— o que, con tal motivo, adquiera dicha condición, en una familia monoparental —la constituida por un solo progenitor con el que convive el hijo nacido o adoptado y que constituye el sustentador único de la familia— o en los supuestos de madres o padres que tengan reconocido un grado de discapacidad igual o superior al 65 por ciento se tendrá derecho a esta prestación económica (art. 357.1 LGSS) consistente en un único pago de 1000 euros (art. 358.1 LGSS).

   Los beneficiarios han de residir legalmente en territorio español, no tener derecho a prestaciones de esta misma naturaleza en cualquier otro régimen público de protección social y que no perciban ingresos anuales, de cualquier naturaleza, superiores a la cuantía que establezca la LPGE.

c) Una prestación económica de pago único por parto o adopción múltiples.

   El padre o la madre, o quien reglamentariamente se establezca, serán beneficiarios de la prestación por parto o adopción múltiples —cuando el número de nacidos o adoptados sea igual o superior a dos— producidos en España. Percibirán una prestación única consistente en un determinado número de veces del SMI en función del número de nacidos o adoptados, siempre que sea igual o superior a dos (arts. 359-360 LGSS). Esta prestación no queda sujeta a requisitos vinculados a los ingresos del beneficiario, a diferencia de las anteriores.

8.8. Ingreso mínimo vital

El RDL 20/2020, de 29 de mayo, amplió la acción protectora de la Seguridad Social, incluyendo una nueva prestación, denominada ingreso mínimo vital, de naturaleza no contributiva (art. 42.1.c) LGSS), prestación ahora regulada por la Ley 19/2021, de 20 de diciembre, financiada mediante aportaciones del Estado (arts. 2.2 y 35 RDL 20/2020). Su objeto es prevenir el riesgo de pobreza y exclusión social de las personas que vivan solas o integradas en una unidad de convivencia, mediante una prestación de naturaleza económica que garantiza un nivel mínimo de renta a quienes se encuentren en una situación de vulnerabilidad por carecer de recursos económicos suficientes para la cobertura de sus necesidades básicas.

Son beneficiarios de la prestación (art. 4.1.b LIMV) las personas de al menos 23 años que no se integren en una unidad de convivencia, siempre que no estén unidas a otra por vínculo matrimonial o como pareja de hecho salvo que hayan iniciado los trámites de separación o divorcio.

No se exige el requisito de edad en los supuestos de mujeres víctimas de violencia de género o de trata. Tampoco a las personas entre 18 y 22 años que provengan de centros de protección de menores dentro de los tres años anteriores a la mayoría de edad, o sean huérfanos absolutos, siempre que vivan solos o provengan de un centro penitenciario por haber sido liberados de prisión habiendo permanecido privados de libertad más de 6 meses.

Igualmente lo son (art. 4.1.a LIMV) las personas integrantes de una unidad de convivencia en los términos que la ley establece: tener una edad mínima de 23 años o ser mayores de edad o menores emancipados en caso de tener hijos o menores en régimen de guarda o huérfanos absolutos cuando sean los únicos miembros de la unidad y ninguno alcance la edad de 23.

El art. 6 LIMV define la unidad de convivencia: personas que convivan en un mismo domicilio y unidas por vínculo matrimonial, como pareja de hecho, por vínculos de parentesco hasta segundo grado o en virtud de guarda. No rompe la convivencia la separación transitoria por estudios, trabajo, tratamiento médico o rehabilitación o similares.

La LIMV contempla asimismo situaciones especiales (art. 7) y supuestos especiales de domicilio (art. 8), y de convivencia sin vínculos de parentesco (art. 9).

En fin, pueden ser beneficiarias las personas temporalmente usuarias de una prestación de servicio residencial de carácter social, sanitario o socio-sanitario; incluso permanente en el caso de mujeres víctimas de violencia de género o de trata de seres humanos y explotación sexual.

Entre los requisitos de acceso cabe señalar: a) tener residencia legal y efectiva en España y haberla tenido de forma continuada e ininterrumpida durante al menos el año inmediatamente anterior a la solicitud, pero hay excepciones, entendiéndose también que existe residencia habitual pese a ciertas estancias en el extranjero; y b) encontrarse en situación de vulnerabilidad económica por carecer de rentas, ingresos o patrimonio suficientes (art. 7). A estos efectos se tomará en consideración la capacidad económica de la persona solicitante beneficiaria individual o, en su caso, de la unidad de convivencia en su conjunto, computándose los recursos de todos sus miembros, determinándose su cuantía según las reglas sobre cómputo de ingresos y de patrimonio (art. 20 LIMV).

La cuantía de la prestación económica que se fijará y se hará efectiva mensualmente y vendrá determinada por la diferencia entre la cuantía de la renta garantizada, y el conjunto de todas las rentas e ingresos de la persona beneficiaria o de los miembros que componen esa unidad. El hecho causante de la prestación se entenderá producido en la fecha de presentación de la solicitud (art. 5 RD 453/2022, de 14 junio). Se considera renta garantizada en el caso de persona beneficiaria individual, el 100 por ciento del importe de las pensiones no contributivas vigente, con un incremento del 22 por ciento en caso de discapacidad igual o superior al 65 por ciento; en caso de unidad de convivencia, la cuantía mensual de la renta garantizada se incrementará en un 30 por ciento por cada miembro adicional a partir del segundo, hasta un máximo del 220 por ciento y, en su caso, un complemento de monoparentalidad del 22 por ciento, o por discapacidad igual o superior al 75 por ciento del algún integrante de la unidad de convivencia, más un complemento de ayuda para la infancia (art. 13 LIMV). Se percibirá mientras subsistan los motivos que dieron lugar a su concesión y se cumplan los requisitos y obligaciones previstos (art. 20 LIMV). En el caso de una persona beneficiaria individual, la cuantía mensual de renta garantizada ascenderá al 100 por ciento del importe anual de las pensiones no contributivas fijada anualmente en la ley de presupuestos generales del estado, dividido por doce. La percepción del IMV es parcialmente compatible con los incrementos de ingresos procedentes de rentas de trabajo o de la actividad económica por cuenta propia de la persona beneficiaria individual o, en su caso, de uno o varios miembros de la unidad de convivencia con el fin de que su percepción no desincentive la participación en el mercado laboral; consiste en la aplicación de un importe exento del cómputo de los ingresos y rentas que se hayan de tomar en consideración para la determinación de la situación de vulnerabilidad económica de la persona beneficiaria individual o, en su caso, de la unidad de convivencia (RD 789/2022, de 27 de septiembre).

La competencia para el reconocimiento y el control de la prestación corresponde al INSS, si bien las CCAA y entidades locales podrán iniciar el expediente administrativo. También las CCAA de régimen foral asumirán con referencia a su ámbito territorial, las funciones y servicios correspondientes al INSS (DA 5ª LIMV). Para eliminar cargas administrativas a las personas que agoten los subsidios por desempleo sin haberse reinsertado en el mercado laboral y previo consentimiento de los interesados, el SEPE remitirá a la EG del IMV los datos requeridos para que reconozca esta prestación (DA 12ª LIMV).

8.9. Desempleo

Los arts. 262 y sigs. LGSS y el RD 625/1985, de 2 abril, regulan las prestaciones por desempleo, que son de nivel contributivo y de nivel asistencial. Pero también hay subsidio o renta agraria para ciertos eventuales agrarios y un programa de renta activa de inserción.

A) **Sujetos protegidos y situación legal de desempleo**. Quedan protegidos los trabajadores por cuenta ajena del Régimen General, también las personas trabajadoras al servicio del hogar familiar (RDL 16/2022, de 6 de septiembre), el personal contratado en régimen de derecho administrativo y los funcionarios interinos y personal eventual de las AAPP, que tengan previsto cotizar por esta contingencia; los cargos sindicales representativos que ejerzan funciones sindicales de dirección con dedicación exclusiva o parcial y perciban una retribución; a los miembros de Corporaciones locales que desempeñen su cargo con dedicación exclusiva o parcial; y a los Altos cargos de las AAPP con dedicación exclusiva, percibiendo retribuciones y que no sean funcionarios públicos; los trabajadores por cuenta ajena de sistemas especiales que protejan dicha contingencia (hay peculiaridades para los eventuales agrarios, como veremos luego), y los liberados de prisión (art. 264 LGSS). Todos ellos, siempre que se encuentren en situación legal de desempleo.

La situación legal de desempleo (art. 267 LGSS) viene constituida por toda pérdida involuntaria del empleo, lo que incluye las que dependen de la voluntad del empresario (despidos; extinción por muerte, jubilación o incapacidad del empresario), las que dependen de ambas partes pero que hayan sido acordadas por el empresario (denuncia de contrato temporal, rescisión en período de prueba) y las decididas por el trabajador por causa justificada (en caso de traslado, de ciertas modificaciones sustanciales, ante incumplimiento del empresario).

Se incluyen asimismo las suspensiones o reducciones temporales de jornada (entre un 10% y un 70%, siempre que el salario sea objeto de análoga reducción) (art. 262.3 LGSS), así como los períodos de inactividad de los fijos discontinuos.

El desempleo puede ser total (ya sea temporal —por suspensión o reducción de la jornada por días completos—, ya sea definitivo) o parcial (por reducción temporal de la jornada) (art. 262.2 y 3 LGSS).

B) Se prevé, en primer lugar, un **nivel contributivo**. El requisito fundamental (art. 266 LGSS), aparte de la afiliación y el alta, es el de un período previo de cotización de 360 días en los 2.160 anteriores (art. 269 LGSS). El desempleado debe solicitar la prestación en los 15 días siguientes a la situación de desempleo; de no hacerlo en plazo pierde los días que medien entre la situación y la solicitud. Se requiere la inscripción como demandante de empleo en el servicio público competente.

a) La *base reguladora* es el promedio de las bases de cotización de los últimos 180 días, excluyendo las horas extraordinarias (art. 270.1 LGSS).

b) La *cuantía* de la prestación se obtiene aplicando a esa base un porcentaje del 70% (primeros 180 días) y del 60% siguientes días (art. 270.2 LGSS).

Hay mínimos en función del número de hijos (el mínimo oscila entre el 80% y el 107% IPREM, incrementado en 1/6 parte); y hay máximos, por lo mismo (el máximo oscila entre el 175% y el 220%-225% IPREM, ídem.).

c) La *duración* (art. 269 LGSS) oscila entre 120 días (habiendo cotizado entre 360 y 539 días) y 720 (habiendo cotizado 2.160 o más). Es decir, aproximadamente (puesto que es por tramos) entre un tercio y algo más de un cuarto del período cotizado. Los beneficiarios deben mantener la inscripción como demandante de empleo, suscribir un compromiso de actividad y participar en las políticas activas de empleo (art. 300 LGSS y art. 41 LE).

d) Protección por desempleo en caso de reducción de jornada o suspensión del contrato por causas ETOP o por fuerza mayor (art. 47 ET).

La reducción de jornada o suspensión del contrato por las causas establecidas en el art. 47 ET constituyen situación legal de desempleo protegido según las reglas generales (art. 267.1.b) y c) LGSS).

Adicionalmente, las personas trabajadoras afectadas por expedientes de regulación temporal de empleo (ERTE) por fuerza mayor autorizados con base en lo previsto en el art. 47.5 y 6 ET gozan de una protección específica: tienen derecho a prestación contributiva por desempleo aun sin acreditar la carencia mínima, su cuantía es del 70 por ciento de la BR durante toda la vigencia de la medida y no consume las cotizaciones previamente efectuadas, ni se considerará consumido de la duración de futuros accesos a la protección por desempleo (DA 46 LGSS añadida por DF 1ª RDL

2/2022, de 22 febrero). La empresa ha de ingresar la aportación empresarial y el SEPE la del trabajador (art. 153 bis LGSS). No obstante, las empresas pueden acogerse voluntariamente si cumplen los requisitos exigidos, a las exenciones en la cotización a la Seguridad Social, obligándose en unos casos a cumplir acciones formativas y, en todo caso, a mantener en el empleo a las personas trabajadoras afectadas durante los seis meses siguientes a la finalización del periodo de vigencia del ERTE, debiendo reintegrar las cuotas con recargo e intereses por demora según sea la obligación incumplida (DA 44ª LGSS).

e) Como alternativa a la percepción mensual de la prestación, cabe percibirla en un *único pago* en ciertos supuestos (para entrar en o constituir una cooperativa de trabajo asociado o una sociedad anónima laboral, para constituirse como autónomo —incluso sin discapacidad—, para el retorno voluntario de trabajadores extranjeros a su país de origen (RDL 4/2008), y otros supuestos (ver art. 296.3 LGSS y art. 10 Ley 5/2011, y art. 34 Ley 31/2015).

f) Aparte de la prestación señalada, la EG asume la *cotización empresarial* durante la situación de desempleo (excluyendo las cuotas por desempleo, AT y EP, Fogasa y formación profesional); descuenta de la cuantía de la prestación la aportación del trabajador. Si se trata de suspensión o reducción de la jornada, la empresa ingresa su aportación y la EG la del trabajador, una vez descontada (art. 273 LGSS).

g) La prestación *se suspende* (art. 271 LGSS), entre otros supuestos, en caso de realización de un trabajo por cuenta ajena de duración inferior a 12 meses o por cuenta propia de duración inferior a 60 meses.

h) La prestación *se extingue* (art. 272 LGSS), entre otros supuestos, por cumplir la edad ordinaria para causar derecho a la pensión contributiva de jubilación y por realización de un trabajo por cuenta ajena de duración superior a 12 meses o por cuenta propia de duración superior a 60 meses o 24 meses con alta en Mutualidad alternativa al RETA y por transcurso de 6 años desde la fecha de baja sin haber reanudado el derecho. Pero cuando el trabajador tenga derecho a una nueva prestación por la pérdida del nuevo trabajo, puede optar por reabrir la prestación anterior.

i) Requisito para la protección es la *disponibilidad* para buscar activamente empleo y participar en acciones de mejora de la ocupabilidad (ver arts. 299-301 LGSS; también art. 3.g) LE). Por ello, el derecho se suspende o incluso se extingue cuando se rechace una "colocación adecuada".

Colocaciones adecuadas lo son la profesión demandada, la profesión habitual o la que se ajuste a sus aptitudes físicas y formativas, debiendo implicar la oferta en los dos últimos casos un salario equivalente al establecido en el sector en el que se ofrezca el puesto. Finalmente, en el marco de un acuerdo de actividad voluntariamente aceptado, será colocación adecuada la convenida dentro del itinerario de inserción, incluida la colocación temporal o a tiempo parcial; solamente en este marco será adecuada la colocación ofrecida en localidad que no sea la residencia de la persona trabajadora.

C) Protección social de las personas trabajadoras afectadas por la aplicación del Mecanismo RED de flexibilidad y estabilización del empleo (art. 47 bis ET). Una vez activado el Mecanismo RED y que las empresas afectadas hayan obtenido autorización para su aplicación, los periodos de reducción de jornada o suspensión de contrato acordados en periodo de consultas o en virtud de resolución de la autoridad laboral, se protegen mediante la prestación regulada en la DA 41ª LGSS, que si bien no se califica como prestación por desempleo ni se ha incluido en el catálogo de prestaciones del Sistema (art. 42 LGSS), es similar a la establecida para los afectados por ERTE del art. 47.5 y 6 ET: no es necesario acreditar un periodo mínimo de cotización, la base reguladora es el promedio de las bases de cotización por ATEP en los 180 días inmediatamente anteriores, la cuantía es el 70 por ciento (con el tope del 225 por ciento del IPREM incrementado en una sexta parte), durará hasta la aplicación del Mecanismo RED y no implica consumo de cotizaciones ni minorará la duración prestación que se pueda causar en el futuro. La empresa deberá formular la solicitud al SEPE y el acceso a la prestación por los beneficiarios requiere su inscripción en el servicio público competente (DA 41ª LGSS). Igual que en caso de los ERTE del art. 47. 5 y 6 ET, el SEPE y la empresa han de ingresar las cuotas correspondientes a personas trabajadoras y empresa (art. 153 bis LGSS), pero esta puede voluntariamente acogerse a las exenciones en la cotización con las consiguientes obligaciones y responsabilidades por incumplimiento (DA 44ª LGSS). El desarrollo reglamentario del art. 47 Bis ET se ha producido por RD 608/2023, de 11 julio. El mecanismo RED se ha activado para el sector de agencias de viajes por Orden PCM/250/2022, de 31 de marzo.

D) Aparte lo anterior, se prevé un **nivel asistencial (reformado por RDL 2/2024, de aplicación a partir de 1 noviembre 2024 ex DT 1ª)**. Serán beneficiarios los desempleados que

a) Hayan agotado la prestación por desempleo; en caso de menores de 45 años sin responsabilidades familiares se exige, además, que la prestación agotada tuviera una duración igual o superior a 360 días (art. 274.1.a) LGSS).

b) Encontrarse en situación legal de desempleo (SLD) sin derecho a prestación contributiva por no acreditar la ocupación cotizada requerida, habiendo cotizado al menos 90 días. Si en los 6 meses anteriores a la solicitud se acreditasen varias SLD, a efectos del reconocimiento de este subsidio se totalizarán todas las cotizaciones. Además, es compatible con mantener uno o varios contratos a tiempo parcial, cuando la suma de las jornadas sea inferior a la jornada completa (art. 274.1.b) LGSS).

c) Siendo mayores de 52 años y acrediten todos los requisitos, salvo la edad, para acceder a la pensión contributiva de jubilación y cumplan los demás requisitos: haber cotizado por desempleo en España al menos 6 años a lo largo de su vida laboral y carecer de rentas propias en los términos del art. 275.1 LGSS durante todo el tiempo de percepción del subsidio (arts. 274.3 y 280 LGSS).

d) Se trate de trabajadores españoles que acrediten su condición de emigrantes retornados mediante Certificado expedido por la Delegación o Subdelegación del Gobierno de la provincia donde hayan fijado su residencia en España y cumplan los demás requisitos: desempleados sin derecho a prestación, carecer de rentas, etc. (DA 57ª y DT 44ª LGSS).

e) Sean víctimas de violencia de género o sexual y cumplan los requisitos exigidos: no tener derecho a prestación contributiva, no haber sido beneficiarias de tres derechos al programa RAI, carecer de rentas... (DA 58ª y DT 44ª LGSS).

La duración del subsidio varía en función de los diversos supuestos antes enumerados:

a) La duración se determinará en función de la edad de la persona en la fecha de agotamiento de la prestación y su duración y la acreditación de responsabilidades familiares: entre 6 y 30 meses (art. 277.1 LGSS).

b) La duración se determinará en función del periodo de ocupación cotizada y la acreditación de responsabilidades familiares: entre 3 y 21 meses (art. 277.2 LGSS), y se reconocerá por periodos trimestrales prorrogables hasta agotar su duración máxima (art. 277.3 LGSS).

c) El subsidio para mayores de 52 años se extinguirá cuando el beneficiario cumpla la edad ordinaria exigida para causar derecho a la pensión contributiva de jubilación (arts. 272.d) y 280.6 LGSS).

d) La duración máxima del subsidio de emigrantes retornados será de 18 meses (DA 57ª.4 LGSS).

e) El subsidio para las personas víctimas de violencia de género o sexual tendrá una duración máxima de 30 meses, salvo que la beneficiaria hubiera percibido con anterioridad uno o dos derechos del programa RAI, en cuyo caso la duración será de 20 y 10 meses, respectivamente (DA 57ª.7 LGSS).

Pero agotados los subsidios por desempleo sin reinserción en el mercado laboral, el SEPE remitirá a la EG del Ingreso Mínimo Vital los datos requeridos para que reconozca esta prestación (DA 12ª LIMV).

La cuantía es igual a los siguientes porcentajes del IPREM: el 95% durante los 180 primeros días, el 90% desde el día 181 al 360, y el 80% a partir del día 361. No obstante, la cuantía del subsidio para mayores de 52 años será del 80%, en cuyo caso la EG cotizará por jubilación tomando como base el 125% de la base mínima del RG vigente en cada momento (arts.278 y 280.4 LGSS).Tanto la prestación del nivel contributivo como esta de nivel asistencial o subsidio son incompatibles con el trabajo por cuenta propia, aunque no implique inclusión obligatoria en algunos de los regímenes de la Seguridad Social, salvo en actividades esporádicas agrícolas destinadas al autoconsumo; pero se podrá compatibilizar la percepción de la prestación contributivo con el trabajo por cuenta propia cuando así lo establezca un programa de fomento al empleo destinado a los colectivos con dificultad de inserción en el mercado de trabajo (art. 282.1 y 7 LGSS). La prestación por desempleo es incompatible con el trabajo por cuenta ajena, salvo cuando se realice a tiempo parcial y se haya solicitado la compatibilidad por el trabajador, en cuyo caso se deducirá la parte proporcional al tiempo trabajado (art. 282.2 LGSS). El subsidio por desempleo se compatibilizará con el trabajo por cuenta ajena, a tiempo completo o parcial como complemento de apoyo al empleo, dependiendo su cuantía de la jornada laboral pactada al inicio de la compatibilización y del trimestre en que se encuentre el perceptor respecto al inicio del subsidio (vid. tabla en art. 282.3 LGSS), pero también las prestaciones contributivas nacidas a partir de 1 de abril de 2025, cuyo periodo de derecho sea superior a 12 meses serán compatibles con el trabajo a tiempo completo o parcial (DA 59ª.1 LGSS) o a tiempo completo en caso de determinadas prestaciones contributivas nacidas antes de 1 de abril de 2025 una vez devengados los primeros nueve meses (DA 59ª2 LGSS); la cuantía y duración del complemento de apoyo aplicable a las prestaciones contributivas se determina en la DA 59ª.3 LGSS. Durante su percepción se consumen igual número de días del subsidio; su duración máxima es de 180 días. El complemento tiene naturaleza de prestación del nivel contributivo y solo cotiza la EG cuando se compatibiliza con un trabajo a tiempo parcial, reduciendo la base de cotización de forma proporcional al tiempo trabajado (DA 59ª 6 y 7 LGSS).

La prestación y el subsidio son compatibles con la percepción de cualquier tipo de rentas mínimas, salarios sociales o ayudas análogas de cualquier Administración y con la percepción de prestaciones económicas no contributivas de la Seguridad Social, excepto la de jubilación. También serán compatibles con la realización de prácticas formativas, prácticas académicas externas incluidas en programas de formación profesional o programas de formación en el trabajo. Pero son incompatibles con la protección social del Mecanismo RED y de los ERTES (art. 282. 4 a 6 LGSS).

E) Hasta la reforma laboral de 2002, la protección por desempleo no abarcaba a los **eventuales agrarios** ahora integrados en el sistema especial para los trabajadores por cuenta ajena agrarios en el Régimen General (arts. 252-256 LGSS). Estos venían teniendo una regulación especial, que concedía un subsidio de desempleo, aplicable en Andalucía y Extremadura. El panorama actual es el siguiente (art. 286 LGSS):

a) El RD 5/1997 regula un subsidio de desempleo para aquellas CCAA donde el paro estacional de los eventuales agrarios sea superior a la media nacional y donde su número sea superior a otras zonas agrarias (art. 288.2 LGSS).

Los requisitos para el subsidio son: carencia de rentas, domicilio en el ámbito geográfico protegido, haber cotizado por 35 jornadas en los 12 meses anteriores (art. 2 RD) (no para los mayores de 52 años, que deben reunir otros requisitos), no tener la edad mínima para la jubilación. La cuantía es el 75% del SMI, excluidas pagas extras.

b) Por RD 426/2003, de 11 abril, se regula una *renta agraria*, para los eventuales agrarios por cuenta ajena en Andalucía y Extremadura. Se exige en este caso tener cubierto un mínimo de 35 jornadas reales , cotizadas en los 12 meses anteriores al desempleo (y otros requisitos, tales como residencia y empadronamiento en esas Comunidades durante 10 años, e inscripción en el SEARG durante ciertos períodos de tiempo en función de la edad). Con facilidades adicionales para los trabajadores mayores de 35 años o menores con responsabilidades familiares (DA 6ª RD, añadida por DF 9ª RDL 2/2024, de 21 mayo). La cuantía, en función de las jornadas cotizadas, puede llegar al 100% del SMI. La duración oscila, normalmente, entre 180 y 300 días.

No obstante, los trabajadores eventuales agrarios incluidos en el Sistema Especial de Trabajadores por Cuenta Ajena Agrarios y residan en Andalucía o Extremadura podrán ser beneficiarios del anterior subsidio y de la renta agraria, aunque no acrediten el número mínimo de jornadas reales cotizadas, si tienen cubierto un mínimo de diez jornadas reales en los 12 meses anteriores a la situación legal de desempleo (DA 5ª RDL 2/2024, de 21 mayo).

c) Aparte de los anteriorcs subsidio y renta agraria, en el art. 287 LGSS se establece también para estos eventuales la *protección por desempleo de nivel contributivo*, similar a la del resto de trabajadores por cuenta ajena, pero si reúne los requisitos para obtener protección del nivel contributivo o asistencial y para el subsidio establecido por el RD 5/1997 o la renta agraria regulada en el RD 426/2003, podrá optar por uno de los dos derechos.

9. MEJORAS VOLUNTARIAS

La acción protectora que otorga el Sistema de Seguridad Social no puede ser objeto de contratación colectiva, salvo en caso de establecimiento de mejoras voluntarias (art. 43 LGSS). En el Régimen General, las mejoras pueden efectuarse a través de mejora directa de las prestaciones o establecimiento de tipos de cotización adicionales (art. 238 LGSS). A instancia de los interesados puede el MISSM aprobar cotizaciones adicionales mediante el aumento de los tipos de cotización, con destino a la revalorización de las pensiones u otras prestaciones ya causadas o para mejorar las futuras (art. 241 LGSS).

La mejora directa será costeada por las empresas, pero cabe establecer aportación a cargo de los trabajadores, previa aprobación del MISSM, y siempre que los mismos estén facultados para acogerse voluntariamente a las mejoras. Aunque su implantación es voluntaria, cuando un trabajador cause un derecho, no puede ser anulado o disminuido, si no es de acuerdo con la normativa que regula su reconocimiento (art. 239 LGSS). La gestión corresponde a las empresas, Fundaciones Laborales, etc. (art. 240 LGSS). No obstante, la mejora de las prestaciones suele pactarse en convenio colectivo y su gestión encomendada a compañías de seguros, mediante pólizas de seguro colectivo, de forma que el empresario solo responde en caso de falta de aseguramiento. Por el contrario, cuando las mejoras tienen por objeto compromisos por pensiones, resulta obligatoria la externalización a través de contratos de seguro o planes de pensiones (RD 1588/1999, de 15 octubre), planes que pueden ser de promoción privada o pública (RDLeg. 1/2002, de 29 noviembre, modificado por Ley 12/2022, de 30 junio).

Bibliografía y fuentes

Es imprescindible recoger aquí, en atención a quienes deseen profundizar sus conocimientos, al menos los muchos y excelentes manuales existentes sobre las disciplinas de Derecho del Trabajo y Derecho de la Seguridad Social. Normalmente se actualizan de forma periódica.

A) Derecho del trabajo

AA.VV. (GOERLICH PESET, J. M.,Director), Derecho del Trabajo, Tirant.

ALEMÁN PÁEZ, RODRÍGUEZ CRESPO y otros: *Curso de Derecho del Trabajo I,* Tecnos.

ALONSO OLEA, CASAS BAAMONDE: *Derecho del Trabajo,* Thomson-Civitas.

ARRIETA IDIAKEZ: *Bases para el estudio del Derecho del Trabajo,* Gomilex.

BORRAJO DACRUZ: *Introducción al Derecho del Trabajo,* Tecnos.

CRUZ VILLALÓN: *Compendio de Derecho del Trabajo,* Tecnos.

GARCÍA MURCIA, MARTÍN VALVERDE Y OTROS: *Tratado Práctico de Derecho del Trabajo y de la Seguridad Social (3 vols.),* Aranzadi.

GARCÍA NINET, VICENTE PALACIO Y OTROS: *Derecho del Trabajo,* Thomson-Aranzadi.

GARCÍA-PERROTE ESCARTÍN, I.: *Manual de Derecho del Trabajo,* Tirant.

GÓMEZ ABELLEIRA: *Handbook on spanish employment law,* Tecnos.

GONZÁLEZ SÁNCHEZ: *Derecho del Trabajo,* Ediciones Cinca.

MARTÍN VALVERDE, RODRÍGUEZ-SAÑUDO GUTIÉRREZ, GARCÍA MURCIA: *Derecho del Trabajo,* Tecnos.

MARTÍNEZ ABASCAL-HERRERO MARTÍN: *Curso de Derecho del Trabajo,* Tecnos.

MARTÍNEZ GIRÓN, ARUFE VARELA, CARRIL VÁZQUEZ: *Derecho del Trabajo,* Netbiblo.

MARTÍNEZ GIRÓN, ARUFE VARELA: *Derecho crítico del Trabajo,* Netbiblo.

MERCADER UGUINA: *Lecciones de Derecho del Trabajo,* Tirant.

MOLERO MANGLANO, SÁNCHEZ-CERVERA VALDÉS, LÓPEZ ÁLVAREZ, MATORRAS DÍAZ-CANEJA: *Manual de Derecho del Trabajo,* Thomson-Civitas.

MONEREO PÉREZ y otros: *Manual de teoría de las relaciones laborales,* Tecnos.

MONEREO PÉREZ y otros: *Manual de política y derecho del empleo,* Tecnos.

MONEREO PÉREZ, MOLINA NAVARRETE, MORENO VIDA: *Derecho Sindical,* Comares.

MONEREO, MORENO, MOLINA: *Manual de Derecho del Trabajo,* Comares.

MONTOYA MELGAR: *Derecho del Trabajo,* Tecnos.

NAVARRO NIETO: *Manual de Derecho de la Unión Europea,* Tecnos.

OJEDA AVILÉS: *Compendio de Derecho Sindical,* Tecnos.

PALOMEQUE LÓPEZ, *Derecho del Trabajo e ideología,* Tecnos.

PALOMEQUE LÓPEZ, ÁLVAREZ DE LA ROSA: *Derecho del Trabajo,* Editorial Universitaria Ramón Areces.

PALOMEQUE LÓPEZ, KAMALE TRUJILLO: *Derecho Sindical,* Centro de Estudios Financieros.

RAMÍREZ MARTÍNEZ, GARCÍA ORTEGA, GOERLICH PESET, PÉREZ DE LOS COBOS, SALA FRANCO: *Curso de Derecho del Trabajo,* Tirant.

RAMÍREZ, GARCÍA, GOERLICH, PÉREZ DE LOS COBOS, SALA (traductor Arrieta Idiakez, F. J.): *Lan-zuzenbidearen igaskaiak,* Deustuko-Universitatea.

SAGARDOY BENGOECHEA, DEL VALLE VILLAR, GIL Y GIL: *Prontuario de Derecho del Trabajo,* Thomson-Civitas.

SARAGOSSÀ I SARAGOSSÀ: *Derecho del Empleo.*

VARIOS (dirs. Navarro, Rodríguez-Piñero y Gómez): *Manual de Derecho Social de la Unión Europea,* Tecnos.

VELASCO PORTERO, MIRANDA BOTO (dirs.): *Derecho del Trabajo y de la Seguridad Social para titulaciones no jurídicas,* Tecnos.

B) Otros materiales y lecturas

ALBIOL ORTUÑO: *Todo Social,* Tirant.

ALEMÁN PÁEZ (Director): *Casos Prácticos de Derecho del Trabajo y de la Seguridad Social.*

ALONSO OLEA, CASAS BAAMONDE: *Introducción al Derecho del Trabajo,* Civitas.

BAYLOS: *Modelos de Derecho del Trabajo y cultura de los juristas,* Bomarzo.

BAYLOS, FLORENCIO, GARCÍA: *Diccionario internacional del Derecho del Trabajo y de la Seguridad Social.*

CABEZA PEREIRO, CARDONA RUBERT: *Políticas sociolaborales,* Civitas.

CALVO, CORELLI, OJEDA: *Diccionario jurídico laboral,* Comares.

LOY: *El Derecho del Trabajo según Sancho Panza,* Cinca.

SALA FRANCO: *Relaciones Laborales,* Tirant.

C) Seguridad Social

ROQUETA BUJ. R., GARCÍA ORTEGA, J., (Directores): *Derecho de la Seguridad Social,* Tirant lo Blanch.

ALARCÓN CARACUEL, GONZÁLEZ ORTEGA: *Compendio de Seguridad Social,* Tecnos.

ALONSO OLEA, TORTUERO PLAZA: *Instituciones de Seguridad Social,* Thomson-Civitas.

BALLESTER, SIRVENT: *Lecciones y prácticas de Seguridad Social.* Ediciones Cinca.

BLASCO LAHOZ, LÓPEZ GANDÍA: *Curso de Seguridad Social,* Tirant.

DEL VALLE, RABANAL, USHAKOVA: *Derecho de Seguridad Social,* Ediciones Cinca.

GARCÍA MURCIA, MARTÍN VALVERDE: *Tratado práctico de Derecho de la Seguridad Social,* Aranzadi.

GARCÍA NINET, GARCÍA VIÑA, VICENTE PALACIO (directores): *Manual Básico de Seguridad Social.* Atelier.

GONZÁLEZ ORTEGA, BARCELÓN COBEDO: *Introducción al Derecho de la Seguridad Social,* Tirant.

GORELLI HERNÁNDEZ y otros: *Lecciones de Seguridad Social,* Tecnos.

MARTÍNEZ GIRÓN, ARUFE VARELA, CARRIL VÁZQUEZ: *Derecho de la Seguridad Social,* Netbiblo.

MONEREO PÉREZ, MOLINA NAVARRETE, QUESADA SEGURA: *Manual de Seguridad Social,* Tecnos.

MONTOYA MELGAR Y OTROS: *Curso de Seguridad Social,* Thomson-Civitas.

VILLA GIL Y OTROS: *Derecho de la Seguridad Social,* Tirant.

VILLA GIL, DESDENTADO BONETE: *Manual de Seguridad Social,* Aranzadi.

VIQUEIRA PÉREZ: *Materiales de Derecho del Trabajo, Seguridad Social y Procedimiento Laboral,* Tirant.

D) Revistas especializadas

Aranzadi Social, Aranzadi.

Cauces, Consejo Económico y Social.

Ciudad del Trabajo. Actualidad iuslaboralista.

Cuadernos de Relaciones Laborales, Universidad Complutense.

Derecho de las Relaciones Laborales, Grupo Lefebvre.

Documentación Laboral, AEDTSS y Ediciones Cinca.

Gaceta Sindical, Comisiones Obreras.

IUS Labor, Universitat Pompeu Fabra.

Labos, Universidad Carlos III de Madrid

Lan harremanak, Universidad del País Vasco.

Lex Laborum, Asociación Judicial Francisco de Vitoria

Lex Social, Universidad Pablo de Olavide.

Lex Social. Revista de Derechos Sociales

Nueva Revista Española de Derecho del Trabajo, Aranzadi.

Revista Crítica de Relaciones Laborales, Laborum

Revista de Derecho de la Seguridad Social, Laborum.

Revista de Derecho Social, Bomarzo.

Revista de Información Laboral, Lex Nova.

Revista del Ministerio de Trabajo y Economía Social, MITES.

Revista General de Derecho del Trabajo y de la Seguridad Social, Iustel.

Revista Internacional del Trabajo, OIT.

Revista Internacional y Comparada de Relaciones Laborales y Derecho del Empleo, Adapt University Press.

Revista de Trabajo y Seguridad Social, Centro de Estudios Financieros.

Revista Universitaria de Ciencias del Trabajo, Universidad de Valladolid y Lex Nova.

Spanish Labour Law and Employment Relations Journal, Universidad Carlos III.

Temas Laborales, Consejo Andaluz de Relaciones Laborales.

Trabajo, Universidad de Huelva.

Trabajo y Derecho, Wolters Kluwer.

Trabajo y Empresa, Tirant lo Blanch.

Transfer. European Review of Labour and Research, ETUI.

La crisis de 2008 trajo consigo la desaparición de revistas prestigiosas (Actualidad Laboral, Justicia Laboral, Relaciones Laborales, Tribuna Social...), pero los números publicados durante tantos años pueden consultarse con provecho en las hemerotecas.

E) Miniguía de webs de interés laboral

Se ofrece una selección de portales de interés, con alguna breve indicación sobre su contenido.

1) Dada la actual estructura ministerial hay que indicar dos sitios.

De un lado, *www.mites.gob.es.* Es el portal del Ministerio de Trabajo y Economía Social.

Entre otra información, se puede acceder a la Guía Laboral, a la Revista del Ministerio, a la Revista de Actualidad Internacional Socio-Laboral, y otras publicaciones, así como información estadística.

Hay enlaces externos a, entre otros, los sitios del Servicio Público Estatal de Empleo (*www.sepe.es*) (con información y documentación sobre modalidades contractuales y sobre desempleo), del Fondo de Garantía Salarial *(http://mites.gob.es/fogasa),* de la Comisión Consultiva Nacional de Convenios Colectivos *(www.mitramiss.gob.es/es/sec_trabajo/ccncc/)* (se pueden consultar numerosas publicaciones sobre negociación colectiva, amén de los convenios colectivos de ámbito estatal y, por enlace a las diversas CCAA, de ámbito inferior), del Instituto Nacional de Seguridad y Salud en el Trabajo *(www.insst.es),* y de la Inspección de Trabajo *(www.mites.gob.es/itss).*

De otro lado, www.inclusion.gob.es. Es el portal del Ministerio de Inclusión, Seguridad Social y Migraciones.

Dentro de él, la Secretaría de Estado de la Seguridad Social ofrece enlace a estadísticas y publicaciones, y a los portales asociados del Instituto Nacional de la Seguridad Social (www.seg-social.es) y a la denominada Revista Seguridad Social (https://revista.seg-social.es) con información varia.

2) Consejo Económico y Social

www.ces.es

Entre otra documentación, ofrece la Memoria anual sobre la Situación Socioeconómica y Laboral de España.

Ofrece enlaces a los Comités o Consejos económicos y sociales autonómicos, al Comité Económico y Social comunitario, y a órganos similares de otros países de la Unión Europea.

Particularmente interesante el enlace a la Fundación Europea para la Mejora de las Condiciones de Vida y Trabajo (directamente: *www.eurofound.europa.eu*). Sus Observatorios (European Monitoring Center on Change, EMCC; European Observatory on Quality of Life, EurLIFE; European Observatory on Working Life, EurWORK) ofrecen abundante información y estudios, amén de un Diccionario sobre Relaciones Industriales, tanto general como por países. Proporciona, a su vez, enlaces a numerosas instituciones.

3) *Organización Internacional del Trabajo (OIT)*

www.ilo.org

Ofrece abundante documentación, con numerosas bases de datos. Cabe resaltar la que ofrecen ILOLEX y NATLEX.

En la primera, se encuentra completa información sobre normas de la OIT: Constitución, Convenios, Recomendaciones, sus ratificaciones, informes de la Comisión de expertos, de la Comisión de aplicación de normas, etc.

En la segunda, información sobre la normativa de los países miembros. Proporciona perfiles por países y perfiles nacionales (algunos). Y otra información: una guía de legislación laboral, enlaces a páginas de derecho laboral y Ministerios, pactos sociales en países europeos, digesto sobre terminación del contrato, etc.

4) *Sitios generales para consulta de normativa y jurisprudencia*

Boletín Oficial del Estado: *www.boe.es* (con enlace a diarios oficiales autonómicos y al de la Unión Europea).

Congreso de Diputados: *www.congreso.es*

Senado: *www.senado.es*

Tribunal Constitucional: *www.tribunalconstitucional.es*

Poder Judicial: *www.poderjudicial.es*

5) *Organizaciones internacionales*

https://europa.eu, el portal de la Unión Europea. Para consulta de la normativa, entrar en eur-lex.europa.eu y, una vez allí, en Derecho de la UE/Actos jurídicos. Para jurisprudencia, en el mismo sitio, en Jurisprudencia de la Unión/Repertorio de jurisprudencia

www.coe.int, el portal del Consejo de Europa permite acceder a información sobre la Carta Social Europea y el control sobre su aplicación por el Comité Europeo de Derechos Sociales, y sobre el Convenio Europeo de Derechos Humanos y el correspondiente Tribunal (directamente para este: www.echr.coe.int).

www.oecd.org, el portal de la OCDE

6) *Organizaciones españolas. Por su interés cabe indicar:*

www.aedtss.com

El portal de la Asociación española de Derecho del Trabajo y de la Seguridad Social ofrece documentación de algunos de sus congresos.

www.aesss.es

El sitio de la Asociación Española de Salud y Seguridad Social.

www.juecesdemocracia.es

Aparte de numerosos enlaces, ofrece la Revista Jurisdicción Social y algún artículo de la Revista Jueces para la Democracia. Así como una ventana a los congresos de esta asociación.

www.1mayo.ccoo.es. *Ver sobre todo sus secciones informativas y su amplio fondo de estudios.*

www.atass.org

Portal de la Asociación Profesional del Cuerpo Superior de Técnicos de la Administración de la Seguridad Social.

7) *Sindicatos y asociaciones empresariales más representativas:*

www.ccoo.es (Comisiones Obreras)

www.ugt.es (Unión General de Trabajadores)

www.galizacig.com (Confederación Intersindical Galega)

www.ela-sindikatua.org (Euskal Langileen Alkartasuna)

www.lab-sindikatua.org (Langile Abertzaleen Batzordeak)

www.ceoe.es (Confederación Española de Organizaciones Empresariales)

www.cepyme.es (Confederación Española de la Pequeña y Mediana Empresa)

www.etuc.org *El sitio de la Confederación Europea de Sindicatos*

www.businesseurope.eu *El sitio de la organización patronal europea (antes UNICE)*

8) *Una incompleta selección de sitios de otros países puede ser la que sigue:*

www.adapt.it/ Información y comentarios sobre actualidad laboral en varios países, varios idiomas.

www.ladocumentationfrancaise.fr (con informes públicos y dossiers). Ahora es www.vie-publique.fr/emploi-travail.

www.legifrance.gouv.fr (textos legales, incluso en español).

www.anact.fr (Agence Nationale pour l'amelioration des conditions de travail).

www.cnel.it (Consiglio Nazionale per l'Economia e il Lavoro).

https://warwick.ac.uk/fac/soc/wbs/research/irru (sitio de la Industrial Relations Research Unit de la Business School de la Universidad de Warwick). Se pueden consultar varias de sus publicaciones.

www.worker-participation.eu (especializada en la temática de la participación).

www.ewcdb.eu (base de datos sobre comités de empresa europeos, del European Trade Union Council, ETUI).

www.boeckler.de (portal de la Fundación Boeckler, también para participación, con la revista Mitbestimmung que ofrece artículos, también en inglés).

www.ilr.cornell.edu/library/collections/digitalcollections.html (web de la Industrial and Labor Relations School de la Universidad de Cornell).

www.insightweb.it. Free thinking for global social policy. Interesante información laboral, en varios idiomas.

www.tress-network.org Ofrece abundante información sobre normativa y jurisprudencia de seguridad social en la Unión Europea y Estados miembros.

www.medelnet.org Sitio de Magistrats européens pour la démocratie et les libertés.

9) *Algunos blogs laboralistas:*

baylos.blogspot.com
conjaimecabeza.blogspot.com
eduardorojoblog.blogspot.com
favorlaborisblog.wordpress.com
ignasibeltran.com
japariciotovar.blogspot.com
jesuscruzvillalon.blogspot.com.es
lopezbulla.blogspot.com
manuelcarlospalomeque.blogspot.com.es
wilfredosanguineti.wordpress.com

ANEXOS

ANEXO I

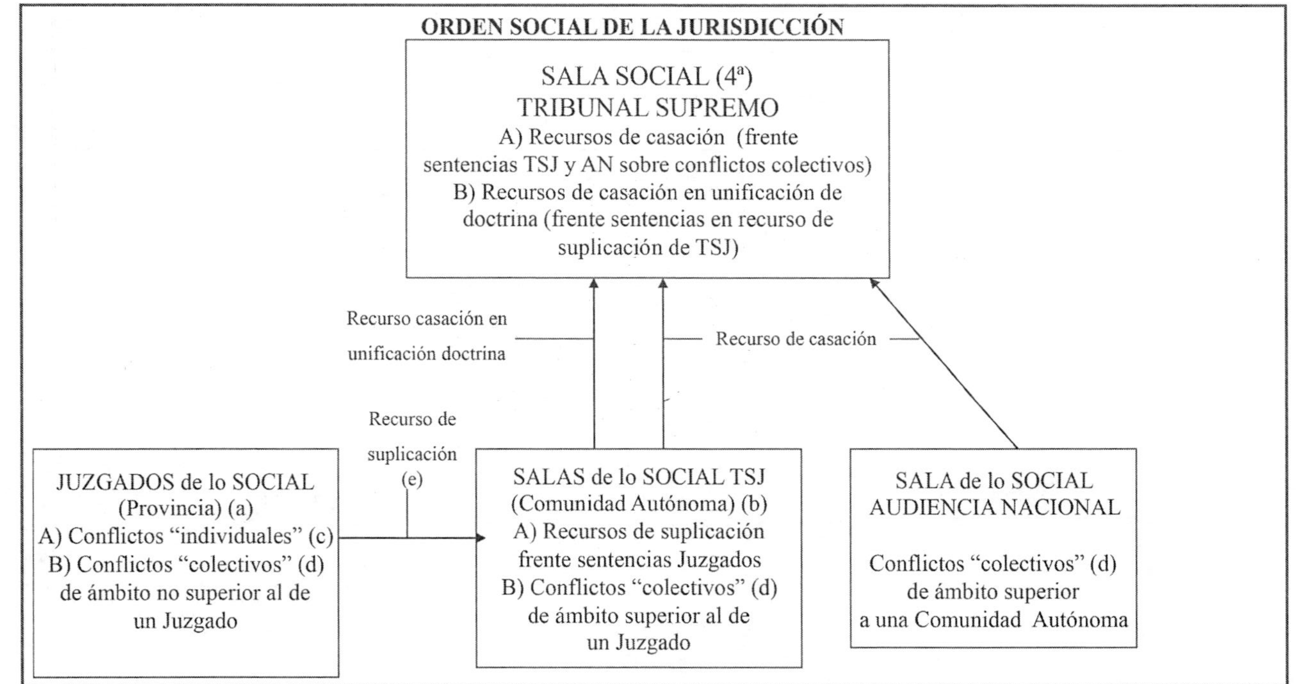

a) Juzgados de lo Social: Normalmente su ámbito territorial es provincial; en ocasiones, puede ser inferior (por ejemplo, Elche o Benidorm; o Avilés o Gijón).

b) TSJ: En Andalucía hay tres sedes (Granada, Málaga, Sevilla); en Canarias, dos (Las Palmas, Sta. Cruz de Tenerife); en Castilla y León, dos (Burgos, Valladolid)

c) Conflictos "individuales": entre empresarios y trabajadores como consecuencia de contrato de trabajo, en materia de Seguridad Social, contra el Fondo Garantía Salarial, etc. (ver art. 2 LRJS)

d) Conflictos "colectivos": sobre constitución sindicatos e impugnación de sus estatutos, funcionamiento interno y relaciones con sus afiliados, constitución de asociaciones empresariales e impugnación de sus estatutos, tutela de la libertad sindical, impugnación de convenios colectivos, proceso de conflicto colectivo (ver art. 2, apartados f, g, h, j, k y l LRJS) (ver también arts. 7 y 8 LRJS).

e) Recursos de suplicación: En algunas materias no cabe recurso de suplicación (por ejemplo: vacaciones, materia electoral, clasificación profesional, etc.) (ver art. 191 LRJS). Cabe contra autos y sentencias de los jueces de lo mercantil en material laboral (ver art. 190 LRJS, art. 64.8 LC)

ANEXO II

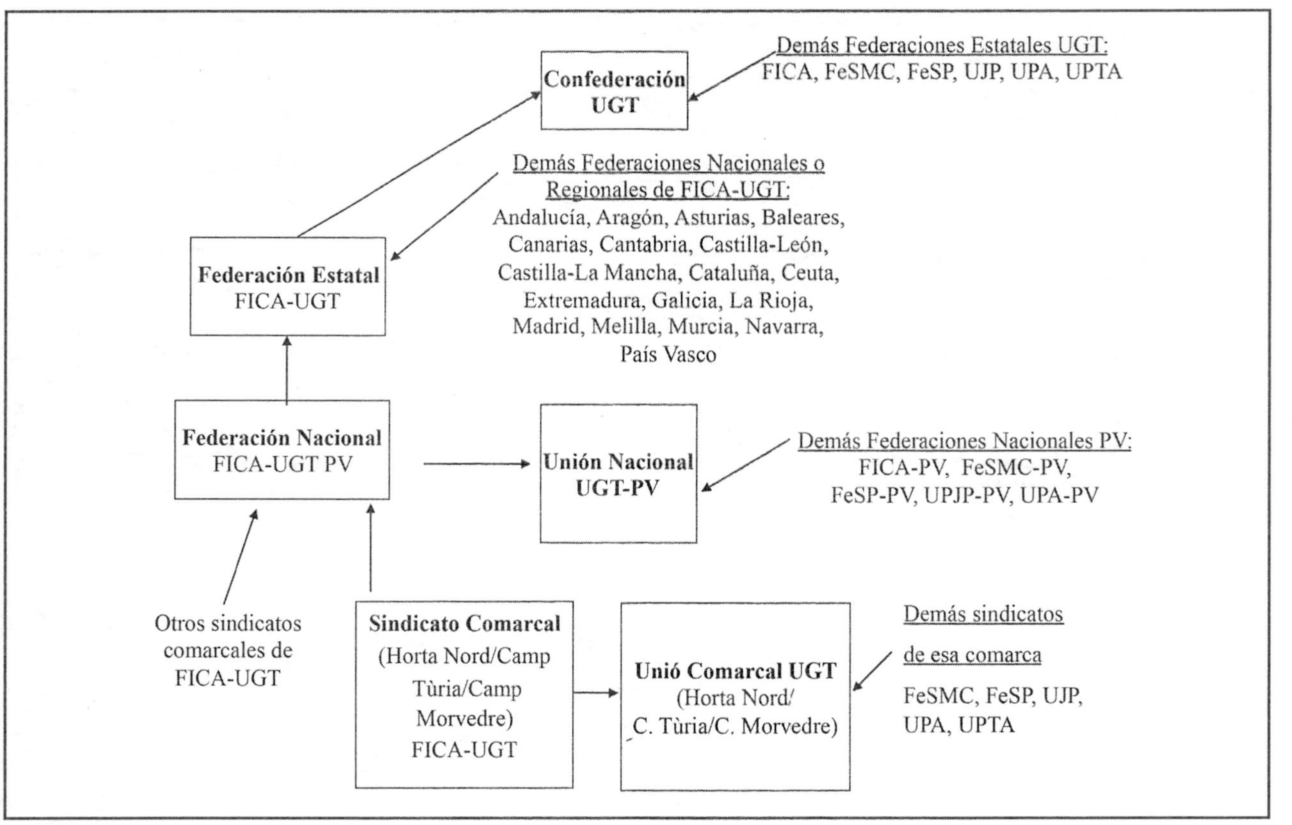

Federaciones FICA: Industria, Construcción y Agro; FeSMC: Servicios, Movilidad y Consumo; FeSP: Servicios Públicos; UJP: Jubilados y Pensionistas; UPA: Agricultura y Ganadería (o Pequeños Agricultores); UPTA: Unión Profesional Trabajadores Autónomos
Comarcas en la Comunidad Valenciana: Comarques del Nord; Horta Nord-Camp del Turia i Camp de Morvedre; Valencia Sud-Interior; La Ribera-La Safor-La Vall d'Albaida-La Costera-La Canal de Navarrés; L'Alacantí-La Marina; Muntanya-Vinalopó-Vega Baixa.
En otras Comunidades Autónomas, en vez de sindicatos comarcales la organización es por sindicatos provinciales; igualmente, en vez de Federaciones Nacionales, lo es por Federaciones Regionales.

ANEXO III

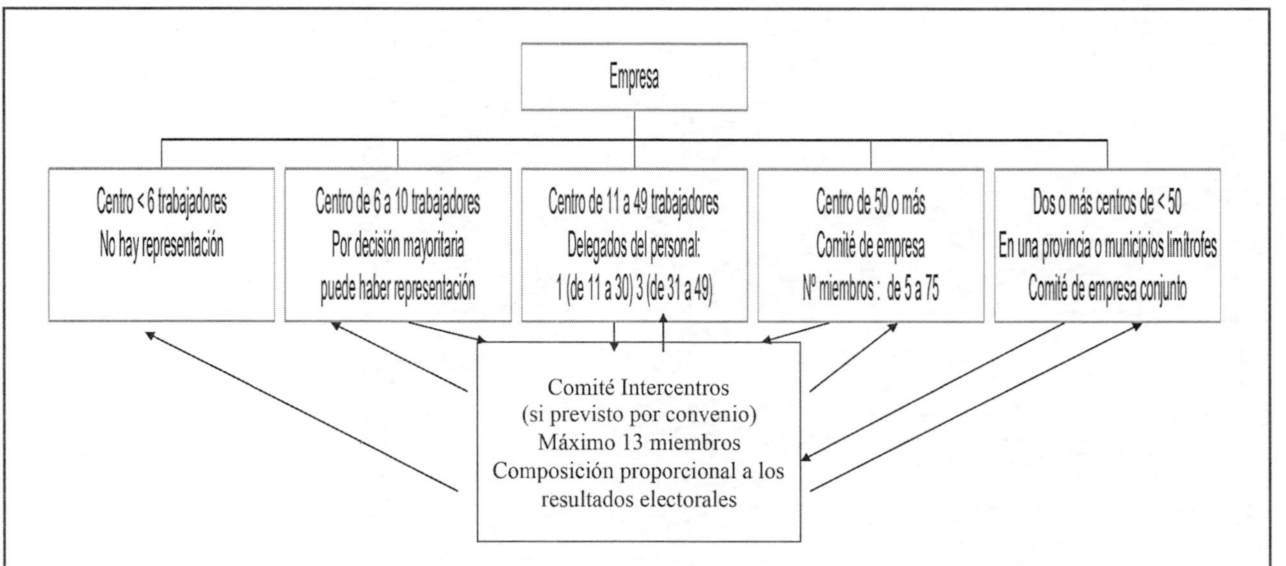

COMITÉ PROVINCIAL CONJUNTO (art. 63.2 ET). Se agrupan necesariamente para elegirlo los centros con 11-49 trabajadores; no se agrupan los centros con < 6 trabajadores; no se agrupan los centros con 6-10, que pueden tener delegado propio (STS 20 febrero 2008). No cabe la agrupación para elegir delegados de personal provinciales conjuntos (SSTS 31 enero y 19 marzo 2001).

COMITÉ INTERCENTROS. El art. 63.3 ET establece que los miembros del Comité Intercentros (un máximo de 13) "serán designados de entre los componentes de los distintos comités de centro". Por eso hemos dibujado una flecha que va de los centros con comité al cuadro del Comité Intercentros.

Cuando se trata de centros con delegados (no con comité) podría parecer dudoso si esos delegados son designables para el C.I (y, por tanto, si éste representa a esos centros), dada la literalidad del art. 63.3 ET. Pero la jurisprudencia (ver, principalmente, STS 3 octubre 2001, Rec. 3566/2000) ha entendido que la composición del C.I., que es un órgano de representación de segundo nivel, debe ser proporcional a la composición de la representación de primer nivel, teniendo en cuenta a "los miembros de los distintos comités de centro y a los delegados de personal".

La flecha que va del cuadro del Comité Intercentros a cada uno de los centros indica que el Comité los representa, aunque con más exactitud habría que estar a lo que dijera el convenio que previó la creación de dicho Comité. Pero lo normal será que el convenio conceda al C.I. funciones representativas sobre todos los centros de la empresa.